EXECUÇÃO FISCAL

CIP-BRASIL. CATALOGAÇÃO NA PUBLICAÇÃO
SINDICATO NACIONAL DOS EDITORES DE LIVROS, RJ

C764e
6. ed.

Conrado, Paulo Cesar
Execução fiscal / Paulo Cesar Conrado. - 6. ed., rev., e atual. - São Paulo: Noeses, 2024.

502 p. ; 23 cm.
Inclui bibliografia
ISBN 978-85-8310-159-8

1. Direito tributário - Brasil. 2. Execução fiscal - Brasil. I. Título.

23-86359 CDU: 34:351.713(81)

Gabriela Faray Ferreira Lopes - Bibliotecária - CRB-7/6643

Paulo Cesar Conrado

Juiz Federal na Terceira Região, titular da 12ª Vara de Execuções Fiscais de São Paulo. Doutor e Mestre em Direito Tributário pela PUC/SP. Professor nos cursos de especialização e de extensão em Direito Tributário e Processual Tributário do Instituto Brasileiro de Estudos Tributários – IBET. Professor do programa de mestrado profissional da FGV Direito SP. Coordenador do "Grupo de Estudos em Direito Processual Tributário", do IBET. Autor de livros e artigos de Direito Processual e Processual Tributário.

EXECUÇÃO FISCAL

6ª edição revista e atualizada

2024

editora e livraria
NOESES

Fundador e Editor-chefe: Paulo de Barros Carvalho
Gerente de Produção Editorial: Rosangela Santos
Arte e Diagramação: Renato Castro
Revisão: Georgia Evelyn Franco
Designer de Capa: Aliá3 - Marcos Duarte

Data de atualização: 08/11/2023

2024

editora e livraria
NOESES

Editora Noeses Ltda.
Tel/fax: 55 11 3666 6055
www.editoranoeses.com.br

Dedico este trabalho, como homenagem singela, a Benedicto Celso Benício – o Doutor Benício –, exemplo, para todos nós, de ser humano, de pai e de professor; a seu empreendedorismo e fé devo creditar um sem-número de oportunidades que marcaram minha vida docente. Minha gratidão, meu afeto, Doutor Benício.

APRESENTAÇÃO À 6ª EDIÇÃO

Chegamos a esta sexta edição definitivamente convencidos de que a solução de um problema não pode ser encontrada, não pelo menos de forma satisfatória, quando nos posicionamos no mesmo patamar desse mesmo problema.

O processo de execução fiscal (o "patinho feio" das estatísticas do Poder Judiciário brasileiro) é, sem dúvida, a figura que, no contencioso tributário nacional, mais eloquentemente nos mostra a importância dessa constatação.

Jurisdição, sabemos, é atividade desempenhada com foros de precipuidade pelo Judiciário na intenção de compor situações de conflito. No caso das execuções fiscais, o estado de conflituosidade a que nos reportamos deriva do inadimplemento da obrigação tributária, circunstância que autoriza a busca pela satisfação forçada, via expropriação judicial.

Convicções à parte, sobretudo quanto à linearidade dessas afirmações, são tantos e tão fortes os indicativos de que:

(i) os conflitos sobre os quais o Judiciário está habilitado a interferir com algum nível eficácia prática não são propriamente os que se referem à realização do direito (questões sobre as quais a condução das partes interessadas parece ser muito mais eficiente), mas sim os que se limitam à sua enunciação;

(ii) o estado de inadimplemento, em si, não é sugestivo de um conflito jurídico, mas de uma patologia socioeconômica, que o melhor a fazer, no momento, seria deixar aquelas convicções de lado (ao menos temporariamente) e refletir: o modelo que vimos adotando há décadas deve seguir?

Não queremos, com essas palavras, colocar em xeque o objeto do nosso trabalho, numa espécie de autofagia intelectual, mas (re)provocar nosso leitor em função de um sentimento que surge toda vez que nos dedicamos, com genuíno interesse, sobre um tema: o desapego às certezas.

Quiçá essa seja a principal razão que nos fez dedicar um espaço relativamente abundante a pontos que estariam para além dos domínios da processualidade clássica, como o da transação e o da administrativização da atividade executória.

Queremos reafirmar, com isso, nosso maior interesse na compreensão do instituto da execução a ponto de enxergá-lo não como um fim a que devemos ficar predestinados pela eternidade, mas como um capítulo, uma passagem de nossa progressão histórica.

Paulo Cesar Conrado

São Paulo, junho de 2023.

APRESENTAÇÃO À 5ª EDIÇÃO

Além dos retoques decorrentes da movimentação normativa e jurisprudencial, demos especial atenção, no processo de revisão desta edição – que muito nos alegra, por sinal, visto que reforça a acolhida de nosso trabalho –, a pontos que se relacionam aos chamados "meios alternativos" à cobrança judicial do crédito tributário.

Muitas e seguidas novidades sobrevieram em torno desse particular ponto e, ao que tudo indica – essa é nossa visão, ao menos –, caminhamos para um ambiente menos "judicial" (beligerante, portanto) e mais dialógico, em que a integração do Judiciário (o exercente, ainda em tempos atuais, do papel de "cobrador-expropriador") passa a ser, digamos, residual.

Chamamos a atenção do nosso leitor sobre esse aspecto porque, em certa medida, ele revela uma tendência que, dentro e fora do mundo fazendário-tributário, tem cores cada vez mais fortes.

A "desjudicialização", a "desconflitualização", a "tecnologização" (inclusive pela "tokenização"), assim como a possível redefinição (em futuro próximo) do conceito de jurisdição, são coisas que já estão, mesmo que embaçadas por nosso olhar insistente sobre o "velho", no horizonte.

Paulo Cesar Conrado

São Paulo, agosto de 2021.

APRESENTAÇÃO À 4ª EDIÇÃO

Desde quando lançado em sua primeira edição, este livro serviu de suporte para homenagear um grande amigo, de cujo convívio físico fomos, recentemente, privados. Benedicto Celso Benício, o Doutor Benício, de tantos conhecido, foi (é, na verdade) exemplo em diversos sentidos – como pai, como profissional do Direito, como homem dedicado à causa da educação.

Nada, contudo, foi tão marcante em sua passagem por esse plano do que a sincera amabilidade com que tratava a todos, um misto – raro – de simplicidade com permanente empatia, algo que, olhando em retrospectiva, a mim se mostra como o apogeu da sofisticação humana: a constante preocupação com o outro e seus sentimentos.

Em tempos em que a grande massa parece retida sobre sua própria representação – forjada em formato virtual –, perdida em mil nadas, em infinitas frivolidades, nos cabe a responsabilidade de reforçar exemplos como o do Dr. Benício: seja qual for nossa posição, seja qual for a de nosso interlocutor, projetemos nossa atenção em seus olhos, a janela para sua alma, compreendendo-o, mesmo que com ele não concordemos em essência.

Não lamento a perda do grande amigo – não o perdi –, mas sim agradeço, fazendo-o publicamente, a oportunidade de ter com ele convivido.

Nesta quarta edição (que alegria chegar a esse número!), reforço a mesma homenagem de antes, reiterando minha gratidão ao senhor, Dr. Benício, por tudo que me permitiu aprender.

Paulo Cesar Conrado

São Paulo, abril de 2020.

APRESENTAÇÃO À 3ª EDIÇÃO

Nessa terceira edição, seguimos a linha traçada na anterior, com explícita referência aos dispositivos do Código de Processo Civil revogado, associados aos que encontram correspondência no de 2015.

Ainda que a nova legislação processual geral esteja por completar, ao tempo em que fizemos a revisão preparatória desse novo exemplar, um ano de vigência, julgamos necessária a manutenção daquela providência, primeiro de tudo, porque, na pragmática, ainda predominam casos iniciados sob o modelo "velho" e, segundo (e mais importante), porque o contraste de regimes serve para explicar, em muitos momentos, as posições que assumimos.

De lá (da segunda edição) para cá, alguns problemas, mormente os relativos ao impacto do novo Código, se elucidaram; outros, em contrapartida, surgiram.

Procuramos, nas muitas intervenções que fizemos no texto, trazer essas "novidades", mas sempre movidos pela primordial intenção de provocar nosso leitor.

Aproveitando a oportunidade deixada por esta "apresentação", faço pública, mais uma vez, minha gratidão à *Noeses* e ao Professor Paulo de Barros Carvalho, pelo estímulo constante.

São Paulo, fevereiro de 2017.

Paulo Cesar Conrado

APRESENTAÇÃO À 2ª EDIÇÃO

Quando recebi a notícia de que era hora de rever o texto deste livro para composição de sua segunda edição, o novo Código de Processo Civil estava por ser sancionado.

Sabendo que, mantido o texto produzido, não seriam poucos os reflexos em relação aos executivos fiscais, "atrasamos" o lançamento desse volume, fazendo-o na intenção de trazer para a comunidade jurídica algo que lhe fosse o mais útil (e atual) possível.

Valeu a pena esperar, pensamos: o trabalho de recomposição do texto demonstrou, com efeito, que os tais reflexos eram muitos (e intensos).

Não tenho dúvidas, hoje, de que os pontos sobre os quais repousam as maiores mudanças, entre a primeira e esta segunda edição, relacionam-se ao novo Código de Processo Civil (embora outros se coloquem, não propriamente fincados no Código de Processo Civil de 2015).

Paradoxal? Sim, em princípio, afinal de contas o que se propõe com este livro é a análise de figura processual que encontra sua matriz normativa em legislação própria (a Lei n. 6.830/80).

Sabe-se, a par disso, que o Código de Processo Civil, já há tempos, tem servido à disciplina dessa espécie, notadamente no que se refere a aspectos procedimentais.

Por essas razões é que sugeri a referência, no título, ao novo Código.

Desejo, de coração, que, como a primeira edição, também esta, reescrita debaixo de um novo norte normativo, seja bem recebida pela comunidade jurídica, servindo-a teórico e pragmaticamente.

Minha sincera gratidão, devo registrar, aos amigos Bruno Valentim Barbosa e Arthur Sian, pelas sugestões e apoio na composição dessa segunda edição.

São Paulo, junho de 2015.

Paulo Cesar Conrado

APRESENTAÇÃO À 1ª EDIÇÃO

Embora não sejam explicitamente abordadas no decorrer deste trabalho, recortam-no premissas do assim denominado "Constructivismo Lógico-Semântico", linha de pensamento cuja aplicação ao Direito permeia toda a obra do mestre de todos, Paulo de Barros Carvalho.

Quando cumpria créditos do mestrado, na PUC/SP, ouvi da saudosa Professora Lúcia Figueiredo, numa das aulas que mais marcou minha vida, algo mais ou menos assim *como o alfaiate, não precisamos falar sobre a tesoura, senão usá-la da melhor forma possível.*

A lição ficou impregnada em minha memória. Exercitá-la não é fácil. Não tenho dúvida, de todo modo, de que não há forma mais incisiva de demonstrar adesão às lições dos mestres do que essa: praticar, em relação aos ensinamentos do professor Paulo, o que a doutora Lúcia um dia nos disse. Sinto-me feliz, realizado mesmo, de poder fazer (ou tentar fazer) isso neste trabalho!

Inicialmente concebido com propósito mais acanhado, o texto que se apresenta neste momento foi como que se "inflacionando" – no bom sentido do termo; reescrevi, dada a evolução jurisprudencial, alguns capítulos; (re)projetei outros tantos; agreguei novas ideias; tudo até que, lembrando dos tempos em que a vida acadêmica impunha prazos peremptórios – assim como quando estava por concluir o mestrado e o doutorado –, anunciei para mim mesmo: *chegou a hora*!

Espero, honestamente, que, para além de lido, o presente trabalho sirva à comunidade jurídica do ponto de vista prático, permitindo a (re)elaboração de discursos mais potentes, não propriamente pelo conteúdo aqui expressado, senão pela reflexão propiciada.

São Paulo, novembro de 2013.

Paulo Cesar Conrado

SUMÁRIO

Capítulo 1

CONCEITOS ESSENCIAIS DE DIREITO PROCESSUAL

1.1 Jurisdição

Por jurisdição, devemos entender o dever estatal – predominantemente desenvolvido pelo Poder Judiciário – de compor conflitos de interesses;[1] nesse contexto, encontrando-se não apenas os litígios decorrentes da indefinição do direito material (ditos cognitivos) e de sua alocação em posição de risco (identificáveis, no Código de Processo Civil de 1973, como cautelares, e, no Código de 2015, pela expressão "tutela provisória de urgência"), senão também os derivados do não cumprimento de obrigações prévia e expressamente assentadas (ditos executivos).

Normativamente, o conceito de jurisdição, não importando se cognitiva, cautelar ou executiva, situa-se no

1. O uso, na definição, do vocábulo predominantemente é proposital; é que, diversamente do que se pode supor, jurisdição não é atividade privativa do Poder Judiciário, sendo relevante disso lembrar quando nos propomos a definir a natureza jurídica da atividade desenvolvida por certos órgãos da Administração, como os tribunais administrativo-fiscais.

art. 5º, inciso XXXV, da Constituição Federal ("a lei não excluirá da apreciação do Poder Judiciário lesão ou ameaça a direito").

1.2 Ação e tutela jurisdicional

Ação é vocábulo que, em nível processual, serve para designar a contraface do dever jurisdicional; apresenta-se, nessa medida, como verdadeiro direito, o assim chamado *direito de ação*,[2] cujo objeto diz com a solução dos conflitos provocadores do exercício da jurisdição e que é concretamente apurado mediante a produção do que se convencionou denominar de *tutela jurisdicional* – gênero que expressa o resultado do exercício do dever jurisdicional e de sua contrapartida, o direito de ação.

Porque oficia como figura correlata à ideia de jurisdição, o direito de ação encontra sua base empírica na mesma cláusula constitucional que dá amparo ao conceito de jurisdição – art. 5º, inciso XXXV, da Constituição Federal.

1.3 Processo

Jurisdição e ação, como dever e direito abstratamente definidos no plano constitucional, não operam, pragmaticamente, por si mesmos: requisitam, para além de sua teórica evocação, a intervenção de um instrumento que os traduza no plano das relações concretas, instrumento esse ordinariamente reconhecido pelo vocábulo *processo*.

Dada sua função "tradutora" dos conceitos abstratos de jurisdição e ação, definir-se-ia processo, em apertada síntese, como *relação jurídica instrumental*.[3]

---

2. Parte-se da premissa de que, por lógica, todo dever supõe a existência de um direito, e vice-versa.

3. Instrumental porque viabiliza (instrumentaliza) o exercício do dever jurisdicional

É saudável, lembrar, de todo modo, que a ideia de instrumentalidade transcende o conceito de processo: instrumentalidade há, desde antes, nas ideias de *jurisdição* e de *ação*, visto que tais entidades vinculam-se, ambas, ao propósito de compor conflitos; estes, os conflitos, encontram seu domicílio, por sua vez, numa relação jurídica de direito material, efetiva (ou seja, já constituída) ou potencial (assim entendidas as que se encontram por ser constituídas); ação e jurisdição seriam, nessa medida, *instrumentos* do direito material, servindo-o nas específicas situações de conflituosidade.[4]

Se instrumentalidade é um elemento característico, mas não exclusivo, das relações processuais, outros elementos hão de ser trazidos à luz para que sua definição (de processo) se implemente de modo íntegro.

Três são esses elementos adicionais: (i) *angularidade*, que também pode expressar-se pela noção de *triadicidade* (a relação processual envolve, de ordinário, três sujeitos: aquele que formula a pretensão, aquele a quem é formulada e aquele contra quem se a formula); (ii) *caráter público* (uma vez que um dos sujeitos da relação é, obrigatoriamente, o Estado, na específica condição de juiz);[5] (iii) *complexidade* (por não instantânea, a relação processual conforma-se pela somatória de uma série de atos, lógica e cronologicamente encadeados).

---

e do direito de ação; usando outros termos: por meio dele, processo, dever e direito, termos abstratos, se concretizam.

4. Na prática, a noção de instrumentalidade resume-se na parêmia segundo a qual o processo não é um fim em si mesmo, senão um instrumento servil ao dever jurisdicional e ao direito de ação, figuras que, à sua vez, guardam conexão com o direito material; por transitividade, o que se pode dizer, então (e com razão), é que processo é instrumento do direito material.

5. Porque de direito público, a relação processual reger-se-ia pelos princípios gerais que a tal setor (o direito público) vinculam-se – essa é a razão prática, aliás, da referência a tal característica.

1.4 Procedimento

Por procedimento devemos entender a forma de organização dos atos que compõem o processo, funcionando, nessa linha, como verdadeiro instrumento desse último (o processo) – na exata definição apontada no item anterior.[6]

Indo além, podemos reconhecer nos procedimentos direta relação com a ideia de *complexidade* (uma das características da relação processual a que nos referimos no item precedente): porque complexa (resultando, pois, da conjugação de uma série de atos), a relação processual requer a intervenção da noção de procedimento – a bem da edificação de um feixe de atos lógica e cronologicamente organizado.

Voltamos, com isso e por mais uma vez, à ideia de instrumentalidade, que, tomada em sua completude fenomenológica, poderia ser assim esquematizada:

Quadro 1

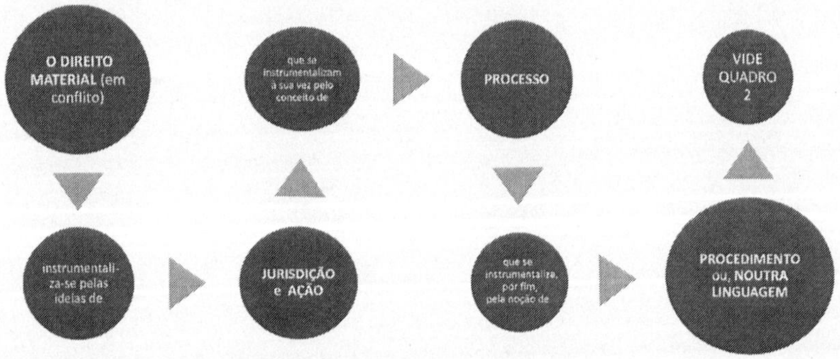

6. A definição de procedimento aqui lançada o é em vista da específica disciplina com que operamos. Noutros setores didáticos do direito (como o administrativo), o vocábulo ostenta outra acepção, cabendo ao intérprete atentar, portanto, para o contexto em que é usado.

Quadro 2

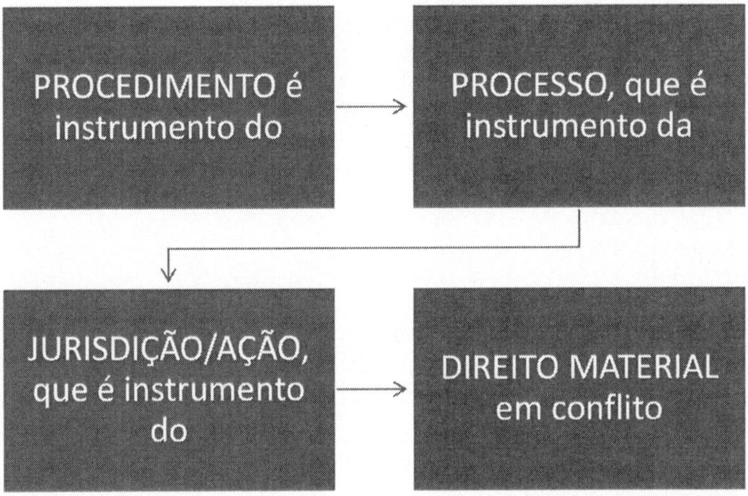

1.5 Processo e sua classificação: retomada do conceito de *tutela jurisdicional*

Representando o termo final do ciclo processual, *tutela jurisdicional* é locução reservada para designar o objetivo do processo – assim já o vimos. Exatamente por isso – por encarnar o propósito último da relação processual –, nela (tutela jurisdicional) identifica-se, por presunção, o conceito de *norma* (usualmente, de tônus *individual* e *concreto*).

Dir-se-ia, nesse sentido, que referida entidade responde pela definição da conduta das partes envolvidas no conflito de interesses levado a conhecimento do Estado-juiz.[7]

7. Embora não seja nosso foco temático, dessa afirmação é possível extrair um'outra, de grande importância na atualidade: jurisdição é atividade de produção normativa, sendo em alguns casos exercida de forma "escalar", assim designável a jurisdição que resulta na emanação de normas de tom geral e abstrato, hipótese que no passado recente se verificava em casos muito específicos, mas que hoje se vê presente de uma forma muito mais difundida, dados os potenciais efeitos que derivam do julgamento dos recursos extraordinários (com repercussão geral) e dos recursos especiais representativos de controvérsia.

Por constituir um gênero, a expressão *tutela jurisdicional* serve para designar variadas formas de atuação do Estado-juiz, definindo-se suas espécies, em princípio, pelo tipo processual de que brotam – essa é a base da mais relevante forma de classificação dos processos de que se valia o Código de Processo Civil de 1973. Com efeito, tomada como critério a espécie de tutela jurisdicional por cada processo proporcionada, o estatuto processual de 1973 reconhecia as seguintes classes processuais:

Quadro 3

Espécie processual	**Tutela jurisdicional correspondente**	
	Forma*	Conteúdo**
Processo de Conhecimento	Sentença	direito material
Processo de Execução	atos executivos (variam de acordo com o tipo de execução)	direito material (preordenado no título)
Processo Cautelar	Sentença	direito material considerado em nível de aparência***

* Forma: Do ponto de vista formal, a tutela jurisdicional apresenta-se pelo respectivo invólucro ou, numa outra linguagem, pelo correspondente veículo introdutor.

** Conteúdo: O conteúdo a que nos referimos é representado pela norma individual e concreta de direito material compositiva do conflito subjacente ao processo. Via de regra, esse conteúdo diz com o direito material debatido (decorrência natural da noção de instrumentalidade de que se falou pouco antes). Não obstante, pelo menos uma situação excepcional vem revelada no próprio quadro-resumo aqui apresentado: a do processo cautelar, cuja tutela não visa à composição do conflito, mas ao asseguramento do bem jurídico – direito material – debatido (essa observação, registre-se, tem a ver com o Código de Processo Civil de 1973, e apenas com ele, à medida que o Código de Processo Civil de 2015 não mais dispõe de processos especificamente cautelares). Outras situações excepcionais há, de todo modo, valendo mencionar, dentro do Código de Processo Civil de 1973, a prevista no art. 794 combinado com o subsequente art. 795 (dispositivos que encontram o seu espelho nos arts. 924 e 925 do Código de Processo Civil de 2015): a tutela ali descrita não é materialmente jurisdicional, senão apenas formalmente – tem forma de tutela jurisdicional (sentença), mas não conteúdo de tanto.

*** Aparência: O processo cautelar representava, no Código de Processo Civil de 1973, exceção à regra geral que preordenava a instrumentalidade do processo com o direito material. Sua instrumentalidade seria de segundo grau: protege o processo principal (relação de primeiro grau), que protege, por sua vez, o direito material (sua conexão, do processo cautelar, com o direito material era, pois, mediata, indireta, em segundo grau).

No atual Código de Processo Civil, as referências são outras: movido pela ideia de sincretismo (sobre a qual falaremos mais adiante), o legislador de 2015 flexibilizou a classificação tradicional, deixando de operar com a noção de correspondência "processo/tutela".

Seguiríamos identificando, com a vigência da novel legislação, processos de conhecimento, cujo reconhecimento não se vincularia à emissão de um único tipo de tutela (a cognitiva, sob a forma de sentença), visto que de seu bojo promanaria tutela executiva, materializada sob a forma de "cumprimento de sentença" (Livro I da Parte Especial do atual Código);[8] seguiriam igualmente identificáveis, como categoria processual autônoma, os processos de execução, desde que fundados em título que não se submeta a cumprimento (Livro II da Parte Especial); abandonaríamos,

8. Essas figuras já constavam do Código "antigo" (o de 1973), dadas as modificações incidentais a que fora submetido. O Código de 2015 reforça, de todo modo, essa tendência – a de sincretização , deixando clara sua intenção de fazê-la regra, não mais exceção.

por outro lado, o "terceiro gênero", pertinente aos processos cautelares, cuja tutela passa integrar quaisquer dos tipos processuais anteriormente referidos, observadas, para tanto, as regras pertinentes ao "grande grupo" das tutelas ditas provisórias (arts. 294 e ss.) – lembrando-se, sempre, das ressalvas que persistem presentes no ordenamento, caso da medida cautelar fiscal e da ação de antecipação de garantia, das quais cuidaremos adiante.

1.6 Processo e procedimento: sofisticando a classificação

Procedimento, já o vimos, é vocábulo que, em direito processual, serve para designar a forma de organização lógica e cronológica dos atos do processo.

Observada a divisão tricotômica albergada pelo sistema processual de 1973 (quadro anterior), cumpre reconhecer, em adição, a existência de estruturas procedimentais próprias a cada uma daquelas categorias, o que nos autoriza a construir, sumariando a questão, a seguinte cena:

Quadro 4

<table>
<tr><th>PROCESSO</th><th colspan="3">PROCEDIMENTO</th></tr>
<tr><td rowspan="2">de Conhecimento</td><td colspan="2">COMUNS</td><td rowspan="2">ESPECIAIS</td></tr>
<tr><td>Ordinário (máxima subsidiariedade)*</td><td>Sumário</td></tr>
<tr><td>de Execução</td><td colspan="2">COMUM
(execução por quantia certa contra devedor solvente; regras subsidiárias às dos demais procedimentos executivos)</td><td>ESPECIAIS</td></tr>
<tr><td>Cautelar</td><td colspan="2">COMUM
(medida cautelar inominada/ poder geral de cautela)</td><td>ESPECIAIS</td></tr>
</table>

* A expressão máxima subsidiariedade é lançada com o propósito de referir o conjunto de regras procedimentais cuja aplicação serve não apenas ao bloco processual com o qual se encontra conectado, senão a todos: precisamente o que ocorria, no Código de Processo Civil de 1973, com as regras do procedimento comum ordinário, aplicáveis que eram, no que cabia, não só aos procedimentos especiais do processo de conhecimento, mas também aos procedimentos executivos e cautelares. Esse raciocínio, no contexto do Código de Processo Civil de 2015, é aplicável em relação ao procedimento dito "comum", de que se ocupa o Título I do Livro I da Parte Especial.

Segundo se nota, a técnica adotada para fins de definição das realidades procedimentais era basicamente a mesma em relação a todas as categorias processuais então existentes – cognitiva, executiva ou cautelar. Em todos os casos, com efeito, o direito positivo nacional operava com a dicotomia *regra geral* (procedimento comum) e *regra específica* (procedimento especial), sendo que o que nos conduzia na aplicação concreta de uma ou outra dessas realidades era, novamente, a noção de *instrumentalidade*: em função de certas particularidades materiais tidas por relevantes pelo legislador é que o aplicador se punha remetido a um dado conjunto de regras (procedimentais) especiais. Usando outros termos: o que determinava a persecução de um peculiar caminho procedimental (rito especial) – ou, antes disso, do rito comum – não era a opção indiscriminada dos atores processuais, senão o direito material subjacente à lide.[9]

---

9. "Diferentemente do que os 'autonomistas' pregaram para justificar o caráter científico do estudo do direito processual civil, como 'ramo do direito autônomo', não vinculado ou dependente de qualquer outro, o direito material - aquele cuja aplicação ou observância controvertida pode dar ensejo à atividade jurisdicional - influencia, a olhos vistos, a compreensão do direito processual civil como um todo. Não se trata de dar destaque ao fenômeno da interpretação do direito que o magistrado terá de realizar para decidir, objeto de questionamentos dos itens 2.6 a 2.6.6, mas, bem diferentemente, de compreender que todas as vicissitudes, as dificuldades e os valores que habitam o plano do direito material são transportados, de uma forma ou de outra, para o plano do processo, fazendo com que estes dois planos do ordenamento jurídico (o material e o processual) comuniquem-se e alimentem-se necessariamente. Diversos institutos processuais civis só têm sentido, é esta a

Com o Código de Processo Civil de 2015, esse raciocínio não foi alterado, senão apenas "abreviado": como são duas, e apenas duas, as categorias processuais reconhecidas no novo sistema (processo de conhecimento e processo de execução), o quadro anteriormente apresentado perde uma de suas frações.

Ademais disso, o "procedimento comum sumário" (anteriormente vinculado ao processo de conhecimento) é eliminado, garantindo-se o equilíbrio da equação "um

---

grande verdade, quando analisados à luz do plano do direito material. É importantíssimo, destarte, que o estudo do direito processual civil tenha consciência de que o plano material lhe diz respeito também e influencia, de forma mais ou menos tênue, consoante o caso, o próprio 'ser' do direito processual civil.
O direito processual civil, não obstante tenha identidade, função, finalidade e natureza próprias, serve, atende e volta-se para a aplicação concreta do direito material. O direito processual civil realiza o direito material, e, por isto mesmo, deixa-se influenciar de forma mais ou menos intensa por ele. Nesta perspectiva, o direito processual civil desempenha a finalidade de instrumento do direito material.
Vários autores voltaram-se, especificamente, à demonstração da necessidade do estudo do processo civil a partir deste prisma.
É imprescindível estreitar ao mínimo indispensável os campos do 'direito material' e do 'direito processual' ou, para empregar o nome que ganhou mais notoriedade na doutrina mais recente, reduzir, ao mínimo essencial, o binômio entre 'direito' e 'processo'.
Todas as categorias do direito processual civil, de forma mais ou menos intensa, de forma mais ou menos direta, são informadas pelo direito material.
Há uma necessária comunicação, uma necessária interpenetração de um campo no outro, embora, isto é importante que fique claro, o direito material não se confunda com o direito processual nem vice-versa.
Mesmo naqueles casos em que as categorias processuais parecem existir independentemente do direito material, não se pode perder de vista que o direito processual civil volta-se à realização do direito material.
Mesmo que alguma categoria do direito processual civil, destarte, não receba influências diretas do que está fora dele, nem por isto a perspectiva de análise aqui acentuada pode ser perdida de vista. Assim se dá, por exemplo, com o sistema recursal.
É difícil justificar qualquer forma de contraste ou de controle de uma decisão judicial por órgão jurisdicional diverso analisando estas estruturas do ponto de vista externo ao processo. Mas, mesmo nestes casos, mesmo que o 'recurso de apelação' não seja, ele próprio, informado por nenhuma realidade de direito material, mesmo assim sua finalidade última, a de revisar a 'sentença' proferida pelo juízo de primeiro grau de jurisdição, por exemplo, volta-se ao aprimoramento do que foi decidido e, nesta condição, volta- se ao direito material. Também a atividade recursal tem em vista a produção de atos e de efeitos externos ao processo." (BUENO, Cassio Scarpinella. *Curso sistematizado de direito processual civil* – tutela jurisdicional executiva. 3. ed. São Paulo: Saraiva, 2010. p. 81-2).

procedimento comum" em oposição a "dois ou mais procedimentos especiais".[10]

Voltando ao que dizíamos antes: se efetivarmos o corte metodológico que o presente estudo recomenda (colocando os olhos sobre a particular realidade executiva), podemos dizer que é a natureza do direito material (de fundo) – identificado no título que dá base à pretensão/tutela executória –, que definirá se o modelo procedimental a ser adotado no caso concreto será *especial* (o que acontece, por exemplo, com as obrigações portadas, ativamente, pela Fazenda Pública) ou, à falta de prescrição legal nesse sentido, *comum* – cujas regras estão alinhadas, no atual Código de Processo Civil, a partir de seu art. 797.

Em suma:

Jurisdição – Dever estatal, predominantemente desenvolvido pelo Poder Judiciário, de compor conflitos de interesses.

Ação – Direito cujo objeto está na solução dos conflitos provocadores do exercício da jurisdição – contraface do dever jurisdicional:

> **Art. 5º, inciso XXXV**, da **CF**:
>
> "a lei não excluirá da apreciação do Poder Judiciário lesão ou ameaça a direito" (base empírica dos dois conceitos, *jurisdição* e *ação*).

Processo – Relação jurídica (i) instrumentalizadora dos conceitos abstratos de jurisdição e ação, (ii) angular (ou *triádica*), (iii) de caráter público e (iv) complexa.

---

10. O § 1º do art. 1.046 do Código de Processo Civil de 2015 prescreve a ultratividade das normas pertinentes ao procedimento sumário em relação às ações propostas e não sentenciadas até o início da vigência do atual Código. Isso vale, também, para os procedimentos especiais revogados.

Procedimento – Forma de organização dos atos que compõem o processo.

Tutela jurisdicional – Gênero que expressa o resultado do exercício do dever jurisdicional e de sua contrapartida, o direito de ação.

Possível entendê-la, numa outra perspectiva, como **norma**, usualmente individual e concreta, uma vez que responde pela definição da conduta das partes envolvidas no conflito de interesses levado a conhecimento do Estado-juiz, vinculando-as.

Por constituir um gênero, a expressão **tutela jurisdicional** serve para designar variadas formas de atuação do Estado-juiz, definindo-se suas espécies, em princípio, pelo tipo processual de que emanam.

Todas as categorias processuais normativamente contempladas pelo sistema desafiam **procedimento** identificável como **comum** (regra geral, aplicável à falta de norma específica) ou **especial**.

O que determina a sujeição de certas categorias a uma ou outra dessas realidades é a presunção, *ex lege*, de que o direito de fundo (material) requisita (ou não) a persecução de um peculiar caminho procedimental.

É a natureza do direito material, identificado no título que dá base à pretensão/tutela executiva, que definirá se o modelo procedimental a que se vinculará o caso concreto será *especial* ou, à falta de prescrição legal, o *comum*.

Capítulo 2

A JURISDIÇÃO NO PLANO EXECUTIVO

2.1 Jurisdição como conceito inclusivo da ideia de execução

Jurisdição, já vimos, é atividade estatal voltada à composição de conflitos de interesses verificados no bojo de relações de direito material.

No mais das vezes, essa atividade desemboca na edição de provimento veiculador de norma individual e concreta, substitutiva da vontade divergente das partes litigantes.

A par de tal possibilidade, pode ocorrer que essa norma já esteja contida num documento ao qual o ordenamento outorga força executiva e que, por isso mesmo, autoriza a execução do que nele se contém, independentemente da emissão, pelo Estado-juiz, de um pronunciamento declarativo e/ou constitutivo.[11]

11. "Assim, além de a tutela jurisdicional envolver o momento 'declaração', no sentido de afirmar, perante o Estado-juiz, se existe, ou não, o direito que se afirma lesionado ou, quando menos, ameaçado, ela envolve também os mecanismos, os métodos, as medidas, as técnicas que o mesmo Estado-juiz praticará com vistas a transformar em realidade aquilo que reconheceu (declarou). Quaisquer medidas de cunho 'executivo', assim entendidas quaisquer técnicas que serão empregadas para a modificação do plano exterior ao processo para que o direito, tal qual

Para esses casos, fica dispensada a intervenção estatal tendente ao reconhecimento da relação jurídica-base, cabendo apenas a realização daquilo que já consta do documento antes referido – usualmente designado *título executivo*. E assim há de ser, pois, embora ausente qualquer interesse, em tais situações, quanto à prolação de uma tutela do tipo *sentença*, é correto dizer que os atos tendentes à efetivação forçada do direito subjacente àquele documento (o título) só podem vir a ser praticados pelo Estado-juiz, via *jurisdição executiva*.[12]

É impositivo reconhecer, por aí, que as *tutelas executivas* incluem-se no conceito de jurisdição, embora não sejam representativas da atividade de "dizer o direito".[13]

Por certo que essas proposições partem do cenário normativo construído a partir das opções adotadas pelo Estado brasileiro, inclusive no que toca ao "tamanho" que se dá à expressão "devido processo legal". Reorganizado o cenário, conclusões outras poderíamos tirar – inclusive no sentido de despojar do conceito de jurisdição a atividade executória ordinária. Parece interessante essa espécie de advertência – a ser tomada com imperiosa neutralidade – porque, como veremos mais adiante, a atividade de

---

reconhecido, venha a ser na exata medida em que foi atestado existente, são, também, jurisdição, são também exercício da função jurisdicional.

(...)

Jurisdição, assim, é a função exercida pelo Estado-juiz para declarar e realizar concretamente o direito, mesmo que uma tal realização seja forçada, isto é, não conte com a colaboração, compreendida a palavra em seu sentido mais amplo, daquele em face de quem a função jurisdicional será prestada. Neste contexto, a palavra 'jurisdição' e a locução 'função jurisdicional' são equivalentes." (BUENO, Cassio Scarpinella. *Curso sistematizado de direito processual civil* – tutela jurisdicional executiva cit., p. 281-2).

12. O inciso LIV do art. 5º da Constituição assevera, com efeito, que "ninguém será privado da liberdade ou de seus bens sem o devido processo legal". Sobre a extensão do conceito de devido processo legal, em especial, sobre a necessária judicialidade (ou não) dos executivos fiscais, trabalharemos mais adiante (Capítulo 12).

13. Recusamos, com essas palavras, as definições do conceito de jurisdição que operam a partir unicamente de sua etimologia.

cobrança vai (ou pode ir) muito além da tradicional evocação da força do Estado-juiz, tudo a suscitar óbvio amadurecimento dos atores envolvidos.[14]

2.2 Jurisdição executiva *versus* processo executivo

Se processo é relação que instrumentaliza o dever estatal de prestar jurisdição – reconsulte-se, sobre tanto, o item 1.3 retro –, possível dizer, por transitividade, que *processo executivo* é o que instrumentaliza jurisdição desse específico quilate. Advirta-se, porém: essa não é uma proposição intransponível.

Precisamos insistir na diferenciação, com efeito, de jurisdição (atividade estatal de composição de conflitos) e processo (instrumento da jurisdição); assim procedendo, perceberemos que, em algumas situações, o instrumento da jurisdição exercida *in concreto* qualificar-se-á por um certo *sincretismo*, revelando-se, por exemplo, a partir de caracteres cognitivos e, a um só tempo, executivos.[15]

Essa, aliás, vem se mostrando a tônica contemporânea do processo civil brasileiro: voltando sua atenção para a noção de *efetividade* – que se pode definir pela capacidade que há de ter a jurisdição de transpor o mundo das abstrações teóricas, para tornar-se sensorial, concreta e factualmente perceptível –, o processo, como instrumento da

---

14. Em nossa visão, independentemente da simpatia (ou não) por caminhos alternativos à jurisdição (mormente a executiva), parece muito claro o precário estado de maturidade jurídico-comportamental que nos caracteriza, em nossa nação, sobretudo no trato dos conflitos. Sabendo que, no mais das vezes, imaturidade atrai incapacidade de assunção de responsabilidades e que essa incapacidade atrai, por sua vez, a constante necessidade de convocar um terceiro, por premissa neutro, para fazer o que não somos capazes, fica simples entender como um dos grandes motivos as altas taxas de beligerância que nos marca: em grande medida, é nossa puerilidade (institucional, inclusive) que está lá, firme, nos movimentando.

15. Começamos a falar algo sobre sincretismo no capítulo anterior; tentaremos, agora, aprofundar o conceito.

jurisdição, tende a valorizar o resultado (produção de tutela efetivamente jurisdicional, vale dizer, aquela que viabiliza, materialmente, a composição de um dado conflito) e passa, com isso, a absorver perspectivas menos "compartimentalizadas"; deixa-se de lado, nessa toada, o projeto meramente cognitivo, imaginando-se, para além disso, a ideia de executabilidade – talvez por isso mesmo é que o Código de Processo Civil de 2015, reorganizando a "topografia" do que o antecedeu, tenha alojado, num mesmo Livro (o I), tanto a disciplina do processo de conhecimento como a do cumprimento de sentença.

Quer isso significar que a relação processual não é, na nova realidade normativa, própria e exclusivamente cognitiva; não se direciona, portanto, a um único tipo de tutela (e de jurisdição, por conseguinte), tendendo a experimentar, isso sim, uma outra (e simultânea) face: a executiva.

Muito além do mundo dos processos exclusivamente voltados à obtenção de tutela executiva (que acabaríamos por definir como propriamente executórios), devemos supor, no ambiente atual, uma outra possibilidade, em que a jurisdição dita executiva proviria não de um processo próprio (de execução), mas de um *processo sincrético*, originalmente canalizado à atividade cognitiva e que, numa outra perspectiva, assume foros de executividade.

Essa última realidade – especialmente interessante, em nosso sistema, a partir da Lei 11.232/2006 – foi definitivamente incorporada no Código de Processo Civil vigente, provocando uma sensível alteração nos padrões classificatórios tradicionais (como apresentados no Capítulo anterior), à medida que rompe com a noção de "compartimentalização" – refletida, de certo modo, nos quadros 3 e 4 do Capítulo 1.

Não obstante, é preciso registrar que, essa nova perspectiva só é relevante para a jurisdição executiva decorrente do prévio exercício de jurisdição cognitiva, afirmação que nos remete ao problema dos pressupostos necessários ao exercício da jurisdição executiva. Caminhemos nessa direção.

2.3 Tutela executiva, sincretismo processual e processo de execução

Mesmo que genericamente, deixamos assente, linhas atrás, que o propósito das manifestações processuais executivas imbrica para a ideia de efetivação (realização) do conteúdo de uma obrigação insatisfeita. Avançando, podemos dizer que a missão da jurisdição executória diz com a veiculação de atos judiciais tendentes à efetivação, no plano fenomênico, da obrigação inadimplida.

Esses atos-providências determinados pelo Estado-juiz supõem, à evidência, o prévio assentamento da obrigação exequenda. Para fins de execução, não basta, pois, a mera afirmação da existência da relação obrigacional: é preciso que ela (obrigação) esteja atestada em veículo de linguagem reconhecido pelo sistema normativo como canal habilitado a fixar sua existência.

Esse documento, usualmente denominado de *título executivo*, apresenta-se, seguida a linha que vimos firmando, como especial pressuposto para o exercício da jurisdição executória.[16]

---

16. Sobre o assunto, prescreve(ia) o art. 583 do Código de Processo Civil de 1973 que "toda execução tem por base título executivo judicial ou extrajudicial". O atual Código, como salientado, optou por vincular os títulos judiciais a atos executivos praticados em grau de cumprimento. Não falaremos mais, com isso, em "processo de execução" fundado em título judicial; essa a razão pela qual o mencionado dispositivo não foi repetido na nova lei. O art. 771 do Código de 2015 deixa essa ideia clara, de certa forma, ao referir que o Livro II ("Do Processo de Execução") "regula o procedimento da execução fundada em título extrajudicial", sendo suas disposições subsidiariamente aplicáveis aos atos executivos realizados no procedimento de cumprimento de sentença.

Usando outro falar: muito além da atividade de *dizer o direito*, a jurisdição executiva pressupõe a prévia construção, em canal próprio, do *direito* a ser efetivado. E esse canal, em nosso sistema, defluiria basicamente de duas fontes: (i) a judicial (de cunho específico) e (ii) a extrajudicial (de índole geral).

Pois é aí, precisamente, que pretendíamos chegar: (i) os documentos integrantes da primeira classe requisitam, de ordinário, o reconhecimento de uma peculiar fonte produtora, a *judicial* (melhor dizer, *jurisdicional*); assim se definiriam, porque decorrentes do prévio exercício da jurisdição cognitiva; (ii) os outros (os títulos extrajudiciais), diversamente, não envolveriam a precedente instalação de processo de conhecimento, não encontrando, portanto, ambiente jurisdicional previamente constituído.

Para o primeiro caso – dos documentos judicialmente produzidos –, aceitável supor a incidência da noção de *sincretismo*; para o segundo, tal ideia não se apresenta viável: se de título extrajudicial se fala, é porque não houve o prévio exercício de jurisdição, não tendo se instalado, pois, anterior processo que pudesse servir de suporte físico para a deflagração da atividade executória.

Conclusão: ou a execução se deflagra, nesse último caso, por meio de um processo propriamente voltado a esse fim, ou nada ocorrerá – justamente o que ocorre com as chamadas "execuções fiscais".

Podemos (e devemos) reconhecer, insistindo-se, que a *tutela executiva* (fruto da *jurisdição executiva*) pode decorrer, no caso dos documentos judicialmente produzidos, de um processo *sincrético* (*cognitivo-executório*) ou, no caso dos títulos extrajudiciais, de um processo propriamente designado de executivo.

2.4 Execução processual (título extrajudicial) e execução sincrética (documento judicialmente produzido, prescritor de obrigação a ser cumprida): panorama geral dos meios de emissão da tutela executiva

A partir do quanto fixado no item precedente, possível dizer, ainda que o façamos em termos genéricos, que as execuções fundadas em título extrajudicial representam, no sistema atual, a única via executiva dotada de autonomia processual, operando, quanto ao mais (ou seja, quanto às execuções fundadas em título judicial), a ideia de *sincretismo*: antes de se apetrecharem por processo independente, as execuções que se escudam em documento produzido em ambiente jurisdicional apropriar-se-iam de canal já instaurado (cognitivo), daí derivando a decantada expressão (*sincretismo processual*) – por meio de um único instrumento (o "velho" processo de conhecimento) tutelas de diferentes índoles (uma, propriamente cognitiva, projetada por sentença; outra, executiva, inerente à fase de cumprimento) exprimir-se-iam.

Em vista disso, reitere-se, já não é possível querer que o processo seja distribuído de modo estanque numa das três categorias a que nos reportamos nos quadros 3 e 4 do Capítulo 1, não pelo menos se o critério de identificação tomado pelo intérprete é o da tutela por ele, processo, projetada.

E isso, repita-se, por questão singela, decorrência direta do aperfeiçoamento da noção de *sincretização processual*: os processos qualificados como cognitivos já não mais se definiriam em função da tutela que geram (igualmente cognitiva), já que de seu bojo surgiriam, potencialmente, tutelas executivas – isso, sem falar na possibilidade de inclusão de tutelas provisórias cautelares, o que elevaria a noção de sincretismo a patamar de máxima visibilidade.

A par de tais considerações, renove-se a proposição inicialmente lançada: se o que orienta a pretensão executiva é título de natureza extrajudicial, inevitável supor processualidade autônoma – por não derivarem de atividade jurisdicional prévia (cognitiva), esses títulos, os extrajudiciais, têm a respectiva executabilidade subordinada à instauração de canal processual próprio.

2.5 Execução fiscal: o meio de constituição do crédito respectivo como elemento definidor de sua natureza processual

Como já deixamos entrevisto, é precisamente na segunda das classes mencionadas ao cabo do item anterior (das execuções desvinculadas de prévia atividade judicial cognitiva) que se situam as execuções ditas fiscais.

Fundada que está em título produzido em ambiente extrajudicial, mencionada categoria requisita, para que se instrumentalize, a instauração de canal processual próprio; opera, por assim dizer, a partir da noção de processualidade autônoma.

E é justamente por isso que devemos sempre falar em *processo* executivo fiscal, tomando o vocábulo grifado (*processo*) em seu sentido absolutamente literal – tudo porque, por expressa opção do nosso sistema, os créditos qualificados como *fiscais* se constituem em nível extrajudicial.

Em suma:

Se a relação jurídica de direito material sobre a qual se controverte encontra-se assentada em documento ao qual o ordenamento outorga força executiva, desnecessária, de ordinário, a emissão, pelo Estado-juiz, de pronunciamento declarativo e/ou constitutivo do direito de fundo.

O documento em questão é usualmente designado **título executivo**.

Ordinariamente, os atos tendentes ao cumprimento forçado do direito subjacente ao título executivo só podem vir a ser praticados via **jurisdição executiva**, o que permite concluir que as **tutelas executivas** incluem-se, sim, no amplo conceito de jurisdição, embora não representativas da atividade de "dizer o direito".

Tomando-se a distinção entre jurisdição (atividade estatal de composição de conflitos) e processo (instrumento da jurisdição), perceberemos que, em dadas situações, o instrumento da jurisdição exercida *in concreto* pode se qualificar por um certo **sincretismo.**

Nessa perspectiva, o processo deixa de lado a ideia de "compartimentalização" (de conhecimento, de execução etc.) e passa a ostentar caráter *híbrido* – cognitivo-executivo (a um só tempo), por exemplo.

Nem sempre a tutela executiva é obtida por meio de um processo dirigido, autonomamente, a esse resultado, podendo derivar de um processo em princípio cognitivo.

A jurisdição executiva – assim como a respectiva tutela – ou se vincula a um **processo propriamente executivo**, ou decorrerá de um processo em princípio cognitivo, mas que, depois, assume perfil executório ("**sincretizando-se**").

O documento que dá base à veiculação da pretensão executiva (o **título**) pode se constituir em nível (i) **judicial** ou (ii) **extrajudicial.**

Os **títulos judiciais** requisitam, de ordinário, o reconhecimento de uma peculiar fonte produtora, a **jurisdicional**; decorrem do prévio exercício da jurisdição cognitiva.

Os **títulos extrajudiciais**, a seu turno, dispensam o precedente exercício de jurisdição (e, consequentemente, a prévia instalação de processo de conhecimento).

Para os documentos **judiciais**: aceitável supor a incidência da noção de *sincretismo*.

Para os **extrajudiciais**: inviável falar de *sincretismo* (à falta de prévio processo que sirva de suporte para a deflagração de atividade executória, é necessário que a execução se deflagre por meio de um processo propriamente voltado à ideia de execução).

As **execuções fiscais**, porque necessariamente assentadas em **título extrajudicial**, supõem **processualidade autônoma**.

Capítulo 3
EXECUÇÃO FISCAL: LINEAMENTOS GERAIS

3.1 Posição sistêmica

Fechado o Capítulo anterior, podemos dizer, a título de inauguração do presente, que as execuções qualificadas como fiscais incluem-se na classe das processualmente autônomas, exigindo, por isso, o aparelhamento de processo especificamente voltado à produção da tutela correlata.

Tendo por objeto prestação diretamente expressada em pecúnia, indigitada categoria pode ser acomodada, ademais, no grupo das *execuções por quantia certa* – tomando--se, para tanto, o critério de identificação de classes (expressamente preconizado na legislação processual geral) que considera a natureza da obrigação exequenda.

Embora de certo modo "enquadrável" na mencionada classe (das execuções por quantia certa, repita-se), é bom que se diga, porém, que as execuções fiscais encontram sua matriz normativa para além da legislação processual geral

– fonte primária da classificação apontada –, residindo na Lei 6.830/80 referida matriz.[17]

3.2 Definição

Nos termos da Lei 6.830/80, dois são os fatores que respondem pela definição de uma execução como fiscal: de um lado, seu sujeito ativo; de outro, o correspondente objeto.

3.2.1 O sujeito ativo

Já em seu art. 1º, a Lei 6.830/80 deixa à mostra que a definição da figura processual de que tratamos passa, antes de tudo, pelo reconhecimento do titular do direito creditório: União, Estados, Distrito Federal, Municípios e respectivas autarquias.[18]

3.2.2 O objeto

O mesmo dispositivo, associado ao § 1º do art. 2º, agrega um segundo elemento à definição, agora de natureza objetiva, representado pela locução *dívida ativa*, assim entendido *qualquer valor, cuja cobrança seja atribuída por lei às entidades de que trata o art. 1º*.[19]

17. Quer isso significar que, conquanto didaticamente subordinada a um conceito proveniente da legislação geral, não é nela, legislação geral, que as execuções fiscais encontram sua disciplina fundamental; tomemos cuidado, no entanto, porque isso não significa que as execuções fiscais estejam absolutamente alheias aos padrões estabelecidos pelo Código de Processo Civil: referido diploma, vestido que é de tônus geral, incide, sim, sobre a categoria de que tratamos, fazendo-o, no entanto, em nível subsidiário.

18. "Art. 1º. A execução judicial para cobrança da Dívida Ativa da União, dos Estados, do Distrito Federal, dos Municípios e respectivas autarquias será regida por esta Lei e, subsidiariamente, pelo Código de Processo Civil."

19. "Art. 2º. Constitui Dívida Ativa da Fazenda Pública aquela definida como tributária ou não tributária na Lei n. 4.320, de 17 de março de 1964, com as alterações

3.2.3 Conjugando os dois elementos

Podemos dizer, por essas premissas, que *fiscal* é a execução que, a um só tempo, tem por *sujeito ativo* entidade inserta no conceito de *Fazenda Pública* (expressão que compreende as figuras arroladas no art. 1º da Lei 6.830/80), e, por *objeto*, valor qualificado como *dívida ativa*.

Conquanto a segunda premissa (a objetiva, repita-se) implique o reconhecimento da primeira (correspondente ao sujeito ativo) – já que, por definição legal, *dívida ativa* é aquela de que é titular a Fazenda Pública –, é importante que se diga que o contrário não é verdade: a primeira não implica necessariamente a segunda (nem todo crédito da Fazenda Pública enquadra-se no conceito de dívida ativa).

No sistema nacional, há, de fato, situações especiais em que se reconhece a existência de crédito em favor da Fazenda Pública não subordinado ao conceito de dívida ativa, sendo um dos mais eloquentes exemplos dessa situação o dos créditos decorrentes da cominação de multa pelo Plenário do Tribunal Administrativo de Defesa Econômica.

Nos termos do art. 93 da Lei 12.529/2011, referidas decisões constituem, por si, título executivo extrajudicial, não dependendo, portanto, de prévia inscrição em dívida ativa para que se apresentem executáveis.[20]

Assim, mesmo que o art. 94 do mesmo estatuto preveja que "a execução que tenha por objeto exclusivamente a cobrança de multa pecuniária será feita de acordo com o disposto na Lei 6.830, de 22 de setembro de 1980"

---

posteriores, que estatui normas gerais de direito financeiro para elaboração e controle dos orçamentos e balanços da União, dos Estados, dos Municípios e do Distrito Federal.

§ 1º. Qualquer valor, cuja cobrança seja atribuída por lei às entidades de que trata o artigo 1º, será considerado Dívida Ativa da Fazenda Pública. (...)."

20. "Art. 93. A decisão do Plenário do Tribunal, cominando multa ou impondo obrigação de fazer ou não fazer, constitui título executivo extrajudicial."

(determinando, portanto, a incidência das regras de procedimento estabelecidas no diploma responsável pela disciplina das execuções fiscais), não seria possível dizer *fiscais*, conceitualmente, essas execuções, uma vez faltante, em relação a elas, o elemento objetivo do conceito – a saber, a noção de dívida ativa.

Mais óbvios ainda são os casos em que o crédito fazendário deflui de título judicial – caso das condenações, por exemplo, no pagamento de verba sucumbencial, clara hipótese em que o que voga é a noção de sincretismo a que antes nos referimos.

Em suma, devemos dizer que, embora todo o crédito definido como *dívida ativa* seja da *Fazenda Pública*, nem todo crédito da *Fazenda Pública* ter-se-ia como *dívida ativa*. E se, como visto, a definição de uma execução como fiscal demanda a conjunção daqueles dois elementos (sujeito ativo e objeto), o que se tiraria, ao cabo de tudo, é que, conquanto toda execução fiscal seja necessariamente pertinente a crédito da Fazenda Pública, nem todo crédito da Fazenda Pública se poria infalivelmente submisso ao regime executivo fiscal.

3.2.4 O (indiferente) sujeito passivo

Se é certo dizer que a submissão de uma dada situação concreta ao conceito abstrato de execução fiscal demanda o intercurso de dois elementos – sujeito ativo e objeto –, o mesmo não é possível dizer quanto ao elemento relacional remanescente: o sujeito passivo.

Ele, o sujeito passivo, ou melhor, a(s) qualidade(s) que ostenta, apresenta(m)-se como um completo indiferente para fins de definição do executivo como *fiscal*.

Desde que preenchidas as elementares antes avistadas [crédito da (i) Fazenda Pública catalogado como (ii) dívida ativa], a circunstância de o devedor ostentar essa ou aquela condição não é determinante da natureza executiva fiscal. Por isso, aliás, dissemos, no item 3.1, que as execuções fiscais subsumir-se-iam, teoricamente, ao conceito geral de *execução por quantia certa*, deixando de lado qualquer outro predicativo relacionado à condição do devedor – se solvente ou insolvente, por exemplo.[21]

Qualquer que seja o sujeito passivo, solvente ou insolvente, pessoa física ou jurídica, de direito público ou de direito privado, aplicável se põe o conceito de execução fiscal, bastando, para isso, que as condições efetivamente relevantes estejam implementadas.

E tanto é assim que a Lei 6.830/80, em seu art. 5º, prescreve que a competência para processar e julgar a execução da dívida ativa da Fazenda Pública exclui a de qualquer outro juízo, inclusive o da falência, da concordata, da liquidação etc., revelando, nesse particular, seu evidente intento de submeter à via executiva fiscal os devedores que estejam sob o excepcional regime da insolvência, ideia que se repete em seus arts. 29 e 31.[22]

---

21. No Código de Processo Civil de 1973, diploma geral que opera com essa espécie de classificação, é visível, diversamente, esse tipo de preocupação. O diploma prescreve, de fato, um modelo procedimental para as execuções contra devedor solvente (art. 646 e seguintes) – modelo esse substituído pelo do atual Código em seus art. 824 e ss. – e outro para o insolvente (art. 748 e ss.). O Código de Processo Civil de 2015 não mais oferece uma específica disciplina para essa modalidade (da execução contra devedor insolvente, esclareça-se), "sugerindo" que desse assunto cuide lei especial. Nesse sentido, o art. 1.052 (que integra o "Livro Complementar", dedicado às disposições finais e transitórias do Código) estabelece, outorgando ultratividade aos arts. 748 a 786-A do Código "velho": "Até a edição de lei específica, as execuções contra devedor insolvente, em curso ou que venham a ser propostas, permanecem reguladas pelo Livro II, Título IV, da Lei 5.869, de 11 de janeiro de 1973."

22. Tratando da específica realidade dos créditos tributários, podemos invocar, ainda, o art. 187 do Código Tributário Nacional ("A cobrança judicial do crédito tributário não é sujeita a concurso de credores ou habilitação em falência, recuperação judicial, concordata, inventário ou arrolamento"). Um cuidado se há de ter, porém, com essas afirmações: as regras a que estamos nos referindo operam sobre a realidade particularmente processual, não repercutindo no direito material. A esse tema voltaremos por ocasião do Capítulo 11, item 11.10.

Art. 5º. A competência para processar e julgar a execução da Dívida Ativa da Fazenda Pública exclui a de qualquer outro Juízo, inclusive o da falência, da concordata, da liquidação, da insolvência ou do inventário.

Art. 29. A cobrança judicial da dívida ativa da Fazenda Pública não é sujeita a concurso de credores ou habilitação em falência, concordata, liquidação, inventário ou arrolamento.

Art. 31. Nos processos de falência, concordata, liquidação, inventário, arrolamento ou concurso de credores, nenhuma alienação será judicialmente autorizada sem a prova de quitação da Dívida Ativa ou a concordância da Fazenda Pública.

Por esse ângulo, cabe admitir, indo além: se o crédito portado por uma dada Fazenda Pública (o Município, por exemplo) é oponível em face de outra (a União, também exemplificando), sua cobrança, desde que submetido tal crédito a inscrição em dívida ativa, ficará jungida ao regime executivo fiscal.

Teríamos, nessa situação, a inusitada (porém, possível – e até mesmo frequente) figura da *execução fiscal contra a Fazenda Pública*, em relação à qual o único cuidado que se deve ter diz com a imposição de algumas adaptações, em especial as que decorrem de imperativo constitucional relacionado a práticas constritivas.[23]

---

23. Nessas execuções fiscais, com efeito, as normas determinativas de constrição preparatória sucumbem ante a prevalência da regra da indisponibilidade dos bens públicos. Nessa medida, conquanto fiscal, a execução sujeitar-se-ia ao modelo preordenado pelos arts. 100 e parágrafos da Constituição e 730 (Código de Processo Civil de 1973) – dispositivo que, no contexto do Código de 2015, é "substituído" pelos arts. 534 e 535 (que disciplinam a novel figura do cumprimento de sentença que reconhece a exigibilidade de obrigação de pagar da Fazenda Pública) e 910 (que cuida, esse sim, dos títulos extrajudiciais, referindo-se às "execuções" propriamente ditas). Sobre o que falávamos – a possibilidade de uma execução fiscal ser instaurada contra Fazenda Pública –, confira-se:
"PROCESSO CIVIL. EXECUÇÃO FISCAL CONTRA A FAZENDA PÚBLICA. POSSIBILIDADE. ADAPTAÇÃO DO RITO. INTELIGÊNCIA DO ART. 730 DO

CPC. CITAÇÃO VÁLIDA. AUSÊNCIA DE PREJUÍZO. PRINCÍPIO "PAS DES NULLITÉS SANS GRIEF". LOCAL DO PAGAMENTO. CIRCUNSTÂNCIAS DO CASO. ART. 950 DO CC/1916. SÚMULA 7/STJ.
1. A execução fiscal é espécie do gênero execução extrajudicial, passível de ser endereçada em face da Fazenda Pública. (Súmula 279/STJ: "É cabível execução por título extrajudicial contra a Fazenda Pública").
2. Os processos fiscais intentados contra a Fazenda Pública devem ser harmonizados com a norma do art. 730 do CPC, diante das prerrogativas e princípios que ostenta a Administração, principalmente as características que guarnecem os bens públicos, fazendo-se uma necessária adaptação do procedimento especial de execução, v.g., impossibilitando a garantia de bens à penhora para o oferecimento dos embargos. Nesse sentido: 'É juridicamente possível a execução contra a Fazenda, fundada em título executivo extrajudicial (Certidão de Dívida Ativa), observadas em seu procedimento as disposições aplicáveis à espécie (art. 730 e seguintes do CPC).' (REsp 100.700/BA, Rel. Ministro DEMÓCRITO REINALDO, DJ 31.03.1997). Precedentes: (EDcl no REsp 209.539/RJ, Rel. Ministro JOÃO OTÁVIO DE NORONHA, DJ 20/02/2006; REsp 642.433/MS, Rel. Ministro TEORI ALBINO ZAVASCKI, DJ 03/04/2006; AgRg no Ag 404.504/SP, Rel. Ministro FRANCISCO FALCÃO, DJ 09/09/2002).
3. A doutrina sobre o tema assenta que: "No Código de 1939, não havia disciplina específica das execuções contra a Fazenda Pública, limitando-se o legislador ao texto do parágrafo único do art. 918, restrito aos casos de pagamentos devidos em virtude de sentença. Quanto aos títulos extrajudiciais, dotados de executividade, cabia-lhes a ação executiva do art. 298, eliminada no sistema do Código de 1973. A regra do parágrafo único do art. 918 do Código de 1939, aplicava-se, também, à eventualidade de alguma ação executiva que pudesse ser ajuizada contra a Fazenda Pública. Discutia-se sobre a viabilidade dessa ação, no regime anterior, quando a penhora se tornasse inviável, pela inexistência de bens suscetíveis de apreensão judicial. O entendimento curial, em face da natureza da ação executiva, era o que tinha por viável o procedimento ulterior para a obtenção de sentença. A inexistência de penhora, portanto, não era óbice a que se prosseguisse na ação executiva do art. 298 do Código de 1939, suprimindo-se, destarte, a apreensão judicial de bens, nos casos de sua eventual propositura contra a Fazenda Pública, segundo a regra do parágrafo único do art. 918. No Código de 1973, eliminada a ação executiva e unificada a via executória, já agora hábil tanto para os casos de sentença condenatória quanto os de títulos extrajudiciais dotados de executividade, a disciplina do art. 730 atende às particularidades de um processo executório em que não pode haver a penhora de bens sobre os quais verse a atividade juris-satisfativa, que lhe é própria." (Celso Neves in: Comentários ao Código de Processo Civil, vol. VII, arts. 646 a 795, págs. 206/207). "A ação executiva, de que se cogita nos arts. 730 e 731, é a de título judicial ou a de título extrajudicial. No Código de Processo Civil de 1939, o art. 918, parágrafo único, 1ª parte, apenas se falava dos pagamentos devidos pela Fazenda Pública, 'em virtude de sentença'. E não havia, nem há texto constitucional que fosse e seja obstáculo a tal distinção (Constituição de 1946, art. 204; Constituição de 1967, com a Emenda n. 1, art. 117). Daí ter sido acertado que o Código de 1973, nos arts. 730 e 731, não se referisse à origem (judicial ou extrajudicial) da dívida da Fazenda Pública. Se a entidade estatal, que é a devedora, demanda na ação executiva dos arts. 730 e 731, opõe embargos do devedor, tem-se de aguardar o julgamento, uma vez que houve a suspensão. Nas espécies dos arts. 730 e 731 não houve penhora, nem pode haver. A Fazenda Pública é citada para pagar ou

Em suma:

Os **executivos fiscais** incluem-se na classe das **execuções por quantia certa**, modalidade de que se ocupa o Código de Processo Civil, tanto o de 1973 como o de 2015.

A despeito disso, sua matriz normativa encontra-se assentada em diploma próprio, a **Lei 6.830/80**.

Nos termos da Lei 6.830/80, são **dois os fatores que respondem pela definição de uma execução como fiscal.**

Primeiro fator – o **sujeito ativo**: União, Estados, Distrito Federal, Municípios e respectivas autarquias (ou simplesmente, a **Fazenda Pública**).

Segundo fator – o **objeto**: **dívida ativa.**

Fiscal é a execução que, a um só tempo, tem por *sujeito ativo* entidade inserta no conceito de **Fazenda Pública**, e, por *objeto*, valor qualificado como **dívida ativa.**

Embora todo crédito enquadrado no conceito de *dívida ativa* tenha a *Fazenda Pública* como titular, o contrário não é verdade: **nem todo crédito da *Fazenda Pública* se enquadra no conceito de *dívida ativa*.**

Por conseguinte: embora toda execução fiscal seja necessariamente pertinente a crédito da Fazenda Pública, nem todo crédito da Fazenda Pública se põe infalivelmente submisso ao regime executivo fiscal.

---

sofrer as medidas do art. 730, I e II, salvo se opõe embargos do devedor, cujos pressupostos são os mesmos que se exigem aos embargos do devedor se o demandado não é a Fazenda Pública. (...) Em vez de ser citada a Fazenda Pública para pagar ou sofrer a penhora de seus bens, há a citação para opor embargos do devedor, ou (entenda-se, a despeito da falta de explicitude) pagar. Se não opõe embargos do devedor e não paga, o juiz, que deferiu o pedido da citação na ação executiva de título judicial ou de título extrajudicial, requisita (precata) o pagamento, por intermédio do Presidente do Tribunal competente." (Pontes de Miranda in: Comentários ao Código de Processo Civil. Tomo X, arts. 612-735, págs. 470/471). "(...) (REsp 200702509053, Primeira Turma, Superior Tribunal de Justiça, Relator Ministro Luiz Fux, DJE de 23/11/2009).

Para definição de uma execução como fiscal, é **indiferente** a condição ostentada pelo respectivo **sujeito passivo**, não importando se solvente ou insolvente, se submetido a regime de falência, de recuperação judicial etc.

Por isso, a competência para processar e julgar a execução da dívida ativa da Fazenda Pública exclui a de qualquer outro juízo, inclusive o da falência, da concordata, da liquidação etc. (Lei 6.830/80, arts. 5º, 29 e 31).

Se o crédito de que é titular uma das entidades enquadradas no conceito de Fazenda Pública é oponível em face de outra, dar-se-á sua cobrança, desde que inscrito em dívida ativa, via execução fiscal, com as adaptações necessárias ao cumprimento do regime de impenhorabilidade dos bens públicos.

Capítulo 4
OS SUJEITOS NO PROCESSO DE EXECUÇÃO FISCAL

4.1 Introdução: o processo e suas dimensões, objetiva e subjetiva

No Capítulo anterior, assentamos que uma execução identificar-se-á como fiscal a partir de dois elementos: (i) de um lado, o respectivo sujeito ativo (definível, analisando-se as espécies descritas no art. 1º da Lei 6.830/80, pela expressão genérica *Fazenda Pública*); (ii) de outro, o correspondente objeto (*dívida ativa*, nos termos do § 1º do art. 2º da Lei 6.830/80).

Afora isso, fixamos que a proporção subjetiva passiva da lide apresentar-se-ia como um indiferente para sua definição como *fiscal* – o que significa, assim o vimos, que o polo passivo da demanda pode ser preenchido *in concreto* por sujeito qualquer.

Indo além da definição do particular conceito de execução fiscal, referidas premissas permitem lembrar que processo é relação jurídica que (como todas as demais) se expressa por dois termos subjetivos, afora o correlato objeto. Possível falar, daí, em processo (inclusive o executivo fiscal), sob duas dimensões fundamentais: a primeira, pertinente a seus sujeitos; a segunda, a seu objeto.

Dedicar-nos-emos, neste Capítulo, à primeira dessas dimensões, investindo, em suma, sobre a análise dos sujeitos do processo executório fiscal, sua definição, seus qualificativos e suas particularidades.

4.2 O conceito de *parte* e seu canal de definição: a petição inicial

Processo, sabemos, é relação jurídica que deriva de especial circunstância: a afirmada existência de um conflito a incidir sobre uma dada relação de direito material.[24]

Lembre-se, a par dessa premissa, que conflito, como fato *jurídico*, não se presume; para seu reconhecimento, impõe-se, antes, a respectiva tradução na competente linguagem da *petição inicial*.[25] É da petição inicial, pois, que se deve entender irradiado o conceito concreto de *conflito*, servindo aquele mesmo instrumento de base para definição dos correspondentes atores – as *partes*.

À medida que assim se apresentar – constituindo-se sob a competente linguagem da petição inicial –, o conceito

---

24. "Em reescritura reduzida, num corte simplificado e abstrato, a norma jurídica apresenta composição dúplice: norma primária e norma secundária. Na primeira, realizada a hipótese fáctica, i. e., dado um fato sobre o qual ela incide, sobrevém, pela causalidade que o ordenamento institui, o efeito, a relação jurídica com sujeitos em posições ativa e passiva, com pretensões e deveres (para nos restringirmos às relações em sentido estrito). Na segunda, a hipótese fáctica, o pressuposto é o não cumprimento, a inobservância do dever de prestar, positivo ou negativo, que funciona como fato jurídico (ilícito, antijurídico) fundante de outra pretensão, a de exigir coativamente perante órgão estatal a efetivação do dever constituído na norma primária." (VILANOVA, Lourival. *Causalidade e relação no direito*. São Paulo: Saraiva, 1989. p. 123).

25. Estamos, em razão dos limites do presente trabalho, lidando com a óbvia realidade do "processo não penal" – daí a referência à petição inicial (e apenas a ela).

de *parte* se corporifica, sendo imperativo admitir, por isso, não só sua natureza *formal*, senão também que sua construção compete ao sujeito ativo do processo (aquele que responde pela confecção/apresentação da inicial) – o que, aliás, é perfeitamente compreensível, já que o *princípio da inércia* veda a iniciativa judicial, impondo ao Estado-juiz o encargo de atuar não só se provocado, mas principalmente dentro dos limites (inclusive, subjetivos) da provocação.[26]

Por excludência, tirar-se-ia, ao final, que todo sujeito não definido como *parte* na petição inicial de determinada demanda, qualificar-se-ia, processualmente, como *terceiro*, não importando, para a produção de tal conceito, a aferição de qualquer qualidade que porventura detenha.[27]

---

26. "Art. 2º. Nenhum juiz prestará a tutela jurisdicional senão quando a parte ou o interessado a requerer, nos casos e forma legais." (Código de Processo Civil de 1973). O assunto também é tratado, no Código de Processo Civil de 2015, no art. 2º, dispositivo que se insere no Capítulo dedicado às normas processuais fundamentais ("O processo começa por iniciativa da parte e se desenvolve por impulso oficial, salvo as exceções previstas em lei.").

27. Registremos, porém, uma interessante particularidade de nosso sistema: embora, por definição negativa, terceiro seja todo sujeito que não se vê alojado na condição de parte, hipóteses há em que determinados sujeitos processuais, mesmo ostentando a qualidade de parte, são para certos atos tratados como terceiros. Exemplo disso se vê prescrito no § 2º do art. 1.046 do Código de Processo Civil de 1973: "§ 2º. Equipara-se a terceiro a parte que, posto figure no processo, defende bens que, pelo título de sua aquisição ou pela qualidade em que os possuir, não podem ser atingidos pela apreensão judicial." Esse dispositivo não contém, em princípio, um correspondente exato no Código de Processo Civil de 2015. Vale ressaltar, apesar disso, que o art. 674, § 2º, traça regra que se pode dizer "assemelhada". Ali se encontra prescrito, com efeito:
"§ 2º. Considera-se terceiro, para ajuizamento dos embargos:
I – o cônjuge ou companheiro, quando defende a posse de bens próprios ou de sua meação, ressalvado o disposto no art. 843;
II – o adquirente de bens cuja constrição decorreu de decisão que declara a ineficácia da alienação realizada em fraude à execução;
III – quem sofre constrição judicial de seus bens por força de desconsideração da personalidade jurídica, de cujo incidente não fez parte;
IV – o credor com garantia real para obstar expropriação judicial do objeto de direito real de garantia, caso não tenha sido intimado, nos termos legais dos atos expropriatórios respectivos."
É especialmente relevante, para o nosso contexto, o inciso III, dispositivo cuja lógica supõe a inclusão, via redirecionamento, de um terceiro na lide, debaixo de

4.3 O conceito de parte *legítima* (legitimidade *ad causam*)

Diversamente do que ocorre com o termo *parte* (cuja definição, segundo visto, é *formal*, afigurando-se, por isso, prontamente verificável), *legitimidade* é conceito *relacional* – sua definição decorre do cruzamento de dois outros conceitos, o de *parte* (formalmente gravado na petição inicial) e o de *sujeito de direito material*.

A fonte de tal conceito reside no art. 18 do Código de Processo Civil vigente, dispositivo que contém a seguinte redação: "Ninguém poderá pleitear direito alheio em nome próprio, salvo quando autorizado pelo ordenamento jurídico" (o correspondente desse dispositivo, no Código de Processo Civil revogado, é/era o art. 6º).

Podemos concluir, fazendo uma breve síntese, que: (i) para certo sujeito ser tido como *parte* basta que se encontre gravado, como tal, na petição inicial; (ii) para que se repute *parte legítima*, necessário, mais do que isso, que esse mesmo sujeito figure na relação de fundo; (iii) a circunstância da *ilegitimidade* não desqualifica a *parte* como tal, extraindo-lhe apenas o predicativo (da *legitimidade*, repise-se).

4.4 O conceito de *parte* e de *parte legítima* no âmbito executivo fiscal

Petição inicial é, já sabemos, ato provocativo da jurisdição cível (aí incluídos os executivos fiscais); revela-se, nessa medida, como instrumento constitutivo do conceito formal de *parte*.

---

pressuposto que exigiria a abertura do "incidente de desconsideração da personalidade jurídica" (casos em que se supõe a responsabilidade patrimonial em decorrência do art. 50 do Código Civil, por exemplo). Se inobservado o referido incidente, dir-se-ia, segundo o indigitado art. 674, § 2º, inciso III, que o "redirecionado", conquanto parte, teria estatura de terceiro (para fins de embargos de terceiro).

No específico âmbito que nos interessa, há, porém, um aspecto a considerar, decorrente da particular forma como a Lei 6.830/80 disciplinou a questão.

Como que cortando complexidades, o art. 6º do referido diploma estabelece que a petição inicial dos executivos fiscais, diferentemente do que se passa nos demais casos (submissos, em princípio, ao art. 319 do Código de 2015, dispositivo que tem no art. 282 do Código de Processo Civil de 1973 o seu correspondente),[28] indicará apenas (i) o órgão julgador a que é dirigida, (ii) o correspondente pedido e (iii) o requerimento para a citação.[29]

Para além disso, estabelece o § 1º do mesmo art. 6º que a petição inicial será instruída com a Certidão da Dívida Ativa, que a ela (inicial) se integrará, como se ali estivesse transcrita,[30] podendo tais instrumentos (petição inicial e

---

28. "Art. 282. A petição inicial indicará:
I – o juiz ou tribunal, a que é dirigida;
II – os nomes, prenomes, estado civil, profissão, domicílio e residência do autor e do réu;
III – o fato e os fundamentos jurídicos do pedido;
IV – o pedido, com as suas especificações;
V – o valor da causa;
VI – as provas com que o autor pretende demonstrar a verdade dos fatos alegados;
VII – o requerimento para a citação do réu."
"Art. 319. A petição inicial indicará:
I – o juízo a que é dirigida;
II – os nomes, os prenomes, o estado civil, a existência de união estável, a profissão, o número de inscrição no Cadastro de Pessoas Físicas ou no Cadastro Nacional da Pessoa Jurídica, o endereço eletrônico, o domicílio e a residência do autor e do réu;
III – o fato e os fundamentos jurídicos do pedido;
IV – o pedido com as suas especificações;
V – o valor da causa;
VI – as provas com que o autor pretende demonstrar a verdade dos fatos alegados;
VII – a opção do autor pela realização ou não de audiência de conciliação ou de mediação. (...)."

29. "Art. 6º. A petição inicial indicará apenas:
I – o Juiz a quem é dirigida;
II – o pedido; e
III – o requerimento para a citação. (...)"

30. Em ações de execução fiscal, é desnecessária a instrução da petição inicial com

Certidão de Dívida Ativa, insista-se) até mesmo se constituir num único documento (§ 2º).[31]

Ao final das contas, quer isso significar que, em execução fiscal, o conceito de parte pode (e deve) ser diretamente sacado de documento (a Certidão de Dívida Ativa) que, a um só tempo, (i) revela a face objetiva da lide (a dívida ativa), (ii) oficia como especial pressuposto processual (título executivo) e, mais ainda, (iii) opera como elemento integrante da petição inicial. Não é à toa, portanto, que o *Termo de Inscrição de Dívida Ativa* (documento em que se "espelha" a Certidão de Dívida Ativa) deve conter, segundo prescreve o art. 2º, § 5º, inciso I, da Lei 6.830/80, "o nome do devedor, dos corresponsáveis e, sempre que conhecido, o domicílio ou residência de um e de outros".

Tais constatações nos levam a uma curiosa conclusão: em nível de execução fiscal, como a Certidão de Dívida Ativa é, simultaneamente, instrumento revelador da relação de fundo e elemento integrante da petição inicial, a apuração do conceito de *parte legítima* passa por uma verdadeira sobreposição conceitual: se é certo que ela, Certidão de Dívida Ativa, como elemento integrante da petição inicial, aponta quem são os sujeitos do processo, de outro, como instrumento informador da relação de fundo, ela própria os qualificaria, por presunção, como legitimados, tudo de modo a fazer, quando menos *a priori*, extremamente singela a tarefa de aferir a presença (ou não) do predicado da legitimidade na sede dos executivos fiscais – para tanto, bastaria a consulta à Certidão de Dívida Ativa.

---

o demonstrativo de cálculo do débito, por tratar-se de requisito não previsto no art. 6º da Lei 6.830/1980 (Súmula 559 do Superior Tribunal de Justiça).

31. "Art. 6º. (...)
§ 1º. A petição inicial será instruída com a Certidão da Dívida Ativa, que dela fará parte integrante, como se estivesse transcrita.
§ 2º. A petição inicial e a Certidão de Dívida Ativa poderão constituir um único documento, preparado inclusive por processo eletrônico. (...)."

Por isso mesmo, o Superior Tribunal de Justiça firmou o entendimento, no julgamento dos REsp 1.104.900/ES (Relatora Ministra Denise Arruda, Primeira Seção) e REsp 1.110.925/SP (Relator Ministro Teori Albino Zavascki, Primeira Seção), ambos submetidos ao procedimento previsto no art. 543-C do Código de Processo Civil de 1973, de que "a CDA goza da presunção de legitimidade, o que implica transferir ao sócio, nela incluído, o ônus de demonstrar a ausência de responsabilidade tributária (...)".[32]

Em suma: os sujeitos apontados sob a condição de credor e de devedor no bojo da Certidão de Dívida Ativa seriam tidos não só como *partes*, formalmente falando, mas também como *partes presumivelmente legítimas*, já que, além de elemento integrante da petição inicial, aquele documento é o que responde, materialmente, pela revelação em linguagem juridicamente hábil da obrigação de fundo.

4.5 O sujeito ativo – exequente

Dado que o conceito de execução fiscal guarda direta referibilidade com o respectivo sujeito ativo (*Fazenda Pública*) – sobre isso, vale reconsultar os itens 3.2.1 a 3.2.3 –, parece simples a tarefa de identificar o conceito de *exequente* operativo nessa específica sede.

A despeito dessa pressuposta singeleza, algumas situações devem ser avaliadas com certo cuidado. Tratemos disso.

32. Reiterando a mesma ideia – de que a presunção de legitimidade assegurada à CDA impõe ao executado que figura no título executivo o ônus de demonstrar a inexistência de sua responsabilidade –, cabe consultar, dentre muitos, os acórdãos exarados no AGA 201000306039, Primeira Turma, Relator Ministro Luiz Fux, DJE de 30/04/2010, e no AGREsp 200801002812, Segunda Turma, Relator Ministro Mauro Campbell Marques, DJE de 19/05/2010.

4.5.1 Casos especiais: dívida ativa do INCRA

Até certo momento de nosso passado jurídico, dúvida se punha a respeito da titularidade das competências relativas à administração de receitas e à apuração, inscrição e cobrança da dívida ativa do INCRA – Instituto Nacional de Colonização e Reforma Agrária.

É que, ao tratar do assunto, a Lei 8.022/90 transferiu para a Secretaria da Receita Federal o encargo de administrar as receitas arrecadadas pela mencionada autarquia federal, repassando à Procuradoria-Geral da Fazenda Nacional, por outro lado, a atribuição de apurar, inscrever e cobrar os respectivos créditos. Eis os seus termos:

> Art. 1º. É transferida para a Secretaria da Receita Federal a competência de administração das receitas arrecadadas pelo Instituto Nacional de Colonização e Reforma Agrária - INCRA, e para a Procuradoria-Geral da Fazenda Nacional a competência para a apuração, inscrição e cobrança da respectiva dívida ativa.
>
> § 1º. A competência transferida neste artigo à Secretaria da Receita Federal compreende as atividades de tributação, arrecadação, fiscalização e cadastramento.
>
> § 2º. O Incra manterá seu cadastramento para o atendimento de suas outras funções, conforme o estabelecido no art. 2º do Decreto n. 72.106, de 18 de abril de 1973, que regulamentou a Lei n. 5.868, de 12 de dezembro de 1972.
>
> § 3º. No exercício de suas funções, poderá a Secretaria da Receita Federal realizar diligências nas propriedades rurais para confrontar as informações cadastrais prestadas pelos proprietários com as reais condições de exploração do imóvel.
>
> § 4º. Caberá ao Poder Executivo, no prazo de cento e vinte dias a contar da vigência desta lei, regulamentar os dispositivos relativos ao Sistema Nacional de Cadastro Rural, promovendo as alterações decorrentes da transferência da administração do Imposto Territorial Rural à Secretaria da Receita Federal.
>
> Art. 2º. As receitas de que trata o art. 1º desta lei, quando não recolhidas nos prazos fixados, serão atualizadas monetariamente, na data do efetivo pagamento, nos termos do art. 61 da Lei

n. 7.799, de 10 de julho de 1989, e cobradas pela União com os seguintes acréscimos:

I – juros de mora, na via administrativa ou judicial, contados do mês seguinte ao do vencimento, à razão de 1% (um por cento) ao mês e calculados sobre o valor atualizado, monetariamente, na forma da legislação em vigor;

II – multa de mora de 20% (vinte por cento) sobre o valor atualizado, monetariamente, sendo reduzida a 10% (dez por cento) se o pagamento for efetuado até o último dia útil do mês subsequente àquele em que deveria ter sido pago;

III – encargo legal de cobrança da Dívida Ativa de que trata o art. 1º do Decreto-Lei n. 1.025, de 21 de outubro de 1969, e o art. 3º do Decreto-Lei n. 1.645, de 11 de dezembro de 1978, quando for o caso.

Parágrafo único. Os juros de mora não incidem sobre o valor da multa de mora.

Art. 3º. Aplica-se aos parcelamentos de débitos das receitas referidas no art. 1º desta lei, concedidos administrativamente, a legislação prevista para o parcelamento de débitos de qualquer natureza para com a Fazenda Nacional.

Parágrafo único. O disposto neste artigo aplica-se, também, aos parcelamentos de débitos relativos às contribuições de que tratam os Decretos-Leis ns. 308, de 28 de fevereiro de 1967, e 1.712, de 14 de novembro de 1979, e do adicional previsto no Decreto-Lei n. 1.952, de 15 de julho de 1982.

Art. 4º. Os procedimentos administrativos de determinação e a exigência das receitas referidas no art. 1º desta lei, bem como os de consulta sobre a aplicação da respectiva legislação, serão regidos, no que couber, pelas normas expedidas nos termos do art. 2º do Decreto-Lei n. 822, de 5 de setembro de 1969, e convalidadas pelo § 3º do art. 16 da Lei n. 7.739, de 16 de março de 1989.

§ 1º. O disposto neste artigo aplica-se aos procedimentos em curso relativos aos créditos constituídos anteriormente à vigência da Medida Provisória n. 166, de 15 de março de 1990.

§ 2º. Os órgãos do Departamento da Receita Federal enviarão às Procuradorias da Fazenda Nacional os demonstrativos de débitos das receitas a que se refere o art. 1º desta lei para fins de apuração e inscrição na Dívida Ativa da União.

Art. 5º. A Secretaria da Administração Federal, em conjunto com o Ministério da Economia, Fazenda e Planejamento e o da Agricultura, estabelecerão as formas e condições para a realocação

> do pessoal, assim como a adaptação de cargos e funções de confiança decorrentes do que dispõe esta lei. (...).

Reafirmada pelo art. 67 da Lei 8.383/91,[33] referida "outorga" de atribuições foi ao final tomada como legítima pela jurisprudência,[34] eliminando-se o estado de dúvida antes mencionado – o que resultou, inclusive, na produção, pelo Superior Tribunal de Justiça, de sua Súmula 139.

Súmula 139 (Superior Tribunal de Justiça)
Cabe à Procuradoria da Fazenda Nacional propor execução fiscal para cobrança de crédito relativo ao ITR.

4.5.2 Casos especiais: contribuição ao FGTS

A propósito dos débitos para com o FGTS (Fundo de Garantia do Tempo de Serviço), o art. 2º da Lei 8.844/94, com a redação que lhe foi dada pela Lei 9.467/97, estabelece:

---

33. "Art. 67. A competência de que trata o art. 1º da Lei n. 8.022, de 12 de abril de 1990, relativa à apuração, inscrição e cobrança da Dívida Ativa oriunda das receitas arrecadadas pelo Instituto Nacional de Colonização e Reforma Agrária (INCRA), bem como a representação judicial nas respectivas execuções fiscais, cabe à Procuradoria-Geral da Fazenda Nacional."

34. A título de exemplo, leia-se:
"TRIBUTÁRIO E PROCESSUAL CIVIL. EXECUÇÃO FISCAL. ITR. EMBARGOS DO DEVEDOR. LEGITIMIDADE DA PROCURADORIA DA FAZENDA NACIONAL. SÚMULA 139/STJ.
1. Acórdão do STF que entendeu ser admissível a delegação, pela Procuradoria-Geral da Fazenda Nacional à Procuradoria Jurídica do INCRA, da prerrogativa de execução da dívida ativa desta autarquia, com base no art. 29 do ADCT.
2. O entendimento desta Corte pacificou-se no sentido de que 'cabe à Procuradoria da Fazenda Nacional propor execução fiscal para cobrança de crédito relativo ao ITR' – Súmula 139/STJ.
3. Posição do STJ que melhor retrata as formas de arrecadação e de cobrança previstas na legislação em vigor para o ITR, considerando-se a transitoriedade da delegação prevista no ADCT.
4. Deve a execução fiscal prosseguir sob o patrocínio do Representante da Fazenda Nacional.
5. Recurso especial conhecido e provido." (REsp 221062/RJ, Superior Tribunal de Justiça, Segunda Turma, Relatora Ministra Eliana Calmon, DJ de 28/02/2005, p. 260).

> Art. 2º. Compete à Procuradoria-Geral da Fazenda Nacional a inscrição em Dívida Ativa dos débitos para com o Fundo de Garantia do Tempo de Serviço - FGTS, bem como, diretamente ou por intermédio da Caixa Econômica Federal, mediante convênio, a representação Judicial e extrajudicial do FGTS, para a correspondente cobrança, relativamente à contribuição e às multas e demais encargos previstos na legislação respectiva. (...)

Firmado em 22 de junho de 1995, o convênio a que se refere o dispositivo legal, a situação nele prescrita acabou por se consolidar factualmente: a Procuradoria da Fazenda Nacional, a despeito da competência que lhe foi legalmente outorgada, passou, com aquele instrumento (o tal convênio de 1995), a se fazer representar judicialmente pela Caixa Econômica Federal nas execuções fiscais relativas a débitos de FGTS.

É bom que se ressalte, porém, que nada disso está a indicar que a Caixa Econômica Federal seria a titular do direito, uma vez legalmente fixado em favor da União, por meio do Ministério do Trabalho, o encargo de fiscalizar e apurar as contribuições referentes àquele fundo.[35]

Ratifica essa afirmação a premissa de que a Procuradoria da Fazenda Nacional (que se faria representar pela Caixa Econômica Federal, recoloque-se) é órgão normativamente definido como de representação da União em causas fiscais, na cobrança judicial e administrativa dos créditos tributários e não tributários e no assessoramento e consultoria no âmbito do Ministério da Fazenda (hoje, Ministério da Economia).[36]

---

35. Na forma do art. 1º, caput, da Lei n. 8.844/94 ["Compete ao Ministério do Trabalho a fiscalização e a apuração das contribuições ao Fundo de Garantia do Tempo de Serviço (FGTS), bem assim a aplicação das multas e demais encargos devidos"].

36. Essa definição é extraível do art. 12 da Lei Complementar 73/93; leia-se:
"Art. 12. À Procuradoria-Geral da Fazenda Nacional, órgão administrativamente subordinado ao titular do Ministério da Fazenda, compete especialmente:
I - apurar a liquidez e certeza da dívida ativa da União de natureza tributária, inscrevendo-a para fins de cobrança, amigável ou judicial;

Um detalhe final, nesse contexto, não pode passar intocado: os créditos de FGTS inscritos em dívida ativa antes da celebração do convênio a que se referem as Lei 8.844/94 e 9.467/97, justamente porque anteriores ao sobredito ato jurídico, persistem sendo cobrados pela Procuradoria da Fazenda Nacional sem a intervenção da Caixa Econômica Federal – não se afigurando possível falar, nesse caso, em representação.

Essa ideia vale, da mesma forma, para as contribuições instituídas pela Lei Complementar 110/2001 – independentemente da época de sua inscrição –, visto que essas exações, dado o tempo em que instituídas, não foram alcançadas pelo convênio de 1995.[37]

II – representar privativamente a União, na execução de sua dívida ativa de caráter tributário;
III – (Vetado)
IV – examinar previamente a legalidade dos contratos, acordos, ajustes e convênios que interessem ao Ministério da Fazenda, inclusive os referentes à dívida pública externa, e promover a respectiva rescisão por via administrativa ou judicial;
V – representar a União nas causas de natureza fiscal. (...)."

37. As contribuições a que se refere a lei complementar mencionada vêm prescritas em seus arts. 1º e 2º, in verbis:
"Art. 1º. Fica instituída contribuição social devida pelos empregadores em caso de despedida de empregado sem justa causa, à alíquota de dez por cento sobre o montante de todos os depósitos devidos, referentes ao Fundo de Garantia do Tempo de Serviço – FGTS, durante a vigência do contrato de trabalho, acrescido das remunerações aplicáveis às contas vinculadas.
Parágrafo único. Ficam isentos da contribuição social instituída neste artigo os empregadores domésticos.
Art. 2º. Fica instituída contribuição social devida pelos empregadores, à alíquota de cinco décimos por cento sobre a remuneração devida, no mês anterior, a cada trabalhador, incluídas as parcelas de que trata o art. 15 da Lei n. 8.036, de 11 de maio de 1990.
§ 1º. Ficam isentas da contribuição social instituída neste artigo:
I – as empresas inscritas no Sistema Integrado de Pagamento de Impostos e Contribuições das Microempresas e Empresas de Pequeno Porte – SIMPLES, desde que o faturamento anual não ultrapasse o limite de R$ 1.200.000,00 (um milhão e duzentos mil reais);
II – as pessoas físicas, em relação à remuneração de empregados domésticos; e
III – as pessoas físicas, em relação à remuneração de empregados rurais, desde que sua receita bruta anual não ultrapasse o limite de R$ 1.200.000,00 (um milhão e duzentos mil reais).

4.5.3 Casos especiais: contribuição relativa ao INSS e ao FNDE após a implementação da "Receita Federal do Brasil"

Com a Lei 11.457/2007 e a consequente criação da denominada "Secretaria da Receita Federal do Brasil" – órgão da administração direta subordinado ao Ministério da Economia –, passou a ser sua (além das competências desde antes cometidas à Secretaria da Receita Federal) a atribuição de planejar, executar, acompanhar e avaliar as atividades relativas à tributação, fiscalização, arrecadação, cobrança e recolhimento das contribuições previstas nas alíneas "a", "b" e "c" do parágrafo único do art. 11 da Lei 8.212, de 24 de julho de 1991, assim como das que as sucedessem.

Operando de maneira bastante ampla, o diploma mencionado (Lei 11.457/2007) tratou, em seu art. 4º, de transferir "para a Secretaria da Receita Federal do Brasil os processos administrativo-fiscais, inclusive os relativos aos créditos já constituídos ou em fase de constituição, e as guias e declarações apresentadas ao Ministério da Previdência Social ou ao Instituto Nacional do Seguro Social – INSS, referentes às contribuições de que tratam os [seus] arts. 2º e 3º".

No que se refere, por outro lado, à atuação da Procuradoria da Fazenda Nacional, ficou estabelecido:

> Art. 16. A partir do 1º (primeiro) dia do 2º (segundo) mês subsequente ao da publicação desta Lei, o débito original e seus

---

§ 2º. A contribuição será devida pelo prazo de sessenta meses, a contar de sua exigibilidade."
Das duas, uma, frise-se, expirou em dezembro de 2006, dada sua vigência limitada a sessenta meses; a outra, por sua vez, seguiria sendo cobrada, uma vez não vinculada a prazo determinado. Ao tempo da conclusão da primeira edição, pendia de exame, no Congresso, o veto presidencial que, no bojo do Projeto de Lei Complementar n. 200/2012, afastava a norma extintiva da cobrança a partir de 1º de junho de 2013. A manutenção do veto foi definitivamente formalizada em 19/09/2013.

acréscimos legais, além de outras multas previstas em lei, relativos às contribuições de que tratam os arts. 2º e 3º desta Lei, constituem dívida ativa da União.

§ 1º. A partir do 1º (primeiro) dia do 13º (décimo terceiro) mês subsequente ao da publicação desta Lei, o disposto no *caput* deste artigo se estende à dívida ativa do Instituto Nacional do Seguro Social – INSS e do Fundo Nacional de Desenvolvimento da Educação – FNDE decorrente das contribuições a que se referem os arts. 2º e 3º desta Lei.

§ 2º. Aplica-se à arrecadação da dívida ativa decorrente das contribuições de que trata o art. 2º desta Lei o disposto no § 1º daquele artigo.

§ 3º. Compete à Procuradoria-Geral Federal representar judicial e extrajudicialmente:

I – o INSS e o FNDE, em processos que tenham por objeto a cobrança de contribuições previdenciárias, inclusive nos que pretendam a contestação do crédito tributário, até a data prevista no § 1º deste artigo;

II – a União, nos processos da Justiça do Trabalho relacionados com a cobrança de contribuições previdenciárias, de imposto de renda retido na fonte e de multas impostas aos empregadores pelos órgãos de fiscalização das relações do trabalho, mediante delegação da Procuradoria-Geral da Fazenda Nacional.

§ 4º. A delegação referida no inciso II do § 3º deste artigo será comunicada aos órgãos judiciários e não alcançará a competência prevista no inciso II do art. 12 da Lei Complementar n. 73, de 10 de fevereiro de 1993.

§ 5º. Recebida a comunicação aludida no § 4º deste artigo, serão destinadas à Procuradoria-Geral Federal as citações, intimações e notificações efetuadas em processos abrangidos pelo objeto da delegação.

§ 6º. Antes de efetivar a transferência de atribuições decorrente do disposto no § 1º deste artigo, a Procuradoria-Geral Federal concluirá os atos que se encontrarem pendentes.

§ 7º. A inscrição na dívida ativa da União das contribuições de que trata o art. 3º desta Lei, na forma do *caput* e do § 1º deste artigo, não altera a destinação final do produto da respectiva arrecadação.

Art. 17. O art. 39 da Lei n. 8.212, de 24 de julho de 1991, passa a vigorar com a seguinte redação:

'Art. 39. O débito original e seus acréscimos legais, bem como outras multas previstas em lei, constituem dívida ativa da União, promovendo-se a inscrição em livro próprio daquela resultante das contribuições de que tratam as alíneas *a*, *b* e *c* do parágrafo único do art. 11 desta Lei.

§ 2º. É facultado aos órgãos competentes, antes de ajuizar a cobrança da dívida ativa de que trata o *caput* deste artigo, promover o protesto de título dado em garantia, que será recebido *pro solvendo*.

§ 3º. Serão inscritas como dívida ativa da União as contribuições que não tenham sido recolhidas ou parceladas resultantes das informações prestadas no documento a que se refere o inciso IV do art. 32 desta Lei.'

Art. 18. Ficam criados na Carreira de Procurador da Fazenda Nacional 1.200 (mil e duzentos) cargos efetivos de Procurador da Fazenda Nacional.

Parágrafo único. Os cargos referidos no *caput* deste artigo serão providos na medida das necessidades do serviço e das disponibilidades de recursos orçamentários, nos termos do § 1º do art. 169 da Constituição Federal.

Art. 18-A. Compete ao Advogado-Geral da União e ao Ministro de Estado da Fazenda, mediante ato conjunto, distribuir os cargos de Procurador da Fazenda Nacional pelas 3 (três) categorias da Carreira.

Art. 19. Ficam criadas, na Procuradoria-Geral da Fazenda Nacional, 120 (cento e vinte) Procuradorias Seccionais da Fazenda Nacional, a serem instaladas por ato do Ministro de Estado da Fazenda em cidades-sede de Varas da Justiça Federal ou do Trabalho.

Parágrafo único. Para estruturação das Procuradorias Seccionais a que se refere o *caput* deste artigo, ficam criados 60 (sessenta) cargos em comissão do Grupo-Direção e Assessoramento Superiores DAS-2 e 60 (sessenta) DAS-1, a serem providos na medida das necessidades do serviço e das disponibilidades de recursos orçamentários, nos termos do § 1º do art. 169 da Constituição Federal.

Art. 20. (Vetado)

Art. 21. Sem prejuízo do disposto no art. 49 desta Lei e da percepção da remuneração do respectivo cargo, será fixado o exercício na Procuradoria-Geral da Fazenda Nacional, a partir da data fixada no § 1º do art. 16 desta Lei, dos servidores que se encontrarem em efetivo exercício nas unidades vinculadas ao contencioso fiscal e à cobrança da dívida ativa na Coordenação Geral de Matéria Tributária da Procuradoria-Geral Federal, na Procuradoria Federal Especializada junto ao INSS, nos respectivos órgãos descentralizados ou nas unidades locais, e forem titulares de cargos integrantes:

I – do Plano de Classificação de Cargos instituído pela Lei n. 5.645, de 10 dezembro de 1970, ou do Plano Geral de Cargos do Poder Executivo de que trata a Lei n. 11.357, de 19 de outubro de 2006;

II – das Carreiras:

a) Previdenciária, instituída pela Lei n. 10.355, de 26 de dezembro de 2001;

b) da Seguridade Social e do Trabalho, instituída pela Lei n. 10.483, de 3 de julho de 2002;

c) do Seguro Social, instituída pela Lei n. 10.855, de 1º de abril de 2004;

d) da Previdência, da Saúde e do Trabalho, instituída pela Lei n. 11.355, de 19 de outubro de 2006.

Parágrafo único. Fica o Poder Executivo autorizado, de acordo com as necessidades do serviço, a fixar o exercício dos servidores a que se refere o *caput* deste artigo no órgão ou entidade ao qual estiverem vinculados.

Art. 22. As autarquias e fundações públicas federais darão apoio técnico, logístico e financeiro, pelo prazo de 24 (vinte e quatro) meses a partir da publicação desta Lei, para que a Procuradoria-Geral Federal assuma, de forma centralizada, nos termos dos §§ 11 e 12 do art. 10 da Lei n. 10.480, de 2 de julho de 2002, a execução de sua dívida ativa.

Art. 23. Compete à Procuradoria-Geral da Fazenda Nacional a representação judicial na cobrança de créditos de qualquer natureza inscritos em Dívida Ativa da União.

Art. 24. É obrigatório que seja proferida decisão administrativa no prazo máximo de 360 (trezentos e sessenta) dias a contar do protocolo de petições, defesas ou recursos administrativos do contribuinte.

Pelo que se vê dos dispositivos copiados, em especial o art. 16 e parágrafos, uma vez legalmente trespassada à

União a posição até então ostentada pelo INSS – Instituto Nacional do Seguro Social e pelo FNDE – Fundo Nacional de Desenvolvimento da Educação (entidades às quais eram outorgadas as atividades de inscrição e cobrança das contribuições alcançadas pela Lei n. 11.457/2007), ter-se-ia consumado, processualmente, o fenômeno da *sucessão*, figura prescrita no art. 41 do Código de Processo Civil de 1973 (e no art. 108 do Código de 2015)[38] e que pode ser definida como especial caso de alteração subjetiva do processo – ou, por outras palavras, como peculiar hipótese de legitimidade ordinária haurida intercorrentemente.[39]

Por conta dessa contingência, de se admitir que execuções fiscais anteriores ao advento da "Receita Federal do Brasil" (nas quais figuravam, como exequentes, ou o INSS ou o FNDE, *parte ativa originariamente legitimada e posteriormente sucedida*) passaram a ser de titularidade da União (*parte ativa ulteriormente legitimada por sucessão*), judicialmente representada pela Procuradoria da Fazenda Nacional, e não mais pelos órgãos de representação daqueles órgãos (INSS e FNDE, reitere-se).[40]

---

38. "Art. 41. Só é permitida, no curso do processo, a substituição voluntária das partes nos casos expressos em lei." (Código de Processo Civil de 1973)
"Art. 108. No curso do processo, somente é lícita a sucessão voluntária das partes nos casos expressos em lei." (Código de Processo Civil de 2015)
Entre as redações percebe-se um claro avanço: o legislador de 2015 corrige a indevida referência à figura da "substituição", empregando o adequado vocábulo "sucessão".

39. Sobre o assunto, já escrevemos:
"Enquanto a substituição processual diz respeito àquelas situações em que pelo menos um dos sujeitos da relação processual postula em nome próprio direito alheio, quando se penetra no campo da sucessão processual o que se tem é que, em virtude de mudança subjetiva havida na relação jurídica de direito material que ensejou o processo, altera-se, por consequência, o aspecto subjetivo da correlata relação jurídica processual. No primeiro caso, o substituto age processualmente em nome próprio acerca de direito material que é e continua sendo do substituído; no segundo caso, o sucessor age processualmente em nome próprio acerca de direito que, em virtude de mutação subjetiva havida na relação jurídica de direito material, lhe foi transmitido pelo sucedido, e que, portanto, passou a lhe pertencer." (CONRADO, Paulo Cesar. *Introdução à teoria geral do processo civil*. 2. ed. São Paulo: Max Limonad, 2003. p. 337).

40. Uma interessante consequência derivada dessa transposição de legitimidade: os

4.6 O sujeito passivo – executado

Diferentemente do que se passa com o polo ativo da demanda executiva fiscal, sua posição passiva não encontra, no sistema, uma predefinição. Muito ao contrário, aliás, as qualidades ostentadas pelo sujeito passivo (o *executado*) são, em nível fiscal, um completo indiferente (tal como definido no Capítulo 3, item 3.2.4), o que nos permite (re)afirmar que, preenchidas as condições efetivamente relevantes para a caracterização de uma execução como fiscal (sujeito ativo e objeto), qualquer um, devedor solvente ou insolvente, pessoa física ou jurídica, de direito público ou de direito privado, pode figurar em seu polo passivo. Essa é a primeira das advertências a fixar nesse específico momento.

Caminhando adiante, devemos lembrar, na linha do que se definiu pouco antes (item 4.4), que o reconhecimento denotativo do sujeito que oficiará como executado num dado caso concreto – reduzindo-se à unidade o conceito conotativo de *parte passiva* – passa necessariamente pelo exame da petição inicial trazida pela Fazenda Pública, considerada, em seu contexto, a Certidão de Dívida Ativa que a ela se acopla (na forma, recorde-se, dos §§ 1º e 2º do art. 6º da Lei 6.830/80).

(Re)afirmando: por regra, podemos assentir, como faz a jurisprudência citada no curso do item 4.4, que o sujeito apontado sob a condição de *devedor* no bojo da Certidão de Dívida Ativa é de ser tido não só como *parte passiva* (formalmente falando), senão como *parte passiva presumivelmente legítima*.

É bom que se frise, porém, que, nos termos do art. 4º da Lei 6.830/80, a classe dos potenciais executados em

---

créditos que passaram a ser inscritos, com a mudança normativa, em Dívida Ativa no âmbito da Procuradoria da Fazenda Nacional, passaram da mesma forma a experimentar o acréscimo referente ao encargo do Decreto-lei n. 1.025/69, figura de que trataremos mais adiante (Capítulo 9, item 9.2.7).

nível fiscal é constituída não só pela figura do *devedor* – vocábulo que serve para designar aquele que está direta e imediatamente relacionado, materialmente falando, ao crédito exequendo, por ele respondendo na condição de sujeito passivo ordinário.[41]

Prescreve o mencionado dispositivo legal, com efeito:

> Art. 4.º A execução fiscal poderá ser promovida contra:
>
> I – o devedor;
>
> II – o fiador;
>
> III – o espólio;
>
> IV – a massa;
>
> V – o responsável, nos termos da lei, por dívidas, tributárias ou não, de pessoas físicas ou pessoas jurídicas de direito privado; e
>
> VI – os sucessores a qualquer título. (...)

Segundo se vê, para além da figura do *devedor* (inciso I), pessoa assim identificada na Certidão de Dívida Ativa,[42] o sistema normativo defere à Fazenda Pública a possibilidade de canalizar sua pretensão executória em vista de pessoas outras, conceitualmente alojadas fora dos limites do vocábulo *devedor* (ou, para melhor compreensão, fora dos limites da Certidão de Dívida Ativa), mas que com ele, o devedor, mantêm algum vínculo reputado juridicamente relevante – o fiador *do devedor* (pense-se, aqui, nos casos

---

41. Pense-se, a título de exemplo, no particular caso das obrigações tributárias, contexto em que a condição de devedor é ordinariamente cometida ao contribuinte, pessoa diretamente atrelada ao fato imponível. Ensina Regina Helena Costa, sobre o tema: "O sujeito passivo, por sua vez, é aquele que responde pelo débito inerente à obrigação tributária. Usualmente, é o contribuinte, aquele que protagoniza a situação fática descrita na hipótese de incidência. No entanto, há diversas modalidades de sujeição passiva tributária." (*Curso de direito tributário* – Constituição e Código Tributário Nacional. São Paulo: Saraiva, 2012. p. 207).

42. Embora o dispositivo (da Lei 6.830/80) não faça essa correspondência ("devedor" é igual a "pessoa cujo nome consta no título"), ela é efetivada pelo Código de Processo Civil, tanto o de 1973 (art. 568, inciso I) como o de 2015 (art. 779, inciso I).

em que a execução é garantida por carta de fiança), o espólio *do devedor* (tome-se em conta, nesse ensejo, os casos de morte do devedor pessoa física, com a consequente consumação de "sucessão material" e, se já instaurado o processo, de "sucessão processual", ambas *causa mortis*),[43] a massa (assim entendida a sucessora processual *do devedor* que se sujeitou a processo falimentar ou congênere), assim como os demais sucessores que assim se apresentem a título qualquer (inciso VI), como nos casos de incorporação.

Note-se que, de todas as figuras referidas no sobredito art. 4º, deixamos de lado, por ora, a do inciso V, pertinente ao "responsável, nos termos da lei". Assim procedemos deliberadamente, não por outro motivo senão porque esse específico legitimado passivo é, *in concreto*, o que mais nos preocupa, em especial se o crédito exequendo for de natureza tributária.

Reafirmemos uma premissa: todos os legitimados "especiais" descritos pelos incisos II, III, IV e VI (fiador, espólio, massa, sucessores a qualquer título) mantêm vínculo jurídico com o legitimado "comum" (o devedor; inciso I), vínculo esse que se explica pela noção de sucessão. Usando outros termos: todos os sujeitos apontados recebem do sistema o rótulo da legitimidade passiva em função de sua condição jurídica de sucessores do devedor; sua legitimidade, longe de ser um "capricho legal", deriva de verdadeiro imperativo: os eventos deflagradores da sucessão (morte, falência, por exemplo) implicam o desaparecimento jurídico da pessoa

43. "Art. 43. Ocorrendo a morte de qualquer das partes, dar-se-á a substituição pelo seu espólio ou pelos seus sucessores, observado o disposto no art. 265." (Código de Processo Civil de 1973).
O correspondente desse dispositivo no Código de Processo Civil de 2015 é o art. 110 ("Ocorrendo a morte qualquer das partes, dar-se-á a sucessão pelo seu espólio ou pelos seus sucessores, observado o disposto no art. 313, §§ 1º e 2º.")
Também aqui, entre uma e outra redação, percebe-se a "correção" do mesmo equívoco que referimos antes, quando falávamos dos arts. 41 (1973) e 108 (2015): o vocábulo "substituição", indevidamente empregado no texto "velho" é trocado pelo adequado termo, "sucessão".

do *devedor* (salvo no caso do fiador), de modo que, de duas uma: ou o ordenamento comete(ia) a legitimidade, nesses casos, a outros sujeitos (os sucessores, materialmente falando, do devedor), ou o processo de execução extinguir-se-ia, à falta de sujeito passivo.

Pois nada disso se aplica – não pelo menos em princípio – aos casos do inciso V.

A responsabilidade a que se refere o dispositivo em questão não está ligada a evento implicativo do desaparecimento do *devedor*, desvinculando-se, dessa forma, da noção de sucessão processual. Por outros termos: não é possível falar que o sistema tenha cometido legitimidade ao *responsável* pensando-o como sucessor do *devedor*.[44]

---

44. Nesse sentido, destaque-se que os casos de "responsabilidade por sucessão" explicitamente contemplados pelo Código Tributário Nacional, arts. 129 a 133, se põem abrangidos pelas hipóteses dos incisos III, IV e VI do art. 4º da Lei 6.830/80, sendo possível dizer, portanto, que o elemento determinante da alocação dos sujeitos ali descritos no polo passivo de uma dada execução seria não sua (simples) responsabilidade, senão sua condição de sucessores (e, portanto, responsáveis). Essa é a dicção do Código Tributário Nacional, no específico fragmento de que falamos:
"Art. 130. Os créditos tributários relativos a impostos cujo fato gerador seja a propriedade, o domínio útil ou a posse de bens imóveis, e bem assim os relativos a taxas pela prestação de serviços referentes a tais bens, ou a contribuições de melhoria, sub-rogam-se na pessoa dos respectivos adquirentes, salvo quando conste do título a prova de sua quitação.
Parágrafo único. No caso de arrematação em hasta pública, a sub-rogação ocorre sobre o respectivo preço.
Art. 131. São pessoalmente responsáveis:
I – o adquirente ou remitente, pelos tributos relativos aos bens adquiridos ou remidos;
II – o sucessor a qualquer título e o cônjuge meeiro, pelos tributos devidos pelo de cujus até a data da partilha ou adjudicação, limitada esta responsabilidade ao montante do quinhão do legado ou da meação;
III – o espólio, pelos tributos devidos pelo de cujus até a data da abertura da sucessão.
Art. 132. A pessoa jurídica de direito privado que resultar de fusão, transformação ou incorporação de outra ou em outra é responsável pelos tributos devidos até à data do ato pelas pessoas jurídicas de direito privado fusionadas, transformadas ou incorporadas.
Parágrafo único. O disposto neste artigo aplica-se aos casos de extinção de pessoas jurídicas de direito privado, quando a exploração da respectiva atividade seja continuada por qualquer sócio remanescente, ou seu espólio, sob a mesma ou outra ra-

Por isso, aliás, é que essa legitimidade "especial" supõe, no mais das vezes, o emprego do litisconsórcio:[45] a Fazenda Pública credora maneja a pretensão executiva contra o devedor e, sem afastá-lo, assim também procede contra o responsável.

---

zão social, ou sob firma individual.
Art. 133. A pessoa natural ou jurídica de direito privado que adquirir de outra, por qualquer título, fundo de comércio ou estabelecimento comercial, industrial ou profissional, e continuar a respectiva exploração, sob a mesma ou outra razão social ou sob firma ou nome individual, responde pelos tributos, relativos ao fundo ou estabelecimento adquirido, devidos até à data do ato:
I – integralmente, se o alienante cessar a exploração do comércio, indústria ou atividade;
II – subsidiariamente com o alienante, se este prosseguir na exploração ou iniciar dentro de seis meses a contar da data da alienação, nova atividade no mesmo ou em outro ramo de comércio, indústria ou profissão.
§ 1º. O disposto no caput deste artigo não se aplica na hipótese de alienação judicial:
I – em processo de falência;
II – de filial ou unidade produtiva isolada, em processo de recuperação judicial.
§ 2º. Não se aplica o disposto no § 1º deste artigo quando o adquirente for:
I – sócio da sociedade falida ou em recuperação judicial, ou sociedade controlada pelo devedor falido ou em recuperação judicial;
II – parente, em linha reta ou colateral até o 4º (quarto) grau, consanguíneo ou afim, do devedor falido ou em recuperação judicial ou de qualquer de seus sócios; ou
III – identificado como agente do falido ou do devedor em recuperação judicial com o objetivo de fraudar a sucessão tributária.
§ 3º. Em processo da falência, o produto da alienação judicial de empresa, filial ou unidade produtiva isolada permanecerá em conta de depósito à disposição do juízo de falência pelo prazo de 1 (um) ano, contado da data de alienação, somente podendo ser utilizado para o pagamento de créditos extraconcursais ou de créditos que preferem ao tributário."

45. No Código de Processo Civil de 1973:
"Art. 46. Duas ou mais pessoas podem litigar, no mesmo processo, em conjunto, ativa ou passivamente, quando:
I – entre elas houver comunhão de direitos ou de obrigações relativamente à lide;
II – os direitos ou as obrigações derivarem do mesmo fundamento de fato ou de direito;
III – entre as causas houver conexão pelo objeto ou pela causa de pedir;
IV – ocorrer afinidade de questões por um ponto comum de fato ou de direito. (...)"
No Código de Processo Civil de 2015:
"Art. 113. Duas ou mais pessoas podem litigar, no mesmo processo, em conjunto, ativa ou passivamente, quando:
I – entre elas houver comunhão de direitos ou de obrigações relativamente à lide;
II – entre as causas houver conexão pelo pedido ou pela causa de pedir;
III – ocorrer afinidade de questões por ponto comum de fato ou de direito. (...)."

Para tanto, porém, necessário que o fato gerador da responsabilidade incidente sobre esse outro sujeito (que podemos chamar de *terceiro*, visto que não se encontra na Certidão de Dívida Ativa, sendo despojado da condição de *devedor*) esteja configurado – tanto quanto o fato deflagrador da obrigação exequenda.

Expliquemos, tomando o direito tributário como referencial: (i) a obrigação exequenda, no campo tributário, opõe-se à figura do contribuinte (processualmente chamado de *devedor*, desde quando tenha seu nome aposto em Certidão de Dívida Ativa), pessoa que, por presunção, encontra-se juridicamente vinculada ao fato imponível; (ii) a par disso, essa mesma obrigação (tributária) pode ser canalizada em face de terceiro, se demonstrado que, para além do fato gerador daquela (a obrigação tributária), esse sujeito (o terceiro) incorreu na prática de algum evento considerado normativamente relevante para fins de responsabilidade – esses eventos a que nos referimos vêm essencialmente descritos no art. 135 do Código Tributário Nacional;[46] (iii) como esses eventos (implicativos da responsabilidade do terceiro) supõem a existência da obrigação tributária, natural que sua evocação só seja admitida se exercido pela Fazenda Pública o direito de ação executiva contra o contribuinte (devedor) e, tomando o mesmo contexto, contra o terceiro (responsável).[47]

---

46. "Art. 135. São pessoalmente responsáveis pelos créditos correspondentes a obrigações tributárias resultantes de atos praticados com excesso de poderes ou infração de lei, contrato social ou estatutos:
I – as pessoas referidas no artigo anterior;
II – os mandatários, prepostos e empregados;
III – os diretores, gerentes ou representantes de pessoas jurídicas de direito privado."

47. "Já a responsabilidade stricto sensu (por transferência) surgirá quando o legislador, embora definindo um sujeito passivo pela verificação do fato jurídico tributário, determina, em virtude de outro fato (diverso do fato jurídico tributário) que outra pessoa passará a ser responsável (solidariamente ou não) pelo recolhimento do tributo devido pelo primeiro." (SCHOUERI, Luís Eduardo. *Direito tributário*. São Paulo: Saraiva, 2011. p. 479).
"Conforme já exposto, a constituição não prescreve quem deva ser o sujeito passivo das relações jurídicas tributárias, deixando para o legislador infraconstitucional essa

Eis aí, reforce-se, a noção de litisconsórcio se aparelhando.

Não há de parar por aí nossa análise, porém. Cabe-nos distinguir, preocupados com a questão especificamente tributária, os casos de litisconsórcio *inicial* dos casos de litisconsórcio *ulterior*.

4.7 Direcionamento e redirecionamento

Considerado o tempo de sua formação, pode o litisconsórcio se qualificar de um ou de outro modo: (i) inicial, o que se constitui já no momento do ajuizamento da ação; (ii) ulterior, o que, por excludência, surge em momento processual posterior.

Pois retome-se, com isso lembrado, a ideia, já assentada, de que a Certidão de Dívida Ativa é normativamente considerada elemento integrante da petição inicial.

Cruzando-se essa afirmação com as premissas anteriores, podemos admitir que o litisconsórcio passivo inicial só será viável, em sede executiva fiscal, com a prévia inserção de todos os litisconsortes – devedor e responsável(is) – no bojo daquele documento, a Certidão de Dívida Ativa.[48]

---

atribuição. Mas será que qualquer pessoa pode ser colocada, pela lei, na posição de sujeito passivo, ou existe algum limite à definição legal da responsabilidade tributária? Para Luciano Amaro, o art. 121, parágrafo único, inciso II, do CTN, aparentemente autoriza essa discricionariedade, que é, posteriormente, limitada pelo art. 128 do mesmo Código. Entendemos que o legislador é livre para eleger qualquer pessoa como responsável, dentre aquelas pertencentes ao conjunto de indivíduos que estejam (i) indiretamente vinculadas ao fato jurídico tributário ou (ii) direta ou indiretamente vinculadas ao sujeito que o praticou." (FERRAGUT, Maria Rita. *Responsabilidade tributária e o Código Civil de 2002*. 3. ed. São Paulo: Noeses, 2013. p. 42-3).

48. "Se a dívida é inscrita em nome de uma pessoa, não pode a Fazenda ir cobrá-la de outra nem tampouco pode a cobrança abranger outras pessoas não constantes do termo e da certidão, salvo, é claro, os sucessores, para quem a transmissão do débito é automática e objetiva, sem reclamar qualquer acertamento judicial ou administrativo. Em suma, corresponsabilidade tributária não pode, em regra, decorrer de simples afirmação unilateral da Fazenda no curso da execução fiscal". (THEODORO JÚNIOR, Humberto. *Lei de execução fiscal*. 11. ed. São Paulo: Saraiva, 2009. Citando Silva Pacheco, p. 40).

Para isso, no entanto, necessário que, administrativamente, os fatos implicativos da obrigação tributária e da responsabilidade tenham sido levantados e regularmente constituídos – afinal, lembre-se, a Certidão de Dívida Ativa não é, por si, documento constitutivo do crédito tributário e da responsabilidade de terceiros, reportando-se, nesse particular, a um outro plano: o do lançamento.[49]

Portanto, para que uma dada pretensão executiva seja de plano *direcionada* em face de afirmado responsável, necessário que a respectiva inicial (nela incluída, reforce-se, a Certidão de Dívida Ativa), além do *devedor*, também o refira;[50] se o fizer, dada a especial presunção de

---

49. Embora fosse teoricamente possível falar, nesse mesmo contexto, do "autolançamento", preferimos não mencioná-lo, aqui e agora, por uma razão simples: se a premissa com a qual estamos trabalhando é de que, além do fato gerador da obrigação tributária, haveria um outro fato juridicamente relevante a considerar (o implicativo da responsabilidade de terceiro), inevitável tomar em conta a prévia instalação, administrativamente, de procedimento fiscal. Natural: o fato que deflagra a responsabilidade, porque ilícito, não seria alcançável pelas declarações providenciadas, via "autolançamento", pelo contribuinte.

50. Nesse contexto, a propósito, cabe mencionar a Portaria PGNF 180/2010 (DOU de 26/02/2010, posteriormente alterada pela Portaria PGFN n. 713/2011), em especial seus arts. 1º, 2º, caput e incisos, 4º, 5º, caput, e 6º, caput; confira-se:
"Art. 1º. Para fins de responsabilização com base no inciso III do art. 135 da Lei n. 5.172, de 25 de outubro de 1966 – Código Tributário Nacional, entende-se como responsável solidário o sócio, pessoa física ou jurídica, ou o terceiro não sócio, que possua poderes de gerência sobre a pessoa jurídica, independentemente da denominação conferida, à época da ocorrência do fato gerador da obrigação tributária objeto de cobrança judicial.
Art. 2º. A inclusão do responsável solidário na Certidão de Dívida Ativa da União somente ocorrerá após a declaração fundamentada da autoridade competente da Secretaria da Receita Federal do Brasil (RFB) ou da Procuradoria-Geral da Fazenda Nacional (PGFN) acerca da ocorrência de ao menos uma das quatro situações a seguir:
I – excesso de poderes;
II – infração à lei;
III – infração ao contrato social ou estatuto;
IV – dissolução irregular da pessoa jurídica. (...)
Art. 4º. Após a inscrição em dívida ativa e antes do ajuizamento da execução fiscal, caso o Procurador da Fazenda Nacional responsável constate a ocorrência de alguma das situações previstas no art. 2º, deverá juntar aos autos documentos comprobatórios e, após, de forma fundamentada, declará-las e inscrever o nome do responsável solidário no anexo II da Certidão de Dívida Ativa da União.
Art. 5º. Ajuizada a execução fiscal e não constando da Certidão de Dívida Ativa da União

que se reveste,[51] impor-se-á ao responsável o ônus de descaracterizar, formal e/ou materialmente, sua legitimidade/responsabilidade.

Paralelamente a isso, lembremos que o fato implicativo da corresponsabilidade do terceiro pode vir a ser apurado após o ajuizamento da execução fiscal, sendo exemplo disso o decantado caso do "encerramento inidôneo" da pessoa jurídica, proclamado pela Súmula 435 do Superior Tribunal de Justiça.

Súmula 435 (Superior Tribunal de Justiça)
Presume-se dissolvida irregularmente a empresa que deixar de funcionar no seu domicílio fiscal, sem comunicação aos órgãos competentes, legitimando o redirecionamento da execução fiscal para o sócio-gerente.

O vocabulário empregado na construção do referido enunciado, perceba-se, faz intuir a peculiaridade de que se reveste a situação: não se fala, aqui, em *direcionamento*, senão em *redirecionamento*; vale dizer, a ação executiva, de início proposta contra o contribuinte, é *ulteriormente* (re)aparelhada contra o terceiro-responsável, firmando-se clara hipótese de litisconsórcio *ulterior* – tudo, frise-se, porque o fato deflagrador da responsabilidade do terceiro, intercorrentemente apurado, não habilitaria, por si, a

---

o responsável solidário, o Procurador da Fazenda Nacional responsável, munido da documentação comprobatória, deverá proceder à sua inclusão na referida certidão. (...)
Art. 6º. Ante a não comprovação, nos autos judiciais, das hipóteses previstas no art. 2º desta Portaria, o Procurador da Fazenda Nacional responsável, não sendo o caso de prosseguimento da execução fiscal contra o devedor principal ou outro codevedor, deverá requerer a suspensão do feito por 90 (noventa) dias e diligenciar para produção de provas necessárias à inclusão do responsável solidário na Certidão de Dívida Ativa da União, conforme disposto no art. 4º desta Portaria. (...)."

51. "Art. 3º. A Dívida Ativa regularmente inscrita goza da presunção de certeza e liquidez.
Parágrafo único. A presunção a que se refere este artigo é relativa e pode ser ilidida por prova inequívoca, a cargo do executado ou de terceiro, a quem aproveite." (Lei 6.830/80).

instauração do processo em regime litisconsorcial inicial, senão apenas ulteriormente.[52]

4.8 Redirecionamento e PARR

Sem prejuízo da conclusão antes apresentada, lembremos que, no âmbito federal, foi introduzido, em 2017, mecanismo de apuração de responsabilidade de terceiros, deslocando para o ambiente administrativo os efeitos do redirecionamento praticado em ambiente judicial.

A hipótese – tratada sob a denominação "Procedimento Administrativo de Reconhecimento de Responsabilidade (PARR)" – encontra-se disciplinada pela Portaria PGFN 948/2017, relacionando-se aos casos de responsabilidade tributária especificamente derivada de dissolução irregular.

Por meio desse normativo, a Procuradoria da Fazenda Nacional fica autorizada a apurar o fato deflagrador da responsabilização, tendo o procedimento como potencial resultado, ao final, a inclusão do terceiro no corpo da Certidão de Dívida Ativa, com a consequente atribuição de legitimação passiva em seu desproveito. E é justamente nesse aspecto que reside a diferença entre o redirecionamento "convencional" (havido em ambiente judicial) e o que deriva do PARR: na primeira situação, o responsável não figura no título, sendo sua legitimidade decorrência da responsabilidade judicialmente apurada; na segunda, o responsável

---

52. Sobre o assunto, consulte-se o art. 2º, parágrafo único, da Portaria PGFN 180/2010 (anteriormente mencionada), com a redação que lhe foi dada pela Portaria PGFN 713/2011:
"Art. 2º. (...).
Parágrafo único. Na hipótese de dissolução irregular da pessoa jurídica, deverão ser considerados responsáveis solidários:
I – os sócios-gerentes e os terceiros não sócios com poderes de gerência à época da dissolução irregular;
II – os sócios-gerentes e os terceiros não sócios com poderes de gerência à época da dissolução irregular, bem como os à época do fato gerador, quando comprovado que a saída destes da pessoa jurídica é fraudulenta."

é inserido no título, fruto da apuração administrativamente implementada, com a consequente sensibilização do sistema gerador do documento.[53] No fim do dia, o responsável

53. "Art. 1º. Esta Portaria regulamenta o procedimento administrativo para apuração de responsabilidade de terceiros pela prática da infração à lei consistente na dissolução irregular de pessoa jurídica devedora de créditos inscritos em dívida ativa administrados pela PGFN.
Art. 2º. O Procedimento Administrativo de Reconhecimento de Responsabilidade – PARR será instaurado por iniciativa da unidade descentralizada da PGFN responsável pela cobrança de débito inscrito em dívida ativa em face de pessoa jurídica devedora.
Parágrafo único. O procedimento será realizado contra o terceiro cuja responsabilidade se pretende apurar e deverá indicar especificamente os indícios da ocorrência da dissolução irregular da pessoa jurídica devedora, devendo conter, no mínimo, as seguintes informações:
I – identificação da pessoa jurídica cuja dissolução irregular é apontada;
II – identificação do terceiro em face do qual o procedimento foi instaurado;
III – elementos de fato que caracterizaram a dissolução irregular da pessoa jurídica;
IV – fundamentos de direito da imputação da responsabilidade pela dívida ao terceiro; e
V – discriminação e valor consolidado dos débitos inscritos em dívida ativa objeto do procedimento.
Art. 3º. Atendidos os requisitos previstos nesta Portaria, o PARR será iniciado mediante a notificação, por carta com aviso de recebimento, do terceiro ao qual se imputa responsabilidade, para, querendo, apresentar, no prazo de 15 (quinze) dias corridos, impugnação.
§ 1º. Caso resulte frustrada a notificação de que trata o caput, esta será realizada por meio de publicação oficial.
§ 2º. Será franqueada ao interessado, mediante acesso ao Centro Virtual de Atendimento da PGFN (e-CAC PGFN), disponível no sítio da PGFN na internet (www.pgfn.gov.br), a consulta ao procedimento instaurado, contendo os respectivos fundamentos e as informações relacionadas à cobrança.
Art. 4º. A impugnação deverá ser apresentada exclusivamente por meio do e-CAC da PGFN e deverá trazer elementos aptos para demonstrar a inocorrência de dissolução irregular ou a ausência de responsabilidade pelas dívidas.
(...)
Art. 5º. A impugnação será apreciada por Procurador da Fazenda Nacional em exercício na unidade descentralizada responsável pela inscrição em dívida ativa.
§ 1º. A decisão será proferida no prazo de até trinta dias corridos, prorrogável por igual período.
§ 2º. A decisão deverá conter motivação explícita, clara e congruente, com indicação dos fatos e dos fundamentos jurídicos que amparam a conclusão adotada, sem prejuízo da possibilidade de emprego da técnica de fundamentação referenciada.
Art. 6º. O interessado será notificado da decisão por meio do e-CAC da PGFN, sendo-lhe facultado interpor recurso administrativo no prazo de dez dias corridos, sem efeito suspensivo.

definido como tal via PARR assume, processualmente, a condição de devedor (pessoa que tem seu inscrito na Certidão da Dívida Ativa), ainda que em etapa posterior à produção do referido documento), o que significa que debates judiciais em torno de sua responsabilidade assumem o típico tratamento de distribuição de ônus probatório desde sempre conhecido – àquele que tem seu nome gravado na Certidão de Dívida Ativa cabe alegar e demonstrar a erronia da Fazenda.

De tais proposições poder-se-ia extrair, num primeiro olhar, um quê de antipatia pela figura analisada (o PARR) aparentemente um instrumento administrativo que violenta a composição subjetiva da Certidão de Dívida Ativa, avançando sinais proclamados pelo princípio do devido processo legal. Pragmaticamente, entretanto, essa é uma visão que, em grande medida, enxerga apenas o lado abstrato das coisas. Isso porque, bem diferente do ambiente judicial, em que o encerramento inidôneo é presumido pela constatação feita em diligência pelo oficial de justiça (assim é a orientação jurisprudencial assentada), no caso do PARR, assim não se opera, dando-se ao suposto responsável, antes do efeito desfavorável derivado de sua inclusão no título, a oportunidade de resposta e de recurso – circunstância que, pensando de forma menos abstrata e mais pragmática, nos faz perguntar se o procedimento forjado

---

(...)
Art. 7º Na hipótese de rejeição da impugnação ou do recurso administrativo, o terceiro será considerado responsável pelas dívidas.
§ 1º. O disposto no caput implicará a sensibilização dos sistemas de controle da dívida ativa e poderá ter efeito sobre todos os débitos fiscais já inscritos em dívida ativa ou que vierem a ser, em cobrança judicial ou não, em nome da pessoa jurídica irregularmente dissolvida e dos corresponsáveis.
§ 2º. A responsabilidade referida no caput somente poderá ser afastada em relação aos outros débitos fiscais não relacionados no PARR se demonstradas, fundamentadamente, peculiaridades fáticas ou jurídicas que infirmem a responsabilidade.
(...)"
Nota do editorial: Portaria PGFN n. 948/2017 na íntegra – Disponível em: https://bit.ly/37A0ZOU Acesso em: 27 jan. 2020.

no âmbito administrativo-federal não representa um avanço em relação à prática judicial?

4.9 Responsabilidade patrimonial *versus* responsabilidade tributária e desconsideração da personalidade jurídica

A responsabilidade que demanda aplicação do art. 4º, inciso V, da Lei 6.830/80 é, pelo que sinalizamos nos tópicos anteriores, propriamente tributária. Reclama, por isso, fundamento extraído do Código Tributário Nacional – até porque, segundo prescreve a Constituição (art. 146, inciso III), compete à lei complementar dispor sobre normas gerais de direito tributário.

A par disso, é preciso lembrar que um outro tipo de responsabilidade vem expressamente contemplada na legislação processual – a patrimonial.

Essa espécie de responsabilidade – particularmente relevante em relação às execuções por quantia certa, uma vez que essa categoria processual deságua na produção de tutela jurisdicional que recai sobre o patrimônio do devedor – incide, em princípio, sobre o devedor (art. 789 do Código de Processo Civil de 2015[54] e art. 592 do Código de Processo Civil de 1973),[55] operando-se uma justificável (e desejável) sobreposição de conceitos – algo totalmente compreensível, uma vez – natural e esperado que seja o patrimônio do

54. "Art. 789. O devedor responde com todos os seus bens presentes e futuros para o cumprimento de suas obrigações, salvo as restrições estabelecidas em lei." (Código de Processo Civil de 2015.)

55. "Art. 592. Ficam sujeitos à execução os bens:
I – do sucessor a título singular, tratando-se de execução fundada em direito real ou obrigação reipersecutória;
II – do sócio, nos termos da lei;
III – do devedor, quando em poder de terceiros;
IV – do cônjuge, nos casos em que os seus bens próprios, reservados ou de sua meação respondem pela dívida;
V – alienados ou gravados com ônus real em fraude de execução."

devedor (sujeito que tem seu nome gravado no título e que, por isso, se supõe enlaçado à obrigação fundo) o que deva responder pela dívida executada.

Desde antes sabe-se, de todo modo, que outros sujeitos (os definidos nos incisos II a VI do art. 4º da Lei 6.830/80) podem figurar no polo passivo de um executivo fiscal, circunstância que implicará a responsabilização de seu patrimônio – tanto quanto o do devedor.

A legislação processual – assim a de 1973, e, do mesmo modo, a de 2015 – não para por aí, entretanto, quando trata dessa questão.

Casos há (no Código de 1973, prescritos no art. 592; no de 2015, no art. 790)[56] em que se atribui a mesma responsabilidade de que falávamos (a patrimonial) a terceiros, assim entendidos, vale repetir, os sujeitos que, estranhos ao processo, não ostentam a qualidade de legitimados, nem abstrata, nem concretamente.

Vale dizer: embora a tutela executiva devesse recair, em princípio, apenas sobre o patrimônio dos legitimados prescritos no art. 4º da Lei 6.830/80 (inclusive o responsável tributário de que trata o inciso V), a noção de responsabilidade patrimonial [enfrentada à luz dos dispositivos processuais mencionados, arts. 592 e 790 (Código de Processo Civil de 1973 e Código de Processo Civil de 2015, respectivamente)] permite a prática de atos expropriatórios

56. "Art. 790. São sujeitos à execução os bens:
I – do sucessor a título singular, tratando-se de execução fundada em direito real ou obrigação reipersecutória;
II – do sócio, nos termos da lei;
III – do devedor, ainda que em poder de terceiros;
IV – do cônjuge ou companheiro, nos casos em que seus bens próprios ou de sua meação respondem pela dívida;
V – alienados ou gravados com ônus real em fraude à execução;
VI – cuja alienação ou gravação com ônus real tenha sido anulada em razão do reconhecimento, em ação autônoma, de fraude contra credores;
VII – do responsável, nos casos de desconsideração da personalidade jurídica."

(finalidade do processo executivo fiscal, como se verá adiante, especialmente no Capítulo 7) em desfavor do patrimônio de outras pessoas.

Não se quer dizer, com isso, que novos legitimados passivos surgiriam em função dos sobreditos preceitos: esses dispositivos não são descritivos de legitimidade, mas sim da decantada responsabilidade patrimonial, espécie que permite a prática de atos de expropriação além do patrimônio dos que figuram na ação.

Essas colocações, notadamente no ambiente executivo fiscal, parecem sem sentido, quando menos num primeiro momento. Como compreender que a Fazenda Pública postule a expropriação do patrimônio de terceiro, ignorando a fenomenologia da sujeição passiva, mormente a tributária (modalidade que é, repita-se, alvo de especial disciplina normativa, tanto que se fala, nesses casos, em reserva de lei complementar)?

É só com a consulta aos dispositivos a que nos referimos (art. 592 e art. 790, Códigos de Processo Civil de 1973 e 2015, respectivamente) que encontraremos a razão de ser dessa peculiar forma de responsabilidade. O patrimônio atingido pelos tais atos de execução, embora relacionável (em princípio) a terceiro, confundir-se-ia, nas hipóteses legais, com o patrimônio da parte executada – aquela que detém efetiva legitimidade. Emblemática, nesse sentido, é a hipótese do inciso III do art. 790 (do Código de Processo Civil de 2015), em que se cogita a responsabilidade dos bens do devedor que se encontrem com terceiro.

Supõe-se, nesses casos, que a posse e/ou propriedade de certos bens tenha sido trespassada ao terceiro, por exemplo, em fraude, circunstância que permite reconhecer que referidos bens seguiriam afetados ao devedor e suas pendências. ***Em suma:*** o patrimônio do terceiro responde porque os bens que o integram são reconhecidos como se do devedor fossem.

Com as devidas adaptações, é esse o raciocínio que governa todos os casos apontados pelos dispositivos em questão, inclusive o que vem definido no inciso VII do art. 790, do Código de Processo Civil de 2015, especialmente relevante no contexto das execuções fiscais.

Fala-se, ali, que os bens do responsável vinculam-se à satisfação do crédito executado nos casos de desconsideração da personalidade jurídica.

Pois sobra elucidar: que responsável é esse? De quais casos a lei está tratando?

Pela ordem, cuidemos de reconhecer, em princípio, que esse "responsável" a que se refere o precitado inciso VII não é o responsável tributário de que trata o art. 4º, inciso V, da Lei 6.830/80; do contrário, se admitíssemos essa "confusão" nos conceitos, o art. 790 do Código de Processo Civil de 2015 perderia seu sentido: como o responsável tributário [assim reconhecido (i) administrativamente, tendo seu nome gravado no título, com a decorrente assunção da qualidade de "devedor", ou (ii) judicialmente, nos casos de redirecionamento] detém legitimidade passiva, sua responsabilidade patrimonial é "derivada" (seus bens respondem pela dívida executada em consequência de sua legitimidade passiva, qualidade que decorre, por sua vez, do rótulo "material" da responsabilidade tributária); seria inútil, porque redundante, que a lei tivesse previsto sua responsabilidade patrimonial, já que ela preexiste e se fundamenta em sua legitimidade.

O "responsável" de que fala o art. 790, inciso VII, do Código de Processo Civil de 2015, feita essa observação, deve ser pessoa outra, qualquer, menos aquela que, por seu comportamento, pudesse ser juridicamente rotulada como "responsável tributária".

Supõe-se, por essas colocações, que o sistema de fato permite o reconhecimento de outro tipo de "responsabilidade", considerada relevante para fins executórios (inclusive fiscais) e não para a definição da legitimidade passiva – a tal responsabilidade patrimonial de que vínhamos falando.

Exemplo de tal situação é sacado do art. 50 do Código Civil, dispositivo que teve sua redação alterada Lei 13.874/2019 (a chamada "lei da liberdade econômica"), mas que mantém, em rigor, a essência do dispositivo original:

> Art. 50. Em caso de abuso da personalidade jurídica, caracterizado pelo desvio de finalidade ou pela confusão patrimonial, pode o juiz, a requerimento da parte, ou do Ministério Público quando lhe couber intervir no processo, desconsiderá-la para que os efeitos de certas e determinadas relações de obrigações sejam estendidos aos bens particulares de administradores ou de sócios da pessoa jurídica beneficiados direta ou indiretamente pelo abuso.
>
> § 1º. Para os fins do disposto neste artigo, desvio de finalidade é a utilização da pessoa jurídica com o propósito de lesar credores e para a prática de atos ilícitos de qualquer natureza.
>
> § 2º. Entende-se por confusão patrimonial a ausência de separação de fato entre os patrimônios, caracterizada por:
>
> I – cumprimento repetitivo pela sociedade de obrigações do sócio ou do administrador ou vice-versa;
>
> II – transferência de ativos ou de passivos sem efetivas contraprestações, exceto os de valor proporcionalmente insignificante; e
>
> III – outros atos de descumprimento da autonomia patrimonial.
>
> § 3º. O disposto no *caput* e nos §§ 1º e 2º deste artigo também se aplica à extensão das obrigações de sócios ou de administradores à pessoa jurídica.
>
> § 4º. A mera existência de grupo econômico sem a presença dos requisitos de que trata o *caput* deste artigo não autoriza a desconsideração da personalidade da pessoa jurídica.
>
> § 5º. Não constitui desvio de finalidade a mera expansão ou a alteração da finalidade original da atividade econômica específica da pessoa jurídica.

Percebe-se, da leitura desse artigo, notadamente de seu *caput*, que o sistema não confere ao terceiro (representado, na literalidade do dispositivo, pela figura do "administrador" ou do "sócio") responsabilidade tributária (nem poderia, aliás, dada a estatura da lei em que depositado); não é, por conseguinte, atributivo de legitimidade (nem pela "porta" do inciso V do art. 4º da Lei 6.830/80, tampouco pela do inciso I do mesmo artigo; esses sujeitos, a despeito de seu comportamento, não se confundem com o "devedor" nem com qualquer outro legitimado). A par disso, a norma é clara ao vincular os bens desse terceiro à satisfação de determinadas obrigações, permitindo a materialização da figura da "desconsideração da personalidade jurídica": a (personalidade) do devedor (ou de qualquer outro legitimado do art. 4º da Lei 6.830/80) delimita um específico universo patrimonial; a do terceiro, da mesma forma; quando uma ou outra dessas personalidades é/são desconsiderada(s), os patrimônios se confundem, permitindo a produção do resultado desejado pelo dispositivo – a responsabilização do patrimônio de um (terceiro) como se do outro (devedor) fosse.

Ocorre que, a despeito do que prescreve o tal art. 50 do Código Civil, não havia, até o Código de Processo Civil de 2015, nenhum instrumento processual especificamente voltado à identificação dessa forma de responsabilização patrimonial (especificamente decorrente, insista-se, de atos tais quais os descritos no Código Civil).

Sempre se soube que essa forma de responsabilidade – decorrente da desconsideração da personalidade jurídica – pressuporia intervenção judicial, vedando-se, com isso, a construção, pela autoridade administrativa lançadora, de crédito tributário "contra" quem, na forma do art. 50 do Código Civil, teria sua personalidade jurídica desconsiderada.

Talvez por isso mesmo, não seriam poucos os casos em que a Fazenda Pública, instalado o processo de execução fiscal, passou a requerer a aplicação daquele dispositivo legal, fazendo-o, entretanto, para fins de redirecionamento – e não propriamente para fins de responsabilização patrimonial.

Casos há, é bem certo, em que a Fazenda Pública, formula(va) sua pretensão combinando o multicitado art. 50 do Código Civil com dispositivos do Código Tributário Nacional (reveladores de responsabilidade propriamente tributária). Nessas situações, desde que reconhecida essa última (a responsabilidade tributária, por subsunção do caso concreto a um dispositivo do Código Tributário Nacional), é certo que o pressuposto da legitimidade (por enquadramento no art. 4º, inciso V, da Lei n. 6.830/80) se poria resolvido, restando, consequentemente, viabilizado o redirecionamento (representado, em termos práticos, pela aposição do "terceiro" no polo passivo da lide). Resultado: assumindo, mesmo que incidentalmente, a condição de "executado", o (até então) terceiro passaria a ter seu patrimônio afetado pela execução.

Entretanto, isso não é, nem nunca foi (assim pensamos), "desconsideração da personalidade jurídica", senão "simples" reconhecimento de responsabilidade tributária, com a correspondente aposição, em desfavor do terceiro, do rótulo da legitimidade.

Para falar em "desconsideração" na forma do art. 50 do Código Civil, necessário tomá-lo isoladamente, como razão em si para a responsabilização do patrimônio do terceiro – que seguiria sendo visto, no processo, sob a mesma rotulagem de "terceiro", e não como parte passiva por redirecionamento.

O art. 790, inciso VII, do Código de Processo Civil de 2015, desde que combinado com outros dispositivos do próprio Código, deixa isso claro.

4.10 O incidente de desconsideração da personalidade jurídica em sede de execução fiscal

O Código de 2015, como que resolvendo a "lacuna" normativa a que nos referimos linhas atrás, passou a contemplar um específico instrumento processual por meio do qual a autoridade judicial apreciaria o pedido de desconsideração da personalidade jurídica, fazendo-o em seus arts. 133 a 137.[57]

O assim chamado "incidente de desconsideração da personalidade jurídica" encontra-se cravado, na estrutura geral do Código de Processo Civil de 2015, no título que trata das "intervenções de terceiros", sendo altamente reveladora (e não mera coincidência) essa posição geográfica: o que o mecanismo viabiliza, assim vínhamos falando, é o reconhecimento do "fato gerador" da desconsideração (redutível, em princípio, à fórmula do art. 50 do Código Civil),

57. "Art. 133. O incidente de desconsideração da personalidade jurídica será instaurado a pedido da parte ou do Ministério Público, quando lhe couber intervir no processo.
§ 1º. O pedido de desconsideração da personalidade jurídica observará os pressupostos previstos em lei.
§ 2º. Aplica-se o disposto neste Capítulo à hipótese de desconsideração inversa da personalidade jurídica.
Art. 134. O incidente de desconsideração é cabível em todas as fases do processo de conhecimento, no cumprimento de sentença e na execução fundada em título executivo extrajudicial.
§ 1º. A instauração do incidente será imediatamente comunicada ao distribuidor para as anotações devidas.
§ 2º. Dispensa-se a instauração do incidente se a desconsideração da personalidade jurídica for requerida na petição inicial, hipótese em que será citado o sócio ou a pessoa jurídica.
§ 3º. A instauração do incidente suspenderá o processo, salvo na hipótese do § 2º. § 4º. O requerimento deve demonstrar o preenchimento dos pressupostos legais específicos para desconsideração da personalidade jurídica.
Art. 135. Instaurado o incidente, o sócio ou a pessoa jurídica será citado para manifestar-se e requerer as provas cabíveis no prazo de 15 (quinze) dias.
Art. 136. Concluída a instrução, se necessária, o incidente será resolvido por decisão interlocutória.
Parágrafo único. Se a decisão for proferida pelo relator, cabe agravo interno.
Art. 137. Acolhido o pedido de desconsideração, a alienação ou a oneração de bens, havida em fraude de execução, será ineficaz em relação ao requerente."

com a consequente responsabilização do patrimônio do terceiro, e não o cometimento da condição, em seu desproveito, de legitimado passivo e consequente redirecionamento.

Usando outros termos: o terceiro, por força do incidente, não "vira" parte passiva na execução; tem, isso sim, sua personalidade jurídica desconsiderada, de modo que seus bens passam a ser constritáveis, como se do devedor (ou de qualquer outro legitimado do art. 4º) fossem.[58]

Interessante precedente foi construído, a esse propósito, pela Terceira Turma do Tribunal Regional Federal da Terceira Região (Agravo de Instrumento n. 0012070-68.2016.4.03.0000/SP, Relator Desembargador Federal Carlos Muta, e-DJF3 de 2/9/2016, julgado em 25/8/2016); nele, o órgão julgador define como imperativa a aplicação do incidente apenas nas situações em que a responsabilidade que se pretende convocar recai sobre o patrimônio de terceiro não subordinado à condição de responsável tributário (como no caso, por exemplo, do art. 135, inciso III, do Código Tributário Nacional, em que a inclusão na lide, via redirecionamento, dispensaria, *a contrario sensu*, o aparelhamento do incidente).

> Senhores Desembargadores, consta dos autos que a PFN, diante da hipótese da Súmula 435/STJ, requereu o redirecionamento da execução fiscal aos sócios-administradores da empresa executada (f. 51/3), ao que o Juízo facultou à exequente adequar "o pedido deduzido às fls. 02/04 aos artigos 133/138 do Novo Código de Processo Civil" (f. 66).
>
> Primeiramente cabe assinalar que a PFN não requereu, ao pleitear o redirecionamento, fundado na Súmula 435/STJ e artigo

58. Vale registrar que, para além disso, a nova disciplina carrega uma virtude adicional, de timbre muito mais "material" do que "processual"; no parágrafo 2º do art. 133, o novo Código elimina qualquer dúvida que pudesse ainda existir sobre a viabilidade da chamada "desconsideração inversa (ou indireta) da personalidade jurídica", figura desde antes aceita pela jurisprudência (REsp. n. 948.117, Relatora Nancy Andrighi, 22/6/2010) e que visa a combater a transferência de bens para a pessoa jurídica da qual o devedor detém controle.

135, III, CTN, a abertura do incidente de desconsideração da personalidade jurídica, menos ainda à luz do artigo 50, CC/2002, considerada a legislação específica, de natureza tributária, que se aplica ao caso concreto.

Resta discutir se o pedido de redirecionamento da execução fiscal, por responsabilidade tributária prevista no artigo 135, III, CTN, configura a hipótese de desconsideração da personalidade jurídica referida no artigo 50, CC/2002, e sujeita ao procedimento dos artigos 133 e seguintes do CPC/2015.

Na regra geral do Código Civil, o que se tem é a responsabilidade patrimonial de bens particulares de administradores e sócios da pessoa jurídica em razão de certas e determinadas relações de obrigações, ao contrário do que se verifica resultante da aplicação do artigo 135, III, CTN, que gera a situação legal e processual de redirecionamento, a significar sujeição passiva tributária, a teor do artigo 121, II, CTN, daquele que for qualificado como responsável, de acordo com as hipóteses de responsabilidade tributária do artigo 135, III, CTN, que, por tal motivo, configura norma especial, sujeita a procedimento próprio no âmbito da legislação tributária, afastando a aplicação, portanto, da norma geral prevista nos artigos 133 e seguintes do Código de Processo Civil de 2015.

Diante da inovação ensejada pelo novo Código de Processo Civil e de controvérsias geradas em torno das novas disposições legais, a ENFAM – Escola Nacional de Formação e Aperfeiçoamento de Magistrados realizou ciclo de estudos específicos, de que resultou, entre outros enunciados, o de número 53, dispondo, a propósito, que "O redirecionamento da execução fiscal para o sócio-gerente prescinde do incidente de desconsideração da personalidade jurídica previsto no art. 133 do CPC/2015".

O trato da responsabilidade tributária do artigo 135, III, CTN, não se sujeita ao regime dos artigos 133 e seguintes do Código de Processo Civil de 2015, cabendo a reforma da decisão agravada para que seja o requerimento da PFN analisado, independentemente da instauração de tal incidente.

Ante o exposto, dou provimento ao agravo de instrumento, para reformar a decisão agravada, nos termos supracitados.

É como voto.

EMENTA

DIREITO PROCESSUAL CIVIL E TRIBUTÁRIO. AÇÃO DE EXECUÇÃO FISCAL. RESPONSÁVEL TRIBUTÁRIO. SÓCIO-ADMINISTRADOR. ARTIGO 135, III, CTN. SÚMULA 435/STJ.

INCIDENTE DE DESCONSIDERAÇÃO DA PERSONALIDADE JURÍDICA. ARTIGO 133, CPC/2015.

1. O pedido de redirecionamento da execução fiscal, em razão da Súmula 435/STJ e artigo 135, III, CTN, não se sujeita ao incidente de desconsideração da personalidade jurídica, de que trata o artigo 133 e seguintes do CPC/2015 e artigo 50 do CC/2002.

2. A regra geral do Código Civil, sujeita ao rito do Novo Código de Processo Civil, disciplina a responsabilidade patrimonial de bens particulares de administradores e sócios da pessoa jurídica, diante de certas e determinadas relações de obrigações, diferentemente do que se verifica na aplicação do artigo 135, III, CTN, que gera a situação legal e processual de redirecionamento, assim, portanto, a própria sujeição passiva tributária, a teor do artigo 121, II, CTN, do responsável, de acordo com as causas de responsabilidade tributária do artigo 135, III, CTN.

3. Configurando norma especial, sujeita a procedimento próprio no âmbito da legislação tributária, não se sujeita o exame de eventual responsabilidade tributária do artigo 135, III, CTN, ao incidente de desconsideração da personalidade jurídica, de que tratam os artigos 133 e seguintes do Código de Processo Civil de 2015.

4. Agravo de instrumento provido.

Na mesma linha, decidiu a Primeira Turma do Superior Tribunal de Justiça, apreciando o Agravo em Recurso Especial n. 1.173.201/SC, sob a relatoria do Ministro Gurgel de Faria (DJe 1/3/2019). O fez de modo a afirmar independente da desconsideração da personalidade jurídica a pretensão da Fazenda Pública de redirecionar a execução fiscal para alcançar pessoa jurídica distinta daquela contra a qual, originalmente, foi ajuizada a execução fiscal, se esse redirecionamento decorre de hipótese de responsabilização prevista no Código Tributário Nacional. Caso contrário, o enquadramento num dos arquétipos prescritos pela legislação tributária dependeria da instauração do incidente, explicitando a já mencionada diferença entre redirecionamento por força de legitimidade reconhecida de responsabilização patrimonial derivada de desconsideração.

De certa forma, é o que se pode concluir, por outro lado, do julgamento proferido pela Segunda Turma do mesmo Superior Tribunal de Justiça, desta feita, sob a relatoria do Ministro Francisco Falcão (Recurso Especial n. 1.786.311/PR, DJe 14/5/2019). Nesse caso, embora afirme incompatível a figura do incidente de desconsideração de personalidade jurídica com o subdomínio normativo da Lei 6.830/80 (motivo que, em tese, faria do incidente um elemento absolutamente estranho ao processo de execução fiscal, fosse qual fosse o caso vertente), o julgado toma como premissa situação concreta envolvendo a prática de redirecionamento, sabidamente implicativa do reconhecimento de legitimidade passiva e, via de consequência, da desnecessidade da desconsideração – lembre-se, nesse sentido, que, como forma de intervenção de terceiros, o incidente de desconsideração supõe o natural desenquadramento do terceiro como potencial legitimado, circunstância que, na hipótese apreciada, não se apresentaria.

Para que se dê a responsabilização do patrimônio do terceiro, via incidente, é preciso que esse "terceiro", identificado pelo art. 790, inciso VII, do Código de Processo Civil de 2015 como "responsável", seja reconhecido como tal por ato judicial decisório (art. 136), regularmente precedido de contraditório (art. 135), sob pena de caracterização de esbulho autorizador de embargos de terceiro (na forma do art. 674, § 2º, inciso III, dispositivo que referimos no item 4.2 retro).

Por outras palavras: a inobservância do instrumento adequado, com as formalidades que lhe são próprias, coloca o responsável sob a condição de terceiro estranho à lide – e não de terceiro ali regularmente introduzido, via intervenção –, apresentando-se espúria, por conseguinte, a constrição que o desfavorece.

Esse "novo" instrumento processual, assim pensamos, tem(terá) especial relevo para os casos em que a responsabilidade suscitada pela Fazenda Pública credora toma como referência os assim chamados "grupos econômicos irregulares" constituídos e operados na intenção de frustrar a satisfação do crédito tributário.

Situações há, com efeito, em que a inclusão do terceiro na lide, via redirecionamento, encontra-se prejudicada pela inviabilidade de enquadramento fático nas hipóteses de responsabilidade tributária registradas na legislação própria (o Código Tributário Nacional); a despeito disso, demonstrados os requisitos do art. 50 do Código Civil (na forma do § 4º do art. 134 do Código de Processo Civil de 2015), esses casos autorizariam a desconsideração da personalidade jurídica do terceiro e a consequente responsabilização de seus bens – sempre mantida, porém, sua qualidade primitiva (de terceiro, relativamente ao processo de execução), visto que essa é a tônica das modalidades de intervenção de terceiros.

Sobre o art. 50 do Código Civil, no contexto de que ora tratamos, Maria Rita Ferragut preleciona:

> *A legislação prevê e a jurisprudência acata que a obrigação de uma empresa do mesmo grupo econômico em responder por débitos tributários das outras, ainda que contraídos exclusivamente no interesse de uma delas, comprova* ***abuso de personalidade jurídica****, desviando as sociedades dos fins estabelecidos nos seus atos constitutivos, para mascarar a realização do fato tributário ou impossibilitar o adimplemento da obrigação tributária.*
>
> *Configurado o ilícito, surgiria a permissão para a autoridade fiscal desconsiderar os contornos dos atos jurídicos praticados, atingindo-se indistintamente os bens particulares das empresas que compõem o grupo. Assim, ignorar-se-ia a separação societária meramente formal, tratando seus patrimônios como uma* ***unidade*** *para satisfazer as obrigações contraídas.*
>
> *Nesse contexto, o que implicaria o dever de as empresas coligadas ou unidas por controle responderem por débitos tributários umas das outras, sem qualquer divisão ou ordem de preferência, não é a circunstância de formar um grupo econômico, mas sim a dissimulação, a confusão patrimonial ou o desvio de finalidade com o intuito de* ***fraudar credores****.*

> *Firmada tal premissa, tecnicamente sequer podemos falar em solidariedade nesses casos, já que a solidariedade pressupõe a* ***prática conjunta do fato gerador****, sendo irrelevante se os envolvidos participam ou não de um mesmo grupo. Haveria, por outro lado, a extensão dos efeitos de certas e determinadas relações jurídicas aos bens das demais sociedades, em razão de abuso da personalidade jurídica.*[59]

Como, para a produção desse resultado, é necessária a abertura, em favor do terceiro, de regular contraditório [não para discutir o crédito, visto que ele não é (e nem será) parte na lide executiva, mas sim para discutir a qualidade (de "responsável", via desconsideração) que lhe é atribuída], ter-se-ia, ao final do incidente, um ato decisório cujo "mérito" corresponde à peculiar questão da desconsideração (por formação de "grupo econômico irregular", por exemplo), o que transitará em julgado, tal como preordenam os arts. 502 e 503 do vigente Código;[60] vale dizer, parece perfeitamente possível admitir que, do reconhecimento do "grupo econômico irregular" num dado processo de execução fiscal, desde que cumpridos contraditório e ampla defesa, a conclusão seja tomada como "fato jurídico" sedimentado, inclusive em outros executivos que envolvam as mesmas partes.

---

59. Responsabilidade tributária por grupo econômico. In: Instituto Brasileiro de Estudos Tributários, et al. (Org.). PRODIREITO: *Direito Tributário*: Programa de Atualização em Direito: Ciclo 1. Porto Alegre: Artmed Panamericana; 2015, p. 100; grifos do original.

60. "Art. 502. Denomina-se coisa julgada material a autoridade que torna imutável e indiscutível a decisão de mérito não mais sujeita a recurso.
Art. 503. A decisão que julgar total ou parcialmente o mérito tem força de lei nos limites da questão principal expressamente decidida.
§ 1º. O disposto no caput aplica-se à resolução de questão prejudicial, decidida expressa e incidentemente no processo, se:
I – dessa resolução depender o julgamento do mérito;
II – a seu respeito tiver havido contraditório prévio e efetivo, não se aplicando no caso de revelia;
III – o juízo tiver competência em razão da matéria e da pessoa para resolvê-la como questão principal.
§ 2º. A hipótese do § 1º não se aplica se no processo houver restrições probatórias ou limitações à cognição que impeçam o aprofundamento da análise da questão prejudicial."

Não é demasiado dizer, de todo modo, que, mesmo depois de instaurado o incidente, pode que surjam elementos de fato que atestem o enquadramento das empresas supostamente integrantes do "grupo irregular" (mais propriamente envoltas, parece, em uma capa de simulação) numa das hipóteses de responsabilidade tributária prescritas no Código Tributário Nacional – como quando se averba a prática de ato tendente a fazer incobrável o crédito tributário (situação virtualmente alojável no art. 124, inciso I). Para tais situações, não será a precedente instauração do incidente de desconsideração impeditiva do redirecionamento, sob pena de fazer dominar, em clara desproporção de raciocínio, a forma sobre o conteúdo, algo totalmente indesejável.

4.11 O impasse derivado do julgamento do incidente de resolução de demandas repetitivas (IRDR) 0017610-97.2016.4.03.0000

Em aparente dissonância com a orientação jurisprudencial a que nos reportamos no item anterior, o Órgão Especial do Tribunal Regional Federal da Terceira Região, julgou, em 10/2/2020, o incidente de resolução de demandas repetitivas 0017610-97.2016.4.03.0000, fazendo-o de modo a fixar a seguinte tese:

> Não cabe instauração de incidente de desconsideração da personalidade jurídica nas hipóteses de redirecionamento da execução fiscal desde que fundada, exclusivamente, em responsabilidade tributária nas hipóteses dos artigos 132, 133, I e II e 134 do CTN, sendo o IDPJ indispensável para a comprovação de responsabilidade em decorrência de confusão patrimonial, dissolução irregular, formação de grupo econômico, abuso de direito, excesso de poderes ou infração à lei, ao contrato ou ao estatuto social (CTN, art. 135, incisos I, II e III), e para a inclusão das pessoas que tenham interesse comum na situação que constitua o fato gerador da obrigação principal, desde que não incluídos na CDA, tudo sem prejuízo do regular andamento da Execução Fiscal em face dos demais coobrigados.

Pelo que se vê, a Corte Regional distingue, de um lado, responsabilidade que designa de "exclusivamente tributária" de responsabilidade que, por outra frente, decorreria:

(i) de confusão patrimonial,

(ii) de dissolução,

(iii) de formação de grupo econômico,

(iv) de abuso de direito,

(v) de excesso de poderes ou de infração à lei, ao contrato e ao estatuto,

(vi) da necessidade de inclusão de pessoas que tenham interesse comum.

A visualização desses dois planos é extremamente importante, porquanto, para o primeiro (e apenas ele), o da responsabilidade "exclusivamente" tributária, o julgado dispensa o incidente de desconsideração, dizendo-o imprescindível no segundo.

Num primeiro olhar, é claro o ajustamento da tese, em sua primeira porção, à linha pretoriana até então desenvolvida, de modo a recusar a abertura do incidente para casos de responsabilidade tributária – exatamente como se vinha profligando. E assim é, da mesma forma, quando diz exigível o incidente, na contrapartida, em algumas das hipóteses apontadas na segunda fração da tese formulada – caso dos assim chamados "grupos econômicos" (em rigor, hipóteses que envolvem a prática de atos ilícitos, tributariamente caracterizáveis como evasão e que se perfazem mediante emprego de simulação e outros expedientes).

Na lista contida na segunda parte da tese, há, porém, casos que na conformação jurisprudencial assentada seriam tidos como de responsabilidade tributária – assim, por exemplo, os de dissolução irregular –, constatação que atrai para a cena um impasse: a Corte teria redefinido conceitos como o que vem averbado na Súmula 435 do Superior Tribunal de Justiça? Por outro lado, quando trata das situações "de inclusão de pessoas que tenham interesse comum" – caso clássico de solidariedade em que não se fala propriamente de responsabilidade tributária de terceiro, mas de reconhecimento de dois ou mais contribuintes (ao menos quando o interesse comum recai sobre o fato gerador), o que o Tribunal propugna? Que o interesse comum na prática do fato gerador seja descortinado via desconsideração – sem a possibilidade de lançamento, coisa que, por premissa, é (ou seria) totalmente natural e desejável?

Como estamos nos reportando a julgado exarado no âmbito de um instrumento processual vocacionado à vinculação (ao menos no plano regional), parece seguro dizer que o tema ganhou, desde então, um importante componente, cuja dissolução requisitará, assim pensamos, a intervenção de outros pronunciamentos.

4.12 Particularidades do incidente em confronto com o regime das execuções fiscais

4.12.1 Efeitos materiais decorrentes do acolhimento, no mérito, do incidente e sua delimitação temporal

Como o incidente de desconsideração da personalidade jurídica não é instrumento constitutivo da legitimidade do terceiro, mas sim de evocação de sua responsabilidade patrimonial, fecha-se nesse aspecto sua eficácia material.

Aí está o porquê de o art. 137 do Código de Processo Civil de 2015 ter prescrito que, "acolhido o pedido de desconsideração, a alienação ou a oneração de bens, havida em fraude de execução, será ineficaz em relação ao requerente", ficando claramente limitada a eficácia derivada do julgamento ao plano patrimonial.

> Art. 137. Acolhido o pedido de desconsideração, a alienação ou a oneração de bens, havida em fraude de execução, será ineficaz em relação ao requerente.

Necessário admitir, por isso, que o terceiro, cuja personalidade jurídica é desconsiderada, só pode ser naquela esfera (a patrimonial) atingido, não se afigurando lícita a oposição de efeitos administrativos decorrentes da existência da dívida tributária – como os relacionados à emissão de certidões.

A despeito de sua clareza em termos objetivos, importante alinhar, por outro lado, que a ineficácia da alienação ou oneração de bens, determinada pelo art. 137, não encontra parâmetros temporais claramente definidos.

Para compor o problema gerado por essa lacuna, socorre-nos, no contexto tributário, a norma inscrita no art. 185 do Código Tributário Nacional, dispositivo segundo o qual "presume-se fraudulenta a alienação ou oneração de bens ou rendas, ou seu começo, por sujeito passivo em débito para com a Fazenda Pública, por crédito tributário regularmente inscrito como dívida ativa."

A combinação desse preceito com o do Código de Processo Civil (art. 137, reitere-se) autorizaria a conclusão de que o acolhimento do pedido de desconsideração implicaria a decretação da ineficácia dos atos de alienação ou oneração patrimonial a partir da inscrição em Dívida Ativa dos créditos tributários executados.

4.12.2 Efeitos da instauração do incidente

A decisão que admite a instauração do incidente de desconsideração da personalidade jurídica não é, em si, constitutiva da responsabilidade patrimonial do terceiro – fosse de outro modo, a desconsideração ocorreria em afronta à ideia de contraditório.

O que se avalia, nesse estágio preliminar (em que se dá a instauração, repise-se, não o julgamento), é se os argumentos trazidos pela Fazenda integram-se, num exame de admissibilidade prévio, ao arquétipo da norma de desconsideração convocada (o art. 50 do Código Civil, por exemplo).

É certo dizer, nessas condições, que a emissão de referido decisório implica efeitos puramente processuais, dentre eles se destacando: (i) a imediata comunicação ao distribuidor (§ 1º do art. 134), além da (ii) necessária citação do(s) terceiro(s) requerido(s) para fins de resposta (e eventual requerimento de provas), no prazo de quinze dias (art. 135).

> Art. 134. (...).
>
> § 1º. A instauração do incidente será imediatamente comunicada ao distribuidor para as anotações devidas.
>
> (...)
>
> Art. 135. Instaurado o incidente, o sócio ou a pessoa jurídica será citado para manifestar-se e requerer as provas cabíveis no prazo de 15 (quinze) dias.

4.12.3 Efeito suspensivo da execução? Faz sentido?

Para além dos efeitos mencionados no item anterior, o §3º do art. 134 prescreve que a decisão que determina a instauração do incidente suspenderá o processo, salvo na hipótese do § 2º.

> Art. 134. (...).
>
> § 3º. *A instauração do incidente suspenderá o processo, salvo na hipótese do § 2º.*

Nesse particular, devemos avançar em nossas reflexões.

Como estamos tratando do incidente no específico contexto das execuções fiscais, soa estranha a tomada, sem qualquer reparo, da sobredita eficácia (suspensiva do processo).

Embora não seja explícito em relação ao tratamento procedimental que se há de atribuir ao aludido incidente, o Código de Processo Civil de 2015 deixa entrevista sua autonomia em relação ao processo a que se vincula, mormente quando preordena, como já visto, (i) que "a instauração do incidente será imediatamente comunicada ao distribuidor para as anotações devidas" (§ 1º do art. 134) e (ii) que "instaurado o incidente, o sócio ou a pessoa jurídica *será citado* para manifestar-se e requerer as provas cabíveis no prazo de 15 (quinze) dias" (art. 135, grifamos) – indicativos claros de que o incidente não deve se confundir, formalmente falando, com o processo de que decorre; daí a precitada autonomia.

Como consequência dessa característica, é perfeitamente possível (e desejável) que os autos constituídos na intenção de formalizar o incidente instaurado, embora distribuídos por dependência ao Juízo da execução fiscal, tramitem autonomamente. Do contrário, entendida a suspensão a que se refere o mencionado §3º do art. 134 como efeito intocável, o incidente comprometeria a efetivação de atos expropriatórios em desfavor da parte executada, o que, ao final das contas, representaria uma espécie "moratória" para aquele que, no processo principal, é reconhecido como devedor (inicialmente ou por redirecionamento) – uma completa inversão de valores.

Reexplicando: se o incidente, quando manipulado em execução fiscal, não provoca, por si, a inclusão de terceiro na lide – daí sua distinção em relação à figura do redirecionamento –, mas sim sua responsabilização patrimonial, não faz sentido paralisar a execução na sua pendência (do incidente), tudo a significar que os atos executórios gerados pelo processo "principal", enquanto não for julgado o incidente, devem seguir atingindo a parte executada, e apenas ela, não se afigurando razoável, por conta de virtual responsabilização do patrimônio de terceiros, que o executado já acomodado no polo passivo conte com a indevida prerrogativa da suspensão dos atos executivos que lhe seriam desde o início da lide canalizáveis.

Como eventual efeito da instauração do incidente, é possível visualizar, por fim, a decretação cautelar de indisponibilidade dos bens dos envolvidos, impondo-se, para tanto, além de pedido expresso da Fazenda credora, a demonstração dos requisitos prescritos no art. 300, *caput*, do Código de Processo Civil.

> Art. 300. A tutela de urgência será concedida quando houver elementos que evidenciem a probabilidade do direito e o perigo de dano ou o risco ao resultado útil do processo.

Nesse caso, desde que, ao final do incidente, se consolide a desconsideração da personalidade jurídica, os bens tornados cautelarmente indisponíveis seriam tidos por penhorados nos autos principais, convolando-se a tutela provisória em tutela propriamente executiva.

4.13 O Ministério Público como *custos legis* na execução fiscal

4.13.1 Introdução

Dispõe o *caput* do art. 127 da Constituição Federal:

> Art. 127. O Ministério Público é instituição permanente, essencial à função jurisdicional do Estado, incumbindo-lhe a defesa da ordem jurídica, do regime democrático e dos interesses sociais e individuais indisponíveis. (...)

Na intenção de definir o sobredito órgão, a Constituição Federal, segundo se vê, privilegia seu aspecto funcional, reconhecendo-o, fundamentalmente, por suas atribuições/finalidades.

De cunho abstrato, tal conceito não pode prescindir das necessárias elucidações, providência cujo cumprimento se dá à luz da legislação infraconstitucional, ambiente em que as atribuições/finalidades mencionadas são (re)trabalhadas.

4.13.2 Funções do Ministério Público

Observados os limites que o presente trabalho recomenda, limitamo-nos a perscrutar as funções do Ministério Público atreladas ao processo "não penal" – duas a rigor, a de *dominus litis* e a de *custos legis*.

Na primeira das classes, nenhuma novidade se apresenta: quando se fala do *Parquet* como *dominus litis*, supõe-se a titularidade do direito de ação, particularmente conferida pela via extraordinária (arts. 18 e 177 do Código de Processo Civil de 2015, dispositivos que encontram seus correspondentes no art. 6º, segunda parte, em combinação com o art. 81, ambos do Código de Processo Civil de 1973).[61]

Grife-se, em tal dispositivo, o uso da expressão *nos casos expressos em lei*, denunciadora, às claras, do regime extraordinário que o sistema atribui à legitimidade do órgão ministerial. Significa dizer: o direito de ação não decorre, para o Ministério Público, da titularidade do direito material em conflito, sendo cometido *ope legis*,[62] o que, em ter-

61. Art. 18, caput. "Ninguém poderá pleitear direito alheio em nome próprio, salvo quando autorizado pelo ordenamento jurídico." (Código de Processo Civil de 2015.) "Art. 6º. Ninguém poderá pleitear, em nome próprio, direito alheio, salvo quando autorizado por lei." (Código de Processo Civil de 1973.)
"Art. 177. O Ministério Público exercerá o direito de ação em conformidade com suas atribuições constitucionais". (Código de Processo Civil de 2015.)

62. "Art. 81. O Ministério Público exercerá o direito de ação nos casos previstos em lei, cabendo-lhe, no processo, os mesmos poderes e ônus que às partes." (Código de

mos de execução fiscal, é algo que não encontra qualquer ressonância, uma vez inexistente norma, em nosso sistema, que atue nesse sentido.

Paralelamente a essa primeira forma de atuação, o Ministério Público vincula-se a uma outra – a de *custos legis*. Referida hipótese nos remete a um plano bem diverso do primeiro, em que se projeta verdadeira *ampliação dos limites subjetivos do processo*.

Lembre-se: apesar de definível como relação jurídica subjetivamente angular (ou triádica) – supondo três sujeitos, portanto –, o processo pode admitir, em certos casos, a introdução de sujeitos extravagantes – assim entendidos os que vão além dos ordinários (parte ativa, parte passiva e Estado-juiz). Pois é precisamente isso que ocorre quando falamos da atuação do Ministério Público como *custos legis*: diversamente dos casos em que é titular do direito de ação (parte ativa, mesmo que pela enviesada porta da extraordinariedade), nesses outros (de *custos legis*) assim não ocorre – não podendo ser tomado o *Parquet* como *parte*, portanto –, muito embora, sem prejuízo de sua conceitual posição extravagante, o sistema normativo lhe outorgue ficcional regime jurídico de *parte*.

O art. 179 do Código de Processo Civil de 2015 (dispositivo que encontra no art. 83 do Código de Processo Civil de 1973 o seu correspondente)[63] anuncia tal ideia, prescrevendo:

Processo Civil de 1973.)
O Código de Processo Civil de 1973 assim procede, p.e., em seu art. 487, inciso III, dispositivo que ganhou correspondência, no Código de 2015, em seu art. 967.

63. "Art. 83. Intervindo como fiscal da lei, o Ministério Público:
I – terá vista dos autos depois das partes, sendo intimado de todos os atos do processo;
II – poderá juntar documentos e certidões, produzir prova em audiência e requerer medidas ou diligências necessárias ao descobrimento da verdade."

> Art. 179. Nos casos de intervenção como fiscal da ordem jurídica, o Ministério Público:
>
> I - terá vista dos autos depois das partes, sendo intimado de todos os atos do processo;
>
> II - poderá produzir provas, requerer as medidas processuais pertinentes e recorrer.[64]

Pois bem, os casos em que o *Parquet* atua em tal qualidade, porque explicitamente previstos no sistema, desafiam uma presunção de índole absoluta: se a função do órgão, nesses casos, relaciona-se à fiscalização da atividade processual desenvolvida em determinadas situações, é porque nessas *determinadas situações* encontram-se em jogo valores especialmente protegidos pelo ordenamento – por absoluta, tal presunção não admite relativização que implique o não reconhecimento da relevância de tais valores (o interesse público, a família, o interesse de incapazes etc.).[65]

Dentro desse contexto, consagra(va) o art. 84 do Código de Processo Civil de 1973 (sem correspondência no Código de Processo Civil de 2015) a compulsoriedade da intervenção

---

64. Sobre o assunto, preconiza a Súmula 99 do Superior Tribunal de Justiça, ademais, que, como fiscal da lei, o Ministério Público tem legitimidade para recorrer no processo em que oficiou como fiscal da lei, ainda que não haja recurso da parte.

65. O art. 82 do Código de Processo Civil de 1973 tem a seguinte redação: "Art. 82. Compete ao Ministério Público intervir:
I - nas causas em que há interesses de incapazes; [correspondente no Código de Processo Civil de 2015: art. 178, inciso II]
II - nas causas concernentes ao estado da pessoa, pátrio poder, tutela, curatela, interdição, casamento, declaração de ausência e disposições de última vontade; [sem correspondência no Código de Processo Civil de 2015]
III - nas ações que envolvam litígios coletivos pela posse da terra rural e nas demais causas em que há interesse público evidenciado pela natureza da lide ou qualidade da parte." [correspondente no Código de Processo Civil de 2015: art. 178, incisos I e III]
Essa a exata dicção do mencionado art. 178:
"Art. 178. O Ministério Público será intimado para, no prazo de 30 (trinta) dias, intervir como fiscal da ordem jurídica nas hipóteses previstas em lei ou na Constituição Federal e nos processos que envolvam:
I - interesse público ou social;
II - interesse de incapaz;
III - litígios coletivos pela posse de terra rural ou urbana."

ministerial, sob pena de nulidade;[66] natural: se o que justifica a necessidade *ex lege* preordenada de intervenção do Ministério Público em certos feitos é a presunção de especial relevância dos valores debatidos em tais feitos, deixar-se a atuação do órgão ao sabor da facultatividade significaria a infirmação da premissa (de especial relevância) a que antes se aludiu.

Isso não quer significar, porém, que a nulidade a que se refere aquele dispositivo seja inexorável: falando-se de intervenção ministerial, há de operar, com efeito, o princípio da instrumentalidade das formas, vetor segundo o qual a convalidação do processo se impõe acaso os valores que impunham a intervenção do Ministério Público na condição de *custos legis* não forem constatadamente relegados por sua ausência.

> Intervenção do MP. Arts. 82 e 84, do CPC. De par com a ausência de interdição do autor (art. 82, I, CPC), milita em desfavor da obrigatoriedade da intervenção do MP a falta de prejuízo para ele, vencedor na demanda, fazendo incidir a regra contida no art. 249, § 2º, do CPC. Não é a simples presença da entidade que impõe a intervenção do MP (art. 82, III, CPC), cabendo ao Juiz examinar a existência do interesse, pela natureza na lide ou qualidade da parte. (REsp 4.991-DF, Segunda Turma do Superior Tribunal de Justiça, Relator Ministro Hélio Mosimann).[67]

Guardadas essas premissas, devemos cruzá-las com a realidade que nos interessa: a dos executivos fiscais.

Desse modo providenciando, somos remetidos a um particular problema, o das execuções canalizadas em desfavor da massa falida.

---

66. "Art. 84. Quando a lei considerar obrigatória a intervenção do Ministério Público, a parte promover-lhe-á a intimação sob pena de nulidade do processo."

67. Na jurisprudência de referida Corte, encontrável entendimento, tomada situação outra, segundo o qual descabe a decretação de nulidade do processo quando o Ministério Público deixa de alegar prejuízo nos casos em que, nomeado curador especial ao réu citado por edital, não foi o Parquet intimado (REsp 221.962-BA, Relator Ministro Humberto Gomes de Barros).

Assim prescrevia o art. 210 do Decreto-lei 7.661/45 ("antiga lei de falências"):

> Art. 210. O representante do Ministério Público, além das atribuições expressas na presente lei, será ouvido em toda ação proposta pela massa ou contra esta. Caber-lhe-á o dever, em qualquer fase do processo, de requerer o que for necessário aos interesses da justiça, tendo o direito, em qualquer tempo, de examinar todos os livros, papéis e atos relativos à falência ou à concordata.

A clareza da norma não deixa dúvidas: direcionada ou redirecionada a pretensão executiva fiscal em face da massa falida ou sociedade concordatária, a intervenção do Ministério Público se impunha, sob pena de nulidade.

Tal, entretanto, não mais se apresenta. É que a Lei 11.101/2005, dando à questão outro tom, deixou de prever a intervenção. É curioso notar, de todo modo, que, em sua redação original, o texto legal ia exatamente no mesmo sentido da "antiga lei de falências", sobrevindo a supressão, por veto presidencial, do dispositivo que tratava do assunto (art. 4º). Esse é o teor da Mensagem n. 59/2005, pertinente ao aludido veto:

> Comunico a Vossa Excelência que, nos termos do § 1º do art. 66 da Constituição, decidi vetar parcialmente, por contrariedade ao interesse público, o Projeto de Lei n. 4.376, de 1993 (n. 71/03 no Senado Federal), que "Regula a recuperação judicial, a extrajudicial e a falência do empresário e da sociedade empresária".
>
> Ouvidos, os Ministérios da Justiça e da Fazenda manifestaram-se pelo veto ao seguinte dispositivo:
>
> Art. 4º
>
> "Art. 4º. O representante do Ministério Público intervirá nos processos de recuperação judicial e de falência.
>
> Parágrafo único. Além das disposições previstas nesta Lei, o representante do Ministério Público intervirá em toda ação proposta pela massa falida ou contra esta."
>
> Razões do veto

"O dispositivo reproduz a atual Lei de Falências – Decreto-Lei n. 7.661, de 21 de junho de 1945, que obriga a intervenção do *Parquet* não apenas no processo falimentar, mas também em todas as ações que envolvam a massa falida, ainda que irrelevantes, e.g. execuções fiscais, ações de cobrança, mesmo as de pequeno valor, reclamatórias trabalhistas etc., sobrecarregando a instituição e reduzindo sua importância institucional.

Importante ressaltar que no autógrafo da nova Lei de Falências enviado ao Presidente da República são previstas hipóteses, absolutamente razoáveis, de intervenção obrigatória do Ministério Público, além daquelas de natureza penal. Senão, veja-se:

'Art. 52. Estando em termos a documentação exigida no art. 51 desta Lei, o juiz deferirá o processamento da recuperação judicial e, no mesmo ato: (...)

V – ordenará a intimação do Ministério Público e a comunicação por carta às Fazendas Públicas Federal e de todos os Estados e Municípios em que o devedor tiver estabelecimento.'

'Art. 99. A sentença que decretar a falência do devedor, dentre outras determinações: (...)

XIII – ordenará a intimação do Ministério Público e a comunicação por carta às Fazendas Públicas Federal e de todos os Estados e Municípios em que o devedor tiver estabelecimento, para que tomem conhecimento da falência.'

'Art. 142 (...)

§ 7º. Em qualquer modalidade de alienação, o Ministério Público será intimado pessoalmente, sob pena de nulidade.'

'Art. 154. Concluída a realização de todo o ativo, e distribuído o produto entre os credores, o administrador judicial apresentará suas contas ao juiz no prazo de 30 (trinta) dias. (...)

§ 3º. Decorrido o prazo do aviso e realizadas as diligências necessárias à apuração dos fatos, o juiz intimará o Ministério Público para manifestar-se no prazo de 5 (cinco) dias, findo o qual o administrador judicial será ouvido se houver impugnação ou parecer contrário do Ministério Público.'

O Ministério Público é, portanto, comunicado a respeito dos principais atos processuais e nestes terá a possibilidade de intervir. Por isso, é estreme de dúvidas que o representante da instituição poderá requerer, quando de sua intimação inicial, a intimação dos demais atos do processo, de modo que possa intervir sempre que entender necessário e cabível. A mesma providência

> poderá ser adotada pelo *Parquet* nos processos em que a massa falida seja parte.
>
> Pode-se destacar que o Ministério Público é intimado da decretação de falência e do deferimento do processamento da recuperação judicial, ficando claro que sua atuação ocorrerá *pari passu* ao andamento do feito. Ademais, o projeto de lei não afasta as disposições dos arts. 82 e 83 do Código de Processo Civil, os quais preveem a possibilidade de o Ministério Público intervir em qualquer processo, no qual entenda haver interesse público, e, neste processo específico, requerer o que entender de direito. (...)

Ao cabo de tudo, o que se pode inferir é que, afora o eventual enquadramento de um dado executivo fiscal num dos casos firmados pela legislação geral (arts. 178 e 179 do Código de Processo Civil de 2015; arts. 82 e 83 do Código de Processo Civil de 1973), não há, hoje, regra especial que reclame a intervenção do Ministério Público em execução fiscal. Mais ainda podemos dizer (a título de reforço): dentre as hipóteses gerais de intervenção do Ministério Público como *custos legis*, não se identifica espaço, não pelo menos ordinariamente, para os executivos fiscais.

Nesse sentido, posiciona-se Araken de Assis:

> Discutível revela-se a necessidade de o Ministério Público intervir na execução fiscal, na qualidade de *custos legis*, porquanto o litígio ostenta caráter patrimonial e o interesse público, reclamado no art. 82, III, não equivale ao da Fazenda Pública.[68]

Fechando questão, apregoa, na mesma linha, a Súmula 189 do Superior Tribunal de Justiça:

> Súmula 189 (Superior Tribunal de Justiça)
>
> *É desnecessária a intervenção do Ministério Público nas execuções fiscais.*

68. ASSIS, Araken de. *Manual da execução*. 13. ed. São Paulo: RT, 2010. p. 1.150.

Em suma:

Como fato jurídico, **conflito não se presume**, impondo-se, para que desencadeie consequências jurídicas, sua tradução na competente linguagem da **petição inicial.**

Petição inicial é o **veículo que, no plano judicial, constitui o fato "conflito"** e, da mesma forma, os sujeitos que nele (no conflito) se envolvem. A esses sujeitos, dá-se o nome de **partes.**

O **conceito de parte**, porque **formal**, não se confunde com o de **parte legítima.**

Relacional que é, o conceito de **legitimidade** deriva do **cruzamento** de dois outros conceitos, o de **parte** (formalmente gravado na petição inicial) e o de **sujeito de direito material.**

A **petição inicial dos executivos fiscais** não se submete aos critérios apontados no Código de Processo Civil, devendo indicar apenas:

> **(i)** o órgão julgador a que é dirigida,
>
> **(ii)** o correspondente pedido,
>
> **(iii)** o requerimento para a citação.
>
> **(art. 6º, *caput*, da Lei n. 6.830/80)**

A **petição inicial dos executivos fiscais** será **instruída** com a **Certidão da Dívida Ativa**, documento que aquela **integrará**, tal como se ali estivesse transcrita.

Em execução fiscal, não só o conceito de **parte** deve ser **diretamente sacado da Certidão de Dívida Ativa**, senão também o de **parte legítima**; isso porque, além de operar como elemento integrante da petição inicial, referido documento revela o objeto da lide (a dívida ativa).

Cabe à **Procuradoria da Fazenda Nacional** propor execução fiscal para cobrança de crédito relativo ao **ITR**.

Compete à **Procuradoria-Geral da Fazenda Nacional** a **inscrição** dos créditos relativos ao **FGTS**, cabendo-lhe, diretamente ou por intermédio da **Caixa Econômica Federal** (mediante **convênio**), a correspondente cobrança – a celebração de convênio (evento ocorrido em 1995) não implica o cometimento do direito de fundo à Caixa Econômica Federal.

Os créditos de FGTS inscritos em dívida ativa antes da celebração do convênio, justamente porque anteriores ao referido ato jurídico, persistem sendo cobrados pela Procuradoria da Fazenda Nacional sem a intervenção da Caixa Econômica Federal; o mesmo ocorre com a contribuição instituída pela Lei Complementar 110/2001 – nesse caso, independentemente da época de sua inscrição.

Com a criação da **Secretaria da Receita Federal do Brasil**, passou a ser da **União**, como sucessora, a titularidade das execuções fiscais relativas às **contribuições** que eram, antes, cobradas pelo **INSS** e pelo **FNDE**.

O sujeito apontado sob a condição de **devedor** no bojo da Certidão de Dívida Ativa é de ser tido não só como **parte passiva** (**formalmente** falando), senão como **parte passiva presumivelmente legítima**.

A **classe dos potenciais executados** em nível fiscal é constituída não só pela figura do devedor, nela se incluindo, ainda:

> **(i)** o fiador,
>
> **(ii)** o espólio,
>
> **(iii)** a massa,
>
> **(iv)** os sucessores a qualquer título,

(v) o responsável, nos termos da lei, por dívidas, tributárias ou não, de pessoas físicas ou pessoas jurídicas de direito privado.

O **fiador**, o **espólio**, a **massa** e os **sucessores a título qualquer** são investidos de **legitimidade passiva** (embora não submetidos ao conceito de devedor) por força do **vínculo** que com aquele (o devedor) manteriam.

No campo **tributário**, a obrigação exequenda se opõe à figura do **contribuinte** (processualmente chamado de **devedor**), pessoa que, por presunção, se encontra juridicamente vinculada ao fato imponível. Sem prejuízo disso, essa mesma obrigação pode ser canalizada em face de um **terceiro** (dito **responsável**), se demonstrado que, para além do fato gerador daquela obrigação (a tributária), esse sujeito (o terceiro) incorreu na prática de algum evento considerado normativamente relevante para esse fim – esses eventos vêm essencialmente descritos no art. 135 do Código Tributário Nacional.

Como os eventos implicativos da responsabilidade do terceiro pressupõem a obrigação tributária, é natural que sua evocação seja admitida apenas se exercido pela Fazenda Pública o direito de ação executiva contra o contribuinte (devedor) e, no mesmo contexto, contra o terceiro (responsável), formando-se, assim, um **litisconsórcio passivo** – **inicial** ou **ulterior**, a depender do momento em que diagnosticado o fato gerador da corresponsabilidade.

Fala-se em **redirecionamento**, sempre que, proposta a execução contra o contribuinte, a respectiva pretensão é **ulteriormente** aparelhada contra o terceiro-responsável.

A responsabilidade que demanda a aplicação do art. 4º, inciso V, da Lei 6.830/80 (propriamente tributária) não se confunde com a patrimonial, figura de que tratam os arts. 789 e 790 do Código de Processo Civil de 2015 e 591 e 592 do Código de Processo Civil de 1973.

Casos há (no Código de Processo Civil de 2015, prescritos no art. 790, e, no Código de Processo Civil de 1973, no art. 592) em que se atribui responsabilidade patrimonial em relação a terceiros, assim entendidos os sujeitos que, estranhos ao processo, não ostentam a qualidade de legitimados.

Segundo o inciso VII do art. 790 do Código de Processo Civil de 2015 os bens do responsável vinculam-se à satisfação do crédito executado nos casos de desconsideração da personalidade jurídica.

Esse "responsável" não é o responsável tributário de que trata o art. 4º, inciso V, da Lei 6.830/80.

Pelo art. 50 do Código Civil, o sistema não confere ao terceiro (representado, na literalidade do dispositivo, pela figura do "administrador" ou do "sócio") responsabilidade tributária (não é, por conseguinte, atributivo de legitimidade); vincula, de todo modo, seus bens à satisfação de determinadas obrigações, permitindo a materialização da figura da "desconsideração da personalidade jurídica".

Não cabe confundir redirecionamento (por fundamento tributário implicativo de legitimidade) com "desconsideração da personalidade jurídica" fundada no art. 50 do Código Civil.

Até o Código de Processo Civil de 2015, não havia nenhum instrumento processual especificamente voltado à identificação da responsabilização patrimonial por desconsideração. O pedido de que tratam os arts. 133 a 137 do vigente Código supre essa lacuna.

O assim chamado "incidente de desconsideração da personalidade jurídica" encontra-se cravado, na estrutura geral do Código, no título que trata das "intervenções de terceiros".

A posição geográfica do instrumento denota o que ele viabiliza: o reconhecimento do "fato gerador" da desconsideração (redutível, em princípio, à fórmula do art. 50 do Código Civil), com a consequente responsabilização do patrimônio do terceiro, e não o redirecionamento executivo.

O terceiro, por força do incidente, não "vira" parte passiva na execução; tem, isso sim, sua personalidade jurídica desconsiderada, de modo que seus bens passam a ser constritáveis, como se do devedor (ou de qualquer outro legitimado do art. 4º da Lei 6.830/80) fossem.

Para que isso ocorra, é preciso que esse "terceiro" seja reconhecido como "responsável" por ato judicial decisório (art. 136 do CPC/2015), regularmente precedido de contraditório (art. 135 do CPC/2015), sob pena de caracterização de esbulho autorizador de embargos de terceiro (na forma do art. 674, § 2º, inciso III, do CPC/2015).

Sob o regime jurídico do Decreto-lei 7.661/45 ("antiga lei de falências"), o **Ministério Público** intervinha, como *custos legis*, em todas as ações propostas por ou contra a massa falida (inclusive os executivos fiscais). Com o advento da Lei 11.101/2005, mencionada intervenção deixou de se impor.

Capítulo 5

EXECUTIVO FISCAL E SEU OBJETO

5.1 Introdução: o processo executivo fiscal em sua dimensão objetiva

Todo processo, inclusive o executivo fiscal, é definível a partir de duas perspectivas: a subjetiva, da qual nos ocupamos no Capítulo anterior, e a objetiva, nosso foco atual.

Pois bem. O objeto de qualquer execução fiscal se reduz a uma única ideia: a de *dívida ativa*, nos exatos termos do § 1º do art. 2º da Lei 6.830/80.

Não será, portanto, com a mira mantida sobre a natureza da obrigação de fundo que a execução fiscal assim se definirá.

Qualquer valor cuja cobrança seja atribuída por lei à Fazenda Pública é normativamente considerado, de ordinário, *dívida ativa* (§ 1º do art. 2º da Lei 6.830/80),[69] compreendidos nesse contexto tanto os débitos especificamente

69. "Art. 2º (...). § 1º. Qualquer valor, cuja cobrança seja atribuída por lei às entidades de que trata o artigo 1º, será considerado Dívida Ativa da Fazenda Pública."

tributários como os demais, albergados pela expressão *dívida não tributária* (§ 2º do art. 2º da Lei 6.830/80).[70]

Quando perscrutamos o objeto de uma dada execução fiscal, devemos nos ocupar, pois, nem tanto do direito de base, senão da figura que o instrumentaliza *in concreto*, a chamada *Certidão de Dívida Ativa*.

5.2 Certidão de Dívida Ativa: como ato administrativo ("espelho" do Termo de Inscrição)

A Certidão de Dívida Ativa é de ser entendida como documento que exterioriza o ato de inscrição do crédito da Fazenda Pública, trazendo ao mundo concreto a figura abstrata da *dívida ativa*.

Produzida a partir do assim chamado *termo de inscrição* (elemento integrante do *Livro de Dívida Ativa*), deve conter os mesmos elementos,[71] explicitamente enunciados pelo § 5º do art. 2º da Lei 6.830/80:

> § 5º. O Termo de Inscrição de Dívida Ativa deverá conter:
>
> I – o nome do devedor, dos corresponsáveis e, sempre que conhecido, o domicílio ou residência de um e de outros;
>
> II – o valor originário da dívida, bem como o termo inicial e a forma de calcular os juros de mora e demais encargos previstos em lei ou contrato;
>
> III – a origem, a natureza e o fundamento legal ou contratual da dívida;
>
> IV – a indicação, se for o caso, de estar a dívida sujeita à atualização monetária, bem como o respectivo fundamento legal e o termo inicial para o cálculo;

70. "Art. 2º (...). § 2º. A Dívida Ativa da Fazenda Pública, compreendendo a tributária e a não tributária, abrange atualização monetária, juros e multa de mora e demais encargos previstos em lei ou contrato."

71. "Art. 2º. (...) § 6º. A Certidão de Dívida Ativa conterá os mesmos elementos do Termo de Inscrição e será autenticada pela autoridade competente." (Lei 6.830/80).

> V – a data e o número da inscrição, no Registro de Dívida Ativa; e
>
> VI – o número do processo administrativo ou do auto de infração, se neles estiver apurado o valor da dívida.[72]

A teor do §3º do art. 2º da Lei 6.830/80,[73] possível dizer que o Termo de Inscrição – assim como seu "espelho", a Certidão de Dívida Ativa – é o resultado prático do procedimento administrativo de controle de legalidade, procedimento esse que pressupõe a prévia constituição do crédito exequendo por meio de outro instrumento reconhecido como legítimo pelo sistema (é o caso do lançamento de ofício, no específico setor tributário)[74] e que consiste, basicamente, na apuração da liquidez e da certeza do crédito precedentemente constituído – tome-se como insertas no contexto dessa atividade importantes variáveis, tais como as que constam do Parecer PGFN/CDA n. 2.025/2011 (aprovado pelo então Ministro da Fazenda por despacho emitido em 20/01/2012); eis o que, em alguns de seus trechos, referido parecer consigna:

> (...) 1. Vêm ao exame desta Coordenação-Geral da Dívida Ativa da União - CDA os termos da Portaria PGFN n. 294, de 22 de março de 2010 (com alterações promovidas pela Portaria PGFN

---

72. Nos termos do § 7º do art. 2º da Lei 6.830/80, tanto o Termo de Inscrição como a Certidão de Dívida Ativa podem ser preparados e numerados por processo manual, mecânico ou eletrônico.

73. "Art. 2º. (...) § 3º. A inscrição, que se constitui no ato de controle administrativo da legalidade, será feita pelo órgão competente para apurar a liquidez e certeza do crédito e suspenderá a prescrição, para todos os efeitos de direito, por 180 dias, ou até a distribuição da execução fiscal, se esta ocorrer antes de findo aquele prazo."

74. "Art. 142. Compete privativamente à autoridade administrativa constituir o crédito tributário pelo lançamento, assim entendido o procedimento administrativo tendente a verificar a ocorrência do fato gerador da obrigação correspondente, determinar a matéria tributável, calcular o montante do tributo devido, identificar o sujeito passivo e, sendo caso, propor a aplicação da penalidade cabível." (Código Tributário Nacional.)

n. 176, de 9 de julho de 2010), que dispõem sobre as Notas-justificativas no âmbito desta Procuradoria-Geral da Fazenda Nacional.

2. A iniciativa buscou consolidar e sistematizar, em ato normativo dirigido a toda a carreira, as diversas situações nas quais a Procuradoria-Geral da Fazenda Nacional – PGFN dispensa a apresentação de contestação e/ou de recursos, bem como a desistência dos já interpostos, contra demandas e/ou decisões desfavoráveis à Fazenda Nacional, com o escopo de racionalizar e uniformizar a atuação dos Procuradores da Fazenda Nacional em juízo.

3. Sucede que a normatização das hipóteses de dispensa de apresentação de contestação e de recursos rendeu ensejo a alguns questionamentos formulados pelas unidades descentralizadas desta Procuradoria-Geral, cujo foco gravita em torno da sua eventual repercussão sobre a inscrição, a administração e a cobrança – administrativa e judicial – da dívida ativa da União.

4. São justamente essas as questões que se pretende enfrentar nesta oportunidade, à vista da competência regimental da Coordenação-Geral da Dívida Ativa da União.

(...)

5. Relevante instrumento voltado a conferir maior racionalidade e uniformidade à defesa da Fazenda Nacional em juízo, a Portaria PGFN n. 294, de 2010, contemplou o rol de situações em que se autoriza a não apresentação de contestação e/ou a não interposição de recursos, bem como a desistência dos já interpostos, cujos termos são os seguintes, *in verbis*:

(...)

7. Dentre esses mecanismos já consagrados pelo ordenamento jurídico e em franca aplicação prática, podem ser citados os Atos Declaratórios do Procurador-Geral da Fazenda Nacional (art. 19, II, da Lei n. 10.522, de 2002), as Súmulas ou Pareceres do Advogado-Geral da União – AGU (arts. 4º, X, 28, II, 40, 41 e 43 da Lei Complementar n. 73, de 10 de fevereiro de 1999), as Súmulas do Conselho Administrativo de Recursos Fiscais aprovadas pelo Ministro de Estado da Fazenda (art. 75 do Regimento Interno do CARF) e os Pareceres aprovados pelo Procurador-Geral da Fazenda Nacional ou por Procurador-Geral Adjunto da Fazenda Nacional (arts.72 e 73 do Regimento Interno da PGFN).

8. Incluem-se nesse rol, ainda, as Súmulas Vinculantes e as decisões do Supremo Tribunal Federal proferidas em sede de controle concentrado de constitucionalidade (arts. 103-A e 102, § 2º,

respectivamente, da Constituição Federal de 1988), cujo advento impõe também à Administração Pública a rigorosa observância de suas prescrições, redundando, decerto, na efetiva inviabilidade de utilização de meios processuais para advogar tese contrária.

9. Sobreleva notar, contudo, que a disciplina contida na portaria *sub examine* não se limitou às situações de dispensa de impugnação judicial já conhecidas. Com efeito, a essa sistemática foi agregada novel hipótese, consistente em excepcionar a defesa da União em juízo, por parte da Procuradoria-Geral da Fazenda Nacional - PGFN, quando a demanda e/ou decisão tratar de questão já definida, pelo Supremo Tribunal Federal - STF ou pelo Superior Tribunal de Justiça - STJ, com sede de julgamento realizado na forma dos arts. 543-B e 543-C do Código de Processo Civil - CPC, respectivamente.

10. Nessa toada, consolidadas todas as hipóteses - antigas e novas - em que a PGFN autoriza os seus órgãos de representação judicial a não contestar, a não interpor recursos, bem como a desistir daqueles já manejados, exsurge como questão premente identificar as eventuais implicações dessa orientação sobre a atividade concernente à dívida ativa da União.

(...)

43. No âmbito do Direito Tributário, a persecução do crédito é qualificada, de forma expressa, como "plenamente vinculada" pelo art. 3º do Código Tributário Nacional - CTN, dispositivo esse que deixa estreme de dúvidas o dever da autoridade administrativa de apurar, constituir o crédito tributário e exigir o cumprimento da obrigação pelo contribuinte, diante da ocorrência do fato gerador, tudo conforme a prescrição legal. É dizer, em relação aos atos que caiba à autoridade pública praticar, ela está obrigada ao estrito cumprimento da lei.

44. Informado pela mesma teleologia, o art. 141 do CTN preconiza que o crédito tributário regularmente constituído somente se modifica ou extingue, ou tem sua exigibilidade suspensa ou excluída, nos casos previstos nesta lei, fora dos quais não podem ser dispensadas, sob pena de responsabilidade funcional na forma da lei, a sua efetivação ou as respectivas garantias.

45. Nas lições de Roque Antonio Carrazza, trata-se do princípio da vinculabilidade da tributação, cujo teor alberga a ideia de que o "Fisco não pode, por decisão própria, isto é, sem base legal, prejudicar ou beneficiar os contribuintes. Pelo contrário, deve lançar e arrecadar os tributos, na forma da lei. Do mesmo modo, salvo quando expressamente autorizado por ela, está proibido

de renunciar aos créditos tributários ou de transacionar sobre os regularmente nascidos".

46. A propósito, a atribuição de competência institucional à PGFN para promover a inscrição em dívida ativa da União dos créditos de natureza tributária, para fins de cobrança administrativa e judicial, deixa patente o caráter vinculado dessa atividade, evidenciando verdadeiro poder-dever de agir, *ex vi* do disposto nos arts. 12, I, da Lei Complementar n. 73, de 1993, e do art. 131, § 3º, da Constituição Federal.

47. Por outro viés, não menos vinculada à lei é a atribuição de exigência do crédito de natureza diversa da tributária por parte da Administração Pública. Se o Estado é titular de crédito, seja ele decorrente de relação jurídico-tributária, seja ele originado do exercício de outra potestade pública ou mesmo de uma relação contratual, a Administração Pública deve buscar, *na forma predisposta na lei,* a realização desse direito creditório, exercendo, para tanto, as prerrogativas públicas que lhe foram conferidas.

(...)

56. Não parece estar de acordo com a finalidade das normas que estatuem a competência da PGFN a realização de inscrição em dívida ativa e cobrança *temerárias*, que tenham por fundamento tese *comprovadamente* rejeitada pelos órgãos de cúpula do Poder Judiciário, a quem compete a última palavra sobre matéria constitucional e infraconstitucional. *Diz-se "comprovadamente" do ponto de vista da PGFN,* quando ela própria, em sua vertente de atuação na defesa da União em juízo, já reconheceu a improbabilidade de alteração do entendimento do STF e STJ em razão da força persuasiva especial e diferenciada de que se revestem os precedentes decorrentes do julgamento previsto nos arts. 543-B e 543-C do CPC, declarando a dispensa de impugnação judicial, conforme visto alhures.

57. *Com efeito, interpretando-se a legislação em vigor, tem-se que a finalidade legal específica de se realizar a inscrição em dívida ativa é a obtenção de um título executivo a ser levado a juízo, visando (sic) aparelhar a competente ação de execução fiscal,* cuja finalidade última é a satisfação do crédito exequendo. Em outras palavras, o ato administrativo de inscrição em dívida ativa almeja, por excelência, *conferir exequibilidade judicial ao crédito,* não sendo desarrazoado afirmar que a eficácia jurídica do ato de inscrição está em obter a prestação jurisdicional voltada à expropriação dos bens do devedor, ou ao menos ter a potencialidade de atingi-la plenamente.

(...)

62. Pois bem. Sucede que, para realizar essa especial finalidade (cobrança forçada), a Fazenda Nacional depende necessariamente da intervenção do Estado-juiz e é exatamente o Poder Judiciário, por meio dos seus órgãos de cúpula, que rechaça, *com elevada carga persuasiva,* a tese que fundamenta a exigência fiscal. E mais: *nem mesmo a PGFN, quando questionada em juízo (inclusive em embargos na execução fiscal), defenderá a tese contrária,* buscando garantir a subsistência do direito creditório da União, em face do contexto jurisprudencial reconhecidamente desfavorável.

63. Forçoso convir, pois, que uma cobrança nesses termos reveste-se de cunho temerário, suscetível de ser obstada a qualquer momento, bastando o questionamento judicial pelo interessado, inclusive por meio de embargos à execução fiscal, contra os quais não haverá a insurgência da PGFN. (...).

5.3 Certidão de Dívida Ativa: competência para sua produção

Os créditos especificamente portados pela União são apurados e inscritos em dívida ativa pela Procuradoria da Fazenda Nacional, órgão que representa judicialmente aquela pessoa política nas respectivas execuções fiscais (§ 4º do art. 2º da Lei 6.830/80).[75]

Quer isso significar que o procedimento de controle de legalidade a que nos referimos (e que deságua no ato de inscrição) é conduzido por referido agente – automaticamente reconhecível, daí, não apenas por sua atuação no plano judicial, senão também no plano pré-processual, voltado à preparação do documento que a um só tempo oficiará, na execução, como título e como elemento integrante da petição inicial.

E é natural que assim seja: se é o Procurador da Fazenda Nacional que representa a União nas execuções

75. "Art. 2º (...) § 4º. A Dívida Ativa da União será apurada e inscrita na Procuradoria da Fazenda Nacional."

pertinentes a seus créditos, é ele, na estrutura administrativa, o agente que se há de reputar investido de melhores condições para proceder ao controle de legalidade dos atos de constituição daqueles mesmos créditos.

Afora isso, não é possível perder de vista que a Certidão de Dívida Ativa, por legalmente considerada um elemento integrante da petição inicial, deve ser lavrada, idealmente, por quem tem a atribuição de produzir tal peça processual (a inicial, insista-se).

Embora não seja explorado pela Lei 6.830/80, a mesma diretriz é seguida pelas demais Fazendas, constatação que a prática denuncia.

5.4 Os créditos alcançados pela expressão *dívida ativa*

O *caput* do art. 2º da Lei 6.830/80, à guisa de definir os créditos alcançados pela expressão *dívida ativa*, remete o intérprete a um outro diploma, a Lei 4.320/64, de que cujo bojo se tiram normas gerais de direito financeiro,[76] e cujo art. 39 tem a seguinte redação:

> Art. 39. Os créditos da Fazenda Pública, de natureza tributária ou não tributária, serão escriturados como receita do exercício em que forem arrecadados, nas respectivas rubricas orçamentárias.
>
> § 1º. Os créditos de que trata este artigo, exigíveis pelo transcurso do prazo para pagamento, serão inscritos, na forma da legislação própria, como Dívida Ativa, em registro próprio, após apurada a sua liquidez e certeza, e a respectiva receita será escriturada a esse título.
>
> § 2º. Dívida Ativa Tributária é o crédito da Fazenda Pública dessa natureza, proveniente de obrigação legal relativa a tributos e respectivos adicionais e multas, e Dívida Ativa não Tributária

76. "Art. 2º. Constitui Dívida Ativa da Fazenda Pública aquela definida como tributária ou não tributária na Lei n. 4.320, de 17 de março de 1964, com as alterações posteriores, que estatui normas gerais de direito financeiro para elaboração e controle dos orçamentos e balanços da União, dos Estados, dos Municípios e do Distrito Federal."

> são os demais créditos da Fazenda Pública, tais como os provenientes de empréstimos compulsórios, contribuições estabelecidas em lei, multa de qualquer origem ou natureza, exceto as tributárias, foros, laudêmios, aluguéis ou taxas de ocupação, custas processuais, preços de serviços prestados por estabelecimentos públicos, indenizações, reposições, restituições, alcances dos responsáveis definitivamente julgados, bem assim os créditos decorrentes de obrigações em moeda estrangeira, de sub-rogação de hipoteca, fiança, aval ou outra garantia, de contratos em geral ou de outras obrigações legais.
>
> § 3º. O valor do crédito da Fazenda Nacional em moeda estrangeira será convertido ao correspondente valor na moeda nacional à taxa cambial oficial, para compra, na data da notificação ou intimação do devedor, pela autoridade administrativa, ou, à sua falta, na data da inscrição da Dívida Ativa, incidindo, a partir da conversão, a atualização monetária e os juros de mora, de acordo com preceitos legais pertinentes aos débitos tributários.
>
> § 4º. A receita da Dívida Ativa abrange os créditos mencionados nos parágrafos anteriores, bem como os valores correspondentes à respectiva atualização monetária, à multa e juros de mora e ao encargo de que tratam o art. 1º do Decreto-lei n. 1.025, de 21 de outubro de 1969, e o art. 3º do Decreto-lei n. 1.645, de 11 de dezembro de 1978.
>
> § 5º. A Dívida Ativa da União será apurada e inscrita na Procuradoria da Fazenda Nacional.

Além das "replicações" normativas (muitas das prescrições da Lei 6.830/80 repetem, segundo se vê, disposições desde antes firmadas pela sobredita Lei 4.320/64), interessa-nos, no contexto em que nos encontramos, a regra contida no §2º (releia-se: "Dívida Ativa Tributária é o crédito da Fazenda Pública dessa natureza, proveniente de obrigação legal relativa a tributos e respectivos adicionais e multas, e Dívida Ativa não Tributária são os demais créditos da Fazenda Pública, tais como os provenientes de empréstimos compulsórios, contribuições estabelecidas em lei, multa de qualquer origem ou natureza, exceto as tributárias, foros, laudêmios, alugueis ou taxas de ocupação, custas processuais, preços de serviços prestados por estabelecimentos públicos, indenizações, reposições, restituições, alcances dos responsáveis definitivamente julgados, bem assim os créditos decorrentes de obrigações em moeda estrangeira, de sub-rogação de hipoteca, fiança, aval ou outra garantia, de contratos em geral ou de outras obrigações legais"), à medida que reafirma, claramente, que não é a natureza da obrigação exequenda que faz definir uma execução como fiscal.

5.5 A Certidão de Dívida Ativa no âmbito tributário

A despeito do que se disse no item imediatamente anterior, é bom lembrar que os créditos especificamente tributários recebem do subsistema normativo próprio (representado pelo Código Tributário Nacional) disciplina igualmente particular. Assim se vê, com efeito, no art. 201 do mencionado estatuto:

> Art. 201. Constitui dívida ativa tributária a proveniente de crédito dessa natureza, regularmente inscrita na repartição administrativa competente, depois de esgotado o prazo fixado, para pagamento, pela lei ou por decisão final proferida em processo regular. (...)

Da mesma forma opera o subsequente art. 202, definindo o conteúdo do termo de inscrição da dívida ativa tributária, assim como a correlata certidão (seu "espelho"); leia-se:

> Art. 202. O termo de inscrição da dívida ativa, autenticado pela autoridade competente, indicará obrigatoriamente:
>
> I – o nome do devedor e, sendo caso, o dos corresponsáveis, bem como, sempre que possível, o domicílio ou a residência de um e de outros;
>
> II – a quantia devida e a maneira de calcular os juros de mora acrescidos;
>
> III – a origem e natureza do crédito, mencionada especificamente a disposição da lei em que seja fundado;
>
> IV – a data em que foi inscrita;

V – sendo caso, o número do processo administrativo de que se originar o crédito.

Parágrafo único. A certidão conterá, além dos requisitos deste artigo, a indicação do livro e da folha da inscrição.

Apesar da aparente peremptoriedade desse dispositivo (manifestada, em especial, pelo emprego do vocábulo *obrigatoriamente* em seu *caput* e ratificada pelo teor do art. 203 do mesmo Código Tributário Nacional),[77] é de se frisar que a jurisprudência não o toma (assim como o § 5º do art. 2º da Lei 6.830/80) de forma absoluta, buscando, antes disso, temperar sua "contundência" a partir da noção de *instrumentalidade das formas*.

(...) 1. Conforme preconiza os arts. 202 do CTN e 2º, § 5º da Lei n. 6.830/80, a inscrição da dívida ativa somente gera presunção de liquidez e certeza na medida em que contenha todas as exigências legais, inclusive, a indicação da natureza do débito e sua fundamentação legal, bem como forma de cálculo de juros e de correção monetária.

2. A finalidade desta regra de constituição do título é atribuir à CDA a certeza e liquidez inerentes aos títulos de crédito, o que confere ao executado elementos para opor embargos, obstando execuções arbitrárias.

3. A pena de nulidade da inscrição e da respectiva CDA, prevista no artigo 203, do CTN, deve ser interpretada *cum granu salis*. Isto porque o insignificante defeito formal que não compromete a essência do título executivo não deve reclamar por parte do exequente um novo processo com base em um novo lançamento tributário para apuração do tributo devido, posto conspirar contra o princípio da efetividade aplicável ao processo executivo extrajudicial.

77. "Art. 203. A omissão de quaisquer dos requisitos previstos no artigo anterior, ou o erro a eles relativo, são causas de nulidade da inscrição e do processo de cobrança dela decorrente, mas a nulidade poderá ser sanada até a decisão de primeira instância, mediante substituição da certidão nula, devolvido ao sujeito passivo, acusado ou interessado o prazo para defesa, que somente poderá versar sobre a parte modificada."

4. *In casu*, não merece censura a decisão recorrida, uma vez que a hipótese vertente trata de débito apurado pelo próprio contribuinte, através de DCTF, no qual os valores são lançados sobre as informações declaradas pelo próprio devedor, tendo sido, ainda, reconhecida a inexistência de outros defeitos no título executivo, consoante se depreende dos fundamentos expendidos no voto-condutor do acórdão recorrido.

5. Destarte, a nulidade da CDA não deve ser declarada por eventuais falhas que não geram prejuízos para o executado promover a sua a defesa, informado que é o sistema processual brasileiro pela regra da instrumentalidade das formas (*pas des nullités sans grief*), nulificando-se o processo, inclusive a execução fiscal, apenas quando há sacrifício aos fins da Justiça. (...)

(Recurso Especial 686516/SC, Superior Tribunal de Justiça, Primeira Turma, Relator Ministro Luiz Fux, DJ de 12/09/2005, p. 230).

(...) 1. A existência de vícios formais na Certidão de Dívida Ativa apenas leva a sua nulidade se causar prejuízo ao exercício do direito de ampla defesa.

2. A simples falta de indicação do livro e da folha de inscrição da dívida constitui defeito formal de pequena monta, que não prejudica a defesa do executado nem compromete a validade do título executivo. (...)

(Agravo Regimental no Agravo 1153617/SC, Superior Tribunal de Justiça, Segunda Turma, Relator Ministro Castro Meira, DJe de 14/09/2009).

(...) 1. A Certidão de Dívida Ativa (CDA) é extraída do respectivo Termo de Inscrição. Ambos os documentos contêm os mesmos dados (art. 2º, § 6º, da Lei 6.830/1980).

2. A equivocada substituição da CDA pelo Termo de Inscrição em Dívida Ativa não é causa de nulidade processual, pois a coincidência das informações garante o respeito aos princípios da ampla defesa e do *due process*. Aplicação do princípio da instrumentalidade das formas. (...)

(Agravo Regimental no Recurso Especial 709664/RS, Superior Tribunal de Justiça, Segunda Turma, Relator Ministro Herman Benjamin, DJe de 19/12/2008).

Não se perca de vista, de todo modo, que casos há em que o desrespeito à forma preconizada por lei, por implicativa de evidenciado prejuízo ao executado, não podem ser desconsiderados.

> (...) 1. A Certidão de Dívida Ativa deve preencher todos os requisitos constantes do art. 202 do Código Tributário Nacional-CTN, de modo a permitir ao executado a ampla defesa. Ao agregar em um único valor os débitos originários do IPTU e da Taxa de Coleta de Lixo, o exequente impossibilita a exata compreensão do quantum objeto de cobrança e causa prejuízo à defesa do executado. (...)
>
> (Agravo Regimental no Recurso Especial 1255266/RS, Superior Tribunal de Justiça, Segunda Turma, Relator Ministro Castro Meira, DJe de 16/03/2012).

> (...) 2. É nula a CDA que possui valor globalizado sem discriminar os montantes relativos ao IPTU, à Taxa de Limpeza e à Taxa de Fiscalização de Aparelho de Transporte. Precedentes do STJ. (...)
>
> (Agravo Regimental no Agravo 1027461/MG, Superior Tribunal de Justiça, Segunda Turma, Relator Ministro Herman Benjamin, DJe de 25/05/2009).

5.6 A Certidão de Dívida Ativa como título executivo

É da essência da tutela executiva a preexistência de documento ao qual o sistema normativo outorgue força executória – assim já o dissemos, por ocasião do Capítulo 2, item 2.1.

Voltada que é à realização, no plano fático, de uma dada obrigação, a tutela de que falamos não pode prescindir, com efeito, de um instrumento revelador dessa mesma obrigação. Por isso, aliás, a regra do art. 783 do Código de Processo Civil de 2015 ("a execução para cobrança de crédito fundar-se-á sempre em título de obrigação certa, líquida e exigível"), réplica ajustada do art. 586 do Código de Processo Civil de 1973 ("*a execução para cobrança de crédito fundar-se-á sempre em título de obrigação certa, líquida e exigível*").

As tutelas viabilizadas pelas execuções fiscais não excepcionam essa regra, cumprindo a Certidão de Dívida Ativa o papel de título executivo nessa específica seara.

Nos termos do art. 784, inciso IX, do Código de Processo Civil de 2015[78] (cujo correspondente, no Código de Processo Civil de 1973, encontra-se no art. 585, inciso VII-),[79] o documento em questão figura dentre os de origem extrajudicial, o que quer significar que sua constituição se processa à revelia de intervenção jurisdicional – lembre-se, a propósito, que o documento de que falamos deflui de um procedimento administrativo, normativamente identificado como de controle de legalidade (item 5.2 retro).

Consoante apregoam alguns doutrinadores, o curioso é que esse título, embora extrajudicial, seria produzido unilateralmente.

Assim se posiciona Regina Helena Costa:

> Ressalte-se ser a Certidão de Dívida Ativa o único título executivo extrajudicial, no ordenamento jurídico pátrio, confeccionado *unilateralmente* pelo credor, o que se justifica em razão do atributo peculiar a todos os atos administrativos, ou seja, a *presunção de legalidade ou de legitimidade* de que desfrutam.[80]

---

78. "Art. 784. São títulos executivos extrajudiciais: (...) IX – a certidão de dívida ativa da Fazenda Pública da União, dos Estados, do Distrito Federal e dos Municípios, correspondente aos créditos inscritos na forma da lei; (...)."

79. "Art. 585. São títulos executivos extrajudiciais: (...) VII – a certidão de dívida ativa da Fazenda Pública da União, dos Estados, do Distrito Federal, dos Territórios e dos Municípios, correspondente aos créditos inscritos na forma da lei; (...)."

80. COSTA, Regina Helena. Curso de direito tributário – Constituição e Código Tributário Nacional cit., p. 336.

A par de tal orientação, ousamos dela discordar, em especial no que se refere ao particular universo tributário: execução fiscal é categoria processual que, no mencionado setor, supõe, antes da produção do título, a prévia constituição da obrigação correspondente, o que há de ocorrer

(i) ou por "autolançamento" (hipótese em que a participação do contribuinte é evidente);

(ii) ou por lançamento de ofício (caso em que a eficácia do crédito demanda o precedente esgotamento das vias administrativas, com franca abertura de ensejo para que o contribuinte participe do feixe de atos desencadeadores da obrigação que se pretende levar à execução).[81]

Isso estaria a significar que, mesmo não integrado ao procedimento de controle de legalidade – do qual deságua o título executivo –, o contribuinte estaria envolvido, sim, nos procedimentos/processos anteriores a tal fase, o que nos permitiria dizer, ao final, que a unilateralidade da Certidão de Dívida Ativa seria apenas *formal* – e não propriamente *material*.

5.7 O especial caso do crédito tributário federal após o advento da Portaria PGFN n. 33/2018:[82] o papel desempenhado pelo PRDI no contexto da produção da Certidão de Dívida Ativa

A par das colocações que registramos no item anterior – notadamente voltadas à demonstração da bilateralidade do procedimento/processo de constituição do crédito subjacente

81. Assim nos posicionamos em nosso *Processo tributário*. 3. ed. São Paulo: Quartier Latin, 2012. p. 129-30.

82. Portaria PGFN 33/2018 – Disponível em: https://bit.ly/30VwsJ4 Acesso em: 27 jan. 2020.

à Certidão de Dívida Ativa –, devemos lembrar que, com o advento da Portaria PGFN 33/2018, surge, em nosso sistema, figura jurídica que faz ainda mais clara a referida ideia: o "Pedido de Revisão de Débitos Inscritos" (PRDI).

Tal categoria não representaria, em si, uma novidade absoluta, uma vez desde antes existentes pedidos dessa ordem na prática tributária.

É inquestionavelmente inovador, porém, o perfil conferido a esse instrumento pela mencionada portaria, intimamente correlacionável à necessidade de preservação do equilíbrio entre Fisco e contribuinte no intervalo que medeia a constituição do crédito tributário e sua cobrança.

Confirma essa correlação a tomada do PRDI como medida reativa legitimamente exercitável pelo contribuinte tanto quanto o pagamento, o parcelamento e a prestação de garantia (art. 6º),[83] além da conferência, desde que usado no prazo regulamentar, de efeito suspensivo no que tange ao alavancamento da cobrança (art. 16, § 2º).[84]

Detenhamo-nos sobre esses primeiros aspectos.

Em princípio, a inscrição do crédito tributário em Dívida Ativa – ato que resulta, assim já dissemos, do controle de legalidade formalmente exercido de forma unilateral pela Procuradoria (o que não significa, insistamos, que o crédito estaria sujeito a regime de constituição igualmente

---

83. "Art. 6º. Inscrito o débito em dívida ativa da União, o devedor será notificado para:
I – em até 05 (cinco) dias:
a) efetuar o pagamento do valor do débito atualizado monetariamente, acrescido de juros, multas e demais encargos; ou
b) parcelar o valor integral do débito, nos termos da legislação em vigor.
II – em até 30 (trinta) dias:
a) ofertar antecipadamente garantia em execução fiscal; ou
b) apresentar Pedido de Revisão de Dívida Inscrita (PRDI)."

84. "Art. 15. (...)
§ 2º. O PRDI pode ser efetuado a qualquer tempo e, desde que apresentado no prazo do art. 6º, II, suspenderá a prática dos atos descritos no art. 7º em relação ao débito questionado."

unilateral) – autorizaria a deflagração de todas as providências dirigidas à satisfação do crédito, inclusive o ajuizamento da execução correspondente.

Partia-se da premissa, nessa lógica, de que a participação do contribuinte na fase de constituição do crédito seria bastante.

Somados, os dispositivos antes referidos (arts. 6º e 15, § 2º) reescrevem essa história, abrindo ensejo, por meio do PRDI, para uma espécie de "bilateralização continuada", que caminha para além da constituição do crédito, de modo a avançar na direção da fase "pré-cobrança".

Mesmo que implicitamente, reconhece-se, nesse cenário, que o regime de cobrança diferenciado instituído pelo normativo comentado (a Portaria PGFN 33/2018, repita-se) importa tão expressiva modificação que já não basta a integração do sujeito passivo à fase antecedente do ciclo de positivação.

Disso resulta evidente reescritura do conceito de controle de legalidade do crédito tributário federal, atividade que passa a ser contingencialmente dialética.

Tais proposições ficam ainda mais claras quando se constata que, diferentemente das outras alternativas concedidas pelo art. 6º – todas pressupondo, em certa medida, a assunção da exigibilidade –, o PRDI a põe (à exigibilidade) em xeque, fazendo-o na instância administrativa responsável pela cobrança, de maneira a diferir tanto o ajuizamento, como as medidas descritas no art. 7º.[85]

---

85. "Art. 7º. Esgotado o prazo e não adotada nenhuma das providências descritas no art. 6º, a Procuradoria-Geral da Fazenda Nacional poderá:
I – encaminhar a Certidão de Dívida Ativa para protesto extrajudicial por falta de pagamento, nos termos do art. 1º, parágrafo único, da Lei n. 9.492, de 10 de setembro de 1997;
II – comunicar a inscrição em dívida ativa aos órgãos que operam bancos de dados e cadastros relativos a consumidores e aos serviços de proteção ao crédito e congêneres, mediante convênio firmado com as respectivas entidades;

III – averbar, inclusive por meio eletrônico, a Certidão de Dívida Ativa nos órgãos de registro de bens e direitos sujeitos a arresto ou penhora, para fins de averbação pré-executória;
IV – utilizar os serviços de instituições financeiras públicas para a realização de atos que viabilizem a satisfação amigável de débitos inscritos, nos termos do art. 58 da Lei 11.941, de 27 de maio de 2009;
V – encaminhar representação à Secretaria da Receita Federal do Brasil para aplicação de multa à empresa e a seus diretores e demais membros da administração superior, na hipótese de irregular distribuição de bônus e lucros a acionistas, sócios, quotistas, diretores e demais membros de órgãos dirigentes, fiscais ou consultivos, pela inobservância do disposto no art. 32 da Lei n. 4.357, de 16 de julho de 1964, nos termos do art. 52 da Lei n. 8.212, de 24 de julho de 1991;
VI – encaminhar representação às respectivas Agências Reguladoras para que seja revogada a autorização para o exercício da atividade, no caso de sujeito passivo detentor de Concessões e Permissões da Prestação de Serviços Públicos, tendo em vista a ausência de regularidade fiscal para com a União, em conformidade com o disposto no inciso IV do art. 27, no inciso IV do art. 29 e no inciso XIII do art. 55 da Lei n. 8.666, de 21 de junho de 1993, c/c o art. 14, o inciso VII do § 1º do art. 38 e o parágrafo único do art. 40 da Lei n. 8.987, de 13 de fevereiro de 1995;
VII – encaminhar representação aos bancos públicos para fins de não liberação de créditos oriundos de recursos públicos, repasses e financiamentos, tendo em vista o disposto no art. 6º da Lei n. 10.522, de 2002;
VIII – encaminhar representação ao órgão competente da administração pública federal direta ou indireta, para fins de rescisão de contrato celebrado com o Poder Público, tendo em vista a ausência de regularidade fiscal para com a União, em conformidade com o disposto no inciso IV do art. 27, no inciso IV do art. 29 e no inciso XIII do art. 55 da Lei n. 8.666, de 1993;
IX – encaminhar representação à Secretaria da Receita Federal do Brasil para exclusão de benefícios e/ou incentivos fiscais, relativos a tributos por ela administrados, inclusive os vinculados ao Comércio Exterior, tendo em vista a ausência de regularidade fiscal para com a União, com base no disposto no art. 60 da Lei n. 9.069, de 29 de junho de 1995;
X – encaminhar representação à Secretaria da Receita Federal do Brasil para cancelamento da habilitação ao Despacho Aduaneiro Expresso (Linha Azul) e da certificação ao Programa Brasileiro de Operador Econômico Autorizado, tendo em vista a ausência de regularidade fiscal para com a União, conforme previsto no inciso I do art. 3º da IN RFB n. 476, de 13 de dezembro de 2004, e no inciso IV do art. 8º da IN RFB n. 1521, de 4 de dezembro de 2014;
XI – encaminhar representação à Administração Pública Estadual ou Municipal para fins de rescisão de contrato ou exclusão de benefício e/ou incentivos fiscais ou creditícios, na hipótese da existência de débitos relativos a tributos destinados à seguridade social, nos termos do § 3º do art. 195 da Constituição Federal, bem como na alínea "a" do inciso I do art. 47 da Lei n. 8.212, de 1991;
XII – promover o bloqueio do Fundo de Participação do Distrito Federal, do Estado ou do Município, de acordo com o disposto no inciso I do parágrafo único do art. 160 da Constituição Federal;
XIII – encaminhar representação à Secretaria da Receita Federal do Brasil para baixa da pessoa jurídica inexistente de fato, quando evidenciadas as situações des-

E é natural que assim seja – isto é, que as medidas ordinariamente tomadas após a inscrição sejam contidas: se, de todas as condutas possivelmente assumidas pelo contribuinte nos termos da Portaria, o PRDI é, como dito, a única em que se visualiza a contraposição à exigibilidade, suas derivações têm de ser, ao menos na sua pendência, reprimidas.

Reforça essa conclusão o repertório de temas que, previstos no § 1º do art. 15, escorariam o antagonismo expressado via PRDI – todos os fundamentos ali apontados estão a serviço da demonstração da inexigibilidade da obrigação "revisanda",[86] reafirmando-se, assim, o propósito subjacente ao pedido: impugnar a exação.

---

critas no art. 29, II, da Instrução Normativa n. 1.634, de 6 de maio de 2016;
XIV – encaminhar representação à Secretaria da Receita Federal do Brasil para suspensão da inscrição no Cadastro da Pessoa Física (CPF), no caso de não recebimento das correspondências enviadas nos termos do art. 20-B, §§ 1º e 2º, da Lei n. 10.522, de 19 de julho de 2002, com redação dada pela Lei n. 13.606, de 9 de janeiro de 2018, por inconsistência cadastral, conforme previsão do art. 12 da Instrução Normativa RFB n. 1.548, de 13 de fevereiro de 2015;
XV – promover a revogação da moratória, nos termos do inciso I do art. 8º da Lei n. 12.688, de 18 de julho de 2012, no caso de entidades mantenedoras de instituições de ensino superior integrantes do sistema de ensino federal que aderiram ao Programa de Estímulo à Reestruturação e ao Fortalecimento das Instituições de Ensino Superior (Proies);
XVI – promover a revogação da moratória e da remissão de débitos, nos termos do art. 37 da Lei n. 12.873, de 24 de outubro de 2013, no caso de entidades que aderiram ao Programa de fortalecimento das entidades privadas filantrópicas e das entidades sem fins lucrativos que atuam na área da saúde e que participam de forma complementar do Sistema Único de Saúde (Prosus);
XVII – promover a exclusão do parcelamento e do Programa de Modernização da Gestão e de Responsabilidade Fiscal do Futebol Brasileiro (Profut), nos termos do art. 4º da Lei n. 13.155, de 4 de agosto de 2015, ficando a entidade proibida de usufruir de incentivo ou benefício fiscal previsto na legislação federal ou de receber repasses de recursos públicos federais da administração direta ou indireta pelo prazo de 2 (dois) anos, contado da data da rescisão, no caso das entidades desportivas profissionais de futebol que aderiram ao Programa."

86. "Art. 15. (...)
§ 1º. Admite-se o PRDI:
I – para alegação de pagamento, parcelamento, suspensão de exigibilidade por decisão judicial, compensação, retificação da declaração, preenchimento da declaração com erro, vício formal na constituição do crédito, decadência ou prescrição,

Outorgando ao PRDI eficácia suspensiva da atividade derivada da inscrição, a Portaria PGFN 33/2018, além de distender o procedimento de controle de legalidade, bilateralizando-o (tal como já registramos), faz legítima a indagação sobre se, com o atravessamento do pedido, aquilo que era, até ali, mero procedimento administrativo, passa a ser verdadeiro processo.

Entendemos que sim, dada a submissão da hipótese àquele conceito – de processo, repetimos.

Não nos impressiona, nesse contexto, o fato de o PRDI ser apreciado no âmbito da Procuradoria da Fazenda Nacional, órgão que não dispunha de tal atribuição; tampouco nos impressiona o fato dessa atribuição subjazer a ato normativo infralegal: vista em corte, o que a Portaria disciplina, nessa fração, é a atividade de controle de legalidade, regularmente conferida àquele órgão pela legislação ordinária (art. 2º, § 4º, da Lei 6.830/80),[87] inexistindo indevida mácula à legalidade.

Nada há, por outro lado, que impeça, na disciplina interna das atividades que lhe são legalmente outorgadas, que a Administração as trate como manifestação processual, e não meramente procedimental, uma vez que de tal opção não importa em mitigação de franquias conferidas ao administrado (no caso, o contribuinte); muito ao contrário, aliás: dando contornos de processualidade à atividade que redundará na definitiva inscrição do crédito tributário (ou seu cancelamento), a Administração amplifica noções

quando ocorridos em momento anterior à inscrição em dívida ativa da União;
II – para alegação das matérias descritas no art. 5º, § 1º, ocorridas antes ou após a inscrição em dívida ativa da União;
III – para alegação de qualquer causa de extinção ou suspensão do crédito tributário ou não tributário, ocorridas antes ou após a inscrição em dívida ativa da União."

87. "Art. 2º. (...).
§ 4º. A Dívida Ativa da União será apurada e inscrita na Procuradoria da Fazenda Nacional.

como a de contraditório, à medida que faz dialógica uma ideia marcada, em princípio, por unilateralidade formal.

De mais a mais, aceitemos que, tal como disciplinado pela Portaria PGFN 33/2018, o PRDI implica a veiculação, pelo contribuinte, de pretensão contraposta à exigibilidade do crédito então "controlando". Por isso, seu art. 19 prescreve que o acolhimento do pedido poderá importar, conforme o caso, o cancelamento do crédito,[88] locução que denota a mesma eficácia aposta no art. 156, inciso IX, do Código Tributário Nacional.[89]

Um detalhe normativo reconfirma os traços de processualidade inerentes ao PRDI: além de veicular pretensão (potencialmente desconstitutiva da exigibilidade) e suscitar julgamento, o pedido admite recorribilidade.[90]

5.8 A especial presunção que recobre a Certidão de Dívida Ativa e as ideias de exigibilidade (eficácia fraca) e exequibilidade (eficácia forte)

Como todo título executivo, também a Certidão de Dívida Ativa recebe do ordenamento especial presunção, qual seja, de espelhar a existência de uma obrigação com foros de plena exigibilidade.

---

88. Art. 19. Deferido o pedido de revisão, a inscrição será, conforme o caso, cancelada, retificada ou suspensa a exigibilidade do débito, sendo que, nesse último caso, serão sustadas, no que couber, as medidas descritas no art. 7º, enquanto perdurar a suspensão.
Parágrafo único. No caso de cancelamento da inscrição sem extinção do crédito, os débitos serão devolvidos ao órgão de origem para correção do vício, observado o disposto art. 22, § 3º, do Decreto-Lei n. 147, de 3 de fevereiro de 1967."

89. "Art. 156. Extinguem o crédito tributário:
(...)
IX – a decisão administrativa irreformável, assim entendida a definitiva na órbita administrativa, que não mais possa ser objeto de ação anulatória;
(...)."

90. "Art. 20. Da decisão que indeferir o pedido de revisão, total ou parcialmente, caberá recurso, no prazo de 10 (dez) dias, sem efeito suspensivo."

Expliquemos: se é certo que alguns atos administrativos (como o de lançamento, tomando-se mais uma vez o direito tributário como referência) revelam, por si, a existência de uma obrigação, não é menos certo que a exigibilidade inerente a essa obrigação não é plena, apresentando-se *débil, fraca* – tanto assim que aqueles atos não escudam, por si, a propositura de execução.

Para se chegar ao ideal da plena exigibilidade (também reconhecível pela expressão *exigibilidade forte*), é preciso mais do que a mera produção desses atos administrativos (como o de lançamento, repise-se);[91] impõe-se a constituição do *título executivo* correlato, documento que confere a especial presunção de que antes falamos, ou seja, de atestar a existência de uma obrigação plenamente exigível.[92]

Esse é o papel legalmente conferido a esses documentos, os títulos executivos – inclusive a Certidão de Dívida Ativa –, o que nos permite entendê-los a partir de uma simples proposição: título executivo é documento que assim se define *ope legis*, ou seja, por exclusiva ingerência do direito positivo.[93]

Voltando ao exemplo tributário, teríamos, ao final, que os instrumentos constitutivos da obrigação tributária (lançamento e "autolançamento") oficiariam como pressuposto necessário, mas não suficiente, à instauração do executivo fiscal.

---

91. Camila Campos Vergueiro explora, com argúcia, os "graus" de exigibilidade, indo além dessa visão – mais panorâmica – que apresentamos. Vale conferir: VERGUEIRO, Camila Campos. *Obrigação tributária*. São Paulo: Quartier Latin, 2009. p. 104-8.

92. A presunção a que nos referimos vem atestada em diversas passagens do ordenamento jurídico, valendo relembrar, nesse momento, do art. 3º da Lei n. 6.830/80 – "a Dívida Ativa regularmente inscrita goza da presunção de certeza e liquidez."

93. A contrario sensu, possível dizer, em acréscimo: documento que ateste a existência de uma relação jurídica obrigacional, mas que não é pela lei tratado como título executivo, pode representar, quando muito, título monitório.

Por outra: a obrigação tributária, embora exigível desde quando "lançada" (tanto que o Estado-fisco, no momento da notificação do contribuinte, o convoca a pagar, sem prejuízo da possibilidade de impugnação), só ganha plena exigibilidade se, inadimplida, avançar para o plano da exequibilidade, via produção da correspondente Certidão de Dívida Ativa.[94]

A propósito desse tema, ensina Araken de Assis, fazendo revelar uma curiosa particularidade do título de que falamos – a saber, a precedência, em relação a ele, do inadimplemento do obrigado:

> Cuida-se [a prévia exigibilidade da obrigação (tributária) estampada na Certidão de Dívida Ativa] de mais uma característica peculiar ao título executivo exibido pelo Fisco. Nos demais títulos extrajudiciais, recorda José Afonso da Silva, o crédito se constitui e a exigibilidade ou é a ele coeva, ou dela se origina, mas jamais precede o próprio título, como sucede na hipótese da certidão da dívida ativa.[95]

Em suma, podemos refazer o percurso de positivação, identificando os seguintes passos/efeitos: (i) ocorrido o fato implicativo da obrigação, (ii) procede-se a sua constituição, juridicamente, por meio do instrumento que a lei assim estabelece (lançamento, auto de infração etc.); (iii) produzido esse documento pela Administração, notifica-se o administrado (*surgimento da exigibilidade fraca*); (iv) esgotada a possibilidade de defesa administrativa, certifica-se o cumprimento (ou não) da obrigação; (v) verificado o inadimplemento (*o*

---

94. "A inscrição da dívida ativa pertence à 'fase integrativa da eficácia' por revestir a função de um ato de controle preventivo, necessário para que o ato de lançamento assuma plena força de título executivo. Como adiante melhor se verá, a inscrição da dívida ativa situa-se na fronteira entre o procedimento administrativo de lançamento (a cuja fase integrativa da eficácia ainda pertence) e o processo judicial de execução (da qual é pressuposto necessário)". (XAVIER, Alberto. Do lançamento: teoria geral do ato, do procedimento e do processo tributário. Rio de Janeiro: Forense, 1998. p. 196).

95. ASSIS, Araken de. *Manual do processo de execução* cit., p. 734.

que potencializa a exigibilidade, viabilizando sua transformação em executabilidade), (vi) inaugura-se o procedimento tendente à produção do título executivo; (vii) produzido, ao final, o título (*consolidando-se o estado de executabilidade*), a execução fiscal é finalmente proponível.

5.9 As prerrogativas outorgadas ao crédito submetido à execução fiscal

5.9.1 O art. 2º, § 8º, da Lei 6.830/80

Afora sua excêntrica posição de elemento integrante da petição inicial, possível reconhecer na Certidão de Dívida Ativa um quê de especialidade adicional, uma vez revestida de prerrogativas não verificáveis em relação aos demais títulos executivos.

Essas prerrogativas de que se investe referida categoria, muito além do aspecto formal, garantem ao crédito fazendário especial *status*, à medida que, antes de se referirem unicamente ao título executivo, atuam sobre o próprio direito creditório de que é portadora a Fazenda Pública.

Assegura o art. 2º, § 8º, da Lei 6.830/80, nesse sentido, que:

> Até a decisão de primeira instância, a Certidão de Dívida Ativa poderá ser emendada ou substituída, assegurada ao executado a devolução do prazo para embargos.

O que se percebe, da leitura desse dispositivo, é que, mesmo depois de supostamente exaurido o processo de formação, em nível administrativo, do crédito exequendo, é possível que a Administração reveja o conteúdo do ato administrativo constitutivo do referido crédito, emendando ou substituindo, por conseguinte, o título levado a juízo

– vê-se materializada, nesse particular, a ideia subjacente à Súmula 473 do Supremo Tribunal Federal.

> Súmula 473 (Supremo Tribunal Federal)
>
> *A Administração pode anular seus próprios atos, quando eivados de vícios que os tornam ilegais, porque deles não se originam direitos; ou revogá-los, por motivo de conveniência ou oportunidade, respeitados os direitos adquiridos, e ressalvada, em todos os casos, a apreciação judicial.*

O único óbice, segundo a lei, para que essa franquia seja exercitada pela Fazenda Pública diz com a eventual emissão de ato judicial decisório em primeira instância, ato esse que, por evidente, está irremediavelmente ligado ao oferecimento de embargos. Assim, acaso tenha o executado ingressado em juízo para se opor à pretensão executória – fazendo-o por embargos, repitamos –, será o julgamento de sua pretensão o marco determinativo do exercício da prerrogativa a que nos referimos.

No mesmo sentido da Lei 6.830/80, prescreve o Código Tributário Nacional:

> Art. 203. A omissão de quaisquer dos requisitos previstos no artigo anterior, ou o erro a eles relativo, são causas de nulidade da inscrição e do processo de cobrança dela decorrente, mas a nulidade poderá ser sanada até a decisão de primeira instância, mediante substituição da certidão nula, devolvido ao sujeito passivo, acusado ou interessado o prazo para defesa, que somente poderá versar sobre a parte modificada.

Num e noutro diploma, é notável a preocupação do legislador, paralelamente à prerrogativa conferida à Fazenda Pública, de garantir ao executado o pleno exercício do contraditório e da ampla defesa, dizendo, para tanto, que a emenda ou a substituição da Certidão de Ativa impõem a abertura, em seu favor, de nova oportunidade de embargos.[96]

Ademais disso, cobra firmar que a "vantagem" outorgada à Administração, embora aparentemente "livre" de amarras, não pode representar a total reescritura do crédito exequendo – o que ocorreria, por exemplo, nos casos de redefinição da base de cálculo do tributo em cobro.

Nesse sentido, Humberto Theodoro Júnior esclarece (trazendo à luz, inclusive, o problema dos ônus sucumbenciais):

> Não se pode permitir a substituição da certidão por outra substancialmente diversa porquanto tal providência equivaleria a alterar o pedido ou a *causa petendi*, o que repugna aos princípios do direito processual.
>
> Por outro lado, substituída a certidão, após os embargos, e havendo redução do crédito exequendo, a Fazenda credora será considerada "sucumbente com relação à diferença entre a quantia inicialmente cobrada e aquela posteriormente reduzida", para efeito das verbas de custas e honorários advocatícios (CPC, art. 21). (TFR, 4ª T., AC 58.157-SP, Rel. Min. Antônio de Pádua Ribeiro, ac. de 11-3-1985, DJU, 23 maio 1985, p. 7878-9).
>
> Quando, no curso da execução, ocorre anistia ou outra causa legal de extinção parcial do débito exequendo, incumbe à Fazenda substituir, regularmente, a certidão de dívida ativa por outra que separe e exclua, de maneira adequada, as verbas subsistentes. Se não o fizer, "a insubsistência do título se caracteriza, por ter perdido a liquidez e a certeza" (STJ, 1ª T., REsp 79.234-SP, Rel. Min. José Delgado, ac. de 4-3-1996, RSTJ, 82:81). É que "a anistia equivale à desistência". Logo, "O Estado arcará com os honorários de advogado, caso já tenham sido apresentados os embargos à execução. Não é o devedor que tem de pagar honorários em caso de anistia." (STJ, 1ª T., REsp 101.410-ES, Rel. Min. Garcia Vieira, ac. de 7-11-1997, DJU, 19 dez. 1997, p. 67451).[97]

---

96. "Sendo a Certidão de Dívida Ativa o fundamento sine qua non da execução fiscal, a sua substituição, excepcionalmente permitida pela lei, importa alteração da causa petendi. Daí impor a Lei n. 6.830 a reabertura do prazo de embargos para o executado." (THEODORO JÚNIOR, Humberto. *Lei de execução fiscal* cit., p. 28).

97. THEODORO JÚNIOR, Humberto. *Lei de execução fiscal* cit., p. 26-7.

Ainda sobre essa questão, advertem, com propriedade, Leandro Paulsen, René Bergmann Ávila e Ingrid Schroder Sliwka:

> Quando haja equívocos no próprio lançamento ou na inscrição em dívida, fazendo-se necessária alteração de fundamento legal ou do sujeito passivo, nova apuração do tributo com aferição de base de cálculo por outros critérios, imputação de pagamento anterior à inscrição etc., será indispensável que o próprio lançamento seja revisado, se ainda viável em face do prazo decadencial, oportunizando-se ao contribuinte o direito à impugnação, e que seja revisada a inscrição, de modo que não se viabilizará a correção do vício apenas na certidão de dívida. A certidão é um espelho da inscrição que, por sua vez, reproduz os termos do lançamento. Não é possível corrigir, na certidão, vícios do lançamento e/ou da inscrição. Nestes casos, será inviável simplesmente substituir-se a CDA.[98]

Firmando critérios de emprego da decantada prerrogativa, assim se orienta a jurisprudência promanada do Superior Tribunal de Justiça:

> (...) 1. A Primeira Seção/STJ, ao apreciar os EREsp 823.011/RS (Rel. Min. Castro Meira, DJ de 5.3.2007), firmou orientação no sentido de que o art. 2º, § 8º, da Lei 6.830/80 permite à Fazenda Pública a substituição da Certidão de Dívida Ativa para especificar a origem da dívida, anotar os exercícios compreendidos, ou seja, para corrigir eventuais vícios, até a prolação da sentença dos embargos à execução. Consignou-se no precedente referido que "a substituição ou emenda da Certidão de Dívida Ativa é uma faculdade conferida à Fazenda Pública em observância ao princípio da economia processual", que deve ser indeferida apenas em algumas ocasiões, tais como na hipótese de "alteração do sujeito passivo nela indicado".

98. PAULSEN, Leandro; ÁVILA, René Bergmann; SLIWKA, Ingrid Schroder. *Direito processual tributário*: processo administrativo fiscal e execução fiscal à luz da doutrina e da jurisprudência. 5. ed. Porto Alegre: Livraria do Advogado, 2009. p. 205.

2. Assim, mostra-se prematura a extinção, de ofício, da execução fiscal em virtude da nulidade da Certidão de Dívida Ativa quando se trate de defeitos sanáveis, tais como a cobrança englobada de valores, a não referência ao fundamento legal, entre outros, sem antes se permitir que a Fazenda Pública efetue a emenda ou a substituição do título executivo. (...) (Recurso Especial 201000880016, Relator Ministro Mauro Campbell Marques, Segunda Turma, DJE de 30/09/2010).

Não se perca de vista, a par dessas considerações, que a orientação pretoriana, mormente a provinda do Superior Tribunal de Justiça, vem se mostrando firme quanto à "aproveitabilidade" da Certidão de Dívida Ativa que refira crédito que, conquanto excessivo, possa ser ajustado mediante simples operação aritmética – a implicar a desnecessidade, nesses casos, de substituição ou emenda do título.

(...) 1. O prosseguimento da execução fiscal (pelo valor remanescente daquele constante do lançamento tributário ou do ato de formalização do contribuinte fundado em legislação posteriormente declarada inconstitucional em sede de controle difuso) revela-se forçoso em face da suficiência da liquidação do título executivo, consubstanciado na sentença proferida nos embargos à execução, que reconheceu o excesso cobrado pelo Fisco, sobressaindo a higidez do ato de constituição do crédito tributário, o que, *a fortiori*, dispensa a emenda ou substituição da certidão de dívida ativa (CDA).

2. Deveras, é certo que a Fazenda Pública pode substituir ou emendar a certidão de dívida ativa (CDA) até a prolação da sentença de embargos (artigo 2º, § 8º, da Lei 6.830/80), quando se tratar de correção de erro material ou formal, vedada, entre outras, a modificação do sujeito passivo da execução (Súmula 392/STJ) ou da norma legal que, por equívoco, tenha servido de fundamento ao lançamento tributário (Precedente do STJ submetido ao rito do artigo 543-C, do CPC: REsp 1.045.472/BA, Rel. Ministro Luiz Fux, Primeira Seção, julgado em 25.11.2009, DJe 18.12.2009).

3. *In casu*, contudo, não se cuida de correção de equívoco, uma vez que o ato de formalização do crédito tributário sujeito a lançamento por homologação (DCTF), encampado por desnecessário ato administrativo de lançamento (Súmula 436/STJ),

precedeu à declaração incidental de inconstitucionalidade formal das normas que alteraram o critério quantitativo da regra-matriz de incidência tributária, quais sejam, os Decretos-Leis 2.445/88 e 2.449/88.

4. O princípio da imutabilidade do lançamento tributário, insculpido no artigo 145, do CTN, prenuncia que o poder-dever de autotutela da Administração Tributária, consubstanciado na possibilidade de revisão do ato administrativo constitutivo do crédito tributário, somente pode ser exercido nas hipóteses elencadas no artigo 149, do Codex Tributário, e desde que não ultimada a extinção do crédito pelo decurso do prazo decadencial quinquenal, em homenagem ao princípio da proteção à confiança do contribuinte (encartado no artigo 146) e no respeito ao ato jurídico perfeito.

5. O caso *sub judice* amolda-se no disposto no *caput* do artigo 144, do CTN ("O lançamento reporta-se à data da ocorrência do fato gerador da obrigação e rege-se pela lei então vigente, ainda que posteriormente modificada ou revogada."), uma vez que a autoridade administrativa procedeu ao lançamento do crédito tributário formalizado pelo contribuinte (providência desnecessária por força da Súmula 436/STJ), utilizando-se da base de cálculo estipulada pelos Decretos-Leis 2.445/88 e 2.449/88, posteriormente declarados inconstitucionais pelo Supremo Tribunal Federal, em sede de controle difuso, tendo sido expedida a Resolução 49, pelo Senado Federal, em 19.10.1995.

6. Consequentemente, tendo em vista a desnecessidade de revisão do lançamento, subsiste a constituição do crédito tributário que teve por base a legislação ulteriormente declarada inconstitucional, exegese que, entretanto, não ilide a inexigibilidade do débito fiscal, encartado no título executivo extrajudicial, na parte referente ao quantum a maior cobrado com espeque na lei expurgada do ordenamento jurídico, o que, inclusive, encontra-se, atualmente, preceituado nos artigos 18 e 19, da Lei 10.522/2002, verbis: "Art. 18. Ficam dispensados a constituição de créditos da Fazenda Nacional, a inscrição como Dívida Ativa da União, o ajuizamento da respectiva execução fiscal, bem assim cancelados o lançamento e a inscrição, relativamente: (...) VIII – à parcela da contribuição ao Programa de Integração Social exigida na forma do Decreto-Lei n. 2.445, de 29 de junho de 1988, e do Decreto-Lei n. 2.449, de 21 de julho de 1988, na parte que exceda o valor devido com fulcro na Lei Complementar n. 7, de 7 de setembro de 1970, e alterações posteriores; (...) § 2º Os autos das execuções fiscais dos débitos de que trata este artigo serão arquivados mediante despacho do juiz, ciente o Procurador da

Fazenda Nacional, salvo a existência de valor remanescente relativo a débitos legalmente exigíveis. (...)" Art. 19. Fica a Procuradoria-Geral da Fazenda Nacional autorizada a não contestar, a não interpor recurso ou a desistir do que tenha sido interposto, desde que inexista outro fundamento relevante, na hipótese de a decisão versar sobre: (Redação dada pela Lei n. 11.033, de 2004) I – matérias de que trata o art. 18; (...). § 5º Na hipótese de créditos tributários já constituídos, a autoridade lançadora deverá rever de ofício o lançamento, para efeito de alterar total ou parcialmente o crédito tributário, conforme o caso. (Redação dada pela Lei n. 11.033, de 2004)".

7. Assim, ultrapassada a questão da nulidade do ato constitutivo do crédito tributário, remanesce a exigibilidade parcial do valor inscrito na dívida ativa, sem necessidade de emenda ou substituição da CDA (cuja liquidez permanece incólume), máxime tendo em vista que a sentença proferida no âmbito dos embargos à execução, que reconhece o excesso, é título executivo passível, por si só, de ser liquidado para fins de prosseguimento da execução fiscal (artigos 475-B, 475-H, 475-N e 475-I, do CPC).

8. Consectariamente, dispensa-se novo lançamento tributário e, *a fortiori*, emenda ou substituição da certidão de dívida ativa (CDA).

9. Recurso especial desprovido. Acórdão submetido ao regime do art. 543-C do CPC e da Resolução STJ 08/2008.

(Recurso Especial 200900039810, Superior Tribunal de Justiça, Primeira Seção, Relator Ministro Luiz Fux, DJE de 30/11/2010).

TRIBUTÁRIO E PROCESSUAL CIVIL. EXECUÇÃO FISCAL. CERTIDÃO DE DÍVIDA ATIVA – CDA. BASE LEGAL. ART. 3°, § 1°, DA LEI 9.718/1998. DECLARAÇÃO DE INCONSTITUCIONALIDADE PELO STF. PRESUNÇÃO DE CERTEZA, DE LIQUIDEZ E DE EXIGIBILIDADE INALTERADA. APURAÇÃO DE POSSÍVEL EXCESSO POR MEROS CÁLCULOS ARITMÉTICOS. JURISPRUDÊNCIA PACÍFICA DO STJ. JULGADO SUBMETIDO AO RITO DO ART. 543-C DO CPC.

1. Cuida-se de Recurso Especial submetido ao regime do art. 543-C do CPC/1973 para definição do seguinte tema: "se a declaração de inconstitucionalidade do art. 3°, § 1°, da Lei 9.718/1998, pelo STF, afasta automaticamente a presunção de certeza e de liquidez da CDA, de modo a autorizar a extinção de ofício da Execução Fiscal".

2. O *leading case* do STJ sobre a matéria é o REsp 1.002.502/RS, de relatoria da Ministra Eliana Calmon, ocasião em que Segunda

Turma reconheceu que, a despeito da inconstitucionalidade do § 1° do art. 3° da Lei 9.718/1998, a CDA conserva seus atributos, uma vez que: a) existem casos em que a base de cálculo apurada do PIS e da Cofins é composta integralmente por receitas que se enquadram no conceito clássico de faturamento; b) ainda que haja outras receitas estranhas à atividade operacional da empresa, é possível expurgá-las do título mediante simples cálculos aritméticos; c) eventual excesso deve ser alegado como matéria de defesa, não cabendo ao juízo da Execução inverter a presunção de certeza, de liquidez e de exigibilidade do título executivo (REsp 1.002.502/RS, Rel. Ministra Eliana Calmon, Segunda Turma, DJe 10/12/2009).

3. Essa orientação acabou prevalecendo e se tornou pacífica no âmbito do STJ: AgRg nos EREsp 1.192.764/RS, Rel. Ministro Humberto Martins, Primeira Seção, DJe 15/2/2012; AgRg no REsp 1.307.548/PE, Rel. Ministro Og Fernandes, Segunda Turma, DJe 12/3/2014; AgRg no REsp 1.254.773/PE, Rel. Ministro Humberto Martins, Segunda Turma, DJe 17/8/2011; REsp 1.196.342/PE, Rel. Ministro Castro Meira, Segunda Turma, DJe 10/12/2010; REsp 1.206.158/PE, Rel. Ministro Mauro Campbell Marques, Segunda Turma, DJe 14/12/2010; AgRg no REsp 1.204.855/PE, Rel. Ministro Arnaldo Esteves Lima, Primeira Turma, DJe 16/10/2012; AgRg no REsp 1.182.086/CE, Rel. Ministro Napoleão Nunes Maia Filho, Primeira Turma, DJe 10/10/2011; AgRg no REsp 1.203.217/RS, Rel. Ministro Benedito Gonçalves, Primeira Turma, DJe 11/2/2011; AgRg no REsp 1.204.871/PE, Rel. Ministro Hamilton Carvalhido, Primeira Turma, DJe 2/2/2011; AgRg no REsp 1.107.680/PE, Rel. Ministro Herman Benjamin, Segunda Turma, DJe 6/4/2010.

4. Embora alguns precedentes acima citados façam referência ao REsp 1.115.501/SP, de relatoria do Ministro Luiz Fux, como representativo da tese ora em debate, cumpre destacar que o tema afetado naquela oportunidade se referia genericamente à possibilidade de prosseguir a Execução Fiscal quando apurado excesso no conhecimento da defesa do devedor. É o que se verifica na decisão de afetação proferida por Sua Excelência: "O presente recurso especial versa a questão referente à possibilidade de alteração do valor constante na Certidão da Dívida Ativa, quando configurado o excesso de execução, desde que a operação importe meros cálculos aritméticos, sendo certa a inexistência de mácula à liquidez do título executivo".

5. De todo modo, os fundamentos nele assentados reforçam a posição ora confirmada, mormente a afirmação de que, "tendo em vista a desnecessidade de revisão do lançamento, subsiste a

> constituição do crédito tributário que teve por base a legislação ulteriormente declarada inconstitucional, exegese que, entretanto, não ilide a inexigibilidade do débito fiscal, encartado no título executivo extrajudicial, na parte referente ao *quantum* a maior cobrado com espeque na lei expurgada do ordenamento jurídico" (REsp 1.115.501/SP, Rel. Ministro Luiz Fux, Primeira Seção, DJe 30/11/2010).
>
> 6. Firma-se a seguinte tese para efeito do art. 1.039 do CPC/2015: "A declaração de inconstitucionalidade do art. 3°, § 1°, da Lei 9.718/1998, pelo STF, não afasta automaticamente a presunção de certeza e de liquidez da CDA, motivo pelo qual é vedado extinguir de ofício, por esse motivo, a Execução Fiscal".
>
> 7. Recurso Especial provido. Acórdão submetido ao regime do art. 1.039 do CPC/2015 e da Resolução 8/2008 do STJ.
>
> (Recurso Especial 1.386.229/PE, Superior Tribunal de Justiça, Primeira Seção, Relator Ministro Herman Benjamin, julgado em 10/8/2016).

Nos termos da Súmula 392 do Superior Tribunal de Justiça (citada pelo julgado transcrito), ressalte-se, por outro lado, que a prerrogativa da substituição do título executivo não é admissível para fins de modificação do sujeito passivo da obrigação.

Súmula 392 (Superior Tribunal de Justiça)
A Fazenda Pública pode substituir a certidão de dívida ativa (CDA) até a prolação da sentença de embargos, quando se tratar de correção de erro material ou formal, vedada a modificação do sujeito passivo da execução.

De tal enunciado, porém, não é possível extrair proibição para eventual aproveitamento do título produzido se o caso concreto for de sucessão *a posteriori* (situação em que, embora não tenha seu nome na Certidão de Dívida Ativa, o sucessor, seja qual for o título, tem legitimidade passiva explicitamente conferida pelo art. 4º da Lei n. 6.830/80, tal como averbado no decorrer do Capítulo 4). Igual raciocínio deve ser aplicado mesmo quando a sucessão é antecedente, se o crédito foi constituído por declaração prestada pelo devedor sucedido. Tome-se em consideração, nessa última situação, as hipóteses em que o contribuinte declara determinado crédito tributário, constituindo-o, e posteriormente é, por exemplo, incorporado por terceiro, seu sucessor; tendo sido declarado, é natural e desejável que o crédito seja inscrito, se inadimplido, em desfavor do contribuinte--declarante, ainda que já operada sua incorporação – afinal, como assenta a Súmula 436 do Superior Tribunal de Justiça, "a entrega de declaração pelo contribuinte reconhecendo débito fiscal constitui o crédito tributário, dispensada qualquer outra providência por parte do fisco".

5.9.2 O art. 26 da Lei 6.830/80

Prevê o art. 26 da Lei 6.830/80:

> Art. 26. Se, antes da decisão de primeira instância, a inscrição de Dívida Ativa for, a qualquer título, cancelada, a execução fiscal será extinta, sem qualquer ônus para as partes.

Por corporificar um ato administrativo, a Certidão de Dívida Ativa perde sua eficácia (em especial como título executório) acaso seu fundamento de validade (a inscrição em dívida ativa) for administrativamente cancelado. Sabendo-se que não há execução sem título (em especial a fiscal, à medida que o título, nessa categoria, funciona como elemento integrativo da petição inicial), é natural que se fale, sempre que verificado o sobredito evento (o cancelamento administrativo da inscrição, repita-se), em extinção do feito executivo fiscal.

O curioso, porém, é que, nos termos do mencionado art. 26, a extinção havida sob o aludido fundamento não importará em ônus para as partes, o que estaria a significar, em princípio, que a Fazenda Pública teria a prerrogativa, mesmo depois de proposta a execução, de proceder à revisão do ato administrativo de inscrição, cancelando-o (com o consequente desaparecimento do título executório), sem que isso implique, para ela, consectário processual qualquer.

A despeito dessa "impressão" inicial provocada pela literalidade do mencionado dispositivo, é preciso realçar que a jurisprudência, já há muito, não enxerga com bons olhos a tomada do texto legal sem os necessários temperamentos.

Assim proclama, a propósito, a Súmula 153 do Superior Tribunal de Justiça, que

Súmula 153 (Superior Tribunal de Justiça)
A desistência da execução fiscal, após o oferecimento dos embargos, não exime o exequente dos encargos da sucumbência.

No mesmo sentido, garante aquela Corte o mesmo efeito preconizado por sua Súmula 153 aos casos de oferecimento não propriamente de embargos, senão de exceção de pré-executividade.

> (...) 1. Agravo regimental contra decisão que proveu recurso especial para fixar o percentual de 5% (cinco por cento) de verba honorária advocatícia, sobre o valor do débito, devidamente atualizado quando do seu efetivo pagamento.
>
> 2. O acórdão que, em exceção de pré-executividade, negou pedido de condenação da Fazenda Pública em honorários advocatícios em face da extinção da execução fiscal.
>
> 3. O § 3º do art. 20 do CPC dispõe que os honorários serão fixados entre o mínimo de 10% e o máximo de 20% sobre o valor da condenação, atendidos: a) o grau de zelo do profissional; b) o lugar de prestação do serviço; c) a natureza e importância da causa, o trabalho realizado pelo advogado e o tempo exigido para o seu serviço. Já o posterior § 4º, expressa que nas causas de pequeno valor, nas de valor inestimável, naquelas em que não houver condenação ou for vencida a Fazenda Pública, e nas execuções, embargadas ou não, os honorários serão fixados consoante apreciação equitativa do juiz, atendidas as normas das alíneas "a", "b" e "c", do parágrafo anterior. Conforme dispõe a parte final do próprio § 4º ("os honorários serão fixados consoante

apreciação equitativa do juiz, atendidas as normas das alíneas *a*, *b* e *c* do parágrafo anterior"), é perfeitamente possível fixar a verba honorária entre o mínimo de 10% e o máximo de 20%, mesmo fazendo incidir o § 4º do art. 20 citado, com base na apreciação equitativa do juiz.

4. É pacífico o entendimento deste Superior Tribunal de Justiça no sentido do cabimento de honorários advocatícios em exceção de pré-executividade quando extinta a execução fiscal.

5. O art. 26 da LEF (Lei n. 6.830/80) estabelece que "se, antes da decisão de primeira instância, a inscrição de dívida ativa for, a qualquer título, cancelada, a execução será extinta, sem qualquer ônus para as partes".

6. No entanto, pacífico o entendimento nesta Corte Superior no sentido de que, em executivo fiscal, sendo cancelada a inscrição da dívida ativa e já tendo ocorrido a citação do devedor, mesmo sem resposta, a extinção do feito implica a condenação da Fazenda Pública ao pagamento das custas e emolumentos processuais.

7. "A desistência da execução fiscal, após o oferecimento dos embargos, não exime o exequente dos encargos da sucumbência" (Súmula n. 153/STJ). Aplicação analógica à exceção de pré-executividade. (...)

(Agravo Regimental no Recurso Especial 200702498838, Primeira Turma, Relator Ministro José Delgado, DJE de 16/04/2008).

No mesmo sentido:

(...) 4. A verba honorária é devida pela Fazenda exequente quando esta desiste da execução após o oferecimento da exceção de pré-executividade, tendo em vista o caráter contencioso da mesma.

5. A *ratio legis* do art. 26 da Lei 6.830/80 pressupõe que a própria Fazenda, *sponte sua*, propicie a extinção da execução, o que não se verifica quando oferecida exceção de pré-executividade, situação em tudo por tudo assemelhada ao acolhimento dos embargos.

6. Raciocínio isonômico que se amolda à disposição de que são devidos honorários na execução e nos embargos à execução (§ 4º, do art. 20 – 2ª parte).

7. A novel legislação processual, reconhecendo as naturezas distintas da execução e dos embargos, estes como processo de cognição introduzido no organismo do processo

executivo, estabelece que são devidos honorários em execução embargada ou não.

8. Deveras, reflete nítido, do conteúdo do artigo 26 da LEF, que a norma se dirige à hipótese de extinção administrativa do crédito com reflexos no processo, o que não se equipara ao caso em que a Fazenda, reconhecendo a ilegalidade da dívida, desiste da execução.

9. Forçoso reconhecer o cabimento da condenação da Fazenda Pública em honorários advocatícios na hipótese de desistência da execução fiscal após a citação e o oferecimento da exceção de pré-executividade, a qual, mercê de criar contenciosidade incidental na execução, pode perfeitamente figurar como causa imediata e geradora do ato de disponibilidade processual, sendo irrelevante a falta de oferecimento de embargos à execução, porquanto houve a contratação de advogado, que, inclusive, peticionou nos autos. (...)

(Agravo Regimental no Agravo de Instrumento 200600196750, Primeira Turma, Relator Ministro Luiz Fux, DJ de 08/06/2006, p. 132).

5.9.3 Uma possível crítica às prerrogativas outorgadas à Fazenda Pública

Embora consagradas na pragmática haurida da jurisprudência – dá mostra disso, a coleção de julgados que reproduzimos nos tópicos anteriores –, as prerrogativas conferidas à Fazenda-litigante podem ser vistas sob outro ângulo, um pouco menos, digamos, "ortodoxo".[99]

Fernando de Castro Fontainha,[100] pondo em perspectiva os tais benefícios, traz a distinção entre "litigante habitual" e "litigante eventual", posição que poderia redefinir, com efeito, os rumos sobre esse ponto.

99. Cremos relevante, especialmente agora, instados pelo advento do novo Código de Processo Civil, que falemos algo sobre esse assunto. A investidura de um "novo" sistema processual abre ensejo, com efeito, para reflexão não só sobre o que mudou, senão também sobre o que mais poderia ser mudado.

100. FONTAINHA, Fernando de Castro. Benefícios da Fazenda em juízo: barreira ao acesso à justiça? *Revista CEJ*, Brasília, n. 30, jul.-set. 2005.

(...)

A continuidade da questão dos obstáculos econômicos é o reconhecimento da existência de litigantes eventuais e litigantes habituais, bem como a vantagem que estes levam sobre os primeiros.

Marc Galanter foi quem primeiro identificou essa segregação entre os litigantes, afirmando que dificilmente litigam em igualdade de condições pessoas que ocasionalmente recorrem a juízo e corporações com experiência judicial mais extensa (dentre as quais se pode incluir a Fazenda Pública).

Para ele, as seguintes vantagens são abarcadas pelos litigantes habituais: melhor planejamento do litígio em razão da maior experiência com o Direito; Economia de escala, por terem mais casos em juízo, possibilidade de desenvolver relações informais com os membros da instância decisória; possibilidade de diluição dos riscos da demanda por maior número de casos e de testar estratégias com alguns deles, de modo a garantir expectativas mais favoráveis nos casos futuros. É tamanha a vantagem dos litigantes habituais que o autor chega a identificar fenômeno diametralmente oposto ao da judicialização, ao alegar que os tribunais dos Estados Unidos são instâncias utilizadas pelas organizações para disciplinar os indivíduos e tirar proveito deles.

(...)

A questão das vantagens exclusivas da Fazenda Pública já fora abordada por Pontes de Miranda, para o qual o fundamento hodierno da exceção está em precisarem os representantes de informações e provas que, dado o vulto dos negócios do Estado, duram mais que as informações e provas de que precisam os particulares.

No julgamento paradigma para nossa abordagem, Sepúlveda Pertence afirma ser a constitucionalidade das discriminações em favor da Fazenda oriundas de sua não arbitrariedade, uma vez que visam *(sic)* compensar deficiências das entidades estatais quando de sua defesa em juízo.

Tal hipótese é logo depois rechaçada pelo Ministro, ao citar o exemplo do art. 6º da MP n. 314/93, a qual suspendeu os prazos para a União quando da criação da Advocacia-Geral. O STF entendeu parcialmente inconstitucional a norma, restringindo seus efeitos em face da Procuradoria-Geral da Fazenda Nacional. Isso porque a suspensão não se justificava diante de órgão já estabelecido e pleno de capacidades, diferentemente da recém-criada AGU.

Discriminar positivamente os entes estatais, concedendo-lhes benefícios exclusivos, decorreria unicamente do reconhecimento da sua hipossuficiência. Porém, não é o que acontece.

No aspecto econômico, a Fazenda Pública, além de gozar da isenção de custas – benefício deferido também a pessoas carentes de recursos, mediante declaração e às vezes, comprovação –, está protegida pela enorme teia burocrática. Dispõe de orçamento volumoso e funcionários de carreira exclusivamente lotados e renumerados para sua defesa em juízo, selecionados mediante rigoroso e concorrido concurso público, os quais podem recorrer a outros funcionários de carreira para lhes prover assessoria técnica. Tem acesso mais fácil a informações que comumente se encontram dentro de suas próprias repartições, superando dificuldades que o cidadão muitas vezes encontra, por exemplo, para obter um documento público.

No aspecto cultural e político, seus procuradores gozam de *status* mais elevado que os "simples" advogados, o que lhes garante maior mobilidade diante dos magistrados e das instâncias decisórias. Acompanham o fluxo burocrático do poder. Seus defensores estão mais conectados com as instabilidades e decisões do governo, e, ao defenderem o "interesse coletivo" e o "erário público", outros benefícios lhe são garantidos, como o pagamento mediante precatório e a impenhorabilidade de seus bens.

Por fim, não podemos fugir à conclusão de que a Fazenda Pública é, em regra, um gigantesco litigante habitual. A comunicação com as secretarias, ministérios, autarquias e fundações é feita por malote já estabelecido, funcional e constante. Tivemos a oportunidade breve, mas profícua, de estagiar na Procuradoria de Serviços Públicos do Estado do Rio de Janeiro, no ano de 2002. Lá a maioria esmagadora dos processos se referia basicamente a dois tipos de litígios: mandados de segurança contra multas aplicadas pelo departamento de trânsito e pedidos de medicamentos para tratamento de AIDS e outras enfermidades.[101]

Não temos dúvidas de que a Fazenda Pública, como titular do direito de ação de execução fiscal, é figura perfeitamente encartável no conceito de "litigante habitual", extraindo dessa posição um vasto leque de vantagens processuais de caráter prático, assim entendidas as que não decorrem de artificial estipulação legal.

---

101. FONTAINHA, Fernando de Castro. *Benefícios da Fazenda em juízo*: barreira ao acesso à justiça? cit., p. 24-5.

Sua posição *a priori* privilegiada torna sem sentido a atribuição *ex lege* de vantagens adicionais, as quais, visto o problema por essas luzes, teriam que ser reconhecidas em benefício do executado, o litigante que, por eventual, é posto no processo em posição de apriorística desigualdade.

Em suma:

Desde que instrumentalizado em **Certidão de Dívida Ativa**, o crédito de que é titular a Fazenda Pública vincular-se-á ao modelo **executivo fiscal**, não importando a natureza daquela obrigação – se tributária ou não.

Como documento que exterioriza o ato de inscrição do crédito da Fazenda Pública, a Certidão de Dívida Ativa deve conter os mesmos elementos do chamado **Termo de Inscrição** (elemento integrante do **Livro de Dívida Ativa**).

O **princípio da instrumentalidade das formas** orienta o processo de verificação da regularidade formal do Termo de Inscrição, assim como da Certidão de Dívida Ativa.

Casos em que o desrespeito à forma preconizada por lei implique prejuízo ao executado não podem ser desconsiderados.

O **Termo de Inscrição** é o resultado prático do procedimento administrativo de controle de legalidade, procedimento esse que:

> (i) pressupõe a prévia constituição do crédito exequendo por meio de um outro instrumento,
>
> (ii) consiste na apuração da liquidez e da certeza do crédito precedentemente constituído.

Os créditos de que é titular a União são apurados e inscritos em dívida ativa pela **Procuradoria da Fazenda Nacional**, órgão que a representa judicialmente nas respectivas execuções fiscais.

Como todo título executivo, também a Certidão de Dívida Ativa recebe do ordenamento especial **presunção**, qual seja, de espelhar a existência de uma obrigação com foros de plena exigibilidade.

A **exigibilidade** outorgada pela Certidão de Dívida Ativa à obrigação tributária é do tipo **forte**, não se confundindo com a **exigibilidade fraca**, típica do ato de constituição do crédito.

Até a decisão de primeira instância, a **Certidão de Dívida Ativa poderá ser emendada ou substituída**, assegurada ao executado a devolução do prazo para embargos.

O exercício dessa prerrogativa pela Administração não pode representar a total reescritura da obrigação exequenda – como quando, por exemplo, se altera o sujeito passivo.

Se, antes da decisão de primeira instância, a **inscrição em Dívida Ativa** for, a qualquer título, **cancelada**, a execução fiscal será **extinta, sem qualquer ônus** para as partes.

A desistência da execução fiscal, após o oferecimento dos embargos, não exime o exequente dos encargos da sucumbência.

O mesmo cabe dizer para os casos em que o executado já tenha sido citado ou oferecido exceção de pré-executividade.

Capítulo 6

COMPETÊNCIA

6.1 O inciso I do art. 109 da Constituição Federal como base geral para definição de competência em nível de execução fiscal

É no art. 109 da Constituição Federal que as atribuições da Justiça Federal de primeira instância vêm definidas – e, por excludência, as da Justiça Estadual. Porque de conteúdo geral, é bom que se ressalte que tal dispositivo abarca não apenas o universo do *processo civil*, senão também o *penal*.[102]

---

102. Confira-se sua literalidade:
"Art. 109. Aos juízes federais compete processar e julgar:
I – as causas em que a União, entidade autárquica ou empresa pública federal forem interessadas na condição de autoras, rés, assistentes ou oponentes, exceto as de falência, as de acidentes de trabalho e as sujeitas à Justiça Eleitoral e à Justiça do Trabalho;
II – as causas entre Estado estrangeiro ou organismo internacional e Município ou pessoa domiciliada ou residente no País;
III – as causas fundadas em tratado ou contrato da União com Estado estrangeiro ou organismo internacional;
IV – os crimes políticos e as infrações penais praticadas em detrimento de bens, serviços ou interesse da União ou de suas entidades autárquicas ou empresas públicas, excluídas as contravenções e ressalvada a competência da Justiça Militar e da Justiça Eleitoral;
V – os crimes previstos em tratado ou convenção internacional, quando, iniciada a

Delimitado que é nosso objeto, devemos retirar de foco os elementos que sejam de manipulação exclusiva do setor penal. Mais do que isso, podemos (e devemos) de pronto reduzir nosso espectro de atenção ao inciso I – justamente o que oficia como base empírica geral[103] para a definição da competência da Justiça Federal em nível de execução fiscal.

Refere o inciso I do art. 109 da Constituição Federal as "causas em que a União, entidade autárquica ou empresa pública federal forem interessadas na condição de autoras, rés, assistentes ou oponentes, exceto as de falência, as de acidentes de trabalho e as sujeitas à Justiça Eleitoral e à Justiça do Trabalho".

Além de encarnar, pragmaticamente, a hipótese mais recorrente de competência cível da Justiça Federal, referido preceito é o que lastreia o tema que nos importa, as execuções fiscais: sabendo-se que referidas espécies processuais se definem porque pertinentes a créditos portados pela Fazenda Pública, é de se admitir sua submissão ao mencionado dispositivo constitucional, bastando para isso que a Fazenda Pública de que se esteja a tratar seja *federal* (União e autarquias federais) – *a contrario sensu*, a

---

execução no País, o resultado tenha ou devesse ter ocorrido no estrangeiro, ou reciprocamente;
V-A – as causas relativas a direitos humanos a que se refere o § 5º deste artigo;
VI – os crimes contra a organização do trabalho e, nos casos determinados por lei, contra o sistema financeiro e a ordem econômico-financeira;
VII – os habeas corpus, em matéria criminal de sua competência ou quando o constrangimento provier de autoridade cujos atos não estejam diretamente sujeitos a outra jurisdição;
VIII – os mandados de segurança e os habeas data contra ato de autoridade federal, excetuados os casos de competência dos tribunais federais;
IX – os crimes cometidos a bordo de navios ou aeronaves, ressalvada a competência da Justiça Militar;
X – os crimes de ingresso ou permanência irregular de estrangeiro, a execução de carta rogatória, após o 'exequatur', e de sentença estrangeira, após a homologação, as causas referentes à nacionalidade, inclusive a respectiva opção, e à naturalização;
XI – a disputa sobre direitos indígenas. (...)."

103. Embora não exclusiva; confira-se, mais adiante, o item 6.3.

cobrança judicial dos créditos das demais Fazendas seriam direcionados à Justiça Estadual.

A despeito da aparente singeleza que recobre a questão, alguns pontos "problemáticos" devem ser trazidos a contexto. É o que faremos nos itens que seguem.

6.2 Pontos especiais sobre o art. 109, inciso I, da Constituição Federal

6.2.1 Sociedades de economia mista

As sociedades de economia mista, entidades não incluídas na textualidade do comando inscrito no inciso I do art. 109 da Constituição Federal, estão fora do âmbito competencial da Justiça Federal.

Sobre tanto, já há tempos assentou-se a jurisprudência, valendo referir, a propósito, as Súmulas 251, 508 e 556, todas do Supremo Tribunal Federal, assim como a 42 do Superior Tribunal de Justiça, esta última de maior interesse, dada sua redação mais abrangente.

> Súmula 42 (Superior Tribunal de Justiça)
>
> *Compete à Justiça Comum Estadual processar e julgar as causas cíveis em que é parte sociedade de economia mista e os crimes praticados em seu detrimento.*

6.2.2 Conselhos profissionais

Os conselhos profissionais, porque dotados de regime equiparado ao das autarquias federais, são alcançados pelo preceito em foco (inciso I do art. 109 da Constituição Federal), conclusão que se mantém intacta até hoje, a despeito das prescrições contidas no art. 58 e parágrafos da Lei 9.649/98,[104] todas fulminadas por decisão do Supremo Tribunal Federal no julgamento da ADIN 1.717-6, que acabou como que *repristinando*, por assim dizer, a Súmula 66 do Superior Tribunal de Justiça, hoje plenamente operativa ("Compete à Justiça Federal processar e julgar execução fiscal promovida por Conselho de Fiscalização Profissional").[105]

---

104. "Art. 58. Os serviços de fiscalização de profissões regulamentadas serão exercidos em caráter privado, por delegação do poder público, mediante autorização legislativa.
§ 1º. A organização, a estrutura e o funcionamento dos conselhos de fiscalização de profissões regulamentadas serão disciplinados mediante decisão do plenário do conselho federal da respectiva profissão, garantindo-se que na composição deste estejam representados todos seus conselhos regionais.
§ 2º. Os conselhos de fiscalização de profissões regulamentadas, dotados de personalidade jurídica de direito privado, não manterão com os órgãos da Administração Pública qualquer vínculo funcional ou hierárquico.
§ 3º. Os empregados dos conselhos de fiscalização de profissões regulamentadas são regidos pela legislação trabalhista, sendo vedada qualquer forma de transposição, transferência ou deslocamento para o quadro da Administração Pública direta ou indireta.
§ 4º. Os conselhos de fiscalização de profissões regulamentadas são autorizados a fixar, cobrar e executar as contribuições anuais devidas por pessoas físicas ou jurídicas, bem como preços de serviços e multas, que constituirão receitas próprias, considerando-se título executivo extrajudicial a certidão relativa aos créditos decorrentes.
§ 5º. O controle das atividades financeiras e administrativas dos conselhos de fiscalização de profissões regulamentadas será realizado pelos seus órgãos internos, devendo os conselhos regionais prestar contas, anualmente, ao conselho federal da respectiva profissão, e estes aos conselhos regionais.
§ 6º. Os conselhos de fiscalização de profissões regulamentadas, por constituírem serviço público, gozam de imunidade tributária total em relação aos seus bens, rendas e serviços.
§ 7º. Os conselhos de fiscalização de profissões regulamentadas promoverão, até 30 de junho de 1998, a adaptação de seus estatutos e regimentos ao estabelecido neste artigo.
§ 8º. Compete à Justiça Federal a apreciação das controvérsias que envolvam os conselhos de fiscalização de profissões regulamentadas, quando no exercício dos serviços a eles delegados, conforme disposto no caput.
§ 9º. O disposto neste artigo não se aplica à entidade de que trata a Lei 8.906, de 4 de julho de 1994."

105. Esse enunciado, por incompatível, em princípio, com o referido diploma, teria sido por ele virtualmente revogado.

> DIREITO CONSTITUCIONAL E ADMINISTRATIVO. AÇÃO DIRETA DE INCONSTITUCIONALIDADE DO ART. 58 E SEUS PARÁGRAFOS DA LEI N. 9.649, DE 27.05.1998, QUE TRATAM DOS SERVIÇOS DE FISCALIZAÇÃO DE PROFISSÕES REGULAMENTADAS.
>
> 1. Estando prejudicada a Ação, quanto ao § 3º do art. 58 da Lei n. 9.649, de 27.05.1998, como já decidiu o Plenário, quando apreciou o pedido de medida cautelar, a Ação Direta é julgada procedente, quanto ao mais, declarando-se a inconstitucionalidade do *caput* e dos parágrafos 1º, 2º, 4º, 5º, 6º, 7º e 8º do mesmo art. 58. (...)

6.2.3 O impacto gerado pelo art. 114, inciso I (Emenda Constitucional 45/2004) sobre o inciso I do art. 109: o problema das execuções pertinentes a contribuições ao FGTS

Ainda que por via indireta, o inciso I do art. 109 da Constituição Federal ganhou, com a Emenda Constitucional 45/2004, teor mais restrito.

É que, reescrevendo o art. 114, inciso I, da Constituição, a apontada emenda conferiu à Justiça Trabalhista atribuições que antes se entendiam inseridas no bojo do decantado inciso I do art. 109 da Constituição Federal.

Dentro desse contexto, devemos consignar o problema referente às ações de cobrança de contribuições ao FGTS.

Com efeito, dada a dicção atribuída ao art. 114 da Constituição Federal, poder-se-ia supor "transferida" à Justiça do Trabalho a competência para processar e julgar as indigitadas ações. Conquanto possível, cumpre anotar que tal não é a interpretação prevalente na jurisprudência, já tendo o Superior Tribunal de Justiça, no julgamento do Conflito de Competência 53.878, se posicionado no sentido de que, mesmo depois das alterações trazidas pela Emenda

Constitucional 45/2004, a Justiça Federal mantém a competência para julgar ações envolvendo o FGTS.[106]

6.2.4 O impacto gerado pelo art. 114, inciso VII (Emenda Constitucional 45/2004) sobre o inciso I do art. 109: o problema da execução de verba decorrente de penalidade imposta ao empregador por órgãos de fiscalização das relações de trabalho

Ainda sobre a Emenda Constitucional 45/2004 e seus efeitos em relação ao art. 109, inciso I, é preciso registrar a questão atinente às penalidades administrativas impostas aos empregadores pelos órgãos de fiscalização das relações de trabalho: as ações referentes a tal tema seriam, em princípio, atribuídas à Justiça Federal, não por outro motivo, senão porque envolveriam a União num dos respectivos polos processuais (se de cobrança, no ativo; se anulatória do ato de imposição da penalidade, no passivo).

Com a nova redação dada ao inciso VII do art. 114 da Constituição Federal, todavia, a atribuição em foco deslocou-se de fato para a Justiça do Trabalho.[107]

Definindo critérios de incidência, no tempo, da "nova" regra, o Superior Tribunal de Justiça, no Conflito de

---

106. Em tal processo, o respectivo relator, Ministro Carlos Meira, aponta: "Os depósitos para o FGTS representam obrigação legal do empregador em benefício do empregado. Há, entretanto, nítido interesse federal na higidez do Fundo, cujos recursos são utilizados, e.g., na implementação de políticas habitacionais vinculadas ao Sistema Financeiro da Habitação – SFH." E, em outro trecho de seu voto: "A execução fiscal das dívidas do FGTS não se confunde com a relação de trabalho subjacente, já que não envolve diretamente empregador e empregado. Cuida-se de relação que decorre da lei (*ex lege*), e não da vontade das partes (*ex voluntate*). É também uma relação de Direito Público, que se estabelece entre a União, ou a CEF, e os empregadores inadimplentes com o FGTS, e não de Direito Privado decorrente do contrato de trabalho."

107. Essa é a redação do mencionado inciso VII do art. 114 da Constituição Federal: "VII – as ações relativas às penalidades administrativas impostas aos empregadores pelos órgãos de fiscalização das relações de trabalho".

Competência 56.592 (Relatora Ministra Eliana Calmon), adotou postura que, por premissa, esposa anterior jurisprudência do Supremo Tribunal Federal.

> A Emenda Constitucional 45/2004 estabeleceu, no art. 114, inciso VII, que compete à Justiça do Trabalho processar e julgar as ações relativas às penalidades administrativas impostas aos empregadores pelos órgãos de fiscalização das relações de trabalho.
>
> A partir disso, no julgamento do Recurso Especial 727.196/SP, datado de 25 de maio de 2005, a Primeira Seção desta Corte decidiu que, por ter a norma jurídica aplicação imediata a todos os processos em curso, independentemente da fase em que se encontram, deveriam ser remetidos à Justiça do Trabalho, sob pena de nulidade. (...)
>
> Com base nesse entendimento, a Primeira Seção vinha declarando a competência da Justiça Trabalhista para processar e julgar os feitos de que trata o art. 114 da CF/88, com a nova redação.
>
> (...)
>
> Posteriormente, examinando a questão da competência para ação de indenização por danos morais e patrimoniais decorrentes de acidente do trabalho, o Plenário da Excelsa Corte, no *leading case* ocorrido no CC 7.204/MG, da Relatoria do Min. Carlos Britto, por maioria, reviu seu posicionamento anterior quanto à interpretação do art. 109, I, da CF/88, em razão da nova redação dada ao art. 114 pela Emenda Constitucional 45/2004 (...).
>
> Nesse julgamento emblemático e partindo de considerações que incluem preocupações com a política judiciária e a própria viabilidade da Justiça do Trabalho, após a ampliação de competências trazidas pela EC 45/2004, firmou o Plenário da Corte Maior a premissa de que o marco temporal da competência da Justiça trabalhista para as ações de indenização decorrentes de acidente do trabalho é o advento da EC 45/04, que explicitou a competência da Justiça Laboral. Determinou, assim, com eficácia prospectiva, que a nova orientação alcançará os processos em trâmite pela Justiça comum estadual, desde que pendentes de julgamento de mérito na data da entrada em vigor da emenda constitucional.

Muito embora o julgamento tenha tido enfoque específico nas hipóteses de ações decorrentes de acidentes de trabalho, entendo que a nova orientação deve ser aplicada, por analogia, a todas as demais situações previstas nos incisos acrescentados ao art. 114 pela EC 45/2004 em que se tenha modificado as regras de competência jurisdicionais previstas na Constituição.

Assim, passo a acompanhar a posição do STF, alinhando-me à jurisprudência também da 2ª Seção desta Corte, para firmar como marco de incidência da Emenda Constitucional 45/2004 a sentença de mérito proferida antes da sua vigência. Assim, somente se ainda não prolatada sentença de mérito no momento em que entrou em vigor a EC 45/2004 é que devem ser remetidos os autos à Justiça do Trabalho. (...).

6.2.5 Cobrança de contribuições previdenciárias decorrentes de sentença trabalhista

A regra inscrita no art. 114, inciso VIII, da Constituição Federal (preceito originalmente introduzido pela Emenda Constitucional 20/98, mas cuja atual posição no Texto Magno decorre da Emenda Constitucional 45/2004) excepciona a aplicação do inciso I do art. 109 para as execuções de contribuições decorrentes de sentença condenatória ou homologatória de acordo trabalhista, deferindo tal atribuição também à Justiça do Trabalho.[108]

Sobre essa especial hipótese, já se posicionou o Pleno do Supremo Tribunal Federal, fazendo-o por ocasião do julgamento do Recurso Extraordinário 569.056-3, Relator Ministro Menezes Direito, de cujo voto se extrai:

> O exame deve partir da correta interpretação do art. 114, VIII, da Constituição da República que tem a redação que se segue:
>
> 'Art. 114. Compete à Justiça do Trabalho processar e julgar: (...)

108. "Art. 114. Compete à Justiça do Trabalho processar e julgar: (...) VIII – a execução, de ofício, das contribuições sociais previstas no art. 195, I, a, e II, e seus acréscimos legais, decorrentes das sentenças que proferir; (...)."

VIII – a execução, de ofício, das contribuições sociais previstas no art. 195, I, *a*, e II, e seus acréscimos legais, decorrentes das sentenças que proferir'.

A norma foi inserida pela Emenda Constitucional n. 20/98, passando a figurar em seu parágrafo terceiro. Foi deslocada para o inciso VIII com a Emenda Constitucional n. 45/04. Desde 1998, portanto, a Justiça do Trabalho detém a competência ali descrita.

O que cabe a esta Corte definir por meio deste recurso extraordinário é o alcance dessa norma constitucional, isto é, se a execução de ofício das contribuições sociais a que se refere deve ser somente no tocante àquelas devidas sobre os valores da prestação estipulada em condenação ou acordo ou se alcança também as contribuições devidas no período da relação de trabalho que venha a ser reconhecida na decisão.

Inicialmente a jurisprudência do Tribunal Superior do Trabalho inclinou-se pela interpretação abrangente, consolidada na Súmula n. 368, que estabelecia em sua redação original:

'A Justiça do Trabalho é competente para determinar o recolhimento das contribuições previdenciárias e fiscais provenientes das sentenças que proferir. A competência da Justiça do Trabalho para execução das contribuições previdenciárias alcança as parcelas integrantes do salário de contribuição, pagas em virtude de contrato, ou de emprego reconhecido em juízo, ou decorrentes de anotação da Carteira de Trabalho e Previdência Social – CTPS, objeto de acordo homologado em juízo. (ex-OJ n. 141. Inserida em 27.11.1998)'.

Essa orientação, fixada pela Resolução n. 125, de 5 de abril de 2005, foi superada pouco tempo depois por um entendimento restritivo, segundo o qual somente as contribuições previdenciárias decorrentes de sentenças condenatórias em pecúnia e de valores estipulados em acordo homologado, que integrem o salário de contribuição, poderão ser executadas na Justiça trabalhista. Por meio da Resolução n. 138, de 10 de novembro de 2005, a Súmula n. 368, em seu item I, ganhou então a atual redação, já anteriormente transcrita.

Essa modificação teria se dado, como aponta *Marco Aurélio Lustosa Caminha*, em virtude da insatisfação gerada pelo procedimento adotado pelo INSS, que, embora viesse recebendo as contribuições pagas pelo período reconhecido, não as depositava em nome do trabalhador e ao mesmo tempo continuava a dele exigir a prova do tempo de serviço para fins previdenciários (Efeitos da Sentença Trabalhista Perante a Previdência Social Ante a Competência

Ampliada da Justiça do Trabalho. *In* Revista de Previdência Social. São Paulo. Ano XXXI, n. 318, págs. 429 a 435).

Ocorre que em 16 de março de 2007, por força de dispositivo inserido na Lei n. 11.457/07 (Lei da "Super-Receita"), o parágrafo único do art. 876 da CLT recebeu a seguinte e nova redação:

'Art. 876. (...) Parágrafo único. Serão executadas *ex-officio* as contribuições sociais devidas em decorrência de decisão proferida pelos Juízes e Tribunais do Trabalho, resultantes de condenação ou homologação de acordo, inclusive sobre os salários pagos durante o período contratual reconhecido'.

Para boa parte da doutrina, essa alteração legal vai de encontro à orientação representada na Súmula n. 368, I, e impõe a sua superação. Esse é um dos argumentos explorados pelo recurso extraordinário.

Para a solução da questão posta nos autos, na minha compreensão, é importante compreender o funcionamento da Justiça do Trabalho, especialmente após as reformas que ampliaram sua competência, e a natureza de suas decisões.

Tradicionalmente, à Justiça do Trabalho competia a conciliação e o julgamento dos dissídios individuais e coletivos entre trabalhadores e empregadores para o reconhecimento de direitos trabalhistas (competência específica).

Essa competência foi paulatinamente acrescida de atribuições para execução de suas sentenças (Decreto-Lei n. 1.237/39 – competência executória) e para a apreciação de conflitos decorrentes da relação de trabalho (competência decorrente).

Com a Emenda Constitucional n. 45/04, art. 114 da Constituição da República passou a enumerar, em 9 (nove) incisos, todas as competências dessa Justiça especializada, o que serviu em grande parte para o esclarecimento de suas reais atribuições. A norma do inciso VIII, que nos interessa aqui, já constava do anterior § 3º desde a Emenda n. 20/98 como antes anotei.

De fato, seja em termos quantitativos, seja em termos de importância estratégica, a adição da competência para a execução de contribuições previdenciárias representa enorme transformação do perfil da Justiça laboral, vez que recebeu competência típica de direito previdenciário, fazendo com que passasse a desenvolver "*uma liquidação paralela e concomitante com a dos créditos do trabalhador e que é de interesse do INSS*" (Amauri Mascaro Nascimento. *Curso de Direito do Trabalho* – História e Teoria geral do Direito do Trabalho, Relações Individuais e Coletivas do Trabalho. 17 ed. São Paulo: Saraiva, 2001; pág. 208).

> Em verdade, a Justiça do Trabalho, mesmo em sua conformação tradicional, nunca se limitou ao reconhecimento de direitos e deveres de cunho essencialmente patrimonial, proferindo decisões de caráter declaratório (reconhecimento de vínculo ou de tempo de emprego) com finalidade notadamente previdenciária, como assinalam *Carina Bellini Cancella* e *Marcos Neves Fava*:
>
> 'As sentenças proferidas na Justiça Trabalhista, além de declarar a existência de direitos patrimoniais ao trabalhador, que serão objeto de regular liquidação de sentença, também podem reconhecer a existência de vínculo de emprego entre as partes, determinando seu imediato registro, pela reclamada, em carteira de trabalho e previdência social do empregado. Providência absolutamente quotidiana no foro especializado, ante o indecente quadro da informalidade nas relações de trabalho no Brasil' (Efetividade da Jurisdição Trabalhista e Recolhimentos Previdenciários – Crítica à Revogação da Súmula 368 do Tribunal Superior do Trabalho – CLT Dinâmica Doutrina – TRT 2ª Região http://www.trt02.gov.br/geral/tribunal2/Legis/CLT/Doutrina/MNF_09_09_06_5.html).
>
> Antes da inclusão da competência executória relativamente às contribuições sociais, cabia ao INSS, diante da decisão que reconhecia o vínculo ou que condenava ao pagamento de verbas salariais, promover o lançamento, a inscrição na dívida ativa e, posteriormente, a cobrança dos respectivos valores na Justiça Federal.
>
> Com a modificação, pretendeu-se que o próprio órgão da Justiça do Trabalho pudesse iniciar e conduzir a execução das contribuições sociais, sem lançamento, sem inscrição em dívida ativa e sem ajuizamento de ação de execução.
>
> A intenção, sem dúvida, dirige-se para a maior eficácia do sistema de arrecadação da Previdência Social. E não se pode dizer que houve uma subversão desse procedimento porque a eliminação de diversas fases da constituição do crédito tributário está respaldada na Constituição da República, tendo se convertido no devido processo legal ora vigente. O processo legal substituído era tão somente o devido processo legal antes adotado. Não há nenhuma irregularidade ou inconstitucionalidade nessa modificação.

Mais recentemente, a Suprema Corte ratificou essa orientação, por meio de sua Súmula Vinculante 53, que assim prescreve:

> A competência da Justiça do Trabalho prevista no art. 114, VIII, da Constituição Federal alcança a execução de ofício das

> contribuições previdenciárias relativas ao objeto da condenação constante das sentenças que proferir e acordos por ela homologados.

É bom que se diga, de todo modo, que a competência deferida à Justiça do Trabalho, embora prive a Justiça Federal de parte de sua original atribuição de processar executivos fiscais relativos a contribuições devidas à União, não pode ser tomada, ali, na sede trabalhista, como *execução fiscal* no sentido próprio da expressão.

Explicamos: ao ser trespassada pela Constituição Federal à Justiça do Trabalho, a competência em questão passou a ser exercitada à revelia do documento que identifica como *fiscal* uma execução – Certidão de Dívida Ativa.[109]

Sobre o assunto, é de especial interesse a consulta à lição de Rodrigo Dalla Pria:

> A competência atribuída à Justiça do Trabalho pelo art. 114, inciso VIII, da Constituição Federal (CF), quando analisada sob a ótica das categorias próprias à tradicional Dogmática de Direito Tributário, tem imenso potencial para gerar perplexidades, motivo pelo qual o enfrentamento do tema exige boas doses de humildade e desapego intelectuais.
>
> Trata-se, em verdade, de regra constitucional que, a pretexto de instituir a competência – eminentemente jurisdicional – para execução, de ofício, das contribuições previdenciárias incidentes sobre os direitos reconhecidos em sentenças trabalhistas (condenatórias e homologatórias), acaba por estabelecer, como pressuposto, a competência – atipicamente administrativa – para a constituição do próprio crédito tributário previdenciário a ser executado.
>
> Esse modelo de constituição de créditos tributários, por sua vez, não se vale da atividade perpetrada pela autoridade administrativa tributante (art. 149, do Código Tributário Nacional (CTN) – lançamento de ofício), nem de procedimentos realizados pelo particular, sujeito passivo da obrigação tributária (art. 150, do CTN – lançamento por homologação), muito menos da combinação da atividade de ambos (art. 147, do CTN – lançamento por

109. Nesse sentido, vale reconferir o Capítulo 3, itens 3.2.2 e 3.2.3.

declaração). O ato constitutivo do crédito tributário, no âmbito da competência do art. 114, VIII, da CF, é exarado por terceiro, estranho à relação jurídico-tributária, qual seja: o Juiz do Trabalho.

Diante disso, tudo o que foi construído, em termos dogmáticos, sobre a natureza do(s) procedimento(s) de constituição do crédito tributário, bem como a respeito do ato que dele (procedimento) decorre, deve ser tomado com reservas quando da análise da competência em questão, pois os parâmetros empíricos normativos são, *in casu,* sensivelmente diferentes daqueles analisados pela Dogmática quando da formulação dos modelos classificatórios conhecidos.

Questões atinentes à (i) natureza do ato constitutivo do crédito tributário exarado pela Justiça do Trabalho; (ii) ausência de processo administrativo por meio do qual se dê oportunidade para impugnação do débito fiscal; (iii) aplicabilidade das regras de decadência e prescrição; (iv) responsabilidade de terceiros; devem ser analisadas, uma a uma, com a acuidade devida, pois as consequências (teóricas e práticas) que decorrerão das conclusões a serem obtidas são realmente relevantes.[110]

6.2.6 Execução de ITR

Encerrando nossos comentários a respeito do inciso I do art. 109 da Constituição Federal, registramos a possibilidade de certas ações (as que se referem à exigência de ITR) – cometidas, em princípio, à Justiça Federal – serem processadas pela Justiça Estadual.

É que, nos termos da Lei 11.250/2005, a União, por intermédio da Secretaria da Receita Federal, estaria autorizada a celebrar convênios com o Distrito Federal e com os Municípios, delegando-lhes as atribuições de fiscalização, de lançamento e de cobrança do Imposto sobre a Propriedade Territorial Rural (art. 1º, *caput*).

110. DALLA PRIA, Rodrigo. A constituição e a cobrança das contribuições previdenciárias pela Justiça do Trabalho: aspectos processuais relevantes. In: CONRADO, Paulo Cesar. *Processo tributário analítico.* v. II. 2. ed. São Paulo: Noeses, 2016. p. 177-8.

Assim sucedendo – vale dizer, desde que efetivados tais convênios –, ter-se-ia, ao final, não mais a União agindo em termos de cobrança judicial do referido tributo, senão o Distrito Federal ou o Município conveniado, saindo de cena, por via de consequência, o art. 109, inciso I, da Constituição Federal à medida que deixaria a ação de ser proposta pela União, para ingressar no âmbito competencial da Justiça Estadual – como de resto se passa com os tributos estaduais e municipais.

6.3 O art. 109, inciso II, e o art. 102, inciso I, alínea *e*, ambos da Constituição Federal, como especial base de definição da competência da Justiça Federal e do Supremo Tribunal Federal, respectivamente, para fins de execução fiscal

Prescreve o inciso II do art. 109 da Constituição Federal a competência da Justiça Federal para as "causas entre Estado estrangeiro ou organismo internacional e Município ou pessoa domiciliada ou residente no País" – compreendidos nesse amplo conceito os executivos fiscais.

Paralelamente a isso, o art. 102, inciso I, alínea *e*, também da Constituição Federal, confere ao Supremo Tribunal Federal competência originária para processar e julgar litígios (inclusive execuções fiscais) havidos entre União, Estado, Distrito Federal ou Território, de um lado, e, de outro, Estado estrangeiro ou organismo internacional.

As hipóteses, embora semelhantes, distinguem-se no que toca à pessoa jurídica de direito público que num dos polos processuais se encontra – (i) para os Municípios, a competência é dada à Justiça Federal; (ii) para União, Estados, Distrito Federal ou Território, ao Supremo Tribunal Federal.

Nessa linha, execuções dirigidas contra Estado estrangeiro[111] que veiculam, por exemplo, (i) a cobrança de IPTU (tributo municipal) distinguir-se-ão das que se referem (ii) a imposto de importação (tributo federal), migrando cada qual para um específico órgão jurisdicional – (i) Justiça Federal de primeira instância e (ii) Supremo Tribunal Federal, respectivamente.[112]

---

111. Em vista de ato de seu consulado ou de sua embaixada, por exemplo.

112. Inerente a esse tema, não há dúvida, está o relacionado à imunidade de jurisdição. Olhando para esse aspecto, transcrevemos, por elucidativa, decisão proferida pelo Ministro Marco Aurélio, em sede de Agravo Regimental tirado na Ação Originária 630-O (DJ de 02/09/2004, p. 38):
"IMUNIDADE. AUSÊNCIA DE MANIFESTAÇÃO DO PAÍS ESTRANGEIRO. NEGATIVA DE SEGUIMENTO AO PEDIDO INICIAL. AGRAVO. RETRATAÇÃO. CITAÇÃO.
1. À folha 29, o ministro Maurício Corrêa, a quem sucedi na relatoria deste processo, proferiu decisão do seguinte teor:
Trata-se de execução fiscal proposta pela União Federal contra a República da Coreia, tendo por objeto a Cobrança referente a imposto sobre Produtos Industrializados e a multa em face de seu Consulado Geral em São Paulo.
Embora devidamente intimado, o réu não se manifestou sobre se aceita, ou não, sua submissão à jurisdição brasileira, conforme certidão de fl. 28.
Em casos análogos ao presente, esta Corte, por seu Plenário, tem entendido que o Estado estrangeiro, em virtude das Convenções de Viena de 1961 e 1963, goza de imunidade de jurisdição (AGRACO 522/SP, Ilmar Galvão, DJ de 23.10.98 e AGRACO 527/SP, Nelson Jobim, DJ de 10.12.99).
No caso sub examine, como o Estado estrangeiro, apesar de consultado, permaneceu silente, não renunciou a essa imunidade. Ante o exposto, nego seguimento à presente ação, com base no artigo 21, § 1º, do RISTF.
A União interpôs o agravo de folha 35 a 52. Esclarece, inicialmente, que não pretendia recorrer, em respeito à jurisprudência desta Corte, citada no ato impugnado. Resolveu fazê-lo, todavia, ante a circunstância de o Superior Tribunal de Justiça haver passado a entender que, em casos de execução fiscal, como na espécie, afasta-se a imunidade de jurisdição. Dessa forma, ao examinar-se a jurisprudência nacional sobre o tema, chegar-se-ia à seguinte conclusão (folha 38): (i) em execuções fiscais por Município contra Estado estrangeiro, a jurisprudência tem afastado a regra de imunidade; (ii) já em execuções fiscais movidas pela União, Estados, DF e suas autarquias contra Estado estrangeiro, a jurisprudência não a tem afastado.
Assim, em razão do tratamento diferenciado que vem sendo dado à matéria, 'sem que exista uma única razão lógico-jurídica para se estabelecer essa distinção' (folha 38), diz a União que o tema deve ser posto novamente em discussão.
Passa, então, a discorrer sobre o mérito, afirmando haver o agravado procedido ao ingresso de bens estrangeiros no território nacional, sob o regime de admissão temporária, sem cumprir as formalidades legais, o que gerara a incidência de Imposto sobre Produtos Industrializados e do Imposto de Importação, cujo não pagamento

---

ensejou a inscrição na Dívida Ativa da União, com fundamento no artigo 220 do Regulamento Aduaneiro, aprovado por meio do Decreto n. 91.030/85, e no artigo 364, inciso II, do Regulamento do Imposto Sobre Produtos Industrializados, até então regulamentado e aprovado pelo Decreto n. 87.981/82.
A agravante ressalta que a imunidade de jurisdição não deve prevalecer no caso dos autos, mesmo se tratando de execução. Defende que tal imunidade diz respeito 'a causas onde figurem como demandantes pessoas jurídicas privadas, ou pessoas jurídicas não dotadas de soberania. Ou, ainda, pessoas soberanas, mas perante Justiça alheia a ambas' (folha 41). Vai além, sustentando que o conceito de soberania, antes tido como absoluto, vem ganhando temperamentos que 'não chegam ao ponto de, sem regra de direito escrito, retirar do Poder Judiciário do Estado Soberano, que é titular do direito de cobrar e executar tributos de sua exclusiva competência, a função de julgar as demandas fiscais entre este e seus devedores, mesmo quando estes últimos sejam outros Estados soberanos' (folha 42). Argumenta ainda que, a manter-se a conclusão adotada no ato impugnado, estar-se-ia exigindo da União que abdicasse do direito público constitucional de propor as demandas de cunho tributário ou fiscal de seu interesse na Justiça brasileira, dirigindo-se ao Poder Judiciário de outro Estado soberano, no caso a Coreia, ou, simplesmente, renunciando à cobrança. Tal entendimento, no entanto, de acordo com a posição da agravante, mostra-se conflitante com as normas dos artigos 1º, inciso I, 4º, incisos I e V, 21, inciso I, 84, incisos VII e VIII, e 102, inciso I, alínea 'e', todos da Constituição Federal.
A União prossegue, referindo-se a hipóteses em que a causa deve ser submetida à Justiça brasileira e afirma não haver como 'excluir-se da competência do Judiciário brasileiro e desse Egrégio Supremo Tribunal Federal as causas entre a União e o Estado estrangeiro, principalmente em matéria fiscal' (folha 45). Alude ao precedente do Superior Tribunal de Justiça e assevera que a admissão da imunidade de jurisdição em sede de execução fiscal equivale a desobrigar o Estado estrangeiro do pagamento de impostos e taxas cobrados em decorrência de serviços específicos a ele prestados. Reporta-se ainda a voto proferido pelo ministro Francisco Rezek no qual a Corte admitiu como critério válido para determinar-se a incidência, ou não, da imunidade, o fato de definir-se se está diante de ato de império ou ato de mera gestão. Por último, transcreve trecho da dissertação de mestrado 'Imunidade de Jurisdição e de Execução do Estado Estrangeiro em Matéria Tributária no Brasil', de autoria de Mônica Rocha Vitor de Oliveira, apresentada na faculdade de Direito da Universidade do Rio de Janeiro, e termina por considerar inviável sustentar-se que a imunidade de execução é absoluta.
O então Procurador-Geral da República, Doutor Geraldo Brindeiro, no parecer de folha 56 a 59, preconiza o não provimento do agravo.
Em 11 de junho de 2003, nos termos do artigo 38, inciso I, do Regimento Interno do Supremo Tribunal Federal, deu-se a substituição de relator, vindo-me os autos conclusos (folha 65).
Determinei a citação do réu por carta de ordem (folhas 66 e 69), estando certificada à folha 111 a ausência de manifestação deste.
Na interposição deste agravo, foram observados os pressupostos de recorribilidade que lhe são inerentes. A peça, subscrita por Procuradores da Fazenda Nacional, foi protocolada no prazo dobrado a que tem jus a agravante. Conheço.
2. Realmente, ficou-se, neste processo, em simples consulta ao Estado estrangeiro sobre a submissão, ou não, à jurisdição brasileira. O silêncio fez-se sepulcral. Em

6.4 Classificação das competências da Justiça Federal em nível executivo fiscal (segundo o critério que considera a razão que *inspirou* a Constituição Federal)

Usualmente, as atribuições da Justiça Federal se definem ou *ratione materiae* ou *ratione personae*, servindo tais expressões para designar a fonte de inspiração que, por presunção, teria sido considerada pelo legislador constitucional ao edificar as indigitadas competências.

A despeito dessa dicotomia, ambos os incisos do art. 109 da Constituição Federal que foram tomados como referência no presente estudo (I e II) assentam-se na mesma ideia, definindo-se *ratione personae*, uma vez decorrentes da especial qualidade (constitucionalmente fixada) revelada pelo(s) demandante(s).

6.5 Competência federal outorgada à Justiça Estadual

6.5.1 Os modelos pré e pós Emenda Constitucional 103/2019

Até o advento da Emenda Constitucional 103, de 12 de novembro de 2019, o §3º do art. 109 da Constituição Federal permitia que autoridade julgadora estadual atuasse, em duas situações, como se federal fosse.[113]

---

casos como o presente, em que pessoa jurídica de direito público aciona Estado estrangeiro em vista de ato quer do consulado, quer da embaixada, tenho determinado a citação, expedindo-se, para tanto, mandado.
3. Reconsidero a decisão proferida.
4. Cite-se o Estado estrangeiro, na pessoa do respectivo embaixador. (...)."

113. "Art. 109. (...) § 3º. Serão processadas e julgadas na Justiça estadual, no foro do domicílio dos segurados ou beneficiários, as causas em que forem parte instituição de previdência social e segurado, sempre que a comarca não seja sede de vara do juízo federal, e, se verificada essa condição, a lei poderá permitir que outras causas sejam também processadas e julgadas pela justiça estadual."

As situações a que nos referimos definir-se-iam, pelo nível de especificidade ostentada, identificando-se, nesse sentido, a outorga (i) *específica* (causas em que forem parte instituição de previdência social e segurado, sempre que a comarca em que tiver domicílio o segurado não for sede de vara do juízo federal), além da (ii) *genérica* [aplicável aos casos em que, verificada a mesma condição (inexistência de vara do juízo federal no foro competente), a lei venha a permitir que outras causas sejam também processadas e julgadas pela Justiça Estadual].

Os casos enquadrados nessa segunda categoria (de outorga *genérica*), por sua própria definição constitucional, nunca foram autoaplicáveis, dependendo, antes disso, da existência de lei que lhes dê efetividade.

Pois dentre as situações que se enquadravam nesse contexto, uma relacionava-se aos executivos fiscais. Em sua redação original, o art. 15, inciso I, da Lei 5.010/66[114] contemplava, com efeito, as execuções fiscais propostas contra devedor domiciliado em local onde não haja Justiça Federal.[115]

Desde 14/11/2014, porém, com a vigência da Lei 13.043, a regra em questão fora revogada, desaparecendo do sistema o fundamento para aplicação desse caso de outorga. União e suas autarquias passaram, desde então, a promover a execução de sua dívida ativa na Justiça Federal cuja

---

§ 3º. Lei poderá autorizar que as causas de competência da Justiça Federal em que forem parte instituição de previdência social e segurado possam ser processadas e julgadas na justiça estadual quando a comarca do domicílio do segurado não for sede de vara federal.

114. "Art. 15. Nas Comarcas do interior onde não funcionar Vara da Justiça Federal (artigo 12), os Juízes Estaduais são competentes para processar e julgar:
I – os executivos fiscais da União e de suas autarquias, ajuizados contra devedores domiciliados nas respectivas Comarcas; (...)."

115. Sobre essas execuções, prescreve a Súmula 190 do Superior Tribunal de Justiça: Na execução fiscal, processada perante a Justiça Estadual, cumpre à Fazenda Pública antecipar o numerário destinado ao custeio das despesas com o transporte dos oficiais de justiça.

jurisdição abarque o local do domicílio ou residência do devedor.

As execuções ajuizadas na Justiça Estadual até a vigência do diploma mencionado ali persistiram, de todo modo.[116] Os atos processuais a serem cumpridos em localidade em que não há Justiça Federal seguem sendo deprecados, por sua vez, à Justiça Estadual local, aplicando-se, nesse caso, o art. 1.213 do Código de Processo Civil de 1973 e seu correspondente no Código de Processo Civil de 2015, art. 237, parágrafo único.[117]

Como sugerido no início deste tópico, porém, o advento da Emenda Constitucional 103/2019 passou a significar o definitivo fim desse regime (de possível outorga, por lei, de atribuição operável no plano das execuções fiscais).

Dando nova redação ao § 3º do art. 109 da Constituição, referida emenda passou a disciplinar o assunto nos seguintes termos:

> Art. 109. (...)
>
> (...)
>
> § 3º. Lei poderá autorizar que as causas de competência da Justiça Federal em que forem parte instituição de previdência social e segurado possam ser processadas e julgadas na justiça estadual quando a comarca do domicílio do segurado não for sede de vara federal.

---

116. "Art. 75. A revogação do inciso I do art. 15 da Lei 5.010, de 30 de maio de 1966, constante do inciso IX do art. 114 desta Lei, não alcança as execuções fiscais da União e de suas autarquias e fundações públicas ajuizadas na Justiça Estadual antes da vigência desta Lei."

117. "Art. 1.213. As cartas precatórias, citatórias, probatórias, executórias e cautelares, expedidas pela Justiça Federal, poderão ser cumpridas nas comarcas do interior pela Justiça Estadual."
"Art. 237. (...).
Parágrafo único. Se o ato relativo a processo em curso na justiça federal ou em tribunal superior houver de ser praticado em local onde não haja vara federal, a carta poderá ser dirigida ao juízo estadual da respectiva comarca."

Vale dizer, o binômio de que inicialmente falamos (outorga genérica *versus* outorga específica) desaparece no novel contexto constitucional, desaparecendo, por conseguinte, a possibilidade de se ressuscitar, por meio de outra lei, a disciplina prescrita, enquanto vigente, no art. 15, inciso I, da Lei 5.010/66.

Em outras palavras: a revogação providenciada no plano legislativo em 2014 cristalizou-se no plano constitucional, fazendo-se definitivamente inviável (salvo se sobrevier nova emenda constitucional e subsequente lei) o exercício, pela Justiça Estadual, de competência federal relacionada a execuções fiscais.

6.5.2 Competência federal outorgada à Justiça Estadual no plano recursal

Os casos de atribuição constitucional de competência federal à Justiça Estadual envolvem, em regra, a noção de competência originária, não a recursal, daí derivando a regra inscrita no § 4º do art. 109 da Constituição Federal ("na hipótese do parágrafo anterior, o recurso cabível será sempre para o Tribunal Regional Federal na área de jurisdição do juiz de primeiro grau").[118]

A aplicação da regra em questão, porque estritamente dependente do exercício, pelo juízo estadual, de atribuição federal, só pode se dar quando, ainda que equivocadamente, tenha o juízo estadual oficiado como se federal fosse.

Súmula 55 (Superior Tribunal de Justiça)
Tribunal Regional Federal não é competente para julgar recurso de decisão proferida por juiz estadual não investido de jurisdição federal.

118. Excepcionam tal afirmação as rescisórias e os mandados de segurança contra ato judicial: mesmo não constituindo modalidade recursal, tais *ações*, quando propostas em face de ato de juízo estadual no exercício de atribuição federal, o serão também do Tribunal Regional Federal respectivo.

A contrario sensu, nos casos em que atua não como juiz federal, mas como efetivo titular de competência propriamente estadual, subordina-se o juízo do Estado ao crivo hierárquico do Tribunal de Justiça a que estiver adstrito.

Nesse ponto, vale lembrar que é do juízo federal a competência para dizer sobre eventual interesse de uma das entidades listadas no inciso I do art. 109 da Constituição Federal na causa e, consequentemente, sobre sua própria competência – do assunto tratam as Súmulas 150, 254 e 224 (esta última, indiretamente), todas do Superior Tribunal de Justiça.

Súmula 150 (Superior Tribunal de Justiça)

Compete à Justiça Federal decidir sobre a existência de interesse jurídico que justifique a presença, no processo, da União, suas autarquias ou empresas públicas.

Súmula 254 (Superior Tribunal de Justiça)

A decisão do Juízo Federal que exclui da relação processual ente federal não pode ser reexaminada no Juízo Estadual.

Súmula 224 (Superior Tribunal de Justiça)

Excluído do feito o ente federal, cuja presença levara o Juiz Estadual a declinar da competência, deve o Juiz Federal restituir os autos e não suscitar conflito.

6.6 Modificação de competência e execução fiscal

6.6.1 Introdução

Competência é conceito de teoria geral, contornando todas as atividades desempenhadas pelo Estado, inclusive a jurisdicional.[119]

---

119. Tanto assim, que, sem prejuízo de nosso foco (a função jurisdicional), possível falar, em termos análogos, em competência tributária, competência legislativa etc.

Em termos estritamente processuais, define-se competência como um dos possíveis limites para o exercício da função jurisdicional (art. 42 do Código de Processo Civil de 2015 e art. 86 do Código de Processo Civil de 1973),[120] limite esse especificamente identificado pela conjugação de quatro critérios contemplados na legislação geral (tomado o Código de Processo Civil de 1973 como referência),[121] mais os que são diretamente determinados pela Constituição Federal – como os que contornam as atribuições da Justiça Federal.

6.6.2 *Perpetuatio jurisdictionis*

Perpetuatio jurisdictionis é expressão que nos remete ao art. 43 do Código de Processo Civil de 2015 (antes, art. 87),[122] regra que norteia o aspecto temporal da fixação do conceito de juízo competente, determinando, em suma,

---

120. "Art. 42. As causas cíveis serão processadas e decididas pelo juiz nos limites de sua competência, ressalvado às partes o direito de instituir juízo arbitral, na forma da lei." (Código de Processo Civil de 2015.)
"Art. 86. As causas cíveis serão processadas e decididas, ou simplesmente decididas, pelos órgãos jurisdicionais, nos limites de sua competência, ressalvada às partes a faculdade de instituírem juízo arbitral." (Código de Processo Civil de 1973.)

121. Esses critérios a que o Código de Processo Civil de 1973 se referia são o funcional (art. 93), o territorial (arts. 94 a 100), o material (art. 91) e o do valor da causa (art. 91). Com exceção do art. 94, que encontra correspondência no art. 46 do novel código, os demais não encontram um correspondente na lei de 2015, dada a clara intenção, dali haurida, de se abandonar a tradicional classificação da competência jurisdicional, passando a operar com a macrodivisão entre competência absoluta e competência relativa (BUENO, Cassio Scarpinella. Projetos de novo Código de Processo Civil comparados e anotados. São Paulo: Saraiva, 2014. p. 58).

122. Código de Processo Civil de 1973:
"Art. 87. Determina-se a competência no momento em que a ação é proposta. São irrelevantes as modificações do estado de fato ou de direito ocorridas posteriormente, salvo quando suprimirem o órgão judiciário ou alterarem a competência em razão da matéria ou da hierarquia."
Código de Processo Civil de 2015:
"Art. 43. Determina-se a competência no momento do registro ou da distribuição da petição inicial, sendo irrelevantes as modificações do estado de fato ou de direito ocorridas posteriormente, salvo quando suprimirem órgão judiciário ou alterarem a competência absoluta."

que a competência se define no momento em que a ação é proposta, sendo irrelevantes as modificações do estado de fato ou de direito ocorridas posteriormente, salvo quando suprimirem o órgão judiciário ou alterarem a competência em razão da matéria ou da hierarquia.[123]

Aplicada em diversos momentos pela jurisprudência, tal regra se põe refletida, em exemplo particularmente importante em nosso contexto, na Súmula 58 do Superior Tribunal de Justiça.

Súmula 58 (Superior Tribunal de Justiça)
Proposta a execução fiscal, a posterior mudança de domicílio do executado não desloca a competência já fixada.

6.6.3 Competência: estática e dinâmica

Chegamos onde pretendíamos quando abrimos este item 6.6: os critérios de definição de competência genericamente enunciados no subtópico 6.6.1 podem ser tomados, quanto aos correspondentes efeitos, em duas classes – (i) a dos absolutos, de um lado; (ii) a dos relativos, de outro.[124]

---

123. Para boa aplicação da regra, necessário seu cruzamento com uma outra, a do art. 263, primeira parte, também do Código de Processo Civil de 1973, onde se lê considera-se proposta a ação, tanto que a petição inicial seja despachada pelo juiz, ou simplesmente distribuída, onde houver mais de uma vara. O dispositivo encontra, como correspondente no Código de Processo Civil de 2015, o art. 312, que tem a seguinte dicção: "Considera-se proposta a ação quando a petição inicial for protocolada, todavia, a propositura da ação só produz quanto ao réu os efeitos mencionados no art. 240 depois que for validamente citado."

124. Nesses termos, opera, por exemplo, o art. 111, caput, do Código de Processo Civil de 1973: "A competência em razão da matéria e da hierarquia é inderrogável por convenção das partes; mas estas podem modificar a competência em razão do valor e do território, elegendo foro onde serão propostas as ações oriundas de direitos e obrigações". No Código de Processo Civil de 2015, essa regra encontra-se desdobrada em dois dispositivos, os arts. 62 e 63:
"Art. 62. A competência determinada em razão da matéria, da pessoa ou da função é inderrogável por convenção das partes."
"Art. 63. As partes podem modificar a competência em razão do valor e do território, elegendo foro onde será proposta açao oriunda de direitos e obrigações."

Como consequência prática de tal distinção, imperativo que se admita a existência, a par da visão estática inerente à competência (resultante da aplicação das regras rigidamente propostas pelo ordenamento), de uma outra diretriz, marcada por certa *dinamicidade*, especialmente visível no que respeita à competência *relativa*.

Nesse sentido, tenha-se que:

> (i) a competência reputada absoluta, dada tal característica, fechar-se-ia em sua posição *estática* – aplicadas as respectivas regras, com a consequente construção do conceito concreto de *juízo competente*, excluídas quedariam, peremptoriamente, quaisquer outras possibilidades [tanto assim, aliás, que eventual incompetência absoluta, constituiria, nos termos do art. 966, inciso II, do Código de Processo Civil de 2015 (correspondência no art. 485, inciso II, do Código de Processo Civil de 1973), causa de rescisória]. Conclusão: *juízo absolutamente incompetente o é hoje e assim será sempre, dada a inexistência de dinamicidade em relação aos respectivos critérios*;[125]
>
> (ii) a competência relativa implicaria, a seu turno, a noção de *dinâmica*; nesses casos, verificados certos eventos, *juízo relativamente incompetente tornar-se-ia competente*, apagando-se o vício de início verificado.[126]

Interessam-nos justamente esses eventos, cuja verificação, assim dissemos, implicaria a sobredita modificação de competência, tornando-a dinâmica. Os analisaremos doravante, olhando, obviamente, para os executivos fiscais.

---

125. De se ressaltar que essa afirmação, para os adeptos da teoria da querela nulitatis insanabilis, é de fato inexorável. Para os que não a adotam, porém, assim não seria: decorrido o prazo para propositura de eventual ação rescisória fundada no problema da incompetência absoluta, ter-se-ia a convalidação do defeito, transformando-se o juízo absolutamente incompetente em competente – tudo porque, refutada a noção de querela nulitatis insanabilis, inviável a discussão do tema após o transcurso do tempo apropriado para a rescisória.

126. Por isso mesmo é que, de ordinário, a incompetência relativa não pode ser declarada de ofício – Súmula 33 do Superior Tribunal de Justiça.

6.6.4 Causas de modificação de competência

6.6.4.1 Causas gerais e causas específicas

A dinamicidade da competência – fenômeno ínsito, repise-se, aos critérios relativos – relaciona-se, por imperativo legal, à verificação de uma das denominadas *causas de modificação de competência.*

Uma vez que nosso foco são as execuções fiscais, podemos (e devemos) dividir essas causas em dois grupos. O primeiro deles, de cunho geral, produziria efeitos em relação à ordinariedade das categorias processuais – alcançando, por isso mesmo e ao menos potencialmente, também os executivos fiscais. O segundo, de índole específica, albergaria apenas as categorias de que nos ocupamos.

As causas que integram o primeiro grupo – as reconhecidas como *gerais* – habitam, por natural, o estatuto processual geral (Código de 1973 e Código de 2015); são quatro: (i) a inércia do réu (arts. 114 e 65);[127] (ii) a cláusula de eleição de foro (arts. 111, *caput*, 2ª parte, e 62 e 63);[128] (iii) a conexão (art. 103 combinado com art. 105 e art. 55, *caput*);[129] e (iv) a

127. "Art. 114. Prorrogar-se-á a competência se dela o juiz não declinar na forma do parágrafo único do art. 112 desta Lei ou o réu não opuser exceção declinatória nos casos e prazos legais."
"Art. 65. Prorrogar-se-á a competência relativa se o réu não alegar a incompetência em preliminar de contestação."

128. "Art. 111. A competência em razão da matéria e da hierarquia é inderrogável por convenção das partes; mas estas podem modificar a competência em razão do valor e do território, elegendo foro onde serão propostas as ações oriundas de direitos e obrigações."
"Art. 62. A competência determinada em razão da matéria, da pessoa ou da função é inderrogável por convenção das partes."
"Art. 63. As partes podem modificar a competência em razão do valor e do território, elegendo foro onde será proposta ação oriunda de direitos e obrigações."

129. "Art. 103. Reputam-se conexas duas ou mais ações, quando lhes for comum o objeto ou a causa de pedir."
"Art. 55. Reputam-se conexas 2 (duas) ou mais ações quando lhes for comum o pedido ou a causa de pedir."

continência (art. 104 combinado com art. 105 e § 1º do art. 55).[130]

No segundo grupo, encontramos uma única figura, inscrita no art. 28 da Lei 6.830/80.[131]

Examinaremos, nos subitens que seguem, cada qual dessas figuras, descartando apenas a *cláusula de eleição de foro*, dado que inoperativa, por sua própria definição, no plano executivo fiscal.

6.6.4.2 Inércia do réu

Os executivos fiscais seguem o modelo geral de competência territorial, impondo-se seu ajuizamento no foro do domicílio do réu – o executado no nosso universo.[132]

Repise-se que o critério subjacente a tal regra, por territorial, definindo-se, pois, como relativo, sujeita-se à

"Art. 105. Havendo conexão ou continência, o juiz, de ofício ou a requerimento de qualquer das partes, pode ordenar a reunião de ações propostas em separado, a fim de que sejam decididas simultaneamente."
"Art. 55. (...)
Parágrafo 1º. Os processos de ações conexas serão reunidos para decisão conjunta, salvo se um deles já houver sido sentenciado."

130. "Art. 104. Dá-se a continência entre duas ou mais ações sempre que há identidade quanto às partes e à causa de pedir, mas o objeto de uma, por ser mais amplo, abrange o das outras."
"Art. 56. Dá-se a continência entre 2 (duas) ou mais ações quando houver identidade quanto às partes e à causa de pedir, mas o pedido de uma, por ser mais amplo, abrange o das demais".

131. "Art. 28. O Juiz, a requerimento das partes, poderá, por conveniência da unidade da garantia da execução, ordenar a reunião de processos contra o mesmo devedor.
Parágrafo único. Na hipótese deste artigo, os processos serão redistribuídos ao Juízo da primeira distribuição."

132. Tome-se cuidado, apenas, com a questão decorrente da revogação, pela Lei 13.043/2014, do art. 15, inciso I, da Lei 5.010/66; desde quando operada essa inovação normativa, a regra em questão (segundo a qual a ação executiva seria proposta no foro do domicílio do reú) encontra-se flexibilizada. Execuções da União e autarquias federais passaram a ser propostas na Subseção da Justiça Federal a que se vincula o domicílio do executado e não necessariamente na "justiça local".

orientação preconizada pela Súmula 33 do Superior Tribunal de Justiça (já de antes referida; item 6.6.3 retro).

> Súmula 33 (Superior Tribunal de Justiça)
>
> *A incompetência relativa não pode ser declarada de ofício.*

Quer isso significar que, proposta uma dada execução fiscal, ao executado compete, no tempo e forma legais, suscitar a incompetência do juízo: não o fazendo, modificado restará, por presunção, o conceito de juízo competente.

> (...) 2. Na execução fiscal proposta fora do domicílio do devedor, cabe exclusivamente ao executado se valer da exceção de incompetência, para afastar o Juízo relativamente competente. (...)
>
> (Agravo Regimental no Agravo de Instrumento 200802691886, Superior Tribunal de Justiça, Primeira Turma, Relator Ministro Benedito Gonçalves, DJE de 31/08/2009).

O instrumento ordinariamente previsto pelo ordenamento anterior para o ataque da incompetência relativa seria, como sugere o julgado transcrito, a chamada *exceção de incompetência*, cuja oposição dar-se-ia, no plano geral, no prazo de quinze dias. O Código (de 2015) muda essa diretriz, porém, vinculando tanto a incompetência absoluta como a relativa a um mesmo instrumento – a contestação, em grau preliminar (art. 64).[133]

Fixado esse detalhe [acerca do instrumento (e respectivo tempo de uso) que antes vigorava e o que desde o atual Código, se apresenta], três possibilidades lógicas de modificação de competência surgiriam para tais casos (especialmente no modelo do Código revogado): (i) se não manifestado o ataque (omissão "plena"); ou (ii) se o for fora do tempo apropriado (não há, nesse caso, omissão em termos

133. "Art. 64. A incompetência, absoluta ou relativa, será alegada como questão preliminar de contestação."

literais, senão intempestividade); ou (iii) se o for à revelia da forma prevista em lei (como antes, também aqui, não há omissão em termos literais, senão inadequação de forma).

Pois essas diretrizes, no específico campo dos executivos fiscais, cedem. É que, dando contornos próprios à questão, o art. 16, *caput*, da Lei 6.830/80, assim como seu § 3º, reescrevem o aspecto temporal e a forma que governam o mencionado ataque, aproximando-o, desde sempre, do modelo (muito mais simples, admitamos) fixado no Código de Processo Civil de 2015.

> Art. 16. O executado oferecerá embargos, no prazo de 30 (trinta) dias, contados:
>
> I – do depósito;
>
> II – da juntada da prova da fiança bancária ou do seguro garantia;
>
> III – da intimação da penhora.
>
> (...)
>
> § 3º. Não será admitida reconvenção, nem compensação, e as exceções, salvo as de suspeição, incompetência e impedimentos, serão arguidas como matéria preliminar e serão processadas e julgadas com os embargos.

Em suma, podemos dizer que o efeito inerente à inércia do executado – a modificação da competência – mostrar-se-á verificável (i) se não oferecida no tempo próprio (trinta dias, contabilizáveis *ex vi* dos incisos do art. 16) ou (ii) se o for à revelia do modelo formal – preliminar dos embargos, tal como prevê o § 3º do mesmo art. 16.

Uma ponderação há de ser feita, de todo modo: a específica questão da *forma* merece temperamentos, em prol do princípio da instrumentalidade de que trata o art. 277 do Código de Processo Civil de 2015 (com correspondente no art. 244 do Código de Processo Civil de 1973):[134] por não

134. "Art. 277. Quando a lei prescrever determinada forma, o juiz considerará válido o ato se, realizado de outro modo, lhe alcançar finalidade."

absoluta, a forma processual comporta flexibilização, desde que alcance o fim a que se destina – assim, caso o executado ataque a incompetência do juízo por meio de exceção (instrumento inadequado), mas, mesmo assim, vislumbre-se eficácia na atividade provocativa, afastar-se-á a noção de inércia e, consequentemente, de modificação de competência.

6.6.4.3 Conexão e continência

Conexão e continência funcionam como causas de modificação de competência em razão do efeito prescrito pelos arts. 55, § 1º, e 57, parte final, do Código de Processo Civil de 2015 e 105 do Código de Processo Civil de 1973: a reunião dos feitos conexos ou continentes. Esse efeito, é bom que se diga, cede se as ações de que se estiver tratando encontrarem-se submetidas a diferentes regras de competência material e funcional (critérios absolutos), hipótese em que, por inviável a reunião (com a consequente modificação de competência), aplicável se faz, no lugar disso, a solução contida no art. 313, inciso V, alínea *a*, do Código de Processo Civil de 2015 (correspondência no art. 265, inciso IV, alínea *a*, do Código de Processo Civil de 1973) – a suspensão da causa cujo julgamento é *prejudicado* pelo da outra.[135]

"Art. 244. Quando a lei prescrever determinada forma, sem cominação de nulidade, o juiz considerará válido o ato se, realizado de outro modo, lhe alcançar a finalidade."

135. "Art. 313. Suspende-se o processo:
(...)
V – quando a sentença de mérito:
a) depender do julgamento de outra causa ou da declaração de existência ou de inexistência de relação jurídica que constitua o objeto principal de outro processo pendente; (...)."
"Art. 265. Suspende-se o processo:
(...)
IV – quando a sentença de mérito:
a) depender do julgamento de outra causa, ou da declaração da existência ou inexistência da relação jurídica, que constitua o objeto principal de outro processo pendente; (...)."

Um caso muito eloquente em que tal situação se apresenta deriva do confronto dos embargos à execução fiscal com a anulatória de débito fiscal: em subseções judiciárias ou comarcas em que haja vara especializada em execução fiscal, ainda que se diagnostique a conexão dos feitos, sua reunião pode ser tida como inviável pela regra de competência material que as isola.

> (...) 1. Esta Seção, ao julgar o CC 106.041/SP (Rel. Min. Castro Meira, DJe de 9.11.2009), enfrentou situação semelhante à dos presentes autos, ocasião em que decidiu pela impossibilidade de serem reunidas execução fiscal e ação anulatória de débito precedentemente ajuizada, quando o juízo em que tramita esta última não é Vara Especializada em execução fiscal, nos termos consignados nas normas de organização judiciária. No referido julgamento, ficou consignado que, em tese, é possível a conexão entre a ação anulatória e a execução fiscal, em virtude da relação de prejudicialidade existente entre tais demandas, recomendando-se o *simultaneus processus*. Entretanto, nem sempre o reconhecimento da conexão resultará na reunião dos feitos. A modificação da competência pela conexão apenas será possível nos casos em que a competência for relativa e desde que observados os requisitos dos §§ 1º e 2º do art. 292 do CPC. A existência de vara especializada em razão da matéria contempla hipótese de competência absoluta, sendo, portanto, improrrogável, nos termos do art. 91 c/c 102 do CPC. Dessarte, seja porque a conexão não possibilita a modificação da competência absoluta, seja porque é vedada a cumulação em juízo incompetente para apreciar uma das demandas, não é possível a reunião dos feitos no caso em análise, devendo ambas as ações tramitarem separadamente. Embora não seja permitida a reunião dos processos, havendo prejudicialidade entre a execução fiscal e a ação anulatória, cumpre ao juízo em que tramita o processo executivo decidir pela suspensão da execução, caso verifique que o débito está devidamente garantido, nos termos do art. 9º da Lei 6.830/80.
>
> 2. Pelas mesmas razões de decidir, o presente conflito deve ser conhecido e declarada a competência do Juízo suscitado para processar e julgar a ação anulatória de débito fiscal.
>
> (Conflito de Competência 200900968895, Superior Tribunal de Justiça, Primeira Seção, Relator Ministro Mauro Campbell Marques, DJE de 22/10/2010).

De todo modo, é bom ter em mente que a eventual equiparabilidade da anulatória e dos embargos pode romper essa conclusão, o que seria muito natural: se referidas demandas são materialmente iguais, possível inferir que o juízo competente para processar e julgar a execução será competente para ambas – do assunto trataremos mais adiante, quando tratarmos do confronto do executivo fiscal com outros tipos processuais (Capítulo 11).

Pondo de lado – quando menos por ora – essas situações particulares, é de se convir: a verificação de um ou outro dos fenômenos em pauta (conexão ou continência) implica, por força do efeito da reunião, a debatida modificação de competência – justa e precisamente porque, com aquela providência, o juízo de um dos processos necessariamente "perde" sua competência em favor do outro.[136]

A definição, *in concreto*, de cada qual dos fenômenos focalizados depende da constatação da hipótese normativa que os recobre – no caso da conexão, art. 103 (do Código de Processo Civil de 1973) e art. 55, *caput* (do Código de Processo Civil de 2015); continência, art. 104 (do Código de Processo Civil de 1973) e art. 56 (do Código de Processo Civil de 2015).

Em suma gráfica, os conceitos impostos por tais dispositivos podem ser assim representados:

136. Uma ressalva adicional, de facílima compreensão, é tirada da Súmula 235 do Superior Tribunal de Justiça: *a conexão não determina a reunião dos processos, se um deles já foi julgado.*

Quadro 5

CONEXÃO		
Partes	=	
Causa de pedir	=	1
Pedido	1	=

Quadro 6

CONTINÊNCIA	
Partes	=
Causa de pedir	=
Pedido	o da ação maior contém o da menor

Sobre o conceito de continência devemos nos reter.

É que a definição, *in concreto*, de tal fenômeno, já no sistema do Código de Processo Civil de 1973, ia além da literalidade de seu art. 104, requerendo a verificação de eventual incidência de um outro conceito, o de litispendência.

Explicamos: toda situação de continência, porque supõe a noção de cumulação de pedidos, pode ser indutiva do segundo fenômeno, cuja consequência jurídica é sabidamente distinta [extinção do processo mais recente, nos termos do art. 485, inciso V, do Código de Processo Civil de 2015 (correspondente, no art. 267, inciso V, do Código de 1973)];[137] há de ser pela análise do tempo de nascimento de cada processo que o impasse (continência *versus* litispendência) se resolverá. Afere-se, nesse sentido, qual ação surge primeiro, a menor (*ação conteúdo*) ou a maior (*ação continente*): (i) sendo a menor predecessora, a situação será de continência; (ii) caso contrário (sendo a maior a predecessora), a hipótese será de litispendência.[138]

Resumindo:

Quadro 7

Critério temporal	1ª hipótese	2ª hipótese
Ação anterior	Menor (pedido A)	Maior (pedido A + B)
Ação posterior	Maior (pedido A + B)	Menor (pedido A)
RESULTADO	**CONTINÊNCIA** (a ação mais nova é a maior; nela há um aspecto novo que repele a noção de mera repetição)	**LITISPENDÊNCIA** (a ação mais nova é a menor; nela não há qualquer aspecto novo, constituindo mera repetição da anterior)

Confirma-se, com isso, a notícia de início sugerida: continência é fenômeno processual que, no sistema do

---

137. "Art. 485. O juiz não resolverá o mérito quando:
(...) V – reconhecer a existência de perempção, de litispendência ou de coisa julgada; (...)."
"Art. 267. (...) V – quando o juiz acolher a alegação de perempção, litispendência ou de coisa julgada; (...)."

138. Tenha-se, nesse particular, que a propositura posterior da ação menor implica total repetição da maior, circunstância que induz a noção de litispendência. O contrário não é verdade: justamente por ser maior, a ação continente sempre traz à luz um traço novel, que a faz diversa da menor (anteriormente proposta), circunstância que enseja sorte distinta – a da reunião.

Código de Processo Civil de 1973, se define não apenas por seu art. 104, senão por sua combinação com art. 301, § 2º.[139]

Essa forma de ver o fenômeno foi expressamente contemplada pelo Código de Processo Civil de 2015, cujo art. 57, em sua parte inicial, assim prescreve:

> Art. 57. Quando houver continência e a ação continente tiver sido proposta anteriormente, no processo relativo à ação contida será proferida sentença sem resolução de mérito, caso contrário, as ações serão necessariamente reunidas.

Dito isso, restaria definir, tornando ao tema que nos move (das causas de modificação de competência), o juízo no qual as ações conexas ou continentes se reunirão, ou, por outra, o juízo em favor de quem as sobreditas causas operarão.

Usando terminologia empregada pelo Código, diremos que a concentração dar-se-á perante o juízo qualificado como *prevento*, assim entendido, (i) no Código de Processo Civil de 1973, aquele (i.i) que em primeiro lugar despachou (regra aplicável, nos termos do art. 106, aos casos de conexão entre juízos dotados de idêntica competência territorial)[140] ou (i.ii) em que se deu a primeira citação válida (regra aplicável, por excludência, a todos os demais casos – a saber, os de continência e os de conexão entre juízos com bases territoriais distintas),[141] (ii) no Código de Processo Civil de 2015, aquele em relação ao qual houve o primeiro registro ou distribuição da petição inicial.[142]

---

139. Correspondência no Código de Processo Civil em 2015: art. 337, parágrafo 2º.

140. "Art. 106. Correndo em separado ações conexas perante juízes que têm a mesma competência territorial, considera-se prevento aquele que despachou em primeiro lugar."

141. Determina o art. 219, caput, do Código de Processo Civil de 1973 que a citação válida, entre outros efeitos, torna o juízo prevento. Tal regra, por genérica, só se faz aplicável, todavia, quando não o for a especial regra do art. 106, do mesmo código.

142. "Art. 59. O registro ou a distribuição da petição inicial torna prevento o juízo."

6.6.4.4 *A "nova" conexão (art. 55, § 2º, inciso I, do Código de Processo Civil de 2015)*

Além de repetir a "tradicional" definição de conexão – aquela desde antes fixada pelo art. 103 do Código revogado –, a legislação de 2015 agregou àquela figura dois novos conceitos, fazendo-o por meio do § 2º de seu art. 55.

> Art. 55. Reputam-se conexas 2 (duas) ou mais ações quando lhes for comum o pedido ou a causa de pedir.
>
> (...).
>
> § 2º. Aplica-se o disposto no *caput*:
>
> I – à execução de título extrajudicial e à ação de conhecimento relativa ao mesmo ato jurídico;
>
> II – às execuções fundadas no mesmo título executivo.

Das duas hipóteses, uma merece nossa especial atenção – a do inciso I –, dada sua potencial incidência em relação aos executivos fiscais.

Sempre se pensou em conexão, observado o conceito tradicional, entre ações da mesma classe (cognitivas, de um lado; executivas, de outro). Tanto assim que, no regime "velho", quando se confrontava uma dada execução fiscal com, por exemplo, eventual ação anulatória do débito subjacente à mesma Certidão de Dívida Ativa, não se reconhecia de imediato a aludida figura (da conexão, insistamos). Sua detecção dependia do aforamento, pelo devedor, dos respectivos embargos – ação de conhecimento, tanto quanto a anulatória. Com isso feito, aí sim, dir-se-iam "relacionáveis" uma e outra das indigitadas medidas judiciais, com a aplicação, inclusive e *secundum eventum litis*, do conceito de conexão.

Quiçá por sua irracionalidade (à medida que exacerba, inutilmente, o desgaste processual), tal raciocínio teria sucumbido no vigente Código, do qual se extrai expressa possibilidade de se dizer conexas, de um lado, a execução de título extrajudicial (nesse contexto incluídas as fiscais) e a ação de conhecimento relativa ao mesmo crédito/obrigação (conceito em que se inclui, por exemplo, a ação anulatória de débito fiscal).

Dispensa-se, com isso, o aparelhamento de embargos, ação de utilidade sabidamente duvidosa, mormente se postos para repetir o temário da anulatória.

Lembre-se, de todo modo, que, a despeito do que prescreve o novel dispositivo, ainda persiste, em algumas unidades judiciárias, o óbice da "competência especializada". Dada essa circunstância, execuções fiscais processar-se-iam, nessas localidades, em órgão detentor dessa especial atribuição.

Daí há de decorrer a conclusão segundo a qual a reunião de feitos, dada a conexão de que cuida o dispositivo antes apontado, dar-se-á desde que não esbarre, se presente, no impeditivo da "competência especializada".[143]

Caso contrário, a reunião – efeito da conexão – fica inviabilizada, sem que daí decorra, porém, a descaracterização da noção de prejudicialidade (*ratio* da norma contida no decantado art. 55, § 2º, inciso I). Tal figura seguirá presente, admitamos, não se afigurando suficiente para afastá-la o óbice da (in)competência – é nítida, pensamos, a força que eventual juízo de procedência da ação proposta pelo executado exercerá sobre a pretensão executória, à medida que desmanchará, quando menos potencialmente, o crédito que lhe dá base.

---

143. "EXECUÇÃO FISCAL E AÇÃO ANULATÓRIA. CONTINÊNCIA REUNIÃO DOS PROCESSOS. IMPOSSIBILIDADE.
1. A reunião de ações, em razão de reconhecimento de conexão, não se mostra possível quando implicar alteração de competência absoluta.
2. Agravo Interno não provido."
(AgInt no AREsp 928.045/SP, Rel. Ministro Herman Benjamin, Segunda Turma, DJe 25/10/2016).

Por isso é que, afastada a possibilidade de reunião dos processos em foco, imperativo que se aplique, na espécie, a fórmula prescrita no já referido art. 313, inciso V, alínea *a*, do Código de Processo Civil de 2015 (anterior art. 265, inciso IV, alínea *a*), suspendendo-se o curso da execução (ação "prejudicada") até a solução da ação anulatória (ação "prejudicial").

Tratando-se de execução/anulatória relativa a crédito tributário, um detalhe deve ser realçado, todavia: a suspensão a que nos referimos só é viável se e quando o devedor tiver, em seu favor, alguma causa suspensiva de exigibilidade – por exemplo, a prestação de garantia de satisfação do crédito na anulatória. Sem isso, a suspensão da execução não se consolida, não pelo menos de imediato, ficando diferida para o momento em que efetivada, por exemplo, a penhora.[144] A partir desse estágio, aí sim, possível (e imperativo) que, por racionalidade, o prosseguimento da execução fique obstado, dada a pendência da prejudicial (anulatória) – e isso, frisemos, independentemente do ajuizamento de embargos meramente repetitivos do conteúdo da anulatória.[145]

6.6.4.5 A "reunião por conveniência" (art. 28 da Lei 6.830/80)

O art. 28, *caput*, da Lei 6.830/80 estabelece especial hipótese de modificação de competência, unicamente aplicável no âmbito (igualmente especial) dos executivos fiscais – por isso mesmo, a situação de que fala o mencionado dispositivo é de ser aposta em gaveta peculiar, isolada das causas gerais (tratadas nos itens anteriores).

---

144. Assim deve ser sob pena de se transformar a mera propositura de ação anulatória em causa de suspensão de exigibilidade, o que é indevido.

145. Não se deve descartar, porém, a paralela proponibilidade de embargos, nesse contexto, para veiculação de conteúdo diverso da anulatória, hipótese em que ambas as ações conviveriam.

Segundo o preceito em questão *o juiz, a requerimento das partes, poderá, por conveniência da unidade da garantia da execução, ordenar a reunião de processos contra o mesmo devedor*. Complementa o raciocínio firmado pelo *caput*, o parágrafo único, onde se lê que *os processos* [em questão] *serão redistribuídos ao Juízo da primeira distribuição*.

A hipótese especial de prorrogação de competência de que falamos inspira-se no fator *unidade da garantia*,[146] aplicando-se com o particular propósito de vincular a uma mesma constrição, tanto quanto possível, os diversos débitos de um mesmo executado – o que, obviamente, só se apresenta útil se os correspondentes créditos "pertencerem" a uma mesma Fazenda Pública.

Nos termos da Súmula 515 do Superior Tribunal de Justiça (DJe de 18/8/2014), a reunião de execuções fiscais contra o mesmo devedor constitui faculdade do Juiz, detalhe que, se fragiliza a regra, por um lado, reforça a preocupação do legislador com o exame concreto da questão relativa à unidade da garantia, aspecto que exige análise individualizada.

6.6.4.6 Negócio jurídico processual em execução fiscal de crédito tributário federal (Portaria PGFN 742/2018)[147] *e modificação de competência*

Não é nossa intenção, neste tópico, esgotar o exame do negócio jurídico processual de que trata a Portaria PGFN 742, de 21 de dezembro de 2018. O tema é extremamente relevante, não temos dúvida, e, talvez por isso mesmo, deve ser abordado em ambiente próprio, o do Capítulo 13, voltado

146. "Cuida-se de alteração anômala de competência, paralela à regra geral (retro, 448.1), baseada na ambígua unidade da 'garantia'." (ASSIS, Araken de. *Manual do processo de execução* cit., p. 1163).

147. Disponível em: https://bit.ly/3aMWUJn Acesso em: 27 jan. 2020.

ao exame das formas "paralelas" de satisfação do crédito fazendário.

De todo modo, como estamos falando, aqui, de competência, importa antecipar que referido instrumento pode conter cláusula de modificação de competência relativa, implicando a reunião de diferentes processos num mesmo juízo.

Nos termos do referido normativo, com efeito:

> Art. 3º. Sem prejuízo da previsão de outras obrigações decorrentes das peculiaridades do caso concreto, o NJP que objetive estabelecer plano de amortização do débito fiscal deverá prever, cumulativa ou alternativamente, as seguintes condições:
>
> (...)
>
> X – modificação da competência relativa para reunião dos processos no juízo prevento;
>
> (...)

Atente-se que a modificação de competência não pode ser, em si, a razão de ser do negócio jurídico processual. O art. 1º, §2º, inciso II, da mesma portaria, prevê que o chamado "plano de amortização", ele sim, representa um dos possíveis conteúdos finalísticos do negócio jurídico processual ali disciplinado, sendo a reunião de processos (com a derivada modificação de competência) uma das possíveis condições estabelecidas para fins de conformação do indigitado plano.[148]

---

148. "Art. 1º. Esta Portaria estabelece os critérios para celebração de Negócio Jurídico Processual (NJP) no âmbito da Procuradoria-Geral da Fazenda Nacional, para fins de equacionamento de débitos inscritos em dívida ativa da União.
(...)
§ 2º. Observado o disposto nesta Portaria, o Negócio Jurídico Processual para equacionamento de débitos inscritos em dívida ativa da União poderá versar sobre:
I – calendarização da execução fiscal;
II – plano de amortização do débito fiscal;
III – aceitação, avaliação, substituição e liberação de garantias;
IV – modo de constrição ou alienação de bens.
(...)

Usando outro vocabulário: o negócio jurídico processual não é, por si, hipótese de modificação de competência, mas sim a produção de plano de amortização em cujo seio se introduza condição daquele porte.

E é muito importante que assim se interprete a questão, pois o plano de amortização a que nos reportamos pode envolver, além de reunião de feitos, a quitação diferida no tempo, uma espécie de parcelamento, caso em que eventual inadimplemento de duas prestações implicará rescisão do negócio jurídico processual,[149] a importar, num raciocínio matemático, que todas as cláusulas negociadas sucumbem, inclusive a de modificação de competência. Não queremos dizer que as coisas de fato devam ser tratadas dessa forma – é bem provável que eventual recolocação dos processos reunidos na posição que originalmente mantinham gere mais problema do que vantagem. O fato, no entanto, é que, por lógica, se o plano de amortização não é cumprido, as condições a ele subjacentes podem ser consideradas rompidas, contexto em que se colocaria, repita-se, o problema da modificação de competência.

Apenas um registro final: a despeito do título empregado neste tópico, a questão sobre a qual investimos não está restrita, hoje, ao plano da Fazenda Nacional.

Desde 24 de julho de 2021, com efeito, também o Estado de São Paulo passou a contar com a possibilidade de celebração de negócio jurídico processual envolvendo sua Dívida Ativa,[150] *ex vi* da Portaria SUBGCTF 14/2021.

Desse normativo se extrai a possibilidade, tanto quanto se vê na Portaria PGFN 742/2018, de reunião de feitos em

---

149. Art. 12. Implicará rescisão do NJP:
I – a falta de pagamento de 2 (duas) amortizações mensais, consecutivas ou não, quando o NJP tiver por objeto estabelecer plano de amortização do débito fiscal; (...)."

150. Adiante, no item 13.10 (Capítulo 13), abriremos espaço para o assunto.

que se põe a negociação,[151] impondo-se, por isso, a extensão das observações até aqui lançadas também sobre o plano do Estado de São Paulo.

Em suma:

O **inciso I do art. 109** da Constituição Federal serve como principal base de definição da competência da **Justiça Federal** em nível de execução fiscal – atuando, por excludência, na definição da competência da Justiça Estadual.

Causas em que a União, entidade autárquica ou empresa pública federal forem interessadas na condição de autoras, rés, assistentes ou oponentes, exceto as de falência, as de acidentes de trabalho e as sujeitas à Justiça Eleitoral e à Justiça do Trabalho.

---

151. "Art. 1º. Preservada a autonomia do Procurador do Estado no exercício de suas funções e observadas as disposições legais aplicáveis, especialmente as do Código de Processo Civil (CPC), do Código Tributário Nacional (CTN), da Lei 6.830/80 (Lei de Execuções Fiscais - LEF), da Lei n. 8.397/92 (Lei de Medida Cautelar Fiscal - LCF), da Lei n. 11.101/2015 (Lei de Falência e Recuperação Judicial - LRJ) e da Lei Complementar estadual n. 1.270, de 25/8/2015 (Lei Orgânica da Procuradoria Geral do Estado - LOPGE), ficam autorizados negócios jurídicos processuais (NJP) versando sobre o seguinte: (...)
(...)
III - reunião de execuções fiscais;
(...).
Art. 17. A homologação judicial é condição do NJP e será requerida pelo Procurador oficiante, conforme regras dos arts. 10 e 12.
§ 1º. O NJP com plano de pagamento de débitos ou com plano de garantia envolvendo mais de um processo, será submetido à homologação judicial pelo Procurador oficiante em cada uma das execuções afetadas.
§ 2º. Em havendo reunião de execuções fiscais nos termos do art. 28 da LEF, a homologação, com relação às execuções reunidas, será requerida no processo piloto, conforme regras de prevenção.
(...)
Art. 26. Quando a unidade de garantia recomendar, as execuções fiscais incluídas no plano de pagamento de débitos e ajuizadas em uma mesma Comarca serão objeto de pedido de reunião, nos termos do art. 28 da LEF, ao juízo em que correr a execução fiscal com instrução e garantia mais adiantadas, aplicando-se, subsidiariamente, a regra do art. 59 do CPC.
Parágrafo único. O indeferimento da reunião de execuções não será objeto de agravo, conforme Súmula 515 do STJ."

Incluem-se, nessa regra, as ações de execução fiscal, desde que a entidade titular do crédito seja a União ou autarquia federal. Execuções fiscais propostas por ou contra entidades que não se enquadrem nos conceitos do art. 109, inciso I, da Constituição Federal, são processadas, por excludência, na **Justiça Estadual**.

Ressalva: *causas entre Estado estrangeiro ou organismo internacional e Município ou pessoa domiciliada ou residente no País* competem à Justiça Federal (**inciso II do art. 109** da Constituição Federal).

Execuções fiscais relativas ao IPTU (por exemplo), se dirigidas contra Estado estrangeiro, tramitarão na Justiça Federal.

Acaso se esteja lidando com tributo federal, o executivo, porque titularizado pela União, tramitará no Supremo Tribunal Federal (art. 102, inciso I, alínea *e*, da Constituição Federal).

As **sociedades de economia mista** não são alcançadas pela competência da Justiça Federal.

Os **conselhos profissionais**, porque dotados de regime equiparado ao das autarquias federais, são alcançados pelo inciso I do art. 109 da Constituição Federal, inclusive no que se refere às execuções fiscais que propõem.

A redação atribuída pela **Emenda Constitucional 45/2004** ao art. 114 impactou sensivelmente a competência da Justiça Federal em nível executivo fiscal, reorganizando-a, em certa medida, em favor da Justiça do Trabalho.

Ressalva: cobrança de contribuição ao FGTS.

É da **Justiça do Trabalho** a competência para fins de **execução** de verba decorrente de **penalidade imposta ao empregador pelos órgãos de fiscalização das relações de trabalho.**

É da **Justiça do Trabalho** a competência para fins de **execução de contribuições previdenciárias decorrentes de sentença condenatória ou homologatória de acordo trabalhista** – a essas execuções não é possível atribuir natureza fiscal, uma vez dissociadas do título que as qualificaria como tal – Certidão de Dívida Ativa.

Execuções referentes ao **ITR** – cometidas, em princípio, à Justiça Federal – podem vir a ser processadas na **Justiça Estadual**, se firmado **convênio** entre a **União**, por intermédio da Secretaria da Receita Federal, e o **Distrito Federal** e os **Municípios**, delegando-lhes as atribuições de fiscalização, lançamento e cobrança daquele tributo.

As competências definidas em favor da Justiça Federal em nível de execução fiscal são, todas, ***ratione personae***.

O **Juízo Estadual** pode oficiar, guardadas certas condições, como se federal fosse.

Execuções fiscais relativas a devedor domiciliado em local onde não haja Justiça Federal podiam, no passado, tramitar no Juízo Estadual (art. 15, inciso I, da Lei 5.010/66). Com a revogação desse dispositivo, por obra da Lei 13.043/2014, as execuções fiscais da União e autarquias federais passaram a ser promovidas, desde 14/11/2014 (início da vigência do diploma), na Justiça Federal cuja jurisdição abarque o local do domicílio ou residência do devedor. Em abono desse tratamento, a Emenda Constitucional n. 103/2019 tornou definitiva a inviabilidade da outorga dessa atribuição para a Justiça Estadual.

Os casos de outorga de competência federal à Justiça Estadual não envolvem o **plano recursal** – daí por que os recursos tirados das decisões proferidas pelo Juízo Estadual serão julgados, nesses casos, pelo Tribunal Regional Federal competente.

Proposta a execução fiscal, a posterior mudança de domicílio do executado **não desloca a competência já fixada**.

A incompetência relativa **não** pode ser decretada de ofício.

Na execução fiscal proposta **fora do domicílio do devedor**, cabe exclusivamente ao executado a arguição da incompetência.

A incompetência, em execução fiscal, é desde sempre arguida como matéria **preliminar**, sendo processada e julgada com os **embargos**.

O juiz, a requerimento das partes, poderá, por **conveniência da unidade da garantia** da execução fiscal, ordenar a **reunião de processos** contra o mesmo devedor.

É possível a modificação de competência, com a consequente reunião de diferentes processos de execução fiscal num mesmo juízo, em decorrência de negócio jurídico processual celebrado nos termos da Portaria PGFN 742/2018.

Capítulo 7
PROCEDIMENTO

7.1 Introdução

Por ocasião do Capítulo 1, cuidamos de firmar o conceito de procedimento, dizendo-o *forma de organização dos atos que compõem o processo.*

Naquela mesma ocasião, advertimos que, em nosso sistema, os procedimentos ligados à realidade executiva dispor-se-iam em duas classes fundamentais, uma primeira tida como *geral*, que se definiria a partir das *execuções por quantia certa contra devedor solvente*,[152] e a segunda, das execuções vinculadas a procedimentos qualificados como *especiais*.[153]

Pois é exatamente nessa segunda classe que se deve entender cravados os executivos *fiscais* – embora

152. Tomadas como paradigma geral, porque suas normas seriam de aplicação supletiva em relação aos demais procedimentos. Vale lembrar, de todo modo, que o Código de Processo Civil de 2015 ignora, em princípio, a dicotomia "devedor solvente" e "devedor insolvente". A execução que se qualificaria por revelar o procedimento executivo geral seria, naquele contexto, denominada simplesmente como "execução por quantia certa" (pressupondo-se o estado de solvência do devedor).

153. Assim entendidos, justamente porque se serviriam das normas atuantes na classe geral de modo subsidiário.

materialmente se aproximem das execuções por quantia certa.[154]

E isso por razão simples: sua disciplina, assim já o vimos, decorre de diploma legislativo peculiar, a Lei 6.830/80.

Não é demais reiterar, porém, que, naquilo em que compatíveis, as regras gerais aplicar-se-ão às execuções fiscais, dada a subserviência, já anunciada, que referidas normas ostentam em relação a todos os demais modelos executivos.

7.2 A organização fundamental do rito *executivo fiscal*

Como toda execução que guarda como referência material uma obrigação de pagar, também a fiscal objetiva, em última análise, a expropriação do patrimônio do sujeito passivo.

Natural: se é o patrimônio do devedor que responde pelas obrigações de pagar por ele ostentadas, não há de ser outro o foco objetivo de uma execução que busque a satisfação daquele tipo obrigacional.

Tomada essa premissa, é de se admitir que os atos inerentes ao rito executivo fiscal se projetem para a verificação do sobredito resultado – a expropriação do patrimônio do sujeito passivo a bem da satisfação do crédito do sujeito ativo. E é exatamente nessa linha que o procedimento das execuções fiscais se põe normativamente construído. Daí decorre o reconhecimento de duas fases rituais fundamentais – a primeira, dita *preparatória da expropriação*; a segunda, *propriamente expropriatória*.

154. Nesse sentido, reconfira-se o item 3.1, Capítulo 3.

7.3 As duas fases fundamentais do procedimento executivo fiscal – preparatória da expropriação e propriamente expropriatória: distinção

Os atos que integram uma e outra das fases mencionadas distinguem-se, fundamentalmente, pela forma com que se relacionam com o direito de fundo.

Explicamos: processo, porque instrumental, não pode ser tomado como um fim em si mesmo, senão com vistas sobre a realidade material com a qual dialoga; com os executivos fiscais não é diferente: os atos que compõem a correlata cadeia, assim como o próprio processo (visto em sua globalidade), não podem ser tomados como um fim em si mesmos; miram, isso sim, a relação de fundo, expressada pelo direito creditório ostentado pela Fazenda Pública e inscrito em dívida ativa.

Isso quer significar que os atos a que nos referimos (os que integram a cadeia procedimental executiva fiscal) sempre se relacionam (alguns de forma imediata, outros remotamente) com a obrigação que se quer ver cumprida, sendo justamente essa forma como "conversam" com a relação de fundo (ora mais firme, ora menos intensa) que distinguirá os atos integrantes da primeira fase – a preparatória da expropriação – dos que compõem a segunda – propriamente expropriatória.

Daí derivam os nomes atribuídos a cada qual dessas fases: na primeira, dita *preparatória*, os atos mantêm com a relação de fundo um liame provisório, precário, reversível (predicados indicativos da função ostentada por esses mesmos atos, a saber, puramente *preparatória*); na segunda, dita *expropriatória*, os atos respectivos alinham-se com a relação de fundo com um propósito de definitividade, de satisfatividade, de exaurimento.

Em gráfico:

Quadro 8

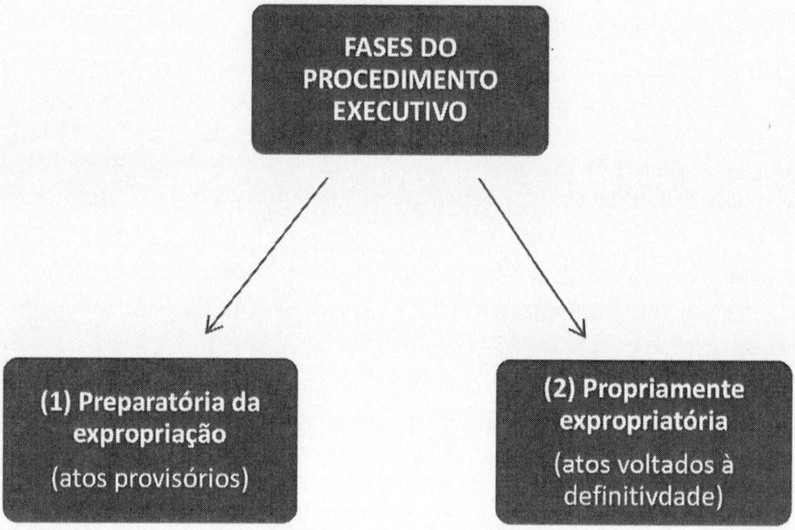

Confiramos, detalhadamente, cada qual.

7.4 Primeira fase: a preparação da expropriação

7.4.1 Introdução

Da fase preparatória da expropriação participam, *prima facie*, os atos constitutivos da relação processual.

Ligados que são, tais atos, à ideia de constituição do processo – como relação jurídica – podem (e devem) ser explicados à luz da teoria dos pressupostos de existência (ou de constituição).

7.4.2 Pressupostos processuais de constituição

Distingue o Código de Processo Civil de 2015 – como fazia o de 1973 – duas categorias fundamentais de pressupostos processuais: os positivos (classe em que se inserem os elementos que devem estar presentes para que o processo se estabeleça) e os negativos (elementos cuja presença prejudica o desenvolvimento do processo).

Os primeiros – pressupostos positivos – dividir-se-iam, segundo anunciam o inciso IV do art. 267 (do Código de Processo Civil de 1973) e o inciso IV do art. 485 (do Código de Processo Civil de 2015), em dois subgêneros: pressupostos de constituição (existência) e de desenvolvimento.[155]

Interessa-nos, aqui e agora, os integrantes da primeira classe, cuja definição analítica demanda a formulação de uma indagação prévia: *o que seria necessário para que uma dada relação processual se entenda constituída?*

Partamos da premissa de que processo, porque relação idealmente angular (ou triádica; reconfira-se, a propósito, o Capítulo 1, item 1.3), supõe a intervenção de três atores, (i) aquele que pede, (ii) aquele a quem se pede e (iii) aquele contra quem se pede – exequente, Judiciário e executado, nessa ordem.

Tomado nesse sentido pleno, processo demanda a formulação, pelo respectivo sujeito ativo, de um ato de provocação (petição inicial), dirigido ao segundo ator (exercente de função jurisdicional), com a subsequente inserção do sujeito passivo na relação (via citação).

---

155. "Art. 267. Extingue-se o processo, sem resolução de mérito: (...) IV – quando se verificar a ausência de pressupostos de constituição e de desenvolvimento válido e regular do processo; (...)."
"Art. 485. O juiz não resolverá o mérito quando: (...) IV – verificar a ausência de pressupostos de constituição e de desenvolvimento válido e regular do processo; (...)".

Poder-se-ia dizer, por aí, que três seriam os pressupostos de constituição de todo e qualquer processo (inclusive os executivos fiscais): *petição inicial*, *jurisdição* e *citação*. Vale reconhecer que, dentre essas figuras, duas correspondem a atos processuais – petição inicial e citação – naturalmente cravados na primeira fase do procedimento, uma vez cumpridores da missão de constituir a relação processual.

Focados que estamos no plano das execuções fiscais, alguns ajustes devemos fazer em relação a tais proposições.

Lembre-se, primeiro, que a inicial, nessa classe de feitos, compõe-se de um elemento peculiar, a reiterar, a Certidão de Dívida Ativa, documento que oficia, a um só tempo, como título executório e elemento integrante da petição inicial (Capítulo 4, item 4.4). Quando se fala, portanto, em inicial como pressuposto de constituição do processo executivo fiscal, deve-se considerar, nesse contexto, o documento que necessariamente a integra.

Por outro lado, cabe observar que a citação, no plano executivo fiscal, tem seu conteúdo determinado no *caput* do art. 8º da Lei 6.830/80 – "o executado será citado para, no prazo de 5 (cinco) dias, pagar a dívida com os juros e multa de mora e encargos indicados na Certidão de Dívida Ativa, ou garantir a execução (...)" –,[156] não se apresentando operativo, quando vigente o Código de Processo Civil de 1973, o conceito geral de que tratava o respectivo art. 213.[157]

---

156. Retornaremos a esse assunto por ocasião do Capítulo 8.

157. "Art. 213. Citação é o ato pelo qual se chama a juízo o réu ou o interessado a fim de se defender."
O correspondente desse dispositivo, no Código de Processo Civil de 2015, oferece, em contrapartida, proposição que, observada sua "intenção" geral, é compatível com a realidade executivo-fiscal. Eis sua redação:
"Art. 238. Citação é o ato pelo qual são convocados o réu, o executado ou o interessado para integrar a relação processual."

7.4.3 Os primeiros atos da fase preparatória: reestruturando (e complementando) o raciocínio

Tomadas essas premissas – colhidas, reitere-se, da teoria dos pressupostos processuais, assim especificamente os de constituição –, ter-se-ia, a desencadear a primeira fase do procedimento, os atos há pouco apontados: inicial e citação. Entre um e outro, porém, supõe-se a intercalar atividade judicial de recebimento da inicial, com a consequente expedição de ordem citatória.[158]

Nos termos do art. 8º, § 2º, da Lei 6.830/80, esse despacho ordinatório da citação faria interromper o fluxo da prescrição, opção igualmente firmada pelo Código Tributário Nacional, quando menos a partir da Lei Complementar 118/2005.[159]

Considerada, pois, a regra segundo a qual norma *especial repugna a incidência de norma geral*, não é possível cogitar a aplicação, em nível de execução fiscal (seja ela vinculada a crédito tributário ou não), do art. 219, *caput*, do Código de Processo Civil de 1973 (referimos, por óbvio, os casos vinculados à sua vigência) –, [160] não pelo menos no que respeita à prescrição.

---

158. "Art. 7º. O despacho do Juiz que deferir a inicial importa em ordem para:
I – citação, pelas sucessivas modalidades previstas no artigo 8º;
II – penhora, se não for paga a dívida, nem garantida a execução, por meio de depósito, fiança ou seguro garantia;
III – arresto, se o executado não tiver domicílio ou dele se ocultar;
IV – registro da penhora ou do arresto, independentemente do pagamento de custas ou outras despesas, observado o disposto no artigo 14; e
V – avaliação dos bens penhorados ou arrestados." (Lei n. 6.830/80.)

159. Esse dispositivo, dando nova redação ao art. 174, inciso I, do sobredito estatuto, fixou, como a Lei n. 6.830/80, o termo determinativo do cumprimento do prazo de prescrição no despacho que ordenar a citação em execução fiscal. Esse tema será aprofundado mais adiante, por ocasião do Capítulo 12.

160. "Art. 219. A citação válida torna prevento o juízo, induz litispendência e faz litigiosa a coisa; e, ainda quando ordenada por juiz incompetente, constitui em mora o devedor e interrompe a prescrição."
No Código de Processo Civil de 2015, a questão ganha outro tratamento, sobre o

Mais do que isso, devemos supor a formulação pelo órgão jurisdicional, antes da fase de citação, de um juízo de valor positivo acerca da regularidade da petição inicial –,[161] vale dizer: que não se detecte, no momento do recebimento, óbices impeditivos do desenvolvimento do procedimento (destaque-se, nesse contexto, que o ato de provocação produzido pela Fazenda Pública pode padecer de vícios que, sendo prontamente verificáveis e de cognição *ex officio*, implicarão a abstenção do esperado ato de citação; é o que ocorre, quando menos potencialmente, nos casos de prescrição).

Súmula 409 (Superior Tribunal de Justiça)
Em execução fiscal, a prescrição ocorrida antes da propositura da ação pode ser decretada de ofício (art. 219, § 5º, do CPC).

Em casos desse naipe, de duas uma: (i) se o vício da inicial for corrigível, caberá à autoridade julgadora determinar que a Fazenda a emende;[162] (ii) se, como no caso da

---

qual falaremos mais adiante, no Capítulo 12.
O dispositivo que, no novo Código, nos interessa é o art. 240:
"Art. 240. A citação válida, ainda quando ordenada por juízo incompetente, induz litispendência, torna litigiosa a coisa e constitui em mora o devedor, ressalvado o disposto nos arts. 397 e 398 da Lei n. 10.406, de 10 de janeiro de 2002 (Código Civil).
§ 1º. A interrupção da prescrição, operada pelo despacho que ordena a citação, ainda que proferido por juízo incompetente, retroagirá à data de propositura da ação.
§ 2º. Incumbe ao autor adotar, no prazo de 10 (dez) dias, as providências necessárias para viabilizar a citação, sob pena de não se aplicar o disposto no § 1º.
§ 3º. A parte não será prejudicada pela demora imputável exclusivamente ao serviço judiciário.
§ 4º. O efeito retroativo a que se refere o § 1º aplica-se à decadência e aos demais prazos extintivos previstos em lei."

161. Segundo da Súmula 558 do Superior Tribunal de Justiça, em ações de execução fiscal, a petição inicial não pode ser indeferida sob o argumento da falta de indicação do CPF e/ou RG ou CNPJ da parte executada.

162. "Art. 284. Verificando o juiz que a petição inicial não preenche os requisitos exigidos nos arts. 282 e 283, ou que apresenta defeitos e irregularidades capazes de dificultar o julgamento de mérito, determinará que o autor a emende, ou a complete, no prazo de 10 (dez) dias.
Parágrafo único. Se o autor não cumprir a diligência, o juiz indeferirá a petição inicial." (Código de Processo Civil de 1973.)

prescrição, o defeito for implicativo da extinção do processo, sobreviria o indeferimento de plano.[163]

Lembremos, porém, que, desde o advento do Código de Processo Civil de 2015, esse "indeferimento de plano" demanda a intercalar oitiva da Fazenda, uma vez que, por regra geral posta pelo novo ordenamento processual, ao magistrado cabe o dever, mesmo em relação às matérias de cognição *ex officio*, de ouvir previamente a(s) parte(s). Confira-se:

> Art. 9º. Não se proferirá decisão contra uma das partes sem que ela seja previamente ouvida.
>
> (...)
>
> Art. 10. O juiz não pode decidir, em grau algum de jurisdição, com base em fundamento a respeito do qual não se tenha dado às partes oportunidade de se manifestar, ainda que se trate de matéria sobre a qual deva decidir de ofício.

De todo modo, se, mesmo depois da ouvida da(s) parte(s), seguir presente o defeito obstativo do recebimento da inicial, seu indeferimento persiste sendo essa a solução prescrita pelo sistema.

"Art. 321. O juiz, ao verificar que a petição inicial não preenche os requisitos dos arts. 319 e 320 ou que apresenta defeitos e irregularidades capazes de dificultar o julgamento de mérito, determinará que o autor, no prazo de 15 (quinze) dias, a emende ou a complete indicando com precisão o que deve ser corrigido ou complementado.
Parágrafo único. Se o autor não cumprir a diligência, o juiz indeferirá a petição inicial." (Código de Processo Civil de 2015.)

163. "Art. 295. A petição inicial será indeferida: (...) IV – quando o juiz verificar, desde logo, a decadência ou a prescrição (art. 219, § 5º); (...)." (Código de Processo Civil de 1973.)
"Art. 332. (...) § 1º. O juiz também poderá julgar liminarmente improcedente o pedido se verificar, desde logo, a ocorrência de decadência ou prescrição." (Código de Processo Civil de 2015.)

7.4.4 Os desdobramentos possíveis da fase preparatória

Imagine-se que a inicial do feito executivo tenha sido recebida, com a consequente expedição de ordem citatória.

Abrem-se, nesse momento, duas possibilidades: a efetivação da citação ou sua frustração. Consideremos tais contingências, tomando em conta, por premissa, que a citação, nesse específico plano, segue o modelo formal definido – e que assim o é, do mesmo modo, pelo Código de Processo Civil de 1973 (art. 222, *caput*), e pelo de 2015, na redação original de seu art. 247, *caput* – a saber, o postal.[164]

Nos termos do inciso III do art. 8º da Lei 6.830/80, *se o aviso de recepção não retornar no prazo de 15 (quinze) dias da entrega da carta à agência postal, a citação será feita por Oficial de Justiça ou por edital*, o que quer significar que, a par do "modelo-regra", a citação pode ser empreendida, em execução fiscal, por modelos outros, tidos como subsidiários – nesses termos, aliás, caminha o enunciado da Súmula 414 do Superior Tribunal de Justiça.

> Súmula 414 (Superior Tribunal de Justiça)
>
> *A citação por edital na execução fiscal é cabível quando frustradas as demais modalidades.*

Embora a solução apontada pela mencionada súmula aparente uma certa, digamos, "definitividade",[165] é bom que se lembre que a não localização do devedor (leia-se, sua não citação) é fato implicativo da suspensão do feito

---

164. "Art. 8º. (...) I – a citação será feita pelo correio, com aviso de recepção, se a Fazenda Pública não a requerer por outra forma; (...)" (Lei n. 6.830/80). Com a recente Lei n. 14.195/2021, que deu nova redação ao art. 247 do Código de Processo Civil, essa convergência para a via postal deixou de existir, pelo menos de forma absoluta, referindo a novel redação a via eletrônica ou a postal (não mais apenas a postal) como regra.

165. Dado que a não citação pelos modelos ditos reais (carta ou mandado) seria sempre suprível pelo modelo ficcional.

executivo fiscal, a teor do art. 40, *caput*, da Lei 6.830/80,[166] encaminhamento que gera consequências muito peculiares, sobretudo no que se refere à prescrição (voltaremos ao tema no Capítulo 12).

Consideremos, paralelamente a isso, as variáveis procedimentais atreladas à circunstância oposta, vale dizer, da efetivação da citação.

Uma vez que a "convocação" do executado é, antes de tudo, para fins de pagamento, essa é, sem dúvida, a primeira das contingências a se considerar: verificada a quitação, reputa-se satisfeita a obrigação exequenda, com o consequente cumprimento da missão jurisdicional executiva pela só exteriorização da ordem inicial de pagamento.

O que sobra fazer, nesse caso, já que exaurida a tutela executiva, é extinguir o processo, via sentença,[167] ato judicial de conteúdo puramente homologatório do fim da relação processual e não propriamente portador da tutela jurisdicional.

Possível, por outro lado, que o devedor compareça em juízo para fazer uso da segunda alternativa referida pelo art. 8º, *caput*, da Lei 6.830/80, a saber, *garantir a execução*.

A persecução dessa via vem detalhadamente definida no subsequente art. 9º, *in verbis*:

> Art. 9º. Em garantia da execução, pelo valor da dívida, juros e multa de mora e encargos indicados na Certidão de Dívida Ativa, o executado poderá:

166. "Art. 40. O Juiz suspenderá o curso da execução, enquanto não for localizado o devedor ou encontrados bens sobre os quais possa recair a penhora, e, nesses casos, não correrá o prazo de prescrição."

167. "Art. 794. Extingue-se a execução quando: I – o devedor satisfaz a obrigação; (...). "Art. 795. A extinção só produz efeito quando declarada por sentença." (Código de Processo Civil de 1973).
"Art. 924. Extingue-se a execução quando: (...) II – a obrigação for satisfeita; (...).
"Art. 925. A extinção só produz efeito quando declarada por sentença." (Código de Processo Civil de 2015.)

> I – efetuar depósito em dinheiro, à ordem do Juízo em estabelecimento oficial de crédito, que assegure atualização monetária;
>
> II – oferecer fiança bancária ou seguro garantia;
>
> III – nomear bens à penhora, observada a ordem do artigo 11; ou
>
> IV – indicar à penhora bens oferecidos por terceiros e aceitos pela Fazenda Pública.
>
> § 1º. O executado só poderá indicar e o terceiro oferecer bem imóvel à penhora com o consentimento expresso do respectivo cônjuge.
>
> § 2º. Juntar-se-á aos autos a prova do depósito, da fiança bancária, do seguro garantia ou da penhora dos bens do executado ou de terceiros.
>
> § 3º. A garantia da execução, por meio de depósito em dinheiro, fiança bancária ou seguro garantia, produz os mesmos efeitos da penhora.
>
> § 4º. Somente o depósito em dinheiro, na forma do artigo 32, faz cessar a responsabilidade pela atualização monetária e juros de mora.
>
> § 5º. A fiança bancária prevista no inciso II obedecerá às condições pré-estabelecidas pelo Conselho Monetário Nacional.
>
> § 6º. O executado poderá pagar parcela da dívida, que julgar incontroversa, e garantir a execução do saldo devedor.[168]

Por fim, considere-se uma derradeira variável: a inércia do executado.

Do assunto trata o art. 10 da Lei 6.830/80, dispositivo assim vazado:

> Art. 10. Não ocorrendo o pagamento, nem a garantia da execução de que trata o artigo 9º, a penhora poderá recair em qualquer bem do executado, exceto os que a lei declare absolutamente impenhoráveis.

168. Não nos deteremos, por ora, sobre essa e outras normas que detalham o assunto, uma vez fixados, por agora, sobre a questão do procedimento executivo fiscal. Adiante, de todo modo, dedicar-nos-emos a esse ponto (Capítulo 8).

Mais uma vez, cabe lembrar a solução preconizada pelo art. 40, *caput*: se não localizados bens sobre os quais possa recair a penhora, o juiz suspenderá o curso da execução por um ano.

> Súmula 314 (Superior Tribunal de Justiça)
>
> *Em execução fiscal, não localizados bens penhoráveis, suspende-se o processo por um ano, findo o qual se inicia o prazo da prescrição quinquenal intercorrente.*

7.5 Segunda fase: a expropriação propriamente dita

7.5.1 Introdução

Para que a segunda fase do procedimento executivo fiscal se instale, é preciso supor o esgotamento da primeira (i) nos termos do art. 8º ou (ii) nos do art. 9º – ambos da Lei 6.830/80 –, ou seja, com a constituição de efetiva garantia da execução.

Afora isso, é preciso supor, no ideal da Lei 6.830/80, que tenha sido superada a fase de embargos à execução, seja porque rejeitados, seja porque não opostos, seja porque recebidos sem efeito suspensivo.[169] Tomemos, pois, essas premissas em consideração.

7.5.2 Atos integrantes da fase expropriatória

Pressupondo-se o exaurimento da fase de preparação da expropriação do patrimônio do devedor, seguirá a execução fiscal nessa específica direção, ultimando-se os atos expropriatórios tendentes à satisfação do credor.

169. Esse assunto será explorado no item 7.6.2.

É natural (mais que isso, é impositivo) pensar, nesse contexto, que o desenvolvimento dessa segunda fase demarcar-se-á por atos que cambiam de acordo com o tipo de garantia lançada *in concreto*. Esse é, pois, o critério que nos guiará na definição dos diferentes endereçamentos procedimentais.

7.5.2.1 Garantia sob a forma de depósito

Acaso a execução tenha sido garantida por depósito, o desenvolvimento da segunda fase processual é extremamente simples, impondo-se uma única providência – a reversão, em favor da Fazenda Pública, do respectivo *quantum*.[170]

Tratando especificamente de depósitos de valores referentes a tributos e contribuições federais, inclusive seus acessórios, prescreve a Lei 9.703/98:

> Art. 1º. Os depósitos judiciais e extrajudiciais, em dinheiro, de valores referentes a tributos e contribuições federais, inclusive seus acessórios, administrados pela Secretaria da Receita Federal do Ministério da Fazenda, serão efetuados na Caixa Econômica Federal, mediante Documento de Arrecadação de Receitas Federais – DARF, específico para essa finalidade.
>
> § 1º. O disposto neste artigo aplica-se, inclusive, aos débitos provenientes de tributos e contribuições inscritos em Dívida Ativa da União.
>
> § 2º. Os depósitos serão repassados pela Caixa Econômica Federal para a Conta Única do Tesouro Nacional, independentemente de qualquer formalidade, no mesmo prazo fixado para recolhimento dos tributos e das contribuições federais.
>
> § 3º. Mediante ordem da autoridade judicial ou, no caso de depósito extrajudicial, da autoridade administrativa competente, o valor do depósito, após o encerramento da lide ou do processo litigioso, será:

---

170. "Art. 32. (...) § 2º. Após o trânsito em julgado da decisão, o depósito, monetariamente atualizado, será devolvido ao depositante ou entregue à Fazenda Pública, mediante ordem do Juízo competente." (Lei n. 6.830/80).

> I – devolvido ao depositante pela Caixa Econômica Federal, no prazo máximo de vinte e quatro horas, quando a sentença lhe for favorável ou na proporção em que o for, acrescido de juros, na forma estabelecida pelo § 4º do art. 39 da Lei n. 9.250, de 26 de dezembro de 1995, e alterações posteriores; ou
>
> II – transformado em pagamento definitivo, proporcionalmente à exigência do correspondente tributo ou contribuição, inclusive seus acessórios, quando se tratar de sentença ou decisão favorável à Fazenda Nacional.
>
> § 4º. Os valores devolvidos pela Caixa Econômica Federal serão debitados à Conta Única do Tesouro Nacional, em subconta de restituição.
>
> § 5º. A Caixa Econômica Federal manterá controle dos valores depositados ou devolvidos.

Vale, nesse momento, uma única observação adicional (antecipando-se problema que será adiante aprofundado, especificamente no Capítulo 9): como a reversão do montante depositado em favor da entidade credora é ato implicativo da extinção do crédito, extinguir-se-á, por derivação, a própria execução. Isso quer significar que referida solução só deve ser aplicada se não estiverem pendentes embargos, mesmo que recebidos sem efeito suspensivo (como ação acessória à execução, os embargos têm sua sobrevivência condicionada à manutenção daquela outra demanda, impedindo-se, assim, qualquer providência implicativa da extinção da execução a bem do efetivo exercício do direito de embargar).

7.5.2.2 Garantia sob a forma de fiança ou de seguro garantia

Nos termos do art. 19, inciso II, da Lei 6.830/80, se não embargada a execução ou se rejeitados os embargos, será o terceiro que prestou a fiança ou o seguro intimado para quitar, no prazo de quinze dias, o crédito pelo qual se obrigou, sob pena de contra ele prosseguir a execução nos próprios autos – caso em que, note-se, aflora a condição caracterizadora da legitimidade abstratamente prevista pelo art. 4º, inciso II, da Lei 6.830/80.

Também nesse caso, valeria colocar atenção sobre o mesmo ponto registrado no item anterior – relativo às hipóteses em que há embargos opostos, mas despojados, mormente em grau recursal, de efeito suspensivo. Um pouco mais delicada, porém, de tal questão cuidaremos adiante (Capítulo 9, item 9.2.7).

7.5.2.3 Garantia sob a forma de penhora

Superada a fase de embargos e desde que garantida a execução por penhora, caberá à credora, ouvida nos termos do art. 18 da Lei 6.830/80,[171] pronunciar-se sobre a garantia prestada.

Diagnosticada sua suficiência, proceder-se-á à alienação do quanto penhorado em hasta pública, observada a precedente publicação de edital, com todas as formalidades prescritas pelo art. 22, e parágrafos, da Lei 6.830/80.[172]

A alienação de que falamos, além de havida em hasta pública, em lugar judicialmente designado,[173] dar-se-á em regime de "duplo leilão".

> Súmula 128 (Superior Tribunal de Justiça)
>
> *Na execução fiscal haverá segundo leilão, se no primeiro não houver lanço superior à avaliação.*

---

171. "Art. 18. Caso não sejam oferecidos os embargos, a Fazenda Pública manifestar-se-á sobre a garantia da execução."

172. "Art. 22. A arrematação será precedida de edital, afixado no local de costume, na sede do Juízo, e publicado em resumo, uma só vez, gratuitamente, como expediente judiciário, no órgão oficial.
§ 1º. O prazo entre as datas de publicação do edital e do leilão não poderá ser superior a 30 (trinta), nem inferior a 10 (dez) dias.
§ 2º. O representante judicial da Fazenda Pública, será intimado, pessoalmente, da realização do leilão, com a antecedência prevista no parágrafo anterior."

173. "Art. 23. A alienação de quaisquer bens penhorados será feita em leilão público, no lugar designado pelo Juiz." (Lei n. 6.830/80.)

Referido ato poderá envolver, a requerimento da Fazenda ou do executado, a venda dos bens penhorados englobadamente ou em lotes por aqueles indicados,[174] cabendo ao arrematante o pagamento da comissão do leiloeiro e demais despesas apontadas no edital.[175]

Sobre o preço pago pelo arrematante, cumpre destacar a restrição quanto ao emprego de condições aviltantes ao devedor.[176]

Embora a definição do conceito de "preço vil", no sistema do Código de Processo Civil de 1973, fosse relativa (suscitando, por isso, o exame das particularidades de cada caso concreto,[177] de modo a permitir, segundo essas características, a decretação da ineficácia da arrematação),[178] o Código de Processo Civil de 2015 passou a tratar dessa questão em tom bem mais objetivo. É o que se vê em seu art. 891, parágrafo único:

> Art. 891. (...).
>
> Parágrafo único. Considera-se vil o preço inferior ao mínimo estipulado pelo juiz e constante do edital, e, não tendo sido fixado

---

174. "Art. 23. (...) § 1º. A Fazenda Pública e o executado poderão requerer que os bens sejam leiloados englobadamente ou em lotes que indicarem." (Lei n. 6.830/80.)

175. Conforme § 2º do mesmo art. 23.

176. "Art. 692. Não será aceito lanço que, em segunda praça ou leilão, ofereça preço vil." (Código de Processo Civil de 1973.)
"Art. 891. Não será aceito lance que ofereça preço vil." (Código de Processo Civil de 2015)

177. Tanto assim que o reexame dessa questão, em nível de recurso especial, vem se mostrando inviável ("Não compete ao Superior Tribunal de Justiça, em sede de recurso especial, revisar as premissas fáticas que nortearam o convencimento das instâncias ordinárias quanto à inexistência de valorização de bem penhorado, para efeito da caracterização de preço vil." – Recurso Especial 921.603/SC, Relator Ministro João Otávio de Noronha, Quarta Turma, DJe de 26/10/2009).

178. "Art. 694. Assinado o auto pelo juiz, pelo arrematante e pelo serventuário da justiça ou leiloeiro, a arrematação considerar-se-á perfeita, acabada e irretratável, ainda que venham a ser julgados procedentes os embargos do executado.
§ 1º. A arrematação poderá, no entanto, ser tornada sem efeito: (...) V – quando realizada por preço vil (art. 692); (...)." (Código de Processo Civil de 1973.)

> preço mínimo, considera-se vil o preço inferior a cinquenta por cento do valor da avaliação.

Paralelamente a essa prescrição, possível usar, como critérios que tendem à objetivação do conceito (i) o subdimensionamento exacerbado do preço do bem, em franco prejuízo do devedor, associado (ii) à sua flagrante insuficiência para satisfação do crédito exequendo, em prejuízo, agora, do credor.

Cabe lembrar, de todo modo, que a segunda fase executiva pode se solver, nos casos de penhora, pela adjudicação, em favor da Fazenda Pública, dos bens constritos.

Do assunto trata o art. 24 da Lei 6.830/80, dispositivo que tem a seguinte redação:

> Art. 24. A Fazenda Pública poderá adjudicar os bens penhorados:
>
> I – antes do leilão, pelo preço da avaliação, se a execução não for embargada ou se rejeitados os embargos;
>
> II – findo o leilão:
>
> a) se não houver licitante, pelo preço da avaliação;
>
> b) havendo licitantes, com preferência, em igualdade de condições com a melhor oferta, no prazo de 30 (trinta) dias.
>
> Parágrafo único. Se o preço da avaliação ou o valor da melhor oferta for superior ao dos créditos da Fazenda Pública, a adjudicação somente será deferida pelo Juiz se a diferença for depositada, pela exequente, à ordem do Juízo, no prazo de 30 (trinta) dias.

Especificamente em relação aos créditos demandados pela Procuradoria da Fazenda Nacional, é importante destacar uma última forma de resolução da segunda fase do processo, excepcionalmente verificada por mecanismo híbrido, em que parte da atividade é desempenhada em ambiente controlado judicialmente, parte em nível extrajudicial.

Do assunto, a Portaria PGFN 33/2018 tratava, disciplinando a assim a chamada "alienação por iniciativa particular", de modo a atribuir operatividade prática ao art. 879, inciso I, do Código de Processo Civil.[179]

Essa variável, nos termos da Portaria, seria preferencial (art. 41),[180] efetivando-se mediante "petição endereçada ao juízo competente" (art. 42) e cumprimento das diretivas fixadas nos demais dipositivos (arts. 43 a 45).[181]

---

179. "Art. 879. A alienação far-se-á:
I – por iniciativa particular;
(...)."

180. "Art. 41. A alienação de bens ou direitos penhorados em execuções fiscais promovidas pela Procuradoria-Geral da Fazenda Nacional far-se-á, preferencialmente, por iniciativa própria, observado, no que couber, o disposto na Lei n. 13.105, de 16 de março de 2015."

181. "Art. 43. A unidade descentralizada da PGFN poderá cadastrar diretamente corretores ou leiloeiros, devendo o edital prever, como condição para o credenciamento, os seguintes requisitos mínimos:
I – comprovação da capacidade técnica para realização das alienações por meio eletrônico;
II – comprovação de regular inscrição no Conselho Regional de Corretores de Imóveis (CRECI), em se tratando de corretor de bens imóveis, ou na junta comercial de seu domicílio, em se tratado de leiloeiro público;
III – comprovação do exercício da profissão de corretor ou leiloeiro por não menos de 3 (três) anos, aferidos por meio de certidão de inscrição no CRECI, em se tratando de corretor de bens imóveis, ou por outro meio idôneo nos demais casos;
IV – apresentação de certidão negativa ou com este efeito de distribuição civil, criminal e trabalhista, inclusive perante a Justiça Federal;
V – apresentação de certidão negativa, ou positiva com efeitos de negativa, de débitos relativos à Créditos Tributários Federais e à dívida ativa da União e de Certidão de Regularidade do FGTS.
§ 1º. Os corretores ou leiloeiros credenciados pelas Procuradorias-Regionais ou Procuradorias-Estaduais poderão atuar em todas as unidades da respectiva região ou estado.
§ 2º. Outros requisitos poderão ser previstos no edital de credenciamento, conforme regulamento expedido pela Procuradoria-Geral da Fazenda Nacional.
Art. 44. Sem prejuízo do disposto no art. 890 da Lei n. 13.105, de 16 de março de 2015, ficam impedidos de participar de qualquer alienação em ações de execução fiscal movidas pelas unidades da PGFN os corretores ou leiloeiros que se enquadrarem em, pelo menos, uma das seguintes situações:
I – tenha cargo ou função em qualquer órgão da PGFN ou que tenha parentesco em linha reta, colateral ou por afinidade com servidores, terceirizados e estagiários da PGFN até o 3º grau, inclusive; e
II – esteja cumprindo penalidade de suspensão temporária registrada no Sistema de Cadastramento Unificado de Fornecedores (SICAF) ou tenha sido apenado com

Esse modelo foi substituído, no entanto, pelo definido na Portaria PGFN 3.055/2022, diploma que além da alienação por iniciativa particular, instituiu o assim chamado "comprei", mecanismo que se coloca assim definido:

> PORTARIA PGFN 3.050, DE 06 DE ABRIL DE 2022.
>
> *Regulamenta o programa Comprei, sistema destinado à monetização de bens penhorados ou ofertados em garantia*
>
> [...]
>
> Art. 3º. O Procurador da Fazenda Nacional que identificar, no exercício de suas atribuições, a existência de bem com aptidão para inserção em processo de alienação no modelo de negócio Comprei, poderá:
>
> I - solicitar a alienação por iniciativa particular do bem, por intermédio de corretor ou leiloeiro credenciado, mediante petição endereçada ao juízo competente; ou
>
> II - propor a celebração de Negócio Jurídico Processual, nos termos do art. 1º, § 2º, inciso IV, da Portaria PGFN nº 742, de 21 de dezembro de 2018, ou de Transação, nos termos do art. 11, inciso III, da Lei nº 13.988, de 14 de abril de 2020, com cláusula específica de inclusão do bem no modelo de negócio Comprei, observado o disposto no art. 11, § 2º desta Portaria.
>
> Parágrafo único. O bem será inserido no modelo de negócio Comprei pelo prazo máximo de 360 dias, contado:
>
> I - no caso do inciso I do caput, a partir da data de deferimento judicial; e
>
> II - no caso do inciso II do caput, a partir da data da inclusão no Comprei.
>
> Art. 4º. Estão aptos a serem inseridos no modelo de negócio do Comprei quaisquer ativos de livre comercialização, cuja alienação não seja, por força legal, restrita a entidade específica.

---

declaração de inidoneidade por qualquer órgão da Administração Pública Federal, Estadual, Distrital ou Municipal.
Art. 45. Ressalvados os créditos provenientes do Fundo de Garantia do Tempo de Serviço (FGTS), será admitido o parcelamento do preço, conforme regulamento expedido pela Procuradoria-Geral da Fazenda Nacional."

Art. 5º. O modelo de negócio do programa Comprei é composto pelas fases de interação e negociação e de alienação.

Art. 6º. Tratando-se de alienação decorrente de cobrança judicial, a abordagem do devedor, por carta ou qualquer outro meio legalmente permitido, inicia a fase de interação e negociação.

Parágrafo único. A fase de interação e negociação poderá ser dispensada caso haja manifestação de concordância do devedor quanto à alienação do bem.

Art. 7º. A interação consistirá na proposição de negócio levando em consideração o potencial de arrecadação com a eventual alienação do bem, na forma definida em Instrução Normativa a ser expedida pela Coordenação-Geral de Estratégias de Recuperação de Créditos.

Art. 8º. A fase de negociação terá duração de 30 dias, prorrogáveis a critério da Coordenação-Geral de Estratégias de Recuperação de Créditos, quando o processo negocial demonstrar perspectiva de sucesso.

Parágrafo único. O encerramento da fase de negociação inicia a fase de alienação, autorizando o recebimento de propostas nos anúncios feitos pelos corretores e leiloeiros.

Art. 9º. A venda de bens será efetivada no sítio do Comprei na rede mundial de computadores, sob a modalidade de alienação por iniciativa particular, por intermédio de corretor ou leiloeiro credenciado, na forma definida em Instrução Normativa a ser expedida pela Coordenação-Geral de Estratégias de Recuperação de Créditos.

Art. 10. Na modalidade de alienação por iniciativa particular, a proposta de negócio pelo valor da avaliação acarretará, a qualquer tempo, a compra instantânea do bem pelo interessado.

§ 1º. Não serão aceitas propostas com valor inferior ao mínimo fixado em decisão judicial ou administrativa.

§ 2º. Nos primeiros 30 (trinta) dias da fase de propostas, somente a oferta em montante igual ou superior ao valor da avaliação, nos termos do caput, encerrará a alienação.

§ 3º. Após o prazo mencionado no parágrafo anterior, a melhor proposta no histórico da oferta, desde que não inferior ao valor mínimo fixado judicial ou administrativamente, efetiva a compra do bem.

Art. 11. O parcelamento da oferta de aquisição será aceito apenas em caso de proposta pelo valor da avaliação, e observará as seguintes condições:

I - será aceito apenas para bens imóveis;

II - tem como pressuposto o pagamento imediato de pelo menos 25% (vinte e cinco por cento) do valor da proposta à vista podendo o restante ser parcelado em até 30 (trinta) meses, mediante garantia de hipoteca do próprio bem;

III - as propostas para aquisição em prestações indicarão o prazo e as condições de pagamento do saldo; e

IV - no caso de atraso no pagamento de qualquer das prestações mensais, o saldo devedor remanescente vencerá antecipadamente, sendo acrescido em 50% (cinquenta por cento) de seu valor a título de multa, e, imediatamente inscrito em dívida ativa para fins de execução.

§ 1º. Em caso de cancelamento da compra por inadimplemento, o comprador poderá ser bloqueado no sistema Comprei pelo prazo de 6 (seis) meses.

§ 2º. No caso de utilização do modelo de negócios do Comprei para monetização de ativos incluídos em Negócio Jurídico Processual ou Transação, os parâmetros da venda serão os fixados no respectivo termo, decorrentes da autonomia de vontade das partes.

§ 3º. Ao valor de cada parcela, a partir da arrematação, deverá ser acrescido de juros equivalentes à taxa referencial SELIC (Sistema Especial de Liquidação e Custódia), acumulada mensalmente, calculados a partir da data da arrematação até o mês anterior ao do pagamento, e de 1% (um por cento) referente ao mês em que o pagamento estiver sendo efetuado.

Art. 12. O pagamento será feito por meio de documento de arrecadação de receitas federais (DARF), na forma definida em Instrução Normativa a ser expedida pela Coordenação-Geral de Estratégias de Recuperação de Créditos.

Art. 13. Sem que isso importe em vínculo com a Administração Pública, poderá ser implementada a integração de agentes financeiros para prover o sistema com soluções de pagamentos e crédito, objetivando conferir maior liquidez e aumento da eficiência.

7.6 Os embargos e seu impacto no ciclo procedimental executivo

7.6.1 Os embargos vistos como um elemento intercalar às fases preparatória e expropriatória

Entre uma e outra das fases que integram o ciclo executivo fiscal, sobressai possível o atravessamento, pelo executado, de embargos.

No ideal da Lei 6.830/80, o uso dessa medida constituiria uma espécie de divisor das fases inerentes ao processo executório. Isso porque, dotados de efeito suspensivo, os embargos provocariam, desde quando opostos, a paralisação do fluxo executório, que só poderia ser retomado, desde que julgados em desfavor do executado.

Essa é a conclusão que se sacaria, em princípio, da literalidade da Lei 6.830/80.

A despeito disso, não podemos deixar de mencionar uma outra forma de se encarar a questão e que se tornou especialmente relevante com o advento da Lei 11.382/2006 – diploma responsável pela reescritura de uma série de dispositivos do Código de Processo Civil de 1973, na parte reservada à disciplina das execuções por quantia certa fundadas em título extrajudicial.[182]

182. Ao assunto nos dedicamos em: A Lei n. 11.382/2006 e seu impacto em relação à atribuição de efeito suspensivo aos embargos à execução fiscal. In: SANTOS, Nélida Cristina dos. Temas de direito tributário: estudos em homenagem a Eduardo Bottallo. São Paulo: Saraiva, 2013. p. 345-52.

7.6.2 O problema da aplicação (ou não) das diretrizes procedimentais estabelecidas pela Lei 11.382/2006 (e mantidas pelo Código de Processo Civil de 2015)

7.6.2.1 Instrumentalidade (a atividade processual não é um fim em si mesma) e "efetividade executiva" como razões detonadoras da reforma do processo de execução

Não há dúvida de que toda movimentação no plano normativo, notadamente quando se fala de direito processual, encontra sua razão de ser na ideia de instrumentalidade.

Expliquemos: o direito, segundo sabido, não é um fim em si mesmo; é no campo social, das relações intersubjetivas, que ele encontra seu foco. Pois é precisamente nesse mesmo campo – das interações sociais – que o direito processual deve atuar, impondo a vontade do sistema normativo nas hipóteses de dissídio.

A essa fenomenologia se denomina, usualmente, "efetividade", figura que ostenta contornos bem distintos conforme falemos de tutela cognitiva (aquela que "anuncia" o direito material, "pronunciando-o" via sentença) ou de tutela executiva. É que, nesse último caso, o Poder Judiciário não "enuncia" o direito material, posto que já "prenunciado" no título executivo; vai além, preconizando as operações necessárias, nos termos da lei, à efetivação no campo fenomênico da conduta esperada do devedor (pagar, entregar coisa, fazer, não fazer).

A tutela jurisdicional executiva sai do plano das abstrações – próprio das entidades normativas, dentre as quais figuram as sentenças –, para avançar sobre o plano concreto, estimulando (no mais das vezes, por meio da prescrição e da realização de consequências sancionatórias: "pague, sob pena de penhora"; "faça, sob pena de multa diária" etc.) a adoção dos comportamentos juridicamente desejados(áveis).

É claro que para tal nível de atuação, a jurisdição deve se forrar de tecnologias totalmente distintas das que são utilizadas no campo puramente cognitivo; por isso, a propósito, a já anunciada distinção entre "efetividade" e "efetividade executiva"; por isso, ademais, a necessidade de as regras pertinentes à processualidade executiva evoluírem em velocidade o mais próxima possível daquela que orienta o plano factual – se a "efetividade executiva", indo além da "efetividade comum", opera ou tenta operar naquele domínio (o fático), necessária a conjugação dos sistemas (jurídico e social), sob pena de os conteúdos inerentes à tutela executiva não se "encaixarem" nos correspondentes "receptores sociais".

Aí residiria, reiteremos, a base motivadora da Lei 11.382/2006 (mantida no Código de Processo Civil de 2015): (re)ajustando a tecnologia executiva, compatibiliza-a com a realidade social, de modo a viabilizar, ao final das contas, a desejada aderência da tutela executiva ao plano social; ou, noutro falar (mais enxuto): incrementa-se a noção de "efetividade", para desenhá-la como "efetividade executiva".

7.6.2.2 A supressão da automaticidade do efeito suspensivo nos embargos à execução

A mais notável das alterações propostas pela Lei 11.382/2006 é, assim nos parece, a que se relaciona à não automaticidade do efeito suspensivo dos embargos, providência mantida pelo art. 919, *caput*, do Código de Processo Civil de 2015).[183]

A notabilidade de tal questão é de fácil percepção: a fluência do processo de execução, mesmo com o ajuizamento de ação incidental de embargos, impede que o tráfego inexorável do tempo esvazie a operatividade da tutela executiva.

183. "Art. 919. Os embargos à execução não terão efeito suspensivo. (...)."

Pense-se: se as execuções por quantia certa atuam sobre o patrimônio do devedor (melhor dizendo, sobre a parcela *constrita* do patrimônio do devedor), é natural que o decurso do tempo (e a consequente deterioração daquela parcela patrimonial) frustre, potencialmente, a satisfação do credor, ficando a efetividade executiva na dependência, para tais casos, da constante renovação dos atos executivos preparatórios (penhora em reforço, nova alienação etc.). À medida que se impede a distensão temporal do processo executivo, despojando-se os eventuais embargos do decantado efeito suspensivo, igualmente natural que nada daquilo se processe: retrai-se o efeito destrutivo que o decurso do tempo projeta(ria) sobre a efetividade executiva, garantindo-se utilidade aos atos de execução (preparatórios) até ali praticados.

Sob a perspectiva do credor, incensurável a proposta, pois.

Mas e à luz do devedor, possível dizer o mesmo? Sim, parece-nos que sim, mas é preciso tomar alguns cuidados.

7.6.2.3 A não automaticidade do efeito suspensivo nos embargos à execução, a cláusula do devido processo legal e o direito de defesa do executado

Embora aparentemente agressiva, a não automaticidade do efeito suspensivo dos embargos do devedor não desautoriza a eficácia do assim chamado "devido processo legal".

Talvez por conta de nossas raízes históricas, especialmente as que se vinculam a um passado não muito remoto, acostumamo-nos a enxergar a cláusula do devido processo legal de um modo inflacionado, exacerbando-a a ponto de tudo o mais engessar.

A par disso, importa sublinhar que o devedor, desde a Lei 11.382/2006, não foi despojado do direito de defesa, nem tampouco dos efeitos da cláusula do "devido processo legal"; o que dele se subtraiu foi o direito à automática eficácia suspensiva quando da apresentação de seus embargos, fosse qual fosse seu fundamento – coisa que, a não ser por obra de um raciocínio desmesurado, não significa supressão do direito de defesa.

Não se pode aceitar – e assim era antes mesmo do advento da Lei 11.382/2006 – que o direito de defesa em nível de execução fosse exercido da mesma forma como o seria noutras sedes, sob pena de se "ordinarizar" aquilo que o sistema não quis (nem quer) que seja ordinário.

É que a pretensão executiva, diferentemente de tudo o mais, se escuda em documento especialmente qualificado – o título executivo, instrumento de prova *ex lege* recoberto de especial presunção, mormente quanto à liquidez e certeza da obrigação a ele subjacente.

O ataque à pretensão executiva representa, nesses termos, a tentativa de inibição da exigibilidade de uma obrigação peculiarmente qualificada. É intuitivo que tal ataque se escore, então, em fundamento relevante, quando menos para que tenha o poder de refrear o fluxo executório.

Essa é a lógica da Lei 11.382/2006, em particular quando introduziu no Código de Processo Civil de 1973, o art. 739-A, lógica essa replicada no art. 919, *caput*, do Código de 2015: persistisse o sistema "velho" (automaticidade do efeito suspensivo pela só oposição de embargos), manter-se-ia a possibilidade de ruptura da presunção de liquidez e certeza da obrigação exequenda, rompendo-se, consequentemente, sua especial exigibilidade (*especial*, repise-se, não por capricho, senão porque aposta, a obrigação exequenda, em documento qualificado pelo ordenamento).

Ou, por outra: os embargos funcionariam, como de fato vinham funcionando, como meio obstativo da prestação da tutela executiva, fosse qual fosse seu fundamento, o que, convenhamos, é indesejável, mormente do ponto de vista da assim chamada "efetividade executiva".

7.6.2.4 Efeito suspensivo nos embargos à execução: compatibilidade das condições legalmente impostas com o regime jurídico geral da cautelaridade

Mais uma vez, seria de se perguntar: e como fica essa mesma questão sob a perspectiva do executado?

A Lei 11.382/2006 não ignorou o problema da "efetividade" da defesa, garantindo ao executado o direito ao efeito suspensivo quando da oposição de seus embargos, mas desde que "*relevantes seus fundamentos*" e "*o prosseguimento da execução manifestamente possa causar ao executado grave dano de difícil ou incerta reparação, e desde que a execução já esteja garantida por penhora, depósito ou caução suficientes*" (§ 1º do mesmo art. 739-A).

No mesmo sentido, o Código de Processo Civil de 2015 afirma, por meio do §1º de seu art. 919:

> Art. 919. (...)
>
> § 1º. O juiz poderá, a requerimento do embargante, atribuir efeito suspensivo aos embargos quando verificados os requisitos para a concessão da tutela provisória e desde que a execução já esteja garantida por penhora, depósito ou caução suficientes.

Em suma: o sistema, em busca da necessária "não ordinarização" da defesa do executado (pena de se banir, ainda que obliquamente, a noção de "efetividade executiva", assim como a própria presunção de liquidez e certeza de que se investem as obrigações gravadas em documentos executivos), aboliu a automaticidade do efeito suspensivo nos embargos, sem prejuízo de sua excepcional outorga, observada a presença de requisitos tais quais os que recobrem o fenômeno da cautelaridade (na atual formulação do Código de Processo Civil, seria mais apropriado dizer: *observada a presença dos requisitos que governam as chamadas tutelas provisórias*); com isso, a eficácia processual dos embargos passa a ser interpretada debaixo de parâmetros como os que nutrem os provimentos de urgência e de evidência (espécies do gênero "tutelas provisórias"), e que se põem retiráveis, hoje, dos arts. 300 a 310 do Código de Processo Civil de 2015.

Conforme esses dispositivos:

(i) para o caso das tutelas de urgência, exige-se a demonstração (i.a) da probabilidade do direito e (i.b) do perigo de dano ou o risco ao resultado útil do processo;[184]

(ii) para os de tutela de evidência, descarta-se a demonstração do *periculum in mora*, exigindo-se (ii.a) a caracterização do abuso do direito de defesa ou do manifesto propósito protelatório da parte, (ii.b) que as alegações de fato estejam demonstradas por prova unicamente documental e que haja tese firmada em julgamento de casos repetitivos ou em súmula vinculante, (ii.c) que se trate de pedido reipersecutório fundado em prova documental adequada do contrato de depósito, caso em que será decretada a ordem de entrega do objeto custodiado, sob cominação de multa, (ii.d) que a petição inicial esteja instruída com prova documental suficiente dos fatos constitutivos do direito do autor, a que o réu não oponha prova capaz de gerar dúvida razoável.[185]

---

184. "Art. 300. A tutela de urgência será concedida quando houver elementos que evidenciem a probabilidade do direito e o perigo de dano ou o risco ao resultado útil do processo. (...)."

185. "Art. 311. A tutela da evidência será concedida, independentemente da demonstração de perigo de dano ou de risco ao resultado útil do processo, quando:
I – ficar caracterizado o abuso do direito de defesa ou o manifesto propósito protelatório da parte;

Fazendo-se os necessários ajustes à realidade dos embargos à execução fiscal (com o consequente descarte das hipóteses que não os alcançam), teríamos que a atribuição do efeito suspensivo demandaria:

(i) o reconhecimento, em concurso,

(i.i) da probabilidade do direito arguido nos embargos e

(i.ii) do perigo de dano ou o risco ao resultado útil do processo,

ou

(ii) o reconhecimento, em excludência,

(ii.i) de que as alegações de fato trazidas pelo embargante encontram-se atestadas em prova unicamente documental, havendo, quanto à questão de direito correlata, tese firmada em julgamento de casos repetitivos ou em súmula vinculante, ou

(ii.ii) de que a respectiva petição inicial esteja instruída com prova documental suficiente dos fatos desconstitutivos da pretensão fazendária, aos quais a entidade credora não oponha prova capaz de gerar dúvida razoável.[186]

No caso (i) [que requisita, insistamos, os pressupostos (i.ii) e (i.ii), em adição], a atribuição do efeito suspensivo

---

II – as alegações de fato puderem ser comprovadas apenas documentalmente e houver tese firmada em julgamento de casos repetitivos ou em súmula vinculante;
III – se tratar de pedido reipersecutório fundado em prova documental adequada do contrato de depósito, caso em que será decretada a ordem de entrega do objeto custodiado, sob cominação de multa;
IV – a petição inicial for instruída com prova documental suficiente dos fatos constitutivos do direito do autor, a que o réu não oponha prova capaz de gerar dúvida razoável. (...).”

186. Por esse fundamento, a atribuição de efeito suspensivo aos embargos dar-se-ia incidentalmente, e não initio litis.

revelar-se-ia como verdadeiro provimento de urgência cautelar; no caso (ii), a atribuição do efeito suspensivo revelar-se-ia como provimento fundado em evidência, desde que presentes, alternativamente, uma das hipóteses desenhadas, ou a (ii.i), ou a (ii.ii).

No sistema anterior ao Código de Processo Civil de 2015, essa lógica – mormente a pertinente às tradicionais tutelas cautelares – sempre esteve presente, valendo tomar o caso do mandado de segurança (e respectiva medida liminar) como instrumento de apoio à compreensão: como os atos de autoridade pública, as obrigações que se encontrem gravadas em título executivo são revestidas de presunção de regularidade; logo, a provisória ruptura de sua eficácia (tanto a inerente ao ato da autoridade, como a que permeia a obrigação exequenda, a saber, sua exigibilidade forte) há de se pautar, por coerência, em requisitos equivalentes.

A comparação, observadas tais premissas, parece-nos apropriada, sobretudo porque revela, em termos bem claros, a inconsistência do sistema anterior à Lei 11.382/2006 e, a um só tempo, a adequação do regime que lhe sucedeu (em que se inclui o do atual Código).

7.6.2.5 *Aplicabilidade do "novo" regime às execuções fiscais*

As razões até aqui apresentadas nos parecem universais, recobrindo, por outros termos, todas as execuções por quantia certa que se fundem em título extrajudicial, quer as diretamente submetidas ao Código de Processo Civil, quer as que foram contempladas por disciplina especial, caso das execuções fiscais.

Referida modalidade executiva submete-se, como cediço, à disciplina peculiar, instituída em 1980, por obra da Lei 6.830.

Tendo referido diploma tratado do efeito suspensivo automático com que são colhidos os embargos do devedor (arts. 16 a 19), dir-se-ia inviável a aplicação do regime trazido pela Lei 11.382/2006, homenagem à regra de hermenêutica segundo a qual norma geral (no caso o Código de Processo Civil) não revoga norma especial.

Essa não nos parece ser, porém, a melhor orientação.

A Lei 6.830/80 é diploma normativo de caráter manifestamente híbrido: a um só tempo trata de questões de direito material e de direito processual; nesse último caso, quando veicula normas processuais, o faz sob diferentes perspectivas, ora tratando de temas gerais de processo (competência e legitimidade, por exemplo), ora de questões de ordem procedimental.

O reconhecimento de tais "capítulos", por assim dizer, é absolutamente necessário para identificar com mínima precisão qual ou quais fragmento(s) da chamada "lei de execuções fiscais" teria(m), em relação ao Código de Processo Civil, força de diploma especial.

De um lado, podemos (e devemos) registrar que, quando veicula normas materiais (como as do art. 2º, *caput*, e seus parágrafos 3º e 5º), a Lei 6.830/80 em nada se relaciona com o Código de Processo Civil, circunstância que nos põe à parte de qualquer problema porventura decorrente do confronto desses dois planos.

De outro, falando de normas propriamente processuais, a questão ganha tônus diverso: possível enxergar, nesse ponto, situações de sobreposição de conteúdos, uns marcados por antagonismo (ou contradição), outros por redundância.

Necessário realçar, porém, que essas tais situações só são efetivas quando falamos de normas processuais gerais, assim como as de legitimidade passiva (art. 4º) e de competência (art. 5º): as regras veiculadas pela Lei 6.830/80 a propósito desses assuntos representam de fato frações normativas especiais; ao tempo de sua produção, deram tratamento diverso do previsto na legislação (geral) então vigente, fazendo-o em função da particular (e óbvia) qualidade do crédito que é cobrado por meio de tais ações.

Quando nossa atenção se dirige às questões de ordem procedimental (ou, por outra: quando falamos das regras que governam o modo de organização lógica e cronológica dos atos integrantes da cadeia processual), o mesmo não pode ser dito, porém: as regras procedimentais veiculadas pela Lei 6.830/80 representa(va)m, em sua essência, mera reiteração das regras procedimentais do Código de Processo Civil de 1973, feitas ligeiras e inexpressivas adaptações – como as que atinam com a definição de prazos, por exemplo.

Pois é justamente em razão dessa coincidência de conteúdos, que as normas da Lei 6.830/80 (as procedimentais, repise-se) não podem ser tomadas como especiais, impondo-se, antes disso, a assunção de outra conclusão: porque apenas repete(ia) o tratamento procedimental definido pelo Código de Processo Civil de 1973 (tomado em sua versão original), a Lei 6.830/80 representa(va) mera reiteração do estatuto geral, a ele se equiparando, portanto, quando menos em relação ao decantado tema (*procedimento*).

Quer isso significar, ao final de tudo, que as alterações que foram impostas, no passado recente, pela Lei 11.382/2006 em relação à marcha executiva seriam aplicáveis, tal qual sugerimos de início, às execuções fiscais, inclusive e principalmente, a regra do art. 739-A [hoje "substituída" (no Código de Processo Civil de 2015) pelo já mencionado art. 919], reputando-se revogados – como revogado ficara seu "espelho" (o antigo art. 739, parágrafo 1º, do Código de Processo Civil de 1973) – os dispositivos da Lei 6.830/80 que faziam intuir a automática eficácia suspensiva dos embargos.[187]

---

187. Vale frisar, de todo modo, que tal revogação não afasta eventual ultratividade do regime "velho", em especial quanto às execuções fiscais ajuizadas antes da vigência da Lei n. 11.382/2006.

Na jurisprudência, alguns precedentes vinham apontando para esse sentido; é o caso da decisão monocrática emitida pelo Ministro Herman Benjamin, no Agravo de Instrumento 1.424.771-BA, decisão essa de 14/10/2011:

> Trata-se de Agravo de decisão que inadmitiu Recurso Especial (art. 105, III, "a", da CF/88) interposto contra acórdão do Tribunal Regional Federal da 1ª Região, assim ementado:
>
> PROCESSUAL CIVIL. AGRAVO DE INSTRUMENTO CONTRA ATO DE MERO EXPEDIENTE. SEGUIMENTO NEGADO. AGRAVO REGIMENTAL. NÃO PROVIMENTO.
>
> O art. 557 do Código de Processo Civil possibilita ao relator negar seguimento a recurso em razão de sua inadmissibilidade, quando este não preenche os requisitos obrigatórios e essenciais para o seu conhecimento.
>
> O ato agravado visa unicamente à realização de impulso processual, que determina providência da exequente, para, posteriormente, apreciar o pedido liminar. Dos despachos ordinatórios não cabe recurso, nos termos do art. 504 do CPC.
>
> Agravo regimental a que se nega provimento.
>
> No Recurso Especial a agravante sustenta que houve violação do art. 504 do CPC. Alega, em suma, que a decisão que indefere o pedido de indisponibilidade de bens do executado e condiciona sua análise ao preenchimento de requisitos tem conteúdo decisório, por isso seria cabível o recurso de agravo.
>
> Afirma:
>
> (...)
>
> Não há o menor cabimento na afirmação que se pretenda jurídica, em dizer que a decisão que negou o pedido de penhora on-line se caracteriza (...) como despacho de mero impulso processual.
>
> Deve o recurso de agravo de instrumento ser admitido para que se aprecie o direito à espécie, aliás, de acordo com a pacificação do entendimento do STJ acerca da desnecessidade de exaurir os meios para se requerer a penhora on-line, para os fatos ocorridos após o novel da Lei 11.382/06 (fl. 63, e-STJ).
>
> O prazo para apresentação de contraminuta decorreu in albis (fl. 82, e-STJ).
>
> Os Embargos de Declaração foram rejeitados (fls. 50 a 54, e-STJ).
>
> É o relatório.

Decido.

Os autos foram recebidos neste Gabinete em 11.10.2011.

O juiz de origem indeferiu o pedido de indisponibilidade de bens, formulado pela exequente com base no art. 185-A do CTN. O magistrado argumentou que seria necessária a comprovação de que a Fazenda exauriu as diligências no intuito de encontrar bens penhoráveis do devedor.

O Tribunal de origem não conheceu do Agravo de Instrumento, por entender tratar-se de despacho de mero expediente. Transcrevo trecho do acórdão recorrido (fls. 44 a 48, e-STJ):

(...)

Insurge-se a agravante contra decisão que negou seguimento ao agravo de instrumento interposto do despacho do Juízo Federal da 20ª Vara da Seção Judiciária da Bahia, que, nos autos da Execução Fiscal 2005.33.00.013965-3, impôs providências antes de apreciar o pedido de decretação de indisponibilidade dos bens e direitos do executado.

A determinação à exequente para comprovar a realização de diligências na tentativa de localização de bens da agravada e comprovar a proporcionalidade entre a constrição e o benefício pretendidos não tem cunho decisório, mas funções de mero expediente, que não configuram nenhum prejuízo para a ora agravante.

A pretensão da Fazenda, entretanto, é exatamente questionar a necessidade de exaurimento das diligências para localização de bens penhoráveis, como pressuposto para a aplicação do art. 185-A do CTN. De fato, essa possibilidade é amplamente admitida pelo STJ, especialmente no que se refere à penhora eletrônica de ativos financeiros após o advento da Lei 11.382/2006:

PROCESSUAL CIVIL E TRIBUTÁRIO - VIOLAÇÃO DO Art. 535, II, DO CPC - EXAME PREJUDICADO - EXECUÇÃO FISCAL - SISTEMA "BACENJUD" - ART. 655-A DO CPC - LEI N. 11.382/2006 - APLICABILIDADE.

1. Prequestionada, ainda que implicitamente, a tese em torno dos dispositivos legais tidos por violados, acolhe-se o pedido alternativo de exame do mérito recursal e julga-se prejudicado o exame da questão acerca da alegada violação do art. 535, II, do CPC.

2. Esta Corte pacificou o entendimento de que a utilização do sistema "BACENJUD" é medida extrema, que deve ocorrer apenas excepcionalmente, quando frustradas as diligências para encontrar bens do devedor.

3. A Lei 11.382/2006, todavia, promoveu profundas e significativas alterações no processo de execução de títulos extrajudiciais,

de que é exemplo a Certidão de Dívida Ativa (CDA), com o objetivo de resgatar a dívida histórica do legislador com o credor, devolvendo à prestação jurisdicional em tais hipóteses a efetividade outrora perdida.

4. Assim, por exemplo, a modificação da redação do art. 655, colocando o dinheiro, em espécie ou depositado em instituição financeira, em primeiro lugar na ordem de penhora, e a inserção do art. 655-A, autorizando expressamente a utilização do sistema "BACENJUD"[188] ou congênere na busca de informações sobre ativos financeiros, bem como a respectiva penhora.

5. Na vigência do referido diploma legal, há que se prestigiar as inovações processuais por ele introduzidas. Precedentes.

6. Recurso especial provido.

(REsp 1097895/BA, Rel. Ministra Eliana Calmon, Segunda Turma, julgado em 19/03/2009, DJe de 16/04/2009).

PROCESSUAL CIVIL. EMBARGOS À EXECUÇÃO FISCAL. EFEITO SUSPENSIVO. LEI 11.382/2006. REFORMAS PROCESSUAIS. INCLUSÃO DO Art. 739-A NO CPC. REFLEXOS NA LEI 6.830/1980. "DIÁLOGO DAS FONTES".

1. Após a entrada em vigor da Lei 11.382/2006, que incluiu no CPC o art. 739-A, os embargos do devedor poderão ser recebidos com efeito suspensivo somente se houver requerimento do embargante e, cumulativamente, estiverem preenchidos os seguintes requisitos: a) relevância da argumentação; b) grave dano de difícil ou incerta reparação; e c) garantia integral do juízo.

2. A Lei de Execuções Fiscais (Lei 6.830/1980) determina, em seu art. 1º, a aplicação subsidiária das normas do CPC.

3. As alterações promovidas pela Lei 11.382/2006, notadamente o art. 739-A, § 1º, do CPC, são plenamente aplicáveis aos processos regidos pela Lei 6.830/1980. Precedentes do STJ.

4. Hipótese em que o Tribunal de origem não aferiu risco de grave dano de difícil ou incerta reparação. A revisão desse entendimento demanda o revolvimento do acervo fático-probatório, vedado nos termos da Súmula 7/STJ.

5. Agravo Regimental não provido. (AgRg no Ag 1190402/PR, Rel. Ministro HERMAN BENJAMIN, SEGUNDA TURMA, julgado em 24/11/2009, DJe de 18/12/2009).

---

188. Atualmente, designado SISBAJUD - Sistema de Busca de Ativos do Poder Judiciário.

PROCESSUAL CIVIL. TRIBUTÁRIO. RECURSO ESPECIAL EM AGRAVO DE INSTRUMENTO. PENHORA ON-LINE. ARTS. 655 E 655-A DO CPC. ART. 185-A DO CTN. SISTEMA BACEN-JUD. PEDIDO REALIZADO NO PERÍODO DE VIGÊNCIA DA LEI N. 11.382, DE 6 DE DEZEMBRO DE 2006. PENHORA ENTENDIDA COMO MEDIDA EXCEPCIONAL. NÃO COMPROVAÇÃO DO EXAURIMENTO DE DILIGÊNCIAS PARA BUSCA DE BENS DE EXECUTADO. SÚMULA N. 7/STJ. NOVA JURISPRUDÊNCIA DO STJ APLICÁVEL AOS PEDIDOS FEITOS NO PERÍODO DE VIGÊNCIA DA ALUDIDA LEI. RECURSO ESPECIAL PROVIDO.

1. A jurisprudência de ambas as Turmas que compõem a Primeira Seção desta Corte é firme no sentido de admitir a possibilidade de quebra do sigilo bancário (expedição de ofício ao Banco Central para obter informações acerca da existência de ativos financeiros do devedor), desde que esgotados todos os meios para localizar bens passíveis de penhora.

2. Sobre o tema, esta Corte estabeleceu dois entendimentos, segundo a data em que foi requerida a penhora, se antes ou após a vigência da Lei n. 11.382/2006.

3. A primeira, aplicável aos pedidos formulados antes da vigência da aludida lei, no sentido de que a penhora pelo sistema Bacen-JUD é medida excepcional, cabível apenas quando o exequente comprova que exauriu as vias extrajudiciais de busca dos bens do executado. Na maioria desses julgados, o STJ assevera que discutir a comprovação desse exaurimento esbarra no óbice da Súmula n. 7/STJ.

4. Por sua vez, a segunda solução, aplicável aos requerimentos realizados após a entrada em vigor da mencionada lei, é no sentido de que essa penhora não exige mais a comprovação de esgotamento de vias extrajudiciais de busca de bens a serem penhorados. O fundamento desse entendimento é justamente o fato de a Lei n. 11.382/2006 equiparar os ativos financeiros a dinheiro em espécie.

5. No caso em apreço, o Tribunal a quo indeferiu o pedido de penhora justamente porque a considerou como medida extrema, não tendo sido comprovada a realização de diligências hábeis a encontrar bens a serem penhorados.

6. Como o pedido foi realizado dentro do período de vigência da Lei n. 11.382/2006, aplica-se o segundo entendimento.

7. Recurso especial provido. (REsp 1101288/RS, Rel. Ministro Benedito Gonçalves, Primeira Turma, julgado em 02/04/2009, DJe de 20/04/2009).

Evidente, portanto, a natureza decisória da manifestação do juiz da execução que indefere a aplicação do art. 185-A pelo argumento de que a Fazenda não teria comprovado as diligências no intuito de encontrar outros bens penhoráveis do devedor.

Os autos devem retornar à origem para que o Tribunal aprecie o mérito do Agravo de Instrumento.

Diante do exposto, nos termos do art. 557, § 1º-A, do CPC, dou provimento ao Recurso Especial nos termos da fundamentação supra. (...)

Em nível colegiado, a Segunda Turma daquela mesma Corte assim se posicionou:

TRIBUTÁRIO. PROCESSUAL CIVIL. AUSÊNCIA DE PREQUESTIONAMENTO. SÚMULA 211/STJ. EMBARGOS À EXECUÇÃO FISCAL. EFEITO SUSPENSIVO. ART. 739-A, § 1º, DO CPC. APLICAÇÃO ÀS EXECUÇÕES FISCAIS. REQUISITOS DA SUSPENSÃO. REEXAME DE FATOS E PROVAS. SÚMULA 7/STJ.

1. Descumprido o necessário e indispensável exame dos dispositivos de lei invocados pelo acórdão recorrido, apto a viabilizar a pretensão recursal da recorrente. Incidência da Súmula 211/STJ.

2. Nos termos do art. 1º da Lei n. 6.830/80, aplica-se, subsidiariamente, o Código de Processo Civil às execuções fiscais. Os embargos à execução só serão recebidos no efeito suspensivo se preenchidos todos os requisitos determinados no art. 739-A do CPC.

3. Concluiu o TRF da 4ª Região que não foi constatado o perigo de dano de difícil ou incerta reparação (periculum in mora) capaz de justificar a concessão da suspensão postulada; a modificação do referido entendimento demandaria o reexame do acervo fático-probatório dos autos, o que é inviável em sede de recurso especial, pelo óbice da Súmula 7/STJ. Agravo regimental improvido.

(Agravo Regimental no Recurso Especial 1317256/PR, Relator Ministro Humberto Martins, DJe de 22/06/2012; Destaque nosso).

PROCESSUAL CIVIL. EMBARGOS À EXECUÇÃO FISCAL. EFEITO SUSPENSIVO. ART. 739-A DO CPC. APLICABILIDADE. REEXAME DE PROVAS. SÚMULA 7/STJ.

1. Os embargos do devedor poderão ser recebidos com efeito suspensivo se houver requerimento do embargante e, cumulativamente, estiverem preenchidos os seguintes requisitos: a) relevância da argumentação; b) grave dano de difícil ou incerta reparação; e c) garantia integral do juízo.

2. O Tribunal de origem, com base na acurada análise das provas e dos fatos, concluiu pela relevância dos fundamentos apresentados pela agravada e que estão presentes os requisitos necessários à concessão do efeito suspensivo aos embargos à execução previstos no artigo 739-A do CPC.

3. É vedado, em recurso especial, o exame da presença dos pressupostos para a atribuição de efeito suspensivo aos embargos à execução previstos no art. 739-A, § 1º, do Código de Processo Civil, porquanto tal providência demandaria a incursão nos elementos fático-probatórios dos autos, atraindo a incidência da Súmula n. 7 do STJ.

4. Agravo regimental não provido.

(Agravo Regimental no Agravo em Recurso Especial 140510/AL, Relator Ministro Castro Meira, DJe de 14/06/2012; Destaque nosso).

Em princípio, longe de se dar por definitivamente resolvida, a questão vinha recebendo outro tratamento, notadamente pela Primeira Turma do Superior Tribunal de Justiça; confira-se:

> TRIBUTÁRIO E PROCESSUAL CIVIL. AGRAVO REGIMENTAL NO AGRAVO EM RECURSO ESPECIAL. EXECUÇÃO FISCAL. EMBARGOS DO DEVEDOR. ATRIBUIÇÃO DE EFEITO SUSPENSIVO, DE FORMA AUTOMÁTICA, COM A GARANTIA DO JUÍZO. INAPLICABILIDADE DO ART. 739-A DO CPC.
>
> 1. Agravo regimental contra decisão que conheceu do agravo para dar provimento a recurso especial interposto contra acórdão proferido pelo Tribunal de Justiça do Estado do Paraná, que, com base no art. 739-A do CPC, negou a atribuição de efeito suspensivo aos embargos do devedor, por não verificar risco de lesão grave ou de difícil reparação.
>
> 2. A Primeira Turma do Superior Tribunal de Justiça tem entendido que o art. 739-A do Código de Processo Civil – CPC não se aplica ao rito das execuções fiscais, por força do princípio da especialidade. Os embargos do devedor opostos contra execução fiscal, garantido o juízo da execução, possuem efeito suspensivo automático. Nesse sentido: REsp 1291923/PR, Rel. Ministro Benedito Gonçalves, Primeira Turma, DJe de 07/12/2011; REsp 1178883/MG, Rel. Ministro Teori Albino Zavascki, Primeira Turma, DJe de 25/10/2011.
>
> 3. Agravo regimental não provido.
>
> (Agravo Regimental no Agravo em Recurso Especial 126300/PR, Relator Ministro Benedito Gonçalves, DJe de 25/04/2012; Destaque nosso).

Mais recentemente, porém, a Primeira Seção do Superior Tribunal de Justiça "fechou" com a orientação prenunciada pela Segunda Turma, fazendo-o em julgamento submetido ao regime do art. 543-C do Código de Processo Civil de 1973 (Recurso Especial 1272827/PE, Relator Ministro Mauro Campbell Marques, DJe de 31/05/2013) – o que, aparentemente, pôs fim à controvérsia.

Essa é a ementa do referido julgado:

> PROCESSUAL CIVIL. TRIBUTÁRIO. RECURSO REPRESENTATIVO DA CONTROVÉRSIA. ART. 543-C, DO CPC. APLICABILIDADE DO ART. 739-A, §1º, DO CPC ÀS EXECUÇÕES FISCAIS. NECESSIDADE DE GARANTIA DA EXECUÇÃO E ANÁLISE DO JUIZ A RESPEITO DA RELEVÂNCIA DA ARGUMENTAÇÃO (FUMUS BONI JURIS) E DA OCORRÊNCIA DE GRAVE DANO DE DIFÍCIL OU INCERTA REPARAÇÃO (PERICULUM IN MORA) PARA A CONCESSÃO DE EFEITO SUSPENSIVO AOS EMBARGOS DO DEVEDOR OPOSTOS EM EXECUÇÃO FISCAL.
>
> 1. A previsão no ordenamento jurídico pátrio da regra geral de atribuição de efeito suspensivo aos embargos do devedor somente ocorreu com o advento da Lei n. 8.953, de 13, de dezembro de 1994, que promoveu a reforma do Processo de Execução do Código de Processo Civil de 1973 (Lei n. 5.869, de 11 de janeiro de 1973 - CPC/73), nele incluindo o §1º do art. 739, e o inciso I do art. 791.
>
> 2. Antes dessa reforma, e inclusive na vigência do Decreto-lei n. 960, de 17 de dezembro de 1938, que disciplinava a cobrança judicial da dívida ativa da Fazenda Pública em todo o território nacional, e do Código de Processo Civil de 1939 (Decreto-lei n. 1.608/39), nenhuma lei previa expressamente a atribuição, em regra, de efeitos suspensivos aos embargos do devedor, somente admitindo-os excepcionalmente. Em razão disso, o efeito suspensivo derivava de construção doutrinária que, posteriormente, quando suficientemente amadurecida, culminou no projeto que foi convertido na citada Lei n. 8.953/94, conforme o evidencia sua Exposição de Motivos - Mensagem n. 237, de 7 de maio de 1993, DOU de 12.04.1994, Seção II, p. 1.696.
>
> 3. Sendo assim, resta evidente o equívoco da premissa de que a LEF e a Lei n. 8.212/91 adotaram a postura suspensiva dos embargos do devedor antes mesmo de essa postura ter sido adotada expressamente pelo próprio CPC/73, com o advento da Lei n. 8.953/94, fazendo tábula rasa da história legislativa.
>
> 4. Desta feita, à luz de uma interpretação histórica e dos princípios que nortearam as várias reformas nos feitos executivos da Fazenda Pública e no próprio Código de Processo Civil de 1973, mormente a eficácia material do feito executivo a primazia do crédito público sobre o privado e a especialidade das execuções fiscais, é ilógico concluir que a Lei n. 6.830 de 22 de setembro de 1980 - Lei de Execuções Fiscais - LEF e o art. 53, §4º da Lei n. 8.212, de 24 de julho de 1991, foram em algum momento ou

são incompatíveis com a ausência de efeito suspensivo aos embargos do devedor. Isto porque quanto ao regime dos embargos do devedor invocavam – com derrogações específicas sempre no sentido de dar maiores garantias ao crédito público – a aplicação subsidiária do disposto no CPC/73 que tinha redação dúbia a respeito, admitindo diversas interpretações doutrinárias.

5. Desse modo, tanto a Lei n. 6.830/80 - LEF quanto o art. 53, §4º da Lei n. 8.212/91 não fizeram a opção por um ou outro regime, isto é, são compatíveis com a atribuição de efeito suspensivo ou não aos embargos do devedor. Por essa razão, não se incompatibilizam com o art. 739-A do CPC/73 (introduzido pela Lei 11.382/2006) que condiciona a atribuição de efeitos suspensivos aos embargos do devedor ao cumprimento de três requisitos: apresentação de garantia; verificação pelo juiz da relevância da fundamentação (fumus boni juris) e perigo de dano irreparável ou de difícil reparação (periculum in mora).

6. Em atenção ao princípio da especialidade da LEF, mantido com a reforma do CPC/73, a nova redação do art. 736, do CPC dada pela Lei n. 11.382/2006 - artigo que dispensa a garantia como condicionante dos embargos - não se aplica às execuções fiscais diante da presença de dispositivo específico, qual seja o art. 16, §1º da Lei n. 6.830/80, que exige expressamente a garantia para a apresentação dos embargos à execução fiscal.

7. Muito embora por fundamentos variados - ora fazendo uso da interpretação sistemática da LEF e do CPC/73, ora trilhando o inovador caminho da teoria do "Diálogo das Fontes", ora utilizando-se de interpretação histórica dos dispositivos (o que se faz agora) - essa conclusão tem sido a alcançada pela jurisprudência predominante, conforme ressoam os seguintes precedentes de ambas as Turmas deste Superior Tribunal de Justiça. Pela Primeira Turma: AgRg no Ag 1381229/PR, Primeira Turma, Rel. Min. Arnaldo Esteves Lima, julgado em 15.12.2011; AgRg no REsp 1.225.406/PR, Primeira Turma, Rel. Min. Hamilton Carvalhido, julgado em 15.02.2011; AgRg no REsp 1.150.534/MG, Primeira Turma, Rel. Min. Benedito Gonçalves, julgado em 16.11.2010; AgRg no Ag 1.337.891/SC, Primeira Turma, Rel. Min. Luiz Fux, julgado em 16.11.2010; AgRg no REsp 1.103.465/RS, Primeira Turma, Rel. Min. Francisco Falcão, julgado em 07.05.2009. Pela Segunda Turma: AgRg nos EDcl no Ag n. 1.389.866/PR, Segunda Turma, Rel. Min. Humberto Martins,DJe de 21.9.2011; REsp, n. 1.195.977/RS, Segunda Turma, Rel. Min. Mauro Campbell Marques, julgado em 17/08/2010; AgRg no Ag n. 1.180.395/AL, Segunda Turma, Rel. Min. Castro Meira, DJe 26.2.2010; REsp, n, 1.127.353/SC, Segunda Turma, Rel. Min.

> Eliana Calmon, DJe 20.11.2009; REsp, 1.024.128/PR, Segunda Turma, Rel. Min. Herman Benjamin, DJe de 19.12.2008.
>
> 8. Superada a linha jurisprudencial em sentido contrário inaugurada pelo REsp. n. 1.178.883 - MG, Primeira Turma, Rel. Min. Teori Albino Zavascki, julgado em 20.10.2011 e seguida pelo AgRg no REsp 1.283.416/AL, Primeira Turma, Rel. Min. Napoleão Nunes Maia Filho, julgado em 02.02.2012; e pelo REsp 1.291.923/PR, Primeira Turma, Rel. Min. Benedito Gonçalves, julgado em 01.12.2011.
>
> 9. Recurso especial provido. Acórdão submetido ao regime do art. 543-C, do CPC, e da Resolução STJ n. 8/2008.

7.6.3 A garantia como pressuposto dos embargos à execução fiscal e a contagem do respectivo prazo

Tendo sido assentado, assim já o dissemos, que a outorga de efeito suspensivo aos embargos demandaria, além dos requisitos da cautelaridade, a prévia garantia do cumprimento da obrigação exequenda, poder-se-ia concluir, em princípio, que sua apresentação não dependeria desse pressuposto – exigível, reitere-se, apenas para a concessão de efeito suspensivo.

Não é bem assim, porém.

Danilo Monteiro de Castro expõe o problema com clareza, investindo, a um só tempo, sobre os efeitos que a temática exerce sobre a contagem do prazo e sobre a suficiência (ou não) da garantia:

> Ao julgar o Recurso Especial n. 1.272.827/PE o STJ dirimiu outro conflito em torno das inovações trazidas pela Lei 11.382/2006, qual seja, pela lei geral passava a ser possível a interposição de Embargos antes mesmo de garantida a execução, pior, o prazo para tanto já começava a fluir com a juntada, aos autos, do mandado citatório cumprido. Seria esse dispositivo (artigo 736 do CPC/1973) aplicável às Execuções Fiscais? O STJ, mais uma vez alinhando-se à terceira corrente doutrinária citada no item anterior, disse que não.

> Segue, novamente, trecho do voto do Ministro Relator Mauro Campbell Marques, agora em relação ao supracitado artigo 736, no tão mencionado REsp 1.272.827/PE:
>
> *Em outra ponta, sempre com respeito aos que pensam de forma diversa, é de se afastar a aplicação nas execuções fiscais do art. 736, do CPC, na redação dada pela Lei n. 11.382/2006, que exime o executado de garantir o juízo para opor-se à execução por meio de embargos. Isto porque a LEF não é silente no ponto, pois seu art.16, § 1º registra expressamente que 'não são admissíveis embargos do executado antes de garantida a execução'.*
>
> Necessário, portanto, estar garantida a Execução Fiscal (via: depósito, fiança, seguro garantia ou penhora) para, só então, ser possível interpor Embargos a ela.
>
> Mas será que essa garantia pode não ser integral, isto é, a penhora de um imóvel avaliado em quantia inferior ao tributo executado já permite a interposição dos Embargos à Execução Fiscal? O STJ, em vários outros julgados, disse que sim.
>
> Quando do julgamento do Recurso Especial n. 1.215.579/AL, o Ministro Castro Meira assentou, explicitamente, que a insuficiência de penhora não impede o recebimento dos Embargos à Execução Fiscal, colacionando em seu voto farta jurisprudência daquela Corte Superior a esse respeito (REsp 80.723/PR, Rel. Min. Nancy Andrighi, DJ 01/08/2000; REsp 758.266/MG, Rel. Min. Teori Albino Zavascki, DJ 22/08/2005; REsp 668.372/PE, Rel. Min. Castro Meira, DJ 24/10/2005; e REsp 739.137/CE, Rel. Min. Denise Arruda, DJ 22/11/2007).
>
> Portanto, a penhora de bens valorados abaixo do que o débito fiscal em cobro não é justificativa para o não recebimento de Embargos à Execução Fiscal. Tais Embargos, via de regra, não terão efeito suspensivo (ante os requisitos exigidos no estatuto geral de 1973 – onde a garantia integral é um deles), mas terão seu normal trâmite.[189]

Retraduzindo-se o ponto: segundo a orientação pretoriana consolidada, a prestação de garantia seria condição de admissibilidade dos embargos à execução fiscal, embora não o seja na literalidade do Código de Processo Civil; a par

189. CASTRO, Danilo Monteiro de. Os efeitos dos embargos à execução fiscal e o Código de Processo Civil de 2015. In: CONRADO, Paulo Cesar (Coord.). *Processo tributário analítico*. v. III. São Paulo: Noeses, 2016. p. 270-1.

de tal certeza, prestigiada a noção de instrumentalidade, não se deve tomar como absolutamente inviável a oposição dos embargos à execução fiscal na falta daquele pressuposto, retendo-se apenas a atribuição de efeito suspensivo, quando menos até que a condição (a garantia, reitere-se) se consolide no bojo da execução.

Em suma:

Expropriação do patrimônio do executado inadimplente, promovendo o cumprimento forçado da obrigação exequenda – esse é **objetivo fundamental** da execução fiscal.

Rito executivo fiscal

Projeta-se em **duas fases**:

(i) preparatória da expropriação;

(ii) propriamente expropriatória.

Os atos que integram uma e outra das fases se distinguem pela forma com que se relacionam com o direito de fundo:

(i) na **preparatória da expropriação**, a relação é marcada por **provisoriedade**;

(ii) na **expropriatória**, por **definitividade**.

Atos da fase preparatória

(i) petição inicial;

(ii) recebimento, com a consequente expedição de ordem de citação;

(iii) citação (via postal, por regra geral).

Na hipótese de a inicial padecer de **vício**, sendo ele prontamente verificável e, afora isso, de cognição *ex officio*, fica prejudicado, em princípio, o seu recebimento e a consequente realização do ato de citação (caso, por exemplo, de diagnóstico *prima facie* da **prescrição**).

Se a **citação por carta** não se consumar, o ato será executado por mandado ou por edital.

A **citação por edital** na execução fiscal é cabível quando frustradas as demais modalidades.

A **não citação** do devedor implica a **suspensão do feito** pelo prazo de um ano, findo o qual se inicia o prazo da prescrição quinquenal intercorrente.

Citado o executado:

(i) o processo extinguir-se-á por sentença, caso atendida a ordem **pagamento** subjacente à citação;

(ii) possível que seu comparecimento em juízo se dê para o fim de **garantir a execução**;

(iii) pode que ele se ponha inerte, caso em que se procederá à penhora de bens quaisquer integrantes de seu patrimônio.

Se não forem localizados bens sobre os quais possa recair a penhora, o juiz suspenderá o curso da execução pelo prazo de um ano, findo o qual se inicia o prazo da prescrição quinquenal intercorrente.

O modo como a fase preparatória se desenrola determina o desenvolvimento da fase seguinte – a expropriatória.

Acaso a execução tenha sido garantida:

(i) por **depósito**, sobrevirá a reversão, em favor da Fazenda Pública, do respectivo *quantum*;

(ii) por **fiança** ou por seguro garantia, será o terceiro intimado para quitar, no prazo de quinze dias, o crédito pelo qual se obrigou, sob pena de contra ele prosseguir a execução nos próprios autos;

(iii) por **penhora**, proceder-se-á à alienação do quanto penhorado em hasta pública.

A alienação judicial em hasta pública dar-se-á em regime de "**duplo leilão**".

Nos casos de **penhora**, é possível a **adjudicação**, em favor da Fazenda Pública, dos bens constritos.

Entre a fase preparatória da expropriação e a propriamente expropriatória, é possível o atravessamento, pelo executado, de **embargos**.

Aplicadas as diretrizes procedimentais estabelecidas desde a **Lei 11.382/2006** (renovadas pelo Código de Processo Civil de 2015) aos executivos fiscais, os embargos não são providos de **automática eficácia suspensiva da execução**.

Capítulo 8
ATOS DE CONSTRIÇÃO NO PLANO DAS EXECUÇÕES FISCAIS

8.1 Introdução: definindo penhora

Dada a presunção de que se investem os créditos suscetíveis de execução – presunção essa materializada no título que os estampa –, é natural supor que a atividade jurisdicional executiva envolva a prática de atos de constrição patrimonial.

A constrição de que falamos dar-se-ia, segundo a lei, desde que não paga a dívida, nem garantida a execução por depósito, fiança ou seguro garantia, firmando-se, observadas essas condições, sob a forma de *penhora*.[190]

Cassio Scarpinella Bueno ensina, sobre o assunto:

> Esgotado o prazo para pagamento voluntário na execução fundada em título judicial (art. 475-J, *caput*) ou na execução fundada

---

190. Determina o art. 7º, inciso II, da Lei 6.830/80, com efeito, que o despacho de recebimento da inicial importa em ordem para a efetivação de penhora, se não for paga a dívida, nem garantida a execução, por meio de depósito, fiança ou seguro garantia.

em título extrajudicial (art. 652), os atos jurisdicionais executivos a serem praticados recairão sobre o patrimônio do executado (art. 646). Trata-se do que o n. 3.3 do Capítulo 1 da Parte I denominou "princípio da patrimonialidade da execução".[191]

Possível defini-la (a penhora) como (i) ato preparatório da expropriação patrimonial, (ii) efetivando-se com o escopo de denotar a responsabilidade executória, (iii) mediante a apreensão material, direta ou indireta, de parcela do patrimônio do devedor, (iv) que ficará vinculada ao processo executivo, (v) fixando regime de preferência em favor do credor.[192]

8.2 Garantia *versus* penhora: gênero e espécie

A par das premissas que fecharam o item anterior, é bom que se ressalte que o pressuposto a que os processos executivos se vinculam não é propriamente a *penhora*, senão a *garantia da execução* (ou *garantia do cumprimento da obrigação exequenda*), sendo certo dizer, por isso, que a penhora se apresenta como espécie de um gênero em cujo bojo se encontram, afora a própria penhora, o depósito, a fiança e o seguro garantia – figuras de que devemos falar, portanto, antes de avançar na direção daquilo que efetivamente nos importa, o ato de constrição materializado na ideia de penhora.[193]

---

191. BUENO, Cassio Scarpinella. *Curso sistematizado de direito processual civil* – tutela jurisdicional executiva. 3. ed. São Paulo: Saraiva, 2010. p. 260-1.

192. No plano tributário, possível reconhecer, a partir do art. 206 do Código Tributário Nacional, um peculiar efeito da penhora: dela decorre a viabilização da emissão de certidão positiva com efeitos de negativa, figura de que trata com particular profundidade Augusto Mansur (*Garantia judicial de penhora e certidão fiscal*. Rio de Janeiro: Lumen Juris, 2010. p. 177-87, notadamente).

193. Vale lembrar, nesse momento, que essas são as técnicas legalmente impostas para dar "operatividade" à tutela executiva. É importante esse destaque, pensamos, pois, como adverte Cassio Scarpinella Bueno, um dos princípios regentes da tutela executiva é o da tipicidade dos atos de execução, princípio segundo o qual os referidos atos são apenas os prévia e expressamente definidos em lei – nunca os apetrechados pela "criatividade" judicial. Essas são as palavras do professor citado: Outro princípio que

8.3 Depósito

Nos termos do § 3º do art. 9º da Lei 6.830/80, a garantia da execução, por meio de depósito em dinheiro, fiança bancária ou seguro garantia, produz os mesmos efeitos da penhora. Vale dizer: como sinalizado no item anterior, o depósito, tanto quanto a penhora, representa instrumento apto a assegurar o cumprimento da obrigação exequenda.

Consoante destacado por ocasião do Capítulo 7 (item 7.5.2.1), o depósito, tratando-se de valores referentes a tributos e a contribuições federais, processar-se-á nos termos da Lei 9.703/98, diploma que impõe sua realização junto à Caixa Econômica Federal.

O mesmo vem determinado no art. 32, inciso I, da Lei 6.830/80, relativamente às execuções, tributárias ou não, desde que propostas pela União ou por autarquia federal.[194]

Conclusão: seja qual for a natureza da dívida a que se refere a execução, se ajuizada por uma daquelas entidades, será na Caixa Econômica Federal que o respectivo depósito há de se efetuar.

A despeito de tal conclusão, um detalhe chama nossa atenção: no contexto da sobredita Lei 9.703/98, os depósitos recebem tratamento análogo ao de pagamento (qualificável, tomada uma certa liberdade linguística, como *provisório*);

---

caracteriza a tutela executiva como tal diz respeito ao chamado "princípio da tipicidade dos atos executivos". Segundo ele, na formulação tradicional, os atos executivos a serem praticados pelo Estado-juiz são "típicos" no sentido de que eles são prévia e exaustivamente previstos pelo legislador. O juiz do caso concreto não tem, nesta perspectiva de análise do princípio, nenhuma liberdade para alterar o padrão de atos processuais e, mais amplamente, de técnicas que lhe são reconhecidas como as únicas legítimas na lei, por obra do legislador. (BUENO, Cassio Scarpinella. *Curso sistematizado de direito processual civil* – tutela jurisdicional executiva cit., p. 554).

194. "Art. 32. Os depósitos judiciais em dinheiro serão obrigatoriamente feitos: I – na Caixa Econômica Federal, de acordo com o Decreto-lei n. 1.737, de 20 de dezembro de 1979, quando relacionados com a execução fiscal proposta pela União ou suas autarquias; (...)."

é o que se concluiria a partir de comandos como o contido no *caput* do art. 1º, em que se anuncia que o depósito efetivar-se-á mediante "documento de arrecadação de receitas federais – DARF"; da mesma forma, quando se lê no parágrafo 2º do mesmo art. 1º que *os depósitos serão repassados pela Caixa Econômica Federal para a Conta Única do Tesouro Nacional*; na mesmíssima linha, seguiria, ainda, o § 3º (também do art. 1º), anunciando (agora em seu inciso II) que o valor do depósito, após o encerramento do processo, será "transformado" em *pagamento definitivo*.

O que se conclui, portanto, é que, embora concentrados numa mesma instituição financeira, os depósitos referentes, de um lado, a tributos federais e, de outro, a parcelas não tributárias receberiam do ordenamento tratamentos distintos – os primeiros (tributos federais) vestir-se-iam da ficcional "capa" de pagamento; os segundos (representados por prestações não tributárias exigidas pela União e por autarquias federais), porque não alcançados pela Lei 9.703/98, seguiriam sendo tratados como depósito – sempre se efetivando, de todo modo, junto à Caixa Econômica Federal.

8.4 Fiança

Fiança, em execução fiscal, subordina-se às condições estabelecidas pelo Conselho Monetário Nacional (art. 9º, § 5º, da Lei 6.830/80).

No exercício da competência regulatória que lhe foi conferida, tal órgão, por meio da Resolução BACEN 724/82, tratou do assunto, fazendo-o, num primeiro momento, de modo a impor os seguintes pressupostos: (i) indeterminação temporal; (ii) expressa indicação de renúncia a benefício de ordem; (iii) obrigatório emprego da expressão *até o limite de R$ ... (valor na data da propositura) e acréscimos moratórios a partir do aparelhamento da execução, bem* *como eventuais encargos de sucumbência em defesas apresentadas pelo afiançado.*

A Resolução CMN 2.325/96 seguiu tratando do tema, anos depois, fazendo-o basicamente na mesma linha.

Mais de uma década depois, foi editada a Portaria PGFN 644/2009 (com redação ulteriormente alterada pela Portaria PGFN 1.378/2009), normativo que passou a tratar do tema no âmbito daquele órgão (a Procuradoria-Geral da Fazenda Nacional, aclare-se) de modo diverso; eis os seus termos:

> Art. 1º. A carta de fiança bancária é instrumento hábil para garantir débitos inscritos em dívida ativa da União, tanto em processos de execução fiscal quanto em parcelamentos administrativos, no âmbito da Procuradoria-Geral da Fazenda Nacional.
>
> Art. 2º. A carta de fiança bancária deverá conter os seguintes requisitos:
>
> I – cláusula de atualização de seu valor pelos mesmos índices de atualização do débito inscrito em dívida ativa da União;
>
> II – cláusula de renúncia ao benefício de ordem instituído pelo art. 827 da Lei n. 10.406, de 10 de janeiro de 2002 – Código Civil;
>
> III – cláusula estabelecendo prazo de validade até a extinção das obrigações do afiançado devedor, devendo constar, neste caso, expressa renúncia aos termos do art. 835 da Lei n. 10.406, de 2002 (Código Civil), observado o disposto nos §§ 3º e 6º;
>
> IV – cláusula com a eleição de foro, para dirimir questões entre fiadora e credora (União) referentes à fiança bancária, da Seção Judiciária, ou da Subseção Judiciária, quando houver, da Justiça Federal com jurisdição sobre a unidade da Procuradoria da Fazenda Nacional competente para a cobrança do débito inscrito em Dívida Ativa da União;
>
> V – cláusula de renúncia, por parte da instituição financeira fiadora, do estipulado no inciso I do art. 838 do Código Civil;
>
> VI – declaração da instituição financeira de que a carta fiança é concedida em conformidade com o disposto no art. 34 da Lei n. 4.595, de 31 de dezembro de 1964, nos termos do art. 2º da Resolução CMN n. 2.325, de 1996, do Conselho Monetário Nacional.
>
> § 1º. O subscritor da carta de fiança bancária deverá comprovar poderes para atendimento às exigências contidas nos incisos II a VI deste artigo.

§ 2º. A carta de fiança bancária deverá ser emitida por instituição financeira idônea e devidamente autorizada a funcionar no Brasil, nos termos da legislação própria.

§ 3º. Alternativamente ao disposto no inciso III deste artigo, o prazo de validade da fiança bancária poderá ser de, no mínimo, dois anos, desde que cláusula contratual estabeleça a obrigatoriedade da instituição financeira fiadora em honrar a fiança se o devedor afiançado não adotar uma das providências previstas no § 4º.

§ 4º. Na hipótese do § 3º, o devedor afiançado deverá, até o vencimento da carta de fiança:

I – depositar o valor da garantia em dinheiro;

II – oferecer nova carta fiança que atenda aos requisitos desta Portaria; ou

III – apresentar apólice de seguro garantia que atenda aos requisitos da Portaria PGFN n. 1.153, de 13 de agosto de 2009.

§ 5º. Caso o devedor afiançado não atenda ao disposto no § 4º, a instituição financeira fiadora deverá efetuar depósito em dinheiro do valor afiançado em até 15 dias da sua intimação ou notificação, conforme cláusula contratual referida no § 3º.

§ 6º. Os depósitos referidos nos §§ 3º a 5º serão efetuados judicialmente, no caso da carta de fiança garantir débito objeto de execução fiscal, ou administrativamente, no caso da carta de fiança garantir débito objeto de parcelamento administrativo.

Art. 3º. A carta de fiança bancária somente poderá ser aceita se sua apresentação ocorrer antes de depósito ou de decisão judicial que determine a penhora de dinheiro.

Art. 4º. É admissível a aceitação de carta de fiança bancária em valor inferior à dívida atualizada.

Parágrafo único. A aceitação de carta de fiança bancária nos termos do *caput*:

I – não permite a emissão de certidão positiva com efeito de negativa de débitos; e

II – não afasta a adoção de providências com vistas à cobrança da dívida ou à complementação da garantia.

Art. 5º. Após a aceitação da carta de fiança bancária, sua substituição somente deverá ser demandada caso a fiança deixe de satisfazer os critérios estabelecidos nesta Portaria. (...)

Para os créditos alheios à competência da Procuradoria-Geral da Fazenda Nacional (como os não tributários em geral), é de outros diplomas – pela ordem, a Portaria PGF 437/2011, sucedida pela Portaria PGF 440/2016 – que se extrai o conjunto de condições para aceitação da fiança bancária nas execuções patrocinadas pela Procuradoria-Geral Federal (Advocacia Geral da União); seguem copiados os dispositivos referentes ao normativo atualmente vigente (a Portaria PGF 440/2016):

> Art. 2º. (...)
>
> § 2º. A garantia prestada deve cobrir a integralidade do valor devido, com os encargos e acréscimos legais, devidamente atualizado pelos índices legais aplicáveis aos débitos inscritos em dívida ativa.
>
> Art. 4º. A carta de fiança bancária deverá conter, expressamente, os seguintes requisitos:
>
> I – cláusula de solidariedade entre a instituição financeira e o devedor, com expressa renúncia ao benefício de ordem previsto no art. 827 da Lei n. 10.406, de 10 de janeiro de 2002 (Código Civil);
>
> II – cláusula que preveja atualização do valor afiançado pelos mesmos índices de atualização do débito;
>
> III – prazo indeterminado de duração ou prazo de validade até o término da execução fiscal, com cláusula de renúncia aos termos do art. 835 do Código Civil;
>
> IV – cláusula de renúncia, por parte da instituição financeira, do estipulado no inciso I do art. 838 do Código Civil;
>
> V – declaração da instituição financeira de que a carta fiança é concedida em conformidade com o disposto no art. 34 da Lei n. 4.595, de 31 de dezembro de 1964, nos termos do art. 2º da Resolução n. 2.325, de 1996, do Conselho Monetário Nacional;
>
> VI – cláusula de eleição de foro para dirimir eventuais questionamentos entre a instituição fiadora e a entidade credora, representada pela Procuradoria-Geral Federal, na Seção ou Subseção Judiciária da Justiça Federal do local com jurisdição sobre a localidade onde foi distribuída a demanda judicial em que a garantia foi prestada, afastada cláusula compromissória de arbitragem.

§ 1º. Constitui requisito de validade da carta de fiança a comprovação de serem os signatários do instrumento as pessoas autorizadas a assinar pelo estabelecimento bancário.

§ 2º. A carta de fiança bancária deverá ser emitida por instituição financeira idônea e devidamente autorizada a funcionar no Brasil, nos termos da legislação própria.

§ 3º. A idoneidade a que se refere o § 2º será presumida pela apresentação, pelo devedor afiançado, da certidão de autorização de funcionamento emitida eletronicamente pelo Banco Central do Brasil às instituições financeiras, a qual será aceita até 30 (trinta) dias após sua emissão.

§ 4º. Será admitida a oferta de fiança bancária com prazo determinado de validade, desde que observados os seguintes requisitos:

I – prazo mínimo de 2 anos;

II – previsão expressa, e sem quaisquer ressalvas, de obrigação ao agente financeiro de honrar a íntegra da garantia ofertada na ocorrência de uma das seguintes hipóteses:

a) o devedor não depositar o valor da garantia em dinheiro até o vencimento da carta;

b) o devedor não apresentar nova carta fiança ou apólice de seguro garantia que atenda aos requisitos desta Portaria, até 60 (sessenta) dias antes do vencimento da carta.

§ 5º. No caso do inciso II do parágrafo anterior, a instituição financeira deverá efetuar depósito em dinheiro do valor afiançado em até 15 (quinze) dias a contar de sua intimação ou notificação, conforme o disposto no inciso II, do art. 19, da Lei n. 6.830, de 22 de setembro de 1980.

§ 6º. Além dos requisitos estabelecidos neste artigo, o contrato de fiança bancária não poderá conter cláusula de desobrigação decorrente de atos exclusivos do afiançado, da instituição bancária ou de ambos.

8.5 Seguro-garantia

Embora não viesse previsto como peculiar forma de garantia do cumprimento da obrigação executada, o seguro garantia, desde a Lei 11.382/2006, passou a figurar no Código de Processo Civil, como instrumento tendente a viabilizar a substituição da penhora.

Cuida(va) do assunto o art. 656, cujo *caput* enuncia(va) as hipóteses em que a parte pode(ria) requerer a mencionada substituição, prescrevendo, em seu § 2º:

> Art. 656. (...)
>
> § 2º. A penhora pode ser substituída por fiança bancária ou seguro garantia judicial, em valor não inferior ao do débito constante da inicial, mais 30% (trinta por cento).

Por conta da ausência de previsão legal expressa no bojo da Lei 6.830/80 a respeito do assunto, não se cogitava, na jurisprudência até então constituída, o emprego daquela norma em relação aos executivos fiscais, não pelo menos à revelia de manifestação assertiva da Fazenda-credora, a teor do art. 15, inciso I, da Lei 6.830/80, em sua redação original[195] (Superior Tribunal de Justiça, Segunda Turma, REsp. 1.239.090/SP, Relator Ministro Mauro Campbell Marques, DJe de 28/04/2011).[196]

Tomada essa orientação, dir-se-ia, então, que o seguro-garantia, tanto o ofertado em termos originais como o que

---

195. "Art. 15. Em qualquer fase do processo, será deferida pelo Juiz:
I – ao executado, a substituição da penhora por depósito em dinheiro, fiança bancária ou seguro garantia; e (...)."

196. "PROCESSUAL CIVIL. TRIBUTÁRIO. EXECUÇÃO FISCAL. PENHORA. SUBSTITUIÇÃO DE PENHORA DE TÍTULO VENCIDO POR TÍTULO VINCENDO. INVIABILIDADE.
1. Consoante teor do art. 15, I, da Lei n. 6.830/80, só se admite a substituição dos bens penhorados, independentemente da anuência da parte exequente, por depósito em dinheiro ou fiança bancária.
2. No presente caso, por meio de decisão judicial, foi deferida a penhora de Letras Financeiras do Tesouro – LFT para a garantia da execução. Dessa forma, não pode, a critério e conveniência do devedor, quando vencidos tais títulos, com o consequente depósito do valor em juízo, querer o executado substituir tal penhora por novas Letras Financeiras do Tesouro – LFT, uma vez que o princípio da menor onerosidade do devedor não pode resultar na maior onerosidade para o credor.
3. Recurso especial conhecido e não provido."

o é em substituição, só poderia ser aceito desde que com isso concordasse a Fazenda-exequente.

No plano federal, essa orientação foi de certa forma consolidada no âmbito da Procuradoria da Fazenda Nacional, a partir da Portaria PGFN 1.153/2009, responsável por regulamentar a aceitação de seguro garantia naquela órbita.

Em tal normativo se lê:

> Art. 1º. O oferecimento de seguro garantia, nos termos regulados pela Circular da Superintendência de Seguros Privados (SUSEP) n. 232, de 3 de junho de 2003, é instrumento para garantir débitos inscritos em Dívida Ativa da União (DAU), tanto em processos judiciais, quanto em parcelamentos administrativos em trâmite nas unidades da Procuradoria-Geral da Fazenda Nacional (PGFN).
>
> Art. 2º. A aceitação do seguro garantia de que trata o art. 1º, prestado por empresa idônea e devidamente autorizada a funcionar no Brasil, nos termos da legislação aplicável, é condicionada à observância dos seguintes requisitos, que deverão estar expressos em cláusulas do respectivo contrato:
>
> I – valor segurado superior em 30% (trinta por cento) ao valor do débito inscrito em DAU, atualizado até a data em que for prestada a garantia, observado o disposto no § 1º;
>
> II – índice de atualização do valor segurado idêntico ao índice de atualização aplicável ao débito inscrito em DAU;
>
> III – renúncia aos termos do art. 763 da Lei n. 10.406, de 10 de janeiro de 2002 – Código Civil, (CC), e do art. 12 do Decreto-Lei n. 73, de 1966, com consignação, nos termos estatuídos no item 4.2 das condições gerais da Circular SUSEP n. 232, de 2003, de que "fica entendido e acordado que o seguro continuará em vigor mesmo quando o tomador não houver pagado o prêmio nas datas convencionadas";
>
> IV – referência ao número da Certidão de Dívida Ativa objeto da garantia;
>
> V – prazo de validade até a extinção das obrigações do tomador, observado o disposto nos §§ 2º e 3º;
>
> VI – estabelecimento de obrigação para a empresa seguradora efetuar, em juízo, o depósito em dinheiro do valor segurado, caso o devedor não o faça, nas hipóteses em que não seja atribuído efeito suspensivo aos embargos do executado ou quando

a apelação não seja recebida com efeito suspensivo, independentemente de trânsito em julgado da decisão dos embargos ou de outra ação em que se discuta o débito;

VII – estabelecimento de situações caracterizadoras da ocorrência de sinistro, nos termos do disposto no § 3º;

VIII – estabelecimento de que a empresa seguradora, por ocasião do pagamento da indenização, no caso de garantia prestada em juízo, sujeitar-se-á ao procedimento previsto no *caput* e no inciso II do art. 19 da Lei n. 6.830, de 22 de setembro de 1980;

IX – estabelecimento de que, na hipótese do tomador aderir a parcelamento do débito objeto do seguro garantia, a empresa seguradora não estará isenta da responsabilidade em relação à apólice; e

X – eleição de foro da Seção Judiciária ou da Subseção Judiciária, quando houver, da Justiça Federal com jurisdição sobre a unidade da PGFN competente para a cobrança do débito inscrito em DAU para dirimir questões entre a segurada (União) e a empresa seguradora.

§ 1º. O acréscimo de 30% (trinta por cento) referido no inciso I do *caput* poderá:

I – ser afastado na hipótese da garantia ser aplicável a parcelamento administrativo do débito;

II – ter deduzido do seu percentual o valor do encargo legal de que trata o art. 1º do Decreto-Lei n. 1.025, de 21 de outubro de 1969, e o art. 3º do Decreto-Lei n. 1.569, de 8 de agosto de 1977, caso este esteja incluído na Certidão de Dívida Ativa objeto da garantia;

§ 2º. Alternativamente ao disposto no inciso V do *caput*, o prazo de validade do seguro garantia poderá ser de, no mínimo, dois anos, desde que cláusula contratual estabeleça a obrigatoriedade de a empresa seguradora efetuar depósito integral do valor segurado, em juízo ou administrativamente, no caso de parcelamento, em até 15 (quinze) dias da sua intimação, se o tomador, em até 60 (sessenta) dias antes do vencimento do seguro, não adotar uma das seguintes providências:

I – depositar o valor segurado em dinheiro;

II – apresentar nova apólice de seguro garantia que atenda aos requisitos desta Portaria; ou

III – oferecer carta de fiança bancária de acordo com a Portaria PGFN n. 644, de 1º de abril de 2009.

§ 3º. Caracteriza a ocorrência de sinistro de que trata o inciso VII do *caput*:

I – o não pagamento pelo tomador, quando determinado pelo juízo, do valor objeto da garantia;

II – o não atendimento, pelo tomador, do disposto no § 2º;

III – a exclusão do tomador de parcelamento, no caso de garantia em parcelamento administrativo de débitos.

§ 4º. Na hipótese de garantia em parcelamento administrativo de débitos, a unidade da PGFN formalizará processo administrativo com os elementos caracterizadores da ocorrência do sinistro, em que a empresa seguradora ou, se for o caso, a empresa resseguradora tomará ciência, a fim de que efetue o pagamento da indenização em até 15 (quinze) dias da sua notificação.

§ 5º. Na hipótese de garantia prestada em juízo, o procedimento a ser adotado para fins de pagamento da indenização pela empresa seguradora ou, se for o caso, pela empresa resseguradora, será o previsto no inciso VIII do *caput*.

§ 6º. Além dos requisitos estabelecidos neste artigo, o contrato de seguro garantia não poderá conter cláusula, específica ou genérica, de desobrigação decorrente de atos exclusivos do tomador ou da empresa seguradora, ou da empresa resseguradora, se for o caso, ou de ambos em conjunto.

Art. 3º. O tomador deverá juntar aos autos da execução fiscal ou do processo administrativo, no caso de parcelamento, além da apólice do seguro, a seguinte documentação:

I – cópias dos instrumentos dos contratos de garantia celebrados pela empresa seguradora e, quando for o caso, pela empresa resseguradora;

II – cópias dos instrumentos dos contratos de contra garantia celebrados pela empresa seguradora e, quando for o caso, pela empresa resseguradora;

III – certidão de regularidade, perante a SUSEP, da empresa seguradora e, quando for o caso, da empresa resseguradora, bem como dos seus respectivos administradores;

IV – comprovação de registro da apólice junto à SUSEP; e

V – comprovação de poderes do tomador para atendimento das exigências previstas no art. 2º.

Parágrafo único. A idoneidade a que se refere o *caput* do art. 2º será presumida pela apresentação das certidões da SUSEP referidas no inciso III que atestem a regularidade da empresa seguradora e, quando for o caso, da empresa resseguradora e dos seus administradores.

Art. 4º. A empresa seguradora poderá efetuar a colocação do excedente de seu limite de retenção em empresas resseguradoras, observadas as exigências legais e regulamentares, conforme disposto pelo Conselho Nacional de Seguros Privados (CNSP), no art. 14 da Resolução CNSP n. 168, de 17 de dezembro de 2007, e nos termos da Lei Complementar n. 126, de 2007.

§ 1º. Quando o valor segurado exceder a R$ 10.000.000,00 (dez milhões de reais), ainda que esse valor esteja compreendido no limite de retenção estabelecido pela SUSEP para a empresa seguradora, será exigida a contratação de resseguro, que se dará nos termos da Lei Complementar n. 126, de 2007.

§ 2º. Na hipótese da contratação de resseguro, os contratos deverão conter cláusula expressa indicando que o pagamento da indenização ou do benefício correspondente ao resseguro, no caso de insolvência, liquidação ou falência da empresa seguradora, ocorrerá diretamente ao segurado, nos termos do parágrafo único do art. 14 da Lei Complementar n. 126, de 2007.

Art. 5º. O seguro garantia somente poderá ser aceito se sua apresentação ocorrer antes de depósito ou de decisão judicial que determine a penhora de dinheiro.

Parágrafo único. Excluindo-se o depósito em dinheiro, será permitida a substituição de garantias por seguro garantia, desde que se verifique, no caso, interesse da Fazenda Nacional.

Art. 6º. Após a aceitação do seguro garantia, sua substituição somente deverá ser demandada caso o seguro deixe de satisfazer os critérios estabelecidos nesta Portaria.

Art. 7º. É admissível a aceitação de seguro garantia em valor inferior ao montante devido.

Parágrafo único. A aceitação do seguro garantia nos termos do *caput*:

I – não permite a emissão de certidão positiva com efeito de negativa de débitos; e

II – não afasta a adoção de providências com vistas à cobrança da dívida ou à complementação da garantia.

Art. 8º. Esta Portaria entra em vigor na data de sua publicação.

Possível dizer, desde então, que, preenchidas as condições definidas na portaria em questão, ao executado passou a assistir o direito subjetivo ao emprego do seguro garantia, estivesse ele contemplado ou não na Lei 6.830/80 – única forma de se dar ao tema tratamento minimamente compatível com a noção de impessoalidade (já que a Fazenda Nacional passou a dar, *interna corporis*, esse tipo de tratamento a seus créditos, não seria razoável que o administrado, a depender do procurador que estivesse atuando em seu caso, ignorasse os termos daquele normativo).

Em 5/3/2014, data da publicação da Portaria PGFN 164 (de 27/2/2014), a questão passou a ser tratada de forma ainda mais "aberta" pelo órgão, ratificando-se a impressão desde antes avistada – pela efetividade, aos olhos do credor, da garantia prestada sob a forma de seguro.

Por esse novo normativo – posto para redefinir os critérios de aceitação do seguro garantia em execução fiscal da Fazenda Nacional (e assim também em parcelamento administrativo) -, podemos/devemos realçar (i) a retirada da obrigação de contratação de resseguro, independente do limite de retenção, para as apólices acima de R$ 10.000.000,00 (dez milhões de reais), conforme constava no art. 4º, § 1º, da anterior portaria (Portaria PGFN 1.153/2009), (ii) a exclusão da cláusula de pagamento direto, prevista no art. 4º, § 2º, da revogada Portaria PGFN 1.153/2009 e (iii) a supressão do acréscimo de trinta por cento por conta da obrigação de atualização monetária permanente do valor da apólice.

Com esse panorama desenhado, em 14/11/2014, foi publicada a Lei 13.043 (já de antes comentada), diploma que atribuiu nova redação a uma série de dispositivos da Lei 6.830/80, tudo de modo a fazer incluir, naquele contexto, a figura do seguro garantia.

Se dúvida já não pendia quanto à viabilidade daquele instrumento de garantia em relação aos executivos fiscais (ao menos os da Fazenda Nacional), pouco (ou melhor, nada) sobrou desde então.

Assim ficou o art. 7º, inciso II:

> Art. 7º. O despacho do Juiz que deferir a inicial importa em ordem para: (...) II – penhora, se não for paga a dívida, nem garantida a execução, por meio de depósito, fiança ou seguro garantia; (...)

O art. 9º, inciso II, e seus §§ 2º e 3º passaram a ter a seguinte redação, por sua vez:

> Art. 9º. Em garantia da execução, pelo valor da dívida, juros e multa de mora e encargos indicados na Certidão de Dívida Ativa, o executado poderá: (...) II – oferecer fiança bancária ou seguro garantia;
>
> (...)
>
> § 2º. Juntar-se-á aos autos a prova do depósito, da fiança bancária, do seguro garantia ou da penhora dos bens do executado ou de terceiros.
>
> § 3º. A garantia da execução, por meio de depósito em dinheiro, fiança bancária ou seguro garantia, produz os mesmos efeitos da penhora.
>
> Assim ficou, por outro lado, o art. 15, inciso I:
>
> Art. 15. Em qualquer fase do processo, será deferida pelo Juiz:
>
> I – ao executado, a substituição da penhora por depósito em dinheiro, fiança bancária ou seguro garantia; e (...)
>
> O art. 16, inciso II, por fim, passou a ostentar a seguinte dicção:
>
> "Art. 16. O executado oferecerá embargos, no prazo de 30 (trinta) dias, contados: (...)
>
> II – da juntada da prova da fiança bancária ou do seguro garantia; (...)".

Como que inspirado pela nova redação atribuída àquele fragmento da Lei 6.830/80, o Código de Processo Civil de 2015 "fecha" a linha evolutiva sobre o tema, reforçando a empregabilidade do seguro garantia para os mesmos fins a que há pouco nos referimos (substituição da penhora).

O fez, de todo modo, trazendo uma, digamos, novidade: de acordo com o novo § 2º do art. 835, para fins de substituição da penhora, a fiança e o seguro equiparar-se-iam-se a dinheiro, desde que em valor não inferior ao do débito constante da inicial acrescido de trinta por cento.

Vale dizer: seria possível entender, na perspectiva do vigente Código, que penhora de dinheiro "equivale" a garantia expressada sob a forma de fiança ou de seguro garantia, "equivalência" essa que faria plenamente fungíveis aqueles instrumentos, independentemente da anuência do credor, mas sempre se observado o *plus* ali, no tal dispositivo, prescrito (trinta por cento do valor do crédito).

É bem certo, não se nega, que, a partir do tratamento conferido pela Portaria PGFN 164/2014 a essa questão [lembre-se, como há pouco destacado, que referida portaria suprimiu o acréscimo (também de trinta por cento) que vinha previsto na anterior Portaria PGFN 1.153/2009, fazendo-o por conta da obrigação de atualização monetária permanente do valor da apólice], a substituição de que trata o art. 835, § 2º, do Código de Processo Civil de 2015 não se aplicaria aos créditos titularizados pela União (e cobrados por meio da Procuradoria da Fazenda Nacional) – justamente, insista-se, por conta do tratamento administrativamente conferido ao tema, via Portaria PGFN 164/2014.

Pensamos, porém, que a questão deve ser vista sob outra ótica, mais ampla.

Não temos dúvida de que o seguro pode ser ofertado como meio de garantia, tomado o exato valor do crédito em execução (sem qualquer acréscimo, portanto), mas sempre com observância, por óbvio, de atualização permanente.

A par disso, devemos considerar os casos em que, assegurada a execução por penhora em dinheiro ou sobre outros bens, tenha o executado o interesse de postular a substituição da garantia [não a mera substituição do bem penhorado, frise-se (isso é outra história), mas do meio de garantia empregado].

Duas são as situações que se desdobram, nesse cenário: (i) se a penhora a ser substituída é de dinheiro, natural supor que a pretensão do executado reduz a liquidez da garantia (nada é mais líquido do que dinheiro, reconheçamos); (ii) se, todavia, a penhora a ser substituída recai sobre outra coisa qualquer (um imóvel, por exemplo), o inverso se coloca – a pretensão tende a maximizar a liquidez da garantia.

Em suma: entre as diversas formas de garantia expressáveis – dinheiro (voluntariamente depositado ou forçadamente penhorado), fiança, seguro garantia e penhora sobre bens outros (à exceção de dinheiro) – há uma clara relação de liquidez (palavra que empregamos, aqui, para denotar a capacidade que o meio de garantia tem de se "transformar" em crédito para o exequente, satisfazendo-o).

São justamente esses graus de liquidez – em que impera, sobranceiro, o dinheiro (afinal de contas, para satisfazer o credor, nesses casos, basta converter o valor já disponibilizado em seu favor) – que teriam inspirado, pensamos, o art. 835, § 2º; por ele, lembre-se, dinheiro, fiança e seguro garantia se equivalem; os últimos podem substituir o primeiro, mas, por conta de sua menor liquidez ("menor", quando comparada com o dinheiro penhorado/depositado), o acréscimo de trinta por cento seria medida de justiça.

Por esse mesmo raciocínio, tomado agora em sentido contrário, a conclusão se inverte: se a penhora a ser substituída fosse sobre um imóvel (tal como exemplificamos linhas antes), evidente que fiança ou seguro garantia "ganham" em termos de liquidez (o imóvel, para "virar" dinheiro, satisfazendo o crédito fazendário, precisaria ser vendido em hasta pública, com todos os percalços e solenidades próprios a esse ambiente). Não faz sentido, por isso, que se acresça o que quer que seja nesses casos. Eventual *plus*, ao contrário de antes, geraria, aqui, uma situação de injustiça.

A respeito do assunto, escrevemos:

> (...) Fortes nesse dispositivo, devemos realçar, primeiro de tudo, sua aplicabilidade em relação aos executivos fiscais, à medida que vinculado a *caput* que, no sistema anterior, encontrava correspondente (o art. 655) tido, ao final de profundo debate jurisprudencial, como incidente no plano das execuções fiscais. Partindo dessa lógica (de que, em síntese, a orientação firmada acerca da aplicabilidade do "velho" art. 655 estender-se-ia ao "novo" art. 835) é que, sem nos estender sobre o tema (afinal, não é esse o propósito deste trabalho), tomaremos a aludida aplicabilidade por premissa.
>
> Essa providência (metodológica) não nos dispensa de um dever, porém: em sua literalidade, o indigitado parágrafo 2º guarda aparente (e vencível) confronto (procedimentalmente falando) com o subsistema das execuções fiscais.
>
> É que, diferentemente do que se passa com as execuções do Código, nas quais o devedor é citado para cumprir a obrigação sob pena de penhora, no subsistema dos executivos fiscais, a citação abre para o devedor, nos termos dos já mencionados arts. 8º e 9º, a possibilidade de, no prazo de cinco dias, satisfazer a obrigação ou garantir seu cumprimento, tomado, para tanto, um dos quatro modos ali preconizados – (i) o depósito em dinheiro, (ii) o oferecimento de fiança bancária, (iii) o oferecimento de seguro garantia, ou (iv) a nomeação de bens à penhora, próprios ou de terceiro(s).
>
> Porque cravado no Código (subsistema geral), parece óbvio que o dispositivo que vínhamos focalizando (o parágrafo 2º do art. 835) desconsidere essas ideias (específicas da Lei n. 6.830/80); aí estaria o aparente (e vencível, insistimos) confronto: em sua textualidade, o novel preceito afirma que "para fins de substituição da *penhora*, equiparam-se a dinheiro a fiança bancária e o seguro garantia judicial, desde que em valor não inferior ao do débito constante da inicial, acrescido de trinta por cento." – não fala, como seria de se supor em execução fiscal, em "garantia", vocábulo mais amplo. Quando o retraduzimos para o ambiente executivo-fiscal, portanto, essa cautela se impõe: devemos lembrar

que, nesse domínio, há, para o devedor, o direito subjetivo (assegurado por norma especial inalterada pelo regime geral) de garantir a satisfação da obrigação por um dos precitados meios, dentre eles figurando o depósito em dinheiro.

Para vencer o tal "confronto" entre a literalidade do parágrafo 2º com o subsistema das execuções fiscais, devemos, pois, largar mão da absoluta literalidade do mencionado preceito, para que ele incida, na prática, tanto nos casos expressos (de "penhora de dinheiro") como nos casos implícitos, em que a garantia, sob a forma de depósito, é voluntariamente prestada pelo devedor – única forma de reprimir interpretação que, posto fundada em literalidade, privilegie, em execução fiscal, quem sofreu penhora "forçada" de dinheiro, "sancionando" o que prestou, espontaneamente, garantia sob a forma de depósito.

Em suma: onde consta, na norma, "substituição da penhora", deve-se ler, para fins de execução fiscal, "substituição da garantia", expressão compreensiva dos casos de penhora e dos de depósito.

(...)

Em sua parte final, o decantado parágrafo 2º, lança mão de inegável presunção, fazendo-o na explícita intenção de equiparar a garantia materializada em dinheiro (a que é, economicamente falando, a mais desejável de todas) com a que se revela sob a forma de fiança ou de seguro. Essa presunção decorre do *plus* de trinta por cento ali estabelecido.

Embora induvidoso que, economicamente, nada seja mais líquido do que a garantia materializada sob a forma de depósito em dinheiro (tanto o que se efetivou voluntariamente, como o que decorreu da interposta figura da penhora), o dispositivo a ela equipara, com efeito, a fiança ou o seguro, desde que turbinados com o mencionado sobrevalor. Não se há de ter dúvida de que essa operação "legal" é reveladora de presunção: ela recria a realidade econômica, de modo a tornar o "menos líquido" (fiança e seguro) tão líquido quanto "dinheiro vivo", tudo de modo a habilitar a sugerida substitutibilidade.

Justamente por isso (por força dessa presuntiva equiparação, recriadora da realidade econômica) é que não se faria necessária, para implementação da substituição, que o devedor demonstrasse *periculum in mora* autorizativo da medida – onde oficia a presunção, dispensável a adição de outros elementos fáticos.

No bojo da aludida norma, duas mensagens (de alcance mais geral) são identificáveis: (i) a tutela executiva (inclusive a fiscal), por seu caráter econômico, deve ser dosada, em princípio, a partir de critérios desse mesmo timbre (econômico); (ii) o que diferenciaria uma forma de garantia da outra, inclusive no sistema quadrivalente da Lei n. 6.830/80 (dinheiro, fiança, seguro e penhora de bens outros), seria, fundamentalmente, a sua aptidão para, no plano econômico, satisfazer o credor.

A par dessas mensagens (acertadíssimas, parece-nos), não esqueçamos que a norma institui presunção reescritora dos critérios puramente econômicos; mais: não esqueçamos que, em razão do que prescrevem os já citados arts. 8ºe 9º da Lei n. 6.830/80, o devedor, em execução fiscal, tem o direito subjetivo de garantir a satisfação do crédito executado por um daqueles quatro meios, não se afigurando possível distingui-los (não pelo menos quando se está na fase procedimental em que o sobredito direito de garantir se põe ativo) por conta de sua liquidez econômica.

Usando outros termos: para fins de execução fiscal, a primeira fase procedimental vem marcada, em sua especialidade, por um regime de garantias que lhe é próprio; nesse regime, embora economicamente distintas (cada qual ostentando um nível de liquidez), as garantias são juridicamente equiparadas – todas servem, de igual modo, ao mesmo propósito.

Se assim é na primeira fase do procedimento, assim não é, porém, nas subsequentes: se, inerte quanto ao oferecimento de garantia, o devedor deixa escapar de suas mãos a regra de equiparação dos arts. 8º e 9º, é natural que o processo siga adiante com a buscar, nessa etapa, da garantia que, economicamente, se mostra a mais líquida ("penhora de dinheiro") – justamente o que preordena a regra de "prioridade" traduzida pelo parágrafo 1º do art. 835.

Seja como for, partamos da premissa (para chegarmos no novo parágrafo 2º) de que o contribuinte ou efetivou depósito (voluntariamente) ou, por força de sua inércia em relação à prestação de outra garantia no prazo legal, tenha sofrido penhora de dinheiro depositado em repartição bancária: esse é o ambiente propício para a incidência do decantado dispositivo. Aquilo que, no sistema anterior, não seria admissível (a troca de uma garantia mais líquida por outra menos líquida), não pelo menos sem uma razão que objetivamente demonstrasse a necessidade de tal substituição (o tal *periculum in mora* que mencionamos pouco antes), passa a sê-lo, com efeito, considerada a presuntiva equiparação que o *plus* de trinta por cento viabilizaria.

Esse tipo de regra revela, em suas dobras, uma lógica peculiar (sugerida linhas atrás): a "liquidez efetiva" não é a única a ser considerada; há, a par dela, a "liquidez presumida".

Para compreender essa "lógica", consideremos, *a priori*, os três níveis de liquidez (econômica) que chamamos de "efetiva":

> (i) o primeiro, em que se coloca o dinheiro (fruto de depósito voluntário ou de penhora);
>
> (ii) o segundo, reconhecido como intermediário, em se colocam fiança e seguro (ambos, para fins de liquidação, impõem a prática de um mesmo número de atos processuais, daí advindo, portanto, sua equiparável liquidez);
>
> (iii) o terceiro e último, em que figura a penhora de bens quaisquer, menos dinheiro.
>
> A relação de "substitubilidade" inerente a essas figuras dar-se-ia, em princípio, nessa exata ordem:
>
> (i) as do primeiro nível substituiriam todas as demais (independentemente de qualquer condição);
>
> (ii) as intermediárias substituiriam as do terceiro nível (da mesma forma, independentemente de qualquer condição);
>
> (iii) as últimas não substituiriam as anteriores, salvo se demonstrada que essa substituição é imperativa por razões outras (a substituição, nesse caso, não se daria por razões conectadas à viabilização da tutela executiva, mas à posição do devedor, caso de excepcional aplicação da noção de menor onerosidade).
>
> Em adição, o que o novo Código fez foi integrar à ideia de "liquidez efetiva" a de "liquidez presumida", agregando uma "quarta possibilidade"; nela, as garantias intermediárias substituiriam não apenas as do terceiro nível, mas também as do primeiro, desde que incrementadas pelo *plus* de trinta por cento. (...).[197]

Uma última referência sobre o seguro garantia em execução fiscal: para as execuções patrocinadas pela Procuradoria-Geral Federal (Advocacia Geral da União), há, desde 21 de junho de 2016, específica disciplina a respeito dos critérios de aceitação ali adotáveis. Esses critérios vêm definidos nos arts. 6º a 8º da já citada Portaria PGF 440/2016:[198]

---

197. O "novo" art. 151, inciso II, do Código Tributário Nacional: o impacto do art. 835, parágrafo 2º, do novo Código de Processo Civil em relação à suspensão, via depósito, da exigibilidade do crédito tributário. In: Revista de direito tributário contemporâneo, São Paulo, Revista dos Tribunais, n. 1, p. 168-72.

198. Para além da definição dos requisitos para aceitação da garantia, é interessante notar que referida portaria, parece "desdizer" o art. 835, § 2º, do Código de Processo Civil, fazendo-o tanto no que toca ao seguro garantia como no que se refere à

Art. 6º. A aceitação do seguro garantia, prestado por seguradora idônea e devidamente autorizada a funcionar no Brasil, nos termos da legislação aplicável, fica condicionada à observância dos seguintes requisitos, que deverão estar expressos nas cláusulas da respectiva apólice:

I – o valor segurado deverá ser igual ao montante original do débito executado com os encargos e acréscimos legais, devidamente atualizado pelos índices legais aplicáveis aos débitos inscritos em dívida ativa;

II – previsão de atualização do débito garantido pelos índices aplicáveis aos débitos inscritos em dívida ativa;

III – manutenção da vigência do seguro, mesmo quando o tomador não pagar o prêmio nas datas convencionadas, com base no art. 11, §1º, da Circular n. 477 da Superintendência de Seguros Privados (SUSEP) e em renúncia aos termos do art. 763 do Código Civil e do art. 12 do Decreto-Lei n. 73, de 21 de novembro de 1966;

IV – referência ao número da inscrição em dívida ativa e ao número do processo judicial;

V – vigência da apólice de, no mínimo, 2 (dois) anos;

VI – estabelecimento das situações caracterizadoras da ocorrência de sinistro nos termos do art. 8º desta Portaria;

VII – endereço da seguradora;

VIII – cláusula de eleição de foro para dirimir eventuais questionamentos entre a instituição seguradora e a entidade segurada, representada pela Procuradoria-Geral Federal, na Seção ou

---

fiança. É o que se extrai de seu art. 2º, §§ 2º e 3º, combinado com seu art. 3º, § 1º:
"Art. 2º. (...)
§ 2º. A garantia prestada deve cobrir a integralidade do valor devido, com os encargos e acréscimos legais, devidamente atualizado pelos índices legais aplicáveis aos débitos inscritos em dívida ativa.
§ 3º. Não se exigirá, para as garantias regidas por esta Portaria, o acréscimo de 30% (trinta por cento) ao valor garantido, consoante previsão do art. 835, §2º, da Lei n. 13.105, de 16 de março de 2015 (Código de Processo Civil).
Art. 3º. A fiança bancária e o seguro garantia somente poderão ser aceitos caso sua apresentação ocorra antes da realização do depósito em dinheiro ou da efetivação da constrição em dinheiro, decorrente de penhora, arresto ou de quaisquer outras medidas judicias.
§ 1º. Excluindo-se o depósito em dinheiro e a efetivação da constrição em dinheiro decorrente de penhora, arresto ou quaisquer outras medidas judiciais, será permitida a substituição de garantias por fiança bancária ou seguro garantia, desde que atendidos os requisitos desta Portaria. (...)."

Subseção Judiciária da Justiça Federal do local com jurisdição sobre a localidade onde foi distribuída a demanda judicial em que a garantia foi prestada, afastada cláusula compromissória de arbitragem.

Parágrafo único. Além dos requisitos estabelecidos neste artigo, o contrato de seguro garantia não poderá conter cláusula de desobrigação decorrente de atos exclusivos do tomador, da seguradora ou de ambos.

Art. 7º. Por ocasião do oferecimento da garantia, o tomador deverá apresentar a seguinte documentação:

I – apólice do seguro garantia ou, no caso de apólice digital, cópia impressa da apólice digital recebida;

II – comprovação de registro da apólice junto à SUSEP;

III – certidão de regularidade da empresa seguradora perante a SUSEP.

§ 1º. A idoneidade a que se refere o *caput* do art. 6º será presumida pela apresentação da certidão da SUSEP, referida no inciso III deste artigo, que ateste a regularidade da empresa seguradora.

§ 2º. No caso do inciso I, deverá o Procurador Federal conferir a validade da apólice com a que se encontra registrada no sítio eletrônico da SUSEP no endereço www.susep.gov.br/serviço ao cidadão/consulta de apólice seguro garantia.

Art. 8º. Quando o valor segurado exceder a R$ 10.000.000,00 (dez milhões de reais), ainda que esse valor esteja compreendido no limite de retenção estabelecido pela SUSEP para a empresa seguradora, será exigida a contratação de resseguro, que se dará nos termos da Lei Complementar n. 126, de 2007.

Parágrafo único. O contrato de resseguro deverá conter cláusula expressa indicando que o pagamento da indenização ou do benefício correspondente ao resseguro, no caso de insolvência, liquidação ou falência da empresa seguradora, ocorrerá diretamente ao segurado, nos termos do parágrafo único do art. 14 da Lei Complementar n. 126, de 2007.

8.6 Penhora: voltando ao tema

A constrição inerente aos executivos fiscais processar-se-á, tal como definimos no item 8.1 retro, sob a forma de penhora – ato cuja realização, lembre-se, fica na dependência da prévia citação do devedor, com a constatação do não pagamento da dívida, assim como do não uso de um dos meios de garantia de que falamos (depósito, fiança ou seguro garantia).

8.6.1 Ordem de incidência

Nos termos do art. 9º, incisos III e IV, da Lei 6.830/80, o devedor pode nomear, a título de penhora, bens quaisquer, seus ou de terceiro(s), desde que aptos a garantir a execução.

Não o fazendo, consumar-se-á a penhora sobre qualquer elemento integrante de seu patrimônio, exceto os que a lei declare absolutamente impenhoráveis (art. 10). Numa ou noutra situação – de nomeação pelo executado ou de "penhora livre" –, supõe o subsistema da Lei 6.830/80, a observância da ordem de incidência definida em seu art. 11, in verbis:

> Art. 11. A penhora ou arresto de bens obedecerá à seguinte ordem:
>
> I – dinheiro;
>
> II – título da dívida pública, bem como título de crédito, que tenham cotação em bolsa;
>
> III – pedras e metais preciosos;
>
> IV – imóveis;
>
> V – navios e aeronaves;
>
> VI – veículos;
>
> VII – móveis ou semoventes; e
>
> VIII – direitos e ações.
>
> § 1º. Excepcionalmente, a penhora poderá recair sobre estabelecimento comercial, industrial ou agrícola, bem como em plantações ou edifícios em construção.
>
> § 2º. A penhora efetuada em dinheiro será convertida no depósito de que trata o inciso I do artigo 9º.

> § 3º. O Juiz ordenará a remoção do bem penhorado para depósito judicial, particular ou da Fazenda Pública exequente, sempre que esta o requerer, em qualquer fase do processo.

Paralelamente ao tratamento deferido pela mencionada norma à questão, o mesmíssimo assunto vem sendo alvo de outra disciplina desde a Lei 11.382/2006 – a mesma de que falamos por ocasião do Capítulo 7, item 7.6.2.

Esse diploma, dando nova redação a uma série de disposições do Código de Processo Civil de 1973, como que "modernizou" as tradicionais técnicas executivas, retrabalhando o conteúdo da regra que tratava, no texto original, da ordem de incidência da penhora.

Assim se põe redigido, com efeito, o art. 655 do estatuto processual geral revogado, com as modificações que lhe tinham sido inseridas:

> Art. 655. A penhora observará, preferencialmente, a seguinte ordem:
>
> I – dinheiro, em espécie ou em depósito ou aplicação em instituição financeira;
>
> II – veículos de via terrestre;
>
> III – bens móveis em geral;
>
> IV – bens imóveis;
>
> V – navios e aeronaves;
>
> VI – ações e quotas de sociedades empresárias;
>
> VII – percentual do faturamento de empresa devedora;
>
> VIII – pedras e metais preciosos;
>
> IX – títulos da dívida pública da União, Estados e Distrito Federal com cotação em mercado;
>
> X – títulos e valores mobiliários com cotação em mercado;
>
> XI – outros direitos.
>
> § 1º. Na execução de crédito com garantia hipotecária, pignoratícia ou anticrética, a penhora recairá, preferencialmente, sobre

a coisa dada em garantia; se a coisa pertencer a terceiro garantidor, será também esse intimado da penhora.

§ 2º. Recaindo a penhora em bens imóveis, será intimado também o cônjuge do executado.

Seu corresponde, no Código de Processo Civil de 2015, é, a seu turno, o art. 835:

Art. 835. A penhora observará, preferencialmente, a seguinte ordem:

I – dinheiro, em espécie ou em depósito ou aplicação em instituição financeira;

II – títulos da dívida pública da União, dos Estados e do Distrito Federal com cotação em mercado;

III – títulos e valores mobiliários com cotação em mercado;

IV – veículos de via terrestre;

V – bens imóveis;

VI – bens móveis em geral;

VII – semoventes;

VIII – navios e aeronaves;

IX – ações e quotas de sociedades simples e empresárias;

X – percentual do faturamento de empresa devedora;

XI – pedras e metais preciosos;

XII – direitos aquisitivos derivados de promessa de compra e venda e de alienação fiduciária em garantia;

XIII – outros direitos.

§ 1º. É prioritária a penhora em dinheiro, podendo o juiz, nas demais hipóteses, alterar a ordem prevista no *caput* de acordo com as circunstâncias do caso concreto.

§ 2º. Para fins de substituição da penhora, equiparam-se a dinheiro a fiança bancária e o seguro garantia judicial, desde que em valor não inferior ao do débito constante da inicial acrescido de trinta por cento.

§ 3º. Na execução de crédito com garantia real, a penhora recairá sobre coisa dada em garantia, e, se a coisa pertencer a terceiro garantidor, este também será intimado da penhora.

Para além de algumas coincidências nos textos, não há a menor dúvida de que entre os Códigos (de 1973 e de 2015) e a Lei 6.830/80 sobressai nítida diferença, estando os primeiros muito mais afinados com a realidade contemporânea.

Talvez por isso mesmo, a orientação pretoriana sugira a aplicação do art. 655 em relação aos executivos fiscais – a despeito da existência, no bojo da Lei 6.830/80, de disposição supostamente especial –, entendimento que há de se estender em relação ao Código de Processo Civil de 2015.

Paradoxalmente, entretanto, a ideia de *preferencialidade* a que se refere o *caput* do art. 655 não se vê abonada de forma cabal na jurisprudência, bem exemplificando essa circunstância o entendimento, amiúde lançado pelo Superior Tribunal de Justiça, de que a penhora em dinheiro (porque prevista no primeiro dos incisos do mencionado art. 655) é prioritária, em especial se não comprovada *de forma irrefutável, a necessidade de aplicação do princípio da menor onerosidade*,[199] princípio esse de que tratam os arts. 620 e 805 (do Código de Processo Civil de 1973 e do Código de Processo Civil de 2015, respectivamente).[200] Ao final das contas, o que se poderia inferir é que a "menor onerosidade" não seria, por si, argumento invocável para afastar a ordem de incidência preconizada pelo art. 655, impondo-se, antes disso, a demonstração *concreta* de que a penhora de um e não de outro bem (dinheiro e não um imóvel, por exemplo) importaria a inviabilização das atividades do executado.

Essa questão, com o Código de 2015, mais especificamente por conta do § 1º de seu art. 835, foi recomposta, à medida

199. Embargos de Divergência 1.077.039/RJ, Primeira Seção, Relator Ministro Mauro Campbell Marques, Relator para acórdão Ministro Herman Benjamin, DJe de 12/04/2011.

200. "Art. 620. Quando por vários meios o credor puder promover a execução, o juiz mandará que se faça pelo modo menos gravoso para o devedor."
"Art. 805. Quando por vários meios o exequente puder promover a execução, o juiz mandará que se faça pelo modo menos gravoso para o executado. (...)"

que ali restou prescrita a prioridade da penhora em dinheiro, podendo o juiz, nas demais hipóteses, alterar a ordem prevista no *caput* de acordo com as circunstâncias do caso concreto.

8.6.2 Formas "peculiares" de penhora

8.6.2.1 Penhora on-line

A chamada "penhora *on-line*" – figura de que trata(va) o art. 655-A, *caput* e §§1º e 2º, dispositivos introduzidos pela já mencionada Lei 11.382/2006 no Código de Processo Civil de 1973 –[201] não representa, por si, outra coisa que não a própria penhora de que trata o inciso I do art. 655 (de dinheiro).

Por isso mesmo, adverte Cassio Scarpinella Bueno:

> O inciso I do art. 655, de outra parte, é complementado pelo art. 655-A. O dispositivo, novidade trazida pela Lei n. 11.382/2006, regulamenta o que a prática forense acabou por chamar de "penhora on-line". É fundamental ler as regras em conjunto porque a expressa admissão de penhora de dinheiro "em depósito ou

---

201. "Art. 655-A. Para possibilitar a penhora de dinheiro em depósito ou aplicação financeira, o juiz, a requerimento do exequente, requisitará à autoridade supervisora do sistema bancário, preferencialmente por meio eletrônico, informações sobre a existência de ativos em nome do executado, podendo no mesmo ato determinar sua indisponibilidade, até o valor indicado na execução.
§ 1º. As informações limitar-se-ão à existência ou não de depósito ou aplicação até o valor indicado na execução.
§ 2º. Compete ao executado comprovar que as quantias depositadas em conta corrente referem-se à hipótese do inciso IV do caput do art. 649 desta Lei ou que estão revestidas de outra forma de impenhorabilidade. (...)"
No Código de Processo Civil de 2015, trata da mesma figura no art. 854:
"Art. 854. Para possibilitar a penhora de dinheiro em depósito ou em aplicação financeira, o juiz, a requerimento do exequente, sem dar ciência prévia do ato ao executado, determinará às instituições financeiras, por meio de sistema eletrônico gerido pela autoridade supervisora do sistema financeiro nacional, que torne indisponíveis ativos financeiros existentes em nome do executado, limitando-se a indisponibilidade ao valor indicado na execução.
(...)
§ 3º Incumbe ao executado, no prazo de 5 (cinco) dias, comprovar que:
I – as quantias tornadas indisponíveis são impenhoráveis; (...)."

> aplicação em instituição financeira", como faz o dispositivo ora examinado, tem tudo para encerrar a discussão bastante usual no foro de que a pesquisa em torno da existência de tais depósitos por parte do executado estaria protegida por "sigilo bancário", por isto, imune a apreensão judicial.[202]

Pragmaticamente, a "penhora *on-line*" é representada pela constrição de dinheiro, mediante prévio acesso, pelo magistrado, ao sistema de dados conhecido como "Bacen-Jud" – hoje, "SisbaJud" (Sistema de Busca de Ativos do Poder Judiciário).

Essas informações dizem respeito à identificação de dinheiro ou, mais amplamente, depósito ou aplicações em instituições financeiras (art. 655, inciso *I), sem exclusão das cadernetas de poupança (art. 655,* inciso *X), para viabilizar a sua penhora, inclusive para os fins do inciso VII do art. 655, é dizer, a penhora de "percentual do faturamento de empresa devedora".*[203]

Como sinalizado no item anterior, observada a ideia de prioridade da penhora de dinheiro sobre todos os demais bens e direitos legalmente descritos (salvo demonstração concreta de que o princípio da menor onerosidade imporia outro tratamento), tem o Superior Tribunal de Justiça se orientado no sentido de *que, após as modificações introduzidas pela Lei n. 11.382/2006, o bloqueio de ativos financeiros pelo Sistema BacenJud prescinde do esgotamento das diligências para a localização de outros bens passíveis de penhora.*[204]

A despeito do rigor em que se vem pautando a referida Corte na composição da equação "penhora *on-line versus*

202. BUENO, Cassio Scarpinella. *Curso sistematizado de direito processual civil* – tutela jurisdicional executiva... cit., p. 270-1.

203. Idem, p. 282-3.

204. Agravo Regimental no Agravo 1230232/RJ, Primeira Turma, Relator Ministro Hamilton Carvalhido, DJ de 02/02/2010.

princípio da menor onerosidade", é importante lembrar que, ao menos em relação à figura "simpaticamente" denominável (na prática forense) de *teimosinha* (reiteração do procedimento eletrônico tendente a promover a penhora *on-line*), sua jurisprudência vem se revelando menos implacável.

Exemplo disso se identifica no julgado proferido no Recurso Especial 1.284.587, Relator Ministro Massami Uyeda, Terceira Turma (DJe de 01/03/2012); essa é a ementa:

> RECURSO ESPECIAL. PROCESSUAL CIVIL. ARTIGO 399 DO CÓDIGO DE PROCESSO CIVIL. FUNDAMENTAÇÃO DEFICIENTE. INCIDÊNCIA DA SÚMULA 284/STJ. EDIÇÃO DAS LEIS N. 11.232/2005 E 11.382/2006. ALTERAÇÕES PROFUNDAS NA SISTEMÁTICA PROCESSUAL CIVIL. EFETIVIDADE DO PROCESSO. REALIZAÇÃO. PENHORA *ON-LINE*. INSTRUMENTO EFICAZ. FINALIDADE DO PROCESSO. REALIZAÇÃO DO DIREITO MATERIAL. PENHORA *ON-LINE*. INFRUTÍFERA. NOVO PEDIDO. POSSIBILIDADE. DEMONSTRAÇÃO DE PROVAS OU INDÍCIOS DE MODIFICAÇÃO DA SITUAÇÃO ECONÔMICA DO DEVEDOR. EXIGÊNCIA. RECURSO ESPECIAL IMPROVIDO.
>
> I – A não explicitação precisa, por parte da recorrente, sobre a forma como teria sido violado o dispositivo suscitado, no caso, o artigo 399, do Código de Processo Civil, atrai a incidência do enunciado n. 284 da Súmula do STF.
>
> II – É cediço que tanto a Lei n. 11.232/2005, que regula a execução de sentença, quanto a Lei n. 11.382/2006, que disciplina a execução de títulos extrajudiciais, ensejaram profundas modificações na sistemática processual civil, ao exigirem do Poder Judiciário a realização de atos jurisdicionais que, observando-se os direitos do devedor, nos termos do artigo 620, do CPC, efetivamente busquem a satisfação do credor, conferindo-se maior efetividade à prestação jurisdicional.
>
> III – A denominada penhora *on-line* atende, com presteza, a finalidade maior do processo, que é, justamente, a realização do direito material já reconhecido judicialmente. Assim, na verdade, se a parte contra quem foi proferida sentença condenatória não cumpre espontaneamente o julgado, cabe ao Poder Judiciário, coercitivamente, fazer cumprir o que determinou e o bloqueio pelo sistema do BACEN-Jud tem se revelado um

> importante instrumento para conferir agilidade e efetividade à tutela jurisdicional.
>
> IV – Todavia, caso a penhora *on-line* tenha resultado infrutífera, é possível, ao exequente, novo pedido de utilização do sistema BACEN-Jud, demonstrando-se provas ou indícios de modificação na situação econômica do executado. Precedentes.

Em adição, devemos lembrar algumas inovações trazidas pelo Código de Processo Civil de 2015, todas dignas de especial nota.

A primeira delas (a principal, pensamos) relaciona-se ao prazo estabelecido pelo parágrafo 1º do art. 854 para cancelamento de indisponibilidade excessiva.[205]

É certo, com efeito, que, tal como "calibrado", o sistema BacenJud/SisbaJud não está apto a, efetivado o rastreamento e localizadas duas ou mais contas, "cessar o bloqueio" (melhor dizer, porque mais técnico, "cessar a indisponibilidade") assim que atingido o limite da dívida. Por isso, os casos em que excesso se apresenta são potenciais.[206]

Para compor esse problema, o Código de Processo Civil de 2015 prescreve, no aludido dispositivo, que o juiz determinará, de ofício, o cancelamento do excesso em 24 horas.

A medida, vista de longe, é reveladora de evidente prudência, impondo, entretanto, alguma reflexão, a bem do (amplo) contexto em que inserida. Dispõe o art. 9º do mesmo

205. "Art. 854. (...)
§ 1º. No prazo de 24 (vinte e quatro) horas a contar da resposta, de ofício, o juiz determinará o cancelamento de eventual indisponibilidade excessiva, o que deverá ser cumprido pela instituição financeira em igual prazo."

206. A determinação de bloqueio pode afetar todas as contas bancárias do devedor, independentemente da quantia necessária para o pagamento da dívida, o que resulta num verdadeiro excesso de execução. Ao digitar apenas o CNPJ da empresa ou até mesmo o CPF dos sócios, a ordem dada atinge todas as contas cujos dados correspondem em nível nacional. Da mesma forma, tal ação compromete de giro da empresa, tornando o ato abusivo, por não atender o princípio da economicidade da execução, previsto no art. 620, do CPC/1973. (ROSA, Iris Vânia Santos. *A penhora execução fiscal*. São Paulo: Noeses, 2014. p. 225-6).

Código de Processo Civil de 2015, com efeito, que não se proferirá decisão contra uma das partes sem que ela seja previamente ouvida.

Por força desse dispositivo, seria o caso de, antes de efetivar o levantamento, ouvir a Fazenda? Essa providência, se exigível, está compreendida nas tais 24 horas? Parece, em princípio, que essas indagações seriam irrelevantes, pois o que a legislação preconiza é a liberação do excesso, providência em relação à qual o titular do crédito não poderia opor resistência (afinal de contas, a execução serve para satisfazê-lo na medida de seu crédito, e não para mais do que isso).

Há, entretanto, um detalhe que não pode ser desprezado: e se, dentre duas contas "bloqueadas", uma for portadora de valores impenhoráveis (salário, por exemplo, informação que não é revelada pelo sistema eletrônico, tendo que ser demonstrada pelo interessado)? Se o juiz, no prazo de 24 horas, sem prévia oitiva do exequente, "liberar" os valores integrantes da outra conta, mantendo a que retém o montante impenhorável (contingência irrecusável, pois, no prazo de 24 horas, o que sobra, admitamos, é tempo tão apenas para uma espécie de seleção aleatória),[207] teria o exequente que suportar eventual liberação desses valores na sequência, sob o pretexto de sua impenhorabilidade? Pensamos que não; entre um (art. 9º) e outro dispositivo (§ 1º do art. 854) há um aparente dissídio que poderia ser composto pela especialidade da regra contida no segundo.

Para neutralizar o "prejuízo" sofrido pelo exequente, caberia ao juiz avaliar, diante de pedido de liberação formulado pelo executado (sob o argumento mencionado, da impenhorabilidade), se a verba anteriormente levantada de ofício seria efetivamente penhorável ou não; se sim, o valor ainda bloqueado, mesmo demonstrada sua

---

207. Os casos de impenhorabilidade vêm referidos no item 8.7.

impenhorabilidade, seguiria "travado", "substituindo" o precedentemente liberado, caso em que o argumento (da impenhorabilidade) seria afastado, por força da anterior liberação do valor que não carregava esse rótulo; caso contrário, demonstrado que o valor anteriormente liberado (de ofício, insistamos) também se apresentava impenhorável, aí sim, outra alternativa não sobraria, senão providenciar a liberação do montante que segue "preso".

Outros pontos a realçar – talvez menos polêmicos – são merecedores de efusivos elogios, à medida que recobrem lacuna deixada pelo sistema "velho" em relação ao modo de formalização da penhora de que falamos.

O atual Código, nos parágrafos 2º a 5º do mesmo art. 854, prescreve, com efeito, que a efetivação da indisponibilidade, por si, não é constitutiva da penhora,[208] impondo-se, para tanto, a intimação do executado (§2º)[209] e a consequente abertura de ensejo para que argúa impenhorabilidade ou excesso (§ 3º).[210] Acolhidas essas arguições, o levantamento da indisponibilidade dar-se-á antes mesmo de "virar" penhora (§ 4º).[211] Caso contrário, ocorrerá, aí sim, a conversão da indisponibilidade em penhora, independentemente da lavratura de termo, operando-se a transferência do valor

208. E nem poderia: o vocábulo "indisponibilidade", quando menos contexto tributário, é revelador de providência cautelar, tal qual a que decorre da medida cautelar fiscal (o art. 4º da Lei n. 8.397/92 usa essa palavra para designar a providência engendrada por esse tipo cautelar).

209. "Art. 854. (...) § 2º Tornados indisponíveis os ativos financeiros do executado, este será intimado na pessoa de seu advogado ou, não o tendo, pessoalmente."

210. "Art. 854. (...) § 3º. Incumbe ao executado, no prazo de 5 (cinco) dias, comprovar que:
I – as quantias tornadas indisponíveis são impenhoráveis;
II – ainda remanesce indisponibilidade excessiva de ativos financeiros."

211. "Art. 854. (...) § 4º. Acolhida qualquer das arguições dos incisos I e II do § 3º, o juiz determinará o cancelamento de eventual indisponibilidade irregular ou excessiva, a ser cumprido pela instituição financeira em 24 (vinte e quatro) horas."

para conta vinculada ao juízo (p§ 5º)[212] – tudo, aparentemente mais afinado com a ideia de segurança e estabilidade.

No bojo do mesmo art. 854, especificamente em seu *caput*, um aspecto merece ser grifado: o emprego da expressão "sem dar ciência prévia do ato ao executado". Diferentemente do que poderia sugerir em princípio, essa fração normativa não implica exceção à ideia de contraditório, senão à de publicidade, tudo a significar que a penhora ali disciplinada não é de possível manejo antes da citação do executado, ao qual se há de conferir, sempre, a prévia abertura de oportunidade para pagamento ou oferecimento de garantia voluntária. Superada essa fase, aí sim, a norma passa a produzir efeitos, de modo a autorizar a efetivação da penhora *on-line* antes da ciência, via publicação, ao executado.

Lembremos, de todo modo, que é perfeitamente possível que eventual indisponibilização de recursos via BacenJud/SisbaJud seja requerida e determinada antes mesmo do ajuizamento da execução (e, por conseguinte, da citação do executado), mas sempre a título cautelar, detalhe que impõe a demonstração dos requisitos para tanto exigidos – do assunto trataremos adiante, no Capítulo 10.

8.6.2.2 Penhora de crédito decorrente de precatório judicial

Sob a rubrica "outros direitos" – inciso XI do art. 655 (do Código de Processo Civil de 1973) e inciso XIII do art. 835 (do Código de Processo Civil de 2015) – encontram-se inseridos, dentre vários, os que decorrem de precatório judicial.

Dada sua natureza, esses direitos creditórios subordinar-se-iam, quando constritos, à disciplina revelada pelos

212. "Art. 854. (...) § 5º. Rejeitada ou não apresentada a manifestação do executado, converter-se-á a indisponibilidade em penhora, sem necessidade de lavratura de termo, devendo o juiz da execução determinar à instituição financeira depositária que, no prazo de 24 (vinte e quatro) horas, transfira o montante indisponível para conta vinculada ao juízo da execução."

arts. 671 a 676 do Código de Processo Civil de 1973 (alguns com a redação original preservada) e pelos arts. 855 a 860 do Código de Processo Civil de 2015.[213]

---

213. "Art. 671. Quando a penhora recair em crédito do devedor, o oficial de justiça o penhorará. Enquanto não ocorrer a hipótese prevista no artigo seguinte, considerar-se-á feita a penhora pela intimação:
I – ao terceiro devedor para que não pague ao seu credor;
II – ao credor do terceiro para que não pratique ato de disposição do crédito.
Art. 672. A penhora de crédito, representada por letra de câmbio, nota promissória, duplicata, cheque ou outros títulos, far-se-á pela apreensão do documento, esteja ou não em poder do devedor.
§ 1º. Se o título não for apreendido, mas o terceiro confessar a dívida, será havido como depositário da importância.
§ 2º. O terceiro só se exonerará da obrigação, depositando em juízo a importância da dívida.
§ 3º. Se o terceiro negar o débito em conluio com o devedor, a quitação, que este lhe der, considerar-se-á em fraude de execução.
§ 4º. A requerimento do credor, o juiz determinará o comparecimento, em audiência especialmente designada, do devedor e do terceiro, a fim de lhes tomar os depoimentos.
Art. 673. Feita a penhora em direito e ação do devedor, e não tendo este oferecido embargos, ou sendo estes rejeitados, o credor fica sub-rogado nos direitos do devedor até a concorrência do seu crédito.
§ 1º. O credor pode preferir, em vez da sub-rogação, a alienação judicial do direito penhorado, caso em que declarará a sua vontade no prazo de 10 (dez) dias contados da realização da penhora.
§ 2º. A sub-rogação não impede ao sub-rogado, se não receber o crédito do devedor, de prosseguir na execução, nos mesmos autos, penhorando outros bens do devedor.
Art. 674. Quando o direito estiver sendo pleiteado em juízo, averbar-se-á no rosto dos autos a penhora, que recair nele e na ação que lhe corresponder, a fim de se efetivar nos bens, que forem adjudicados ou vierem a caber ao devedor.
Art. 675. Quando a penhora recair sobre dívidas de dinheiro a juros, de direito a rendas, ou de prestações periódicas, o credor poderá levantar os juros, os rendimentos ou as prestações à medida que forem sendo depositadas, abatendo-se do crédito as importâncias recebidas, conforme as regras da imputação em pagamento.
Art. 676. Recaindo a penhora sobre direito, que tenha por objeto prestação ou restituição de coisa determinada, o devedor será intimado para, no vencimento, depositá-la, correndo sobre ela a execução."
"Art. 855. Quando recair em crédito do executado, enquanto não ocorrer a hipótese prevista no art. 856, considerar-se-á feita a penhora pela intimação:
I – ao terceiro devedor para que não pague ao executado, seu credor;
II – ao executado, credor do terceiro, para que não pratique ato de disposição do crédito.
Art. 856. A penhora de crédito representado por letra de câmbio, nota promissória, duplicata, cheque ou outros títulos far-se-á pela apreensão do documento, esteja ou

Nada obstante essa teórica possibilidade, é preciso destacar que, em nível de execução fiscal, o Superior Tribunal de Justiça consolidou entendimento no sentido de que à Fazenda Pública credora seria dado opor-se à referida constrição.

Súmula 406 (Superior Tribunal de Justiça)
A Fazenda Pública pode recusar a substituição do bem penhorado por precatório.

É curioso notar, a despeito dessa postura deferidora do poder decisório à Fazenda, que, em movimento normativo recente, a Portaria PGFN n. 6.757/2022 – que reescreveu a

---

não este em poder do executado.
§ 1º. Se o título não for apreendido, mas o terceiro confessar a dívida, será este tido como depositário da importância.
§ 2º. O terceiro só se exonerará da obrigação depositando em juízo a importância da dívida.
§ 3º. Se o terceiro negar o débito em conluio com o executado, a quitação que este lhe der caracterizará fraude à execução.
§ 4º. A requerimento do exequente, o juiz determinará o comparecimento, em audiência especialmente designada, do executado e do terceiro, a fim de lhes tomar os depoimentos.
Art. 857. Feita a penhora em direito e ação do executado, e não tendo ele oferecido embargos ou sendo estes rejeitados, o exequente ficará sub-rogado nos direitos do executado até a concorrência de seu crédito.
§ 1º. O exequente pode preferir, em vez da sub-rogação, a alienação judicial do direito penhorado, caso em que declarará sua vontade no prazo de 10 (dez) dias contado da realização da penhora.
§ 2º. A sub-rogação não impede o sub-rogado, se não receber o crédito do executado, de prosseguir na execução, nos mesmos autos, penhorando outros bens.
Art. 858. Quando a penhora recair sobre dívidas de dinheiro a juros, de direito a rendas ou de prestações periódicas, o exequente poderá levantar os juros, os rendimentos ou as prestações à medida que forem sendo depositados, abatendo-se do crédito as importâncias recebidas, conforme as regras de imputação do pagamento.
Art. 859. Recaindo a penhora sobre direito a prestação ou a restituição de coisa determinada, o executado será intimado para, no vencimento, depositá-la, correndo sobre ela a execução.
Art. 860. Quando o direito estiver sendo pleiteado em juízo, a penhora que recair sobre ele será averbada, com destaque, nos autos pertinentes ao direito e na ação correspondente à penhora, a fim de que esta seja efetivada nos bens que forem adjudicados ou que vierem a caber ao executado."

de 9.917/2020 –,[214] à conta de regulamentar a transação na cobrança da dívida ativa da União (introduzida em nosso sistema via Lei 13.988/2020), admite explicitamente o emprego – com disciplina bastante detalhada – de créditos derivados de precatórios para pagamento ou amortização das dívidas tributárias que, reencaminhadas para a via amigável, saem do plano judicial, fato que, em certa medida, pode revelar uma relativa assincronia da orientação pretoriana.

8.6.2.3 Penhora de faturamento

A denominada "penhora de faturamento", conquanto recaia sobre dinheiro,[215] recebeu da Lei 11.382/2006, *status* de modalidade "autônoma", vindo contemplada no inciso VII do art. 655.

Essa estatura foi mantida pelo Código de Processo Civil de 2015 – art. 835, inciso X.

Para sua consecução, dispõe(unha) o § 3º do art. 655-A:

> Art. 655-A. (...)
>
> § § 3º. Na penhora de percentual do faturamento da empresa executada, será nomeado depositário, com a atribuição de submeter à aprovação judicial a forma de efetivação da constrição, bem como de prestar contas mensalmente, entregando ao exequente as quantias recebidas, a fim de serem imputadas no pagamento da dívida.

Referidas disposições – a do Código de Processo Civil de 1973 (alterado pela Lei 11.382/2006) e a do Código de Processo Civil de 2015 – elimina(va)m qualquer dúvida que se pudesse ter, ao tempo do Código "velho", sobre se a chamada "penhora de faturamento" requisitaria (ou não) a

214. Adiante, especificamente no Capítulo 13, a abordaremos.

215. Tanto assim que é viabilizada, em muitos casos, pela pesquisa efetivada via "BacenJud/SisbaJud".

investidura de um "administrador":[216] fala(va) o comando, expressamente, em depositário, pessoa nomeada pelo magistrado à qual cabia o encargo de submeter à apreciação judicial informações que apontassem para a viabilização econômica da penhora, tais como o real faturamento da empresa e o percentual mais afinado à realidade concretamente apresentada, cabendo-lhe, ainda, prestar contas periodicamente acerca dos resultados obtidos pela empresa, com a disponibilização das quantias que devem ser imputadas no pagamento da dívida.

Acaso o depositário não cumprisse esse encargo, seria possível tê-lo como infiel – bom frisar, porém, que, nos termos da Súmula Vinculante 25, não cabe falar em decretação de sua prisão.

> Súmula Vinculante 25 (Supremo Tribunal Federal)
>
> *É ilícita a prisão civil de depositário infiel, qualquer que seja a modalidade do depósito.*

Inovando, o art. 866, § 2º, do Código de Processo Civil de 2015[217] refere, para o exercício daquelas mesmas funções, a figura do "administrador-depositário", locução até então inexistente no sistema, mas que, pensamos, foi imaginada com o propósito (único, quiçá) de fazer realçar os inúmeros encargos que esse peculiar "depositário" carrega – encargos esses que o aproximam do antigo "administrador" de imóvel sob usufruto judicial. Não deixaria de ser, como no sistema anterior e de qualquer maneira, um depositário, essencialmente.

---

216. Figura a que se referiam os revogados arts. 726 a 729 do Código de Processo Civil de 1973, quando ali se disciplinava o chamado "usufruto de empresa".

217. "Art. 866. (...)
§ 2º. O juiz nomeará administrador-depositário, o qual submeterá à aprovação judicial a forma de sua atuação e prestará contas mensalmente, entregando em juízo as quantias recebidas, com os respectivos balancetes mensais, a fim de serem imputadas no pagamento da dívida."

Por fim, sobre a definição do percentual a ser adotado – questão acerca da qual o comando legal não se pronunciou –, vale a consulta, mais uma vez, à lição de Cassio Scarpinella Bueno:

> O art. 655, VII, contudo, ao admitir a penhora de "percentual do faturamento de empresa devedora", não deixa claro qual o percentual que será passível de penhora. A questão, longe de ser teórica, é eminentemente prática, importantíssima, mais ainda quando trazido à consideração o princípio agasalhado no art. 620.
>
> A melhor solução é a análise de cada caso concreto para se verificar em que medida o percentual penhorado afeta, ou não, a subsistência da empresa e o pagamento de seus encargos de todas as espécies (STJ, 2ª Turma, REsp 804.635/SP, rel. Min. Mauro Campbell Marques, jun. 5.8.2008, DJe 22.8.2008, e STJ, 3ª Turma, REsp 952.143/RJ, rel. Min. Humberto Gomes de Barros, jun. 7.3.2008, DJe 13.5.2008). Certo que não subsiste, no Código de Processo Civil, como mecanismo expropriatório, o "usufruto de empresa", anteriormente regulado pelos arts. 726 a 729, mas, nem por isto, a admissão da penhora de faturamento pode significar a penhora de percentual que inviabilize o prosseguimento das atividades da empresa-executada. Pensamento como este seria admitir, por via reflexa, a paralisação das atividades do devedor, o que não é o objetivo da lei processual civil. Nem sequer a falência, de acordo com o art. 99, XI, da Lei n. 11.101/2005, significará, necessariamente, a paralisação de tais atividades, quando seu prosseguimento for providência importante para realização do ativo e pagamento do passivo. É sempre importante lembrar, ademais, que as regras aqui discutidas disciplinam a execução por quantia certa contra devedor solvente.[218]

Confirmando essa orientação, o § 1º do art. 866 do Código de Processo Civil de 2015, embora de forma bem sintética, deixa sugerida a necessidade de se considerar o caso concreto:

> Art. 866. (...).

218. BUENO, Cassio Scarpinella. *Curso sistematizado de direito processual civil – tutela jurisdicional executiva*... cit., p. 274.

> § 1º. O juiz fixará percentual que propicie a satisfação do crédito exequendo em tempo razoável, mas que não torne inviável o exercício da atividade empresarial.

8.7 Impenhorabilidade

O art. 10 da Lei 6.830/80 faz expressa menção à ideia de impenhorabilidade, voltando sua atenção, porém, a uma específica subclasse, ali denominada de *absoluta*;[219] quer isso significar que, para além dos bens ditos *absolutamente* impenhoráveis, haveria aqueles que se apresentariam ligados à ideia de impenhorabilidade *relativa* – casos em que o óbice à constrição só se impõe à falta de outros bens.

Esse conceito – o de impenhorabilidade *relativa* –, entretanto, não se vê incorporado no diploma de que falamos, o que faz concluir que, para o subsistema dos executivos fiscais, importam, aparentemente, apenas os primeiros casos, de impenhorabilidade *absoluta*.

A distinção de uma e outra classe era encontrada nos arts. 649 e 650 Código de Processo Civil de 1973, residindo, no contexto do Código de Processo Civil de 2015, nos arts. 833 e 834 (consideradas, para os primeiros, as alterações infiltradas pelas Leis 11.382/2006 e 11.694/2008); leia-se:

> Art. 649. São absolutamente impenhoráveis:
>
> I – os bens inalienáveis e os declarados, por ato voluntário, não sujeitos à execução;
>
> II – os móveis, pertences e utilidades domésticas que guarnecem a residência do executado, salvo os de elevado valor ou que ultrapassem as necessidades comuns correspondentes a um médio padrão de vida;

---

219. "Art. 10. Não ocorrendo o pagamento, nem a garantia da execução de que trata o artigo 9º, a penhora poderá recair em qualquer bem do executado, exceto os que a lei declare absolutamente impenhoráveis."

III – os vestuários, bem como os pertences de uso pessoal do executado, salvo se de elevado valor;

IV – os vencimentos, subsídios, soldos, salários, remunerações, proventos de aposentadoria, pensões, pecúlios e montepios; as quantias recebidas por liberalidade de terceiro e destinadas ao sustento do devedor e sua família, os ganhos de trabalhador autônomo e os honorários de profissional liberal, observado o disposto no § 3º deste artigo;

V – os livros, as máquinas, as ferramentas, os utensílios, os instrumentos ou outros bens móveis necessários ou úteis ao exercício de qualquer profissão;

VI – o seguro de vida;

VII – os materiais necessários para obras em andamento, salvo se essas forem penhoradas;

VIII – a pequena propriedade rural, assim definida em lei, desde que trabalhada pela família;

IX – os recursos públicos recebidos por instituições privadas para aplicação compulsória em educação, saúde ou assistência social;

X – até o limite de 40 (quarenta) salários mínimos, a quantia depositada em caderneta de poupança;

XI – os recursos públicos do fundo partidário recebidos, nos termos da lei, por partido político.

§ 1º. A impenhorabilidade não é oponível à cobrança do crédito concedido para a aquisição do próprio bem.

§ 2º. O disposto no inciso IV do *caput* deste artigo não se aplica no caso de penhora para pagamento de prestação alimentícia.

Art. 650. Podem ser penhorados, à falta de outros bens, os frutos e rendimentos dos bens inalienáveis, salvo se destinados à satisfação de prestação alimentícia.

Art. 833. São impenhoráveis:

I – os bens inalienáveis e os declarados, por ato voluntário, não sujeitos à execução;

II – os móveis, os pertences e as utilidades domésticas que guarnecem a residência do executado, salvo os de elevado valor ou os que ultrapassem as necessidades comuns correspondentes a um médio padrão de vida;

III – os vestuários, bem como os pertences de uso pessoal do executado, salvo se de elevado valor;

IV – os vencimentos, os subsídios, os soldos, os salários, as remunerações, os proventos de aposentadoria, as pensões, os pecúlios e os montepios, bem como as quantias recebidas por liberalidade de terceiro e destinadas ao sustento do devedor e de sua família, os ganhos de trabalhador autônomo e os honorários de profissional liberal, ressalvado o § 2º;

V – os livros, as máquinas, as ferramentas, os utensílios, os instrumentos ou outros bens móveis necessários ou úteis ao exercício da profissão do executado;

VI – o seguro de vida;

VII – os materiais necessários para obras em andamento, salvo se essas forem penhoradas;

VIII – a pequena propriedade rural, assim definida em lei, desde que trabalhada pela família;

IX – os recursos públicos recebidos por instituições privadas para aplicação compulsória em educação, saúde ou assistência social;

X – a quantia depositada em caderneta de poupança, até o limite de 40 (quarenta) salários-mínimos;

XI – os recursos públicos do fundo partidário recebidos por partido político, nos termos da lei;

XII – os créditos oriundos de alienação de unidades imobiliárias, sob regime de incorporação imobiliária, vinculados à execução da obra.

§ 1º. A impenhorabilidade não é oponível à execução de dívida relativa ao próprio bem, inclusive àquela contraída para sua aquisição.

§ 2º. O disposto nos incisos IV e X do *caput* não se aplica à hipótese de penhora para pagamento de prestação alimentícia, independentemente de sua origem, bem como às importâncias excedentes a 50 (cinquenta) salários-mínimos mensais, devendo a constrição observar o disposto no art. 528, § 8º, e no art. 529, § 3º.

§ 3º. Incluem-se na impenhorabilidade prevista no inciso V do *caput* os equipamentos, os implementos e as máquinas agrícolas pertencentes a pessoa física ou a empresa individual produtora rural, exceto quando tais bens tenham sido objeto de financiamento e estejam vinculados em garantia a negócio jurídico ou

> quando respondam por dívida de natureza alimentar, trabalhista ou previdenciária.
>
> Art. 834. Podem ser penhorados, à falta de outros bens, os frutos e os rendimentos dos bens inalienáveis.
>
> Vale lembrar, nesse mesmo contexto, da especial regra inscrita no art. 30 da Lei n. 6.830/80, regra essa que, de certo modo, tempera a incidência dos arts. 649, inciso I (do Código de Processo Civil de 1973) e 833, inciso I (do Código de Processo Civil de 2015); eis os seus termos:
>
> Art. 30. Sem prejuízo dos privilégios especiais sobre determinados bens, que sejam previstos em lei, responde pelo pagamento da dívida ativa da Fazenda Pública a totalidade dos bens e das rendas, de qualquer origem ou natureza, do sujeito passivo, seu espólio ou sua massa, inclusive os gravados por ônus real ou cláusula de inalienabilidade ou impenhorabilidade, seja qual for a data da constituição do ônus ou da cláusula, excetuados unicamente os bens e rendas que a lei declara absolutamente impenhoráveis.

Em suma:

Se não efetuado o pagamento voluntário do débito, o desenvolvimento do executivo fiscal demanda a prestação de **garantia**, espontânea ou forçada.

Penhora, depósito, fiança e seguro são as formas de garantia prescritas pelo sistema.

O **depósito**, tratando-se de execução vinculada a tributo federal ou proposta pela União ou por autarquia federal (não importando, nesse caso, se a prestação exequenda é tributária ou não), processar-se-á junto à **Caixa Econômica Federal**.

Os **depósitos** relacionados a valores de **natureza tributária** são legalmente equiparados a "**pagamento**" (chamado de "*provisório*"), efetivando-se por DARF.

Fiança, em execução fiscal, subordina-se às condições estabelecidas pelo Conselho Monetário Nacional.

Nas execuções propostas pela **Procuradoria da Fazenda Nacional**, aplicam-se as Portarias PGFN 644/2009 e 1.378/2009.

Depois de longa discussão sobre a viabilidade do seguro garantia em execução fiscal, sedimentou-se, por sua introdução na Lei 6.830/80, seu cabimento.

Penhora é ato **preparatório da expropriação** do patrimônio do devedor, efetivado com o escopo de **delimitar sua responsabilidade**; consuma-se mediante a **apreensão, direta ou indireta, da parcela do patrimônio** do devedor que ficará **vinculada ao executivo**, fixando regime de **preferência** em favor do credor.

A penhora é ato cuja realização depende da **prévia citação do devedor**, com a constatação do **não pagamento da dívida**, assim como do **não uso** de um dos outros meios de garantia (**depósito, fiança ou seguro**).

O devedor pode nomear à penhora bens, seus ou de terceiros, aptos a garantir a execução; não o fazendo, a penhora consumar-se-á sobre qualquer bem integrante de seu patrimônio, **exceto** os que a lei declare **absolutamente impenhoráveis**.

A **penhora em dinheiro** é **prioritária**.

O **princípio da menor onerosidade** não constitui, por si, argumento que afasta a prioritária incidência da penhora em dinheiro, impondo-se, para tanto, a demonstração concreta dos efeitos danosos da constrição realizada sob aquela forma.

A **penhora *on-line*** representa a própria penhora de dinheiro.

Após as modificações introduzidas pela Lei 11.382/2006, a **penhora *on-line*** prescinde do **esgotamento** das diligências para a **localização de outros bens** do devedor.

A Fazenda Pública pode **recusar** a **substituição** do bem penhorado por **precatório**.

A **penhora de faturamento**, conquanto recaia sobre dinheiro, é legalmente tratada como modalidade “autônoma”.

Na penhora de percentual do faturamento, será **nomeado depositário** (ou administrador-depositário), com a atribuição de submeter à aprovação judicial a forma de efetivação da constrição, bem como de prestar contas mensalmente, entregando ao exequente as quantias recebidas, a fim de serem imputadas no pagamento da dívida.

É ilícita a prisão civil de depositário infiel, qualquer que seja a modalidade do depósito.

Capítulo 9

A DEFESA NO PLANO EXECUTIVO FISCAL

9.1 Introdução

A especial presunção de que se investe o crédito fazendário – decorrente não só de sua origem (ato administrativo), mas também de sua exteriorização em documento que é legalmente definido como título executivo (Certidão de Dívida Ativa) – não o coloca à margem de relativização.[220]

Assim, a despeito da afirmação, *a priori*, de que execução fiscal é categoria que não se harmoniza com a ideia de ampla defesa, é preciso tomá-la com certo cuidado.

É que, quando se fala que o pressuposto da Certidão de Dívida Ativa repugna o exercício da ampla defesa, não se deve concluir, com isso, que a obrigação subjacente àquele documento é absolutamente indiscutível. Longe disso!

É preciso diferençar, nesse contexto, "veículo" e "conteúdo", "meio" e "mensagem": (i) o título (Certidão de Dívida Ativa) representa, em nível executório, o "veículo/meio"

---

220. "Art. 3º. (...)
Parágrafo único. A presunção a que se refere este artigo é relativa e pode ser ilidida por prova inequívoca, a cargo do executado ou de terceiro, a quem aproveite." (Lei 6.830/80).

pelo qual a obrigação de fundo se exterioriza; (ii) a obrigação, por seu turno, deve ser vista como "conteúdo", como "mensagem", portada por aquele documento.

Dada a peculiar forma de produção do "veículo", seu "conteúdo" reveste-se de especial presunção; não, porém, de intocabilidade: a obrigação ("conteúdo" portado pelo "veículo") pode ser alvo de reação do executado, a quem se há de conferir, no ciclo executório, a prerrogativa de impugná-la. Para tanto, deverá se valer de um "veículo" próprio, expressamente identificado no sistema normativo: os embargos previstos pelo art. 16, *caput*, da Lei 6.830/80.[221]

Antes de atribuir força peremptória à afirmação segundo a qual execução é categoria processual que não se compagina com a ideia de ampla defesa, devemos admitir, portanto, que a pretensão executiva é impugnável, sim, desde que mediante o "veículo/meio" apropriado.

9.2 Embargos à execução

9.2.1 Natureza jurídica

Os embargos à execução, tomados como veículo pelo qual o sujeito passivo da obrigação exequenda oferece resistência à pretensão expropriatória, podem ser definidos como verdadeiro sucedâneo da figura da contestação – modalidade usual, no âmbito cognitivo, para oposição de resistência a uma dada pretensão. Só é possível assim entendê-los, no entanto, se os olharmos a partir de seu conteúdo material;[222] se tomados formalmente, observando-se sua

221. "Art. 16. O executado oferecerá embargos, no prazo de 30 (trinta) dias, contados: (...)."

222. Usando outros termos: os embargos, se vistos em seu núcleo (oposição à pretensão executória), oficiariam, de fato, como "defesa".

condição de "veículo/meio" de exteriorização de defesa, os embargos hão de ser definidos como *processo*, ostentando, por essa perspectiva, autonomia formal relativamente ao executivo fiscal.

Considerados por esse último ângulo – o que significa defini-los, insista-se, em função de sua dimensão formal, não por seu conteúdo –, os embargos à execução fiscal podem (e devem) ser vistos a partir das regras que disciplinam a formação, o desenvolvimento e a extinção de todo e qualquer processo. Vale dizer: como se passa com a generalidade dos processos, também os embargos estariam vinculados à produção de um específico veículo provocativo do Estado-juiz – a petição inicial.

De certo modo, portanto, falar de embargos significa falar de exercício, pelo executado, do direito de ação. Diversamente do que ocorre na generalidade dos casos, todavia, o direito de que falamos (o direito de ação de embargos, repise-se) tende à veiculação de resistência, oficiando, pragmaticamente, como defesa. Por isso, aliás, sua identificação como um direito *secundário*: seu exercício estaria sob a dependência do prévio exercício de um "outro" direito de ação, justamente o portado pela Fazenda Pública credora. Aí está a razão pela qual se diz, amiúde, que a relação processual instrumentalizadora do direito de ação de embargos é *dependente* de outra relação, a executiva – tida, essa última, como *principal*, portanto.[223]

Sob outro viés, os embargos, como categoria processual, incluir-se-iam no grupo das demandas cognitivas, assim definindo-se uma vez que projetam tutela (sentença)

---

223. "Art. 736. (...)
Parágrafo único. Os embargos à execução serão distribuídos por dependência, autuados em apartado e instruídos com cópias das peças processuais relevantes, que poderão ser declaradas autênticas pelo advogado, sob sua responsabilidade pessoal." (Código de Processo Civil de 1973).
O correspondente desse dispositivo, no Código de Processo Civil de 2015, é o art. 914.

tendente ao reexame da obrigação estampada na Certidão de Dívida Ativa. Mais: consideradas as situações ordinárias, podemos acrescentar que os embargos, como canal de produção de tutela cognitiva, buscariam a deflagração de um específico efeito – a desconstituição da exigibilidade da obrigação exequenda.[224]

Dado que o feito a que os embargos se vinculam – o executivo fiscal – qualifica-se pelo especial pressuposto do título (representado, repitamos, pela Certidão de Dívida Ativa), compreensível que o sistema, em certo momento, tenha atrelado o exercício do direito de ação de embargos a uma espécie de "contrapartida" – a chamada *garantia da execução* (art. 16, § 1º, da Lei 6.830/80).[225]

Usando outras palavras: a lei, em sua lógica, atribui efetividade à presunção que recobre o título executivo, à medida que condiciona o exercício do direito de ação de embargos ao cumprimento de uma condição extravagante – não experimentada pela generalidade das categorias processuais.

9.2.2 Conteúdo

A teor do § 2º do art. 16 da Lei 6.830/80, recai sobre o executado o ônus de alegar, em seus embargos, toda matéria útil à sua defesa, requerendo a produção de provas e juntando documentos e rol de testemunhas, se o caso.

---

224. Tanto em sua perspectiva objetiva ("desconstitui-se, total ou parcialmente, a obrigação por força da inexigibilidade da prestação que lhe subjaz"), como "subjetiva". Casos há, com efeito, em que, sem atacar o crédito executado em si mesmo, os embargos atacam sua exigibilidade em face de determinado sujeito. É o que ocorre, amiúde, nos casos em que corresponsável incluído na lide executiva discute, via embargos, o redirecionamento. Dessa específica virtude dos embargos, trata Renato Lopes Becho (BECHO, Renato Lopes. *Responsabilidade tributária de terceiros*. São Paulo: Saraiva, 2014. p. 215-8).

225. "Art. 16. (...)
§ 1º. Não são admissíveis embargos do executado antes de garantida a execução. (...)" (Lei 6.830/80).

Dada a abertura conferida por essa disposição, o que se pode inferir, em princípio, é que não há limites, em termos de conteúdo, aos embargos.

Essa impressão inicial é diluída, no entanto, pelas restrições impostas pelo subsequente § 3º – *não será admitida reconvenção, nem compensação, e as exceções, salvo as de suspeição, incompetência e impedimentos, serão arguidas como matéria preliminar e serão processadas e julgadas com os embargos.*

Em sua primeira parte, ao referir a impossibilidade de emprego da reconvenção, o dispositivo em questão não faz nada além do que seria "natural": falar em reconvenção, na hipótese dos executivos fiscais, significaria a dedução, pelo executado, de pretensão do mesmo timbre contra a Fazenda Pública, o que é totalmente sem sentido.[226]

E o mesmo, de certa forma, cabe falar em relação à segunda figura ali, no § 3º, mencionada, a saber, a compensação: ao recusá-la como tema de embargos, a disposição em comento segue a mesma diretriz que a inspira em relação à reconvenção, recusando a possibilidade de o executado resistir à pretensão mediante a evocação de um suposto crédito que teria, em seu favor, frente à Fazenda Pública.

É bom que se ressalte, de todo modo, que a restrição a que a lei se reporta não alcança a alegação de extinção do

---

226. Expressão eloquente dessa espécie de óbice relaciona-se aos casos em que o crédito exequendo encontra-se desde antes quitado. *Pelo art. 940 do novo Código Civil (art. 1.531 do CC/1916), a parte que demandar por dívida já paga ou pedir mais do que for devido "ficará obrigada a pagar ao devedor, no primeiro caso, o dobro do que houver cobrado e, no segundo, o equivalente do que dele exigir". Não se aplicará, contudo, a sanção se o motivo da inexigibilidade for a prescrição.*
Segundo entendimento pretoriano, a sanção não é de aplicar-se à cobrança excessiva quando praticada pelo Poder Público, em execução fiscal. O dispositivo, na ótica do STJ, reporta-se à prática de ato ilícito, só tendo aplicação "quando há má-fé, sendo a boa-fé presumida, e não se confunde com o dano processual do art. 16 do CPC" (STJ, 2ª T., REsp 507.310/PR, Rel. Min. Eliana Calmon, ac. de 4-11-2003, DJU, 1º dez. 2003, p. 319). (THEODORO JÚNIOR, Humberto. *Lei de execução fiscal* cit., p. 23).

crédito exequendo em função de anterior compensação engendrada – observação de extrema importância no âmbito tributário, mormente o federal, uma vez reconhecida, em tal esfera, a compensação como legítima forma de extinção do crédito tributário.[227]

9.2.3 Efeitos do ajuizamento

A definição dos efeitos que a propositura dos embargos irradia relativamente à execução fiscal fica na estrita dependência de um ponto: apurar se o modelo firmado desde a Lei 11.382/2006 é ou não aplicável às execuções fiscais. Tomadas as considerações traçadas por ocasião do Capítulo 7, item 7.6.2, possível pensar que os embargos, por si, não provocariam a paralisação do executivo; caso contrário, se afastássemos as premissas impostas a partir da mencionada

---

227. "(...) 3. A alegação da extinção da execução fiscal ou da necessidade de dedução de valores pela compensação total ou parcial, respectivamente, impõe que esta já tenha sido efetuada à época do ajuizamento do executivo fiscal, atingindo a liquidez e a certeza do título executivo, o que se dessume da interpretação conjunta dos artigos 170, do CTN, 714, do CPC, e 16, § 3º, da LEF.
4. Ademais, há previsão expressa na Lei 8.397/92, no sentido de que: 'O indeferimento da medida cautelar fiscal não obsta a que a Fazenda Pública intente ação judicial da Dívida Ativa, nem influi no julgamento desta, salvo se o juiz, no procedimento, cautelar fiscal, acolher a alegação de pagamento, de compensação, de transação, de remissão, de prescrição ou decadência, de conversão do depósito em renda, ou qualquer outra modalidade de extinção da pretensão deduzida.' (art. 15).
5. In casu, cuida-se de exceção de pré-executividade na qual se aduziu constituir causa de extinção do crédito tributário executado a compensação efetuada pela empresa executada, com fulcro em decisão transitada em julgado em 15.3.99, que reconhecera a existência de indébito tributário, ante a declaração de inconstitucionalidade do tributo pelo STF.
6. Consequentemente, a compensação efetuada pelo contribuinte, antes do ajuizamento do feito executivo, pode figurar como fundamento de defesa dos embargos à execução fiscal ou da exceção de pré-executividade, a fim de elidir a presunção de liquidez e certeza da CDA, máxime quando, à época da compensação, restaram atendidos os requisitos da existência de crédito tributário compensável, da configuração do indébito tributário, e da existência de lei específica autorizativa da citada modalidade extintiva do crédito tributário (in casu, as Leis 8.383/91 e 9.430/96)." (Agravo Regimental no Recurso Especial 1085914/RS, Superior Tribunal de Justiça, Primeira Turma, Relator Ministro Luiz Fux, DJe de 15/06/2010).

lei (a 11.382/2006, reitere-se), os embargos importariam automática suspensão do fluxo executório, pressupondo-se, para tanto, a suficiente garantia da execução.

9.2.4 Procedimento

Como ocorre com a generalidade dos processos cognitivos, também os embargos têm seu procedimento vinculado à superação de quatro fases – postulatória, saneadora (ou ordinatória), instrutória e decisória.

Na primeira das fases, a postulatória, são praticados os atos processuais tendentes à conformação da relação processual: petição inicial, seu recebimento pela autoridade julgadora, citação,[228] defesa e, a depender da postura reativa adotada pela Fazenda Pública, a abertura de providência(s) preliminar(es).[229]

---

228. A Lei n. 6.830/80 chama esse ato de comunicação inaugural não de citação, senão de intimação, dando à defesa da Fazenda Pública credora o específico nome de impugnação ("Art. 17. Recebidos os embargos, o Juiz mandará intimar a Fazenda, para impugná-los no prazo de 30 (trinta) dias, designando, em seguida, audiência de instrução e julgamento.").

229. As chamadas providências preliminares de possível emprego em nível de embargos à execução fiscal vêm definidas nos arts. 324 e 327 do Código de Processo Civil de 1973:
"Art. 324. Se o réu não contestar a ação, o juiz, verificando que não ocorreu o efeito da revelia, mandará que o autor especifique as provas que pretenda produzir na audiência."
"Art. 327. Se o réu alegar qualquer das matérias enumeradas no art. 301, o juiz mandará ouvir o autor no prazo de 10 (dez) dias, permitindo-lhe a produção de prova documental. Verificando a existência de irregularidades ou de nulidades sanáveis, o juiz mandará supri-las, fixando à parte prazo nunca superior a 30 (trinta) dias."
No Código de Processo Civil de 2015, esses dispositivos encontram-se reescritos pelos arts. 348, 351 e 352:
"Art. 348. Se o réu não contestar a ação, o juiz verificando a inocorrência do efeito da revelia previsto no art. 344, ordenará que o autor especifique as provas que pretenda produzir, se ainda não as tiver indicado."
"Art. 351. Se o réu alegar qualquer das matérias enumeradas no art. 337, o juiz determinará a oitiva do autor no prazo de 15 (quinze) dias, permitindo-lhe a produção de prova."
"Art. 352. Verificando a existência de irregularidades ou de vícios sanáveis, o juiz determinará sua correção em prazo nunca superior a 30 (trinta) dias."

Esgotada essa fase, a persecução das seguintes – ordinatória (saneadora) e instrutória – fica na dependência da exata definição dos limites da lide; se, por hipótese, a questão suscitada for exclusivamente de direito, não cabe falar em dilatação probatória, impondo-se, no lugar disso, a imediata penetração na fase terminal, a decisória; o mesmo cabe dizer se, mesmo envolvendo questão fática, os embargos estiverem suficientemente instruídos em nível documental.[230]

Quer isso significar, ao cabo de tudo, que o efetivo exaurimento de todas as fases procedimentais possíveis (quatro no total, repitamos) só se verificará se e quando a cognição judicial demandar a (re)construção dos fatos a que a lide se reporta por outra via probatória, que não a documental pré-constituída.

9.2.5 Efeitos do julgamento dos embargos

Na expressão que integra o nome dado ao presente item, *julgamento dos embargos*, reside uma dicotomia: a exemplo do que fizemos nos itens inaugurais, podemos falar em embargos sob duas perspectivas diferentes, identificando-os (i) como meio formal de exteriorização da resistência do executado ou (ii) a partir de seu conteúdo. A primeira perspectiva nos leva à ideia de *processo*; a segunda, à de defesa em relação ao direito material vindicado pelo exequente.

O julgamento dos embargos pode se dar sob uma ou outra dessas óticas. Na primeira, dir-se-ia puramente formal; na segunda, meritório, apresentando-se relevante a distinção, visto que dela derivam diferentes efeitos, principalmente no

230. "Art. 17 (...)
Parágrafo único. Não se realizará audiência, se os embargos versarem sobre matéria de direito, ou, sendo de direito e de fato, a prova for exclusivamente documental, caso em que o Juiz proferirá a sentença no prazo de 30 (trinta) dias."

que se refere à execução fiscal, processo ao qual os embargos se vinculam.

Mais ainda: considerando-se o modelo instituído desde a Lei 11.382/2006, teríamos que avaliar se os embargos foram recebidos e, se sim, em quais efeitos (mormente o suspensivo).

Teríamos, assim, as seguintes possibilidades:

(Caso 1)

Julgamento formal *prima facie* (fundamento: art. 485, inciso I, do Código de 2015; art. 267, inciso I, do Código de 1973): como os embargos, nesse caso, não foram sequer recebidos, não há que se falar em atribuição de efeito qualquer (tampouco o suspensivo da execução fiscal); logo, o julgamento, em si, não traz nenhum impacto para o processo principal.

(Caso 2)

Julgamento formal depois de recebida a inicial com efeito suspensivo (fundamento: qualquer dos incisos, à exceção do inciso I, tanto do art. 267 do Código de 1973, como do art. 485, do Código de 2015): pressupondo-se o prévio recebimento dos embargos com a suspensão da execução fiscal, o julgamento, nesse caso, implica a cessação da eficácia suspensiva do processo principal, que retoma, por conseguinte, seu fluxo.

(Caso 3)

Julgamento meritório com o acolhimento do pedido inicial (fundamento: art. 487, inciso I, do Código de 2015; art. 269, inciso I, do Código de 1973): imaginando-se que a resistência oferecida pelo executado abranja a integralidade da obrigação exequenda, o julgamento, nesse caso, implicará a desconstituição da exigibilidade da obrigação, daí decorrendo a automática extinção da execução fiscal, uma vez desaparelhado o respectivo título.

(Caso 4)

Julgamento meritório com o acolhimento parcial do pedido inicial (fundamento: art. 487, inciso I, do Código de 2015; art. 269, inciso I, do Código de 1973): o julgamento implicará, nesse caso, a desconstituição de parte da exigibilidade da obrigação, daí decorrendo a cessação da eficácia suspensiva relativamente à execução fiscal, que retoma seu fluxo, excluída, porém, a parcela, objetiva ou subjetiva, tida como indevida pela sentença.

(Caso 5)

Julgamento meritório com a rejeição do pedido inicial (fundamento: art. 487, inciso I, do Código de 2015; art. 269, inciso I, do Código de 1973): o julgamento implicará, nesse caso, a plena retomada da presunção de legitimidade que recobria a obrigação exequenda, cessando a eficácia suspensiva relativamente à execução fiscal, feito que retoma seu fluxo, portanto.

(Caso 6)

Julgamento formal depois de recebida a inicial sem efeito suspensivo (fundamento: qualquer dos incisos, à exceção do I, tanto do art. 267 do Código 1973, como o art. 485 do Código de 2015): o julgamento, nesse caso, implica a convalidação de todos os atos executivos praticados no processo principal.

(Caso 7)

Julgamento meritório com o acolhimento dos embargos recebidos sem efeito suspensivo (fundamento: art. 487, inciso I, do Código de 2015; art. 269, inciso I, do Código de 1973): imaginando-se que a resistência oferecida pelo executado abranja a integralidade da obrigação exequenda, o julgamento, nesse caso, implica (i) a desconstituição da exigibilidade da obrigação, (ii) a automática revogação dos atos executivos praticados, com sua reversão[231] e (ii) a extinção da execução, uma vez desaparelhado o respectivo título.

(Caso 8)

Julgamento meritório com o acolhimento parcial dos embargos recebidos sem efeito suspensivo (fundamento: art. 487, inciso I, do Código de 2015; art. 269, inciso I, do Código de 1973): o julgamento implicará, nesse caso, a desconstituição de parte da exigibilidade da obrigação, com a convalidação dos atos executivos praticados no processo principal relativamente à parte subsistente da dívida e consequente revogação dos atos projetados sobre a parte tida por insubsistente.

(Caso 9)

Julgamento meritório com a rejeição dos embargos que foram processados sem efeito suspensivo (fundamento: art. 487, inciso I, do Código de 2015; art. 269, inciso I, do Código de 1973): o julgamento implicará, nesse caso, a convalidação de todos os atos executivos praticados no processo principal.

9.2.6 Embargos à execução no âmbito recursal

Prolatada sentença nos embargos, é de se avaliar, para definição dos efeitos que dela derivam, o seu exato

231. Inclusive se a execução já tiver avançado a ponto de se ter implementado a alienação judicial de bens penhorados. Nesses termos, prescreve o parágrafo 2º do art. 694 do Código de Processo Civil de 1973 (redação da Lei n. 11.382/2006): "No caso de procedência dos embargos, o executado terá direito a haver do exequente o valor por este recebido como produto da arrematação; caso inferior ao valor do bem, haverá do exequente também a diferença." Em linha análoga, o art. 903, caput, do Código de Processo Civil de 2015: "Qualquer que seja a modalidade de leilão, assinado o auto pelo juiz, pelo arrematante e pelo leiloeiro, a arrematação será considerada perfeita, acabada e irretratável, ainda que venham a ser julgados procedentes os embargos do executado ou a ação autônoma de que trata o § 4º deste artigo, assegurada a possibilidade de reparação pelos prejuízos sofridos."

conteúdo, assim como o valor do crédito a que a demanda se reporta.

Acaso a sentença seja de procedência, total ou parcial, seus efeitos ficam subordinados ao cumprimento da condição prescrita no inciso II do art. 496 do Código de Processo Civil de 2015 (com correspondente no art. 475, também inciso II, do Código de Processo Civil de 1973) – o reexame necessário.[232]

Caso a sentença de que falamos (de procedência, total ou parcial) encontre fundamento em jurisprudência do plenário do Supremo Tribunal Federal ou em súmula de tal Corte ou do Superior Tribunal de Justiça, referida condição deixa de ser exigível, o que quer significar que, se não oferecida apelação, constituir-se-á a coisa julgada.[233] E o mesmo cabe dizer nas hipóteses em que o valor do crédito sob execução for inferior ao teto definido legalmente.[234]

---

232. "Art. 475. Está sujeita ao duplo grau de jurisdição, não produzindo efeito senão depois de confirmada pelo tribunal, a sentença: (...)
II – que julgar procedentes, no todo ou em parte, os embargos à execução de dívida ativa da Fazenda Pública (art. 585, VI). (...)"
"Art. 496. Está sujeita ao duplo grau de jurisdição, não produzindo efeito senão depois de confirmada pelo tribunal, a sentença: (...)
II – que julgar procedentes, no todo ou em parte, os embargos à execução fiscal."

233. "Art. 475. (...)
§ 3º. Também não se aplica o disposto neste artigo quando a sentença estiver fundada em jurisprudência do plenário do Supremo Tribunal Federal ou em súmula deste Tribunal ou do tribunal superior competente." (Código de Processo Civil de 1973.)
"Art. 496. (...)
§ 4º. Também não se aplica o disposto neste artigo quando a sentença estiver fundada em:
I – súmula de tribunal superior; (...)" (Código de Processo Civil de 2015.)

234. "Art. 475. (...).
§ 2º. Não se aplica o disposto neste artigo sempre que a condenação, ou o direito controvertido, for de valor certo não excedente a 60 (sessenta) salários mínimos, bem como no caso de procedência dos embargos do devedor na execução de dívida ativa do mesmo valor." (Código de Processo Civil de 1973.)
"Art. 496. (...)
§ 3º. Não se aplica o disposto neste artigo quando a condenação ou o proveito econômico obtido na causa for de valor certo e líquido inferior a:
I – 1.000 (mil) salários-mínimos para a União e as respectivas autarquias e fundações de direito público;

Vale fazer, nesse momento, apenas um destaque: acaso o crédito exequendo seja de valor igual ou inferior a cinquenta ORTN's, não caberá falar em apelação e, por conseguinte, em reexame necessário, senão em *embargos infringentes*, modalidade recursal típica do regime executivo fiscal, cuja principal característica relaciona-se ao plano competencial, à medida que é o próprio prolator da sentença que responde, nesse caso, pelo julgamento do recurso, tudo nos termos do art. 34, e parágrafos, da Lei 6.830/80.

> Art. 34. Das sentenças de primeira instância proferidas em execuções de valor igual ou inferior a 50 ORTN só se admitirão embargos infringentes e de declaração.
>
> § 1º. Para os efeitos deste artigo, considerar-se-á o valor da dívida monetariamente atualizado e acrescido de multa e juros de mora e demais encargos legais, na data da distribuição.
>
> § 2º. Os embargos infringentes, instruídos, ou não, com documentos novos, serão deduzidos, no prazo de 10 dias, perante o mesmo juízo, em petição fundamentada.
>
> § 3º. Ouvido o embargado, no prazo de 10 dias, serão os autos conclusos ao juiz, que, dentro de 20 dias, os rejeitará ou reformará a sentença.

9.2.7 Efeitos da apelação em embargos à execução

Nos termos do art. 1.012 do Código de Processo Civil de 2015 (reescritura do art. 520 do Código revogado), a apelação terá, de regra, efeito suspensivo.

Casos há, porém, em que referido efeito é afastado, figurando, nesse contexto, as hipóteses de extinção sem

---

II – 500 (quinhentos) salários-mínimos para os Estados, o Distrito Federal, as respectivas autarquias e fundações de direito público e os Municípios que constituam capitais dos Estados;
III – 100 (cem) salários-mínimos para todos os demais Municípios e respectivas autarquias e fundações de direito público." (Código de Processo Civil de 2015.)

resolução de mérito ou de improcedência dos embargos à execução (§ 1º, inciso III, do mesmo art. 1.012; inciso V do anterior art. 520).

Na prática, isso significa que, julgados improcedentes ou extintos sem resolução de mérito os embargos, mesmo que anteriormente recebidos com efeito suspensivo, a execução fiscal deve ter seu fluxo retomado, ficando a anômala atribuição da aludida eficácia (suspensiva, reitere-se) na dependência do manejo do instrumento previsto no § 3º do mencionado art. 1.012 – desde que assim determinado pela autoridade apontada no § 4º:

> Art. 1.012. (...)
>
> § 3º. O pedido de concessão de efeito suspensivo nas hipóteses do § 1º poderá ser formulado por requerimento dirigido ao:
>
> I – tribunal, no período compreendido entre a interposição da apelação e sua distribuição, ficando o relator designado para seu exame prevento para julgá-la;
>
> II – relator, se já distribuída a apelação.
>
> § 4º. Nas hipóteses do § 1º, a eficácia da sentença poderá ser suspensa pelo relator se o apelante demonstrar a probabilidade de provimento do recurso ou se, sendo relevante a fundamentação, houver risco de dano grave ou de difícil reparação.

Importante salientar, de todo modo, que o prosseguimento da execução, nas hipóteses mencionadas, não pode implicar a irreversibilidade do *status quo*. Tal advertência é especialmente importante para os casos em que a execução fiscal encontra-se garantida por depósito – a retomada da marcha processual, em tais situações, importaria em indesejável reversão do valor depositado em favor da Fazenda, com a consequente extinção do crédito exequendo, o que esvaziaria os embargos, transformando-os, como se isso fosse possível, em ação de repetição do indébito.

E o mesmo pode ser dito em relação às execuções garantidas por fiança ou seguro. Nesses casos, sabe-se, o prosseguimento da execução dar-se-ia pela intimação da instituição garantidora para fins de quitação do crédito garantido – aí residindo, precisamente, o problema. É que essa quitação – explicitamente prevista no inciso II do art. 19 da Lei n. 6.830/80 –[235] produziria os mesmos efeitos antes mencionados: a definitiva extinção do crédito, esvaziando os embargos. Poder-se-ia cogitar, é bem verdade, que o valor para o qual a instituição garantidora é convocada a arcar, em vez de ser imediatamente revertido em benefício da Fazenda, seguiria depositado nos autos, o que repugnaria aquele desfecho indesejável. Mesmo diante dessa "saída", dois aspectos chamam a atenção, sendo o primeiro deles ligado à noção de legalidade: a forma como redigido o sobredito art. 19 não deixa dúvidas sobre a convocabilidade do garante para fins de pagamento, não de depósito. Há, por outro lado, uma clara intenção, no contexto do mesmo art. 19, de se direcionar as providências prescritas em seus incisos em casos de julgamento definitivo – não enquanto pendente eventual recurso. Isso porque, em seu caput, duas são as situações abordadas: (i) a de não oposição dos embargos, em que se supõe a definitividade por preclusão negativa, (ii) a de julgamento desfavorável ao devedor. Nesse segundo caso, a lei de fato não qualifica o julgamento como "definitivo", mas se a primeira hipótese supõe essa ideia (pela oblíqua perda, por inércia, do direito de embargar), seria de se dizer o mesmo, por coerência, na segunda. Talvez por isso, o inciso II fale, textutalmente, que o terceiro-garante

235. "Art. 19. Não sendo embargada a execução ou sendo rejeitados os embargos, no caso de garantia prestada por terceiro, será este intimado, sob pena de contra ele prosseguir a execução nos próprios autos, para, no prazo de 15 (quinze) dias:
(...)
II – pagar o valor da dívida, juros e multa de mora e demais encargos, indicados na Certidão de Dívida Ativa pelos quais se obrigou se a garantia for fidejussória."

deve ser convocado para "pagar" – não para depositar provisoriamente o valor do crédito.

Para além disso, há, de todo modo, um terceiro aspecto, transcendente à literalidade legal, a ser mencionado nesse contexto: se, mesmo pendente o recurso, foram efetivadas quaisquer daquelas garantias, uma e outra, a fiança e apólice esvaziar-se-iam como tal, com todas as consequências de caráter negocial daí advindas, em especial o "rebaixamento" da posição do executado junto à instituição que lhe outorgou a garantia, o que, em certa medida, pode significar uma sanção indireta, quiçá indesejável pelo sistema expropriatório. De mais a mais, importa realçar que, a par do ônus imposto ao executado, o crédito exequendo restaria em aberto, uma vez que o valor disponibilizado, repita-se, não seria imediatamente conversível em renda da Fazenda – sob pena de se extinguir o crédito debatido na apelação, desmantelando-se sua utilidade –, tudo de molde a confirmar a impressão há pouco registrada, de que a providência em xeque, porque insuficiente para a plena satisfação da Fazenda, seria uma espécie de pena infligida àquele que opta por garantir a satisfação de sua dívida por um daqueles meios.

Para negar a premissa de que a liquidação da fiança ou do seguro constituir-se-ia em mero instrumento sancionador, posto que não reverteria em benefício prático qualquer para a Fazenda, diriam alguns que, nos termos da Lei 9.703/98 (já mencionada em anterior Capítulo), o depósito é "percebido" pelo sistema, mormente para fins orçamentários, como pagamento (mesmo que "provisório"), aí residindo o interesse da titular do crédito na precipitada conversão da fiança ou do seguro em disponibilização de capital.

Embora convocável, esse não é, pensamos, o "melhor" argumento, sobretudo porque escorado em circunstâncias alheias ao processo e confessadamente associadas ao plano orçamentário.

Ademais, sabendo-se que fiança e seguro são instrumentos equiparados pela lei processual à garantia prestada em dinheiro (tanto o voluntariamente depositado como o coativamente penhorado), caberia aplicar-lhes o mesmo tratamento atribuído a esse último – medida que poderia ser satisfatoriamente implementada, aliás, até mesmo no "artificial" âmbito orçamentário, com a extensão da ficção forjada pela sobredita Lei 9.703/98 para os casos em foco (da fiança e do seguro) – afinal, convenhamos, o "dinheiro depositado" não está, a não ser por ficção, efetivamente disponível para a Fazenda; nessa medida, ficção por ficção, nada obstaria que os créditos garantidos pelos referidos meios fossem também contabilizados pela Fazenda credora como "provisoriamente pagos").

De tudo isso, um aspecto merece ser pinçado, desafiando análise destacada. Em relação ao seguro-garantia, há, não esqueçamos, um conceito sobremodo importante, o de sinistro, cuja disciplina pode ser contratualmente ajustada para além dos domínios da lei. Lembremos, nesse sentido, os casos em que se preconiza sua verificabilidade (do sinistro) se não substituída ou endossada antes do esgotamento de sua vigência. Nesse e em outros exemplos, poder-se-ia dizer: com a verificação do sinistro, o executado ou seu garante deve(m) prover o Juízo com o depósito do valor devido, coisa que nada tem que ver com a improcedência de eventuais embargos, tampouco com os efeitos da apelação ali interposta.

9.2.8 Honorários

A despeito de seu conteúdo – típico de defesa –, os embargos apresentam-se como instrumento veiculador de relação processual autônoma (sobre isso falamos no item 9.2.1). Supõem, por isso, a imposição, em desfavor do respectivo sucumbente, dos encargos derivados da derrota, aí incluídos os honorários advocatícios.[236]

De se advertir, entretanto, que os executivos fiscais propostos pela União, por encartarem o encargo de que trata o art. 1º do Decreto-lei 1.025/69 – verba cuja legitimidade é francamente reconhecida pela jurisprudência –,[237] não autorizam, acaso derrotado o executado em seus embargos, a fixação de honorários.

Isso porque, segundo entendimento assente no plano jurisprudencial, o encargo mencionado "substitui" os honorários advocatícios devidos pelo executado-embargante na hipótese em que vencido em seus embargos.

> (...) Uma vez que o encargo de 20% previsto no art. 1º do Decreto-lei n. 1.025/69, além de atender a despesas com a cobrança de tributos não recolhidos, substitui os honorários advocatícios, 'é inadmissível a condenação em duplicidade da referida verba, caracterizando inegável bis in idem e afrontando o princípio de que a execução deve realizar-se da forma menos onerosa para o devedor' (REsp 181.747/RN, Rel. Min. Peçanha Martins, DJ de 10.04.2000).
>
> A Primeira Seção, na assentada de 22 de outubro de 2003, ao julgar os Embargos de Divergência no Recurso Especial 445.582/RS, relatado por este signatário, firmou o entendimento ora esposado. (...)
>
> (Recurso Especial 2003.02111953/RS, Superior Tribunal de Justiça, Segunda Turma, Relator Ministro Franciulli Netto, DJ de 31/05/2004, p. 296).

O mesmo cabe dizer quanto aos embargos à execução fiscal de créditos relacionados a outros contextos, caso do

236. Lembre-se, nesse contexto e por mais uma vez, o teor da Súmula 153 do Superior Tribunal de Justiça: "A desistência da execução fiscal, após o oferecimento dos embargos, não exime o exequente dos encargos da sucumbência."

237. Inclusive no que se refere às execuções fiscais ajuizadas contra massa falida – Súmula 400 do Superior Tribunal de Justiça: "O encargo de 20% previsto no Decreto-Lei n. 1.025/69 é exigível na execução fiscal proposta contra a massa falida."

FGTS, cambiando, apenas, a base normativa que assenta sua cobrança (Lei 8.844/94, com redação atribuída pela Lei 9.964/2000, é a que trata do assunto do caso do aludido fundo) e seu importe (no caso do FGTS, devido à base de 10%, com a possibilidade de redução para 5% se houver o pagamento antes do ajuizamento da execução).[238]

É bem verdade, não recusamos, que, com o estabelecimento do inovador regime de fixação de honorários (sobretudo no que tange à Fazenda Pública) pelo Código de 2015, outro encaminhamento poderia ser dado à questão, na linha do que sustenta, em certa medida, Danilo Monteiro de Castro, [O encargo legal do Decreto-lei 1.025/69 e sua (in)compatibilidade com o sistema jurídico vigente, em especial após as inovações do CPC/2015], de cujo texto extraímos, a título de reflexão, as ponderações seguintes:

> O legislador do CPC/2015, em várias oportunidades, positivou regras contrárias à interpretação dada pelos Tribunais em face aos comandos existentes no CPC/1973. Isto é, dentre as várias interpretações possíveis, diante da regra existente, a construída pela jurisprudência não foi a acolhida na reforma processual, onde o legislador fez questão de positivar enunciado de forma a não permitir a manutenção do sentido até então prevalecente sobre determinado tema.
>
> Uma destas posições do STJ, infirmada pelo CPC/2015, diz respeito aos honorários de sucumbência quando a Fazenda Pública for uma das partes, para rechaçar o entendimento de que quando esta for sucumbente poderia o magistrado fixar a verba sem qualquer limite objetivo, o que não se via quando o sucumbente era o contribuinte.
>
> Nesse sentido, o § 3º do artigo 85 do CPC/2015 traz critérios objetivos (mínimos e máximos) a serem observados pelo magistrado quando arbitrar honorários sucumbenciais, quer em favor da Fazenda Pública quer em seu desfavor.

238. "Art. 2º. (...) § 4º. Na cobrança judicial dos créditos do FGTS, incidirá encargo de 10% (dez por cento), que reverterá para o Fundo, para ressarcimento dos custos por ele incorridos, o qual será reduzido para 5% (cinco por cento), se o pagamento se der antes do ajuizamento da cobrança."

Tais critérios trazem menor percentual de honorários nas causas em que a condenação for maior, isto é, apresenta um padrão de regressividade no cômputo dos honorários, que pode ser de apenas 1% (um por cento) em condenações superiores a 100.000 (cem mil) salários-mínimos, sempre respeitando o percentual das faixas anteriores (somente o excedente é atingindo pela faixa subsequente – § 5º do art. 85).

Assim, não restam mais dúvidas de que a subjetividade do julgador para o arbitramento dos honorários tem de estar dentro dos limites (mínimos e máximos) estabelecidos pela lei, inclusive quando a condenação for em desfavor da Fazenda Pública.

Esse tratamento isonômico, fruto da incidência das mesmas regras àqueles em litígio no mesmo processo, traz o equilíbrio necessário a tais partes, isto é, sentem, com a mesma carga, este estímulo negativo previsto em nosso ordenamento.

No cenário legislativo processual anterior (CPC/1973), o ponto central a motivar tal desigualdade era ser a sucumbente a Fazenda Pública, situação a justificar a construção de sentido vencedora em nossos Tribunais de ser aqui cabível um tratamento diferenciado (estímulo mais brando ao "tutor" do interesse público).

Pelas novas regras positivadas (CPC/2015), esse tratamento desigual não se faz mais possível, ou seja, Fazenda Pública e contribuinte têm de sofrer o mesmo estímulo negativo, qual seja, têm de recear, na mesma proporção, a judicialização de um conflito.

Infelizmente, porém, quando a cobrança (execução fiscal) for de crédito tributário federal, esse tratamento isonômico (receio à judicialização, na mesma proporção), deixa de ser observado, pois a verba honorária sucumbencial, se vencedora for a Fazenda Pública, será substituída pelo encargo legal (que, via de regra, será maior que a condenação imposta à Fazenda Pública, quando sucumbente – excepcionalmente ter-se-á igual peso, jamais menor).

(...)

Ainda que se insira, na base de cálculo dos honorários sucumbenciais, o valor do encargo legal (já que ele compõe, no entendimento do STJ, o crédito tributário), mesmo assim a distorção permanece (no exemplo acima, com a inserção do encargo legal no cômputo dos honorários, o mesmo atingirá a cifra de, aproximadamente, R$ 11 milhões).

(...)

Será que nesse cenário aquele tratamento isonômico entre fisco e contribuinte, pretendido pelo legislador do CPC/2015, em relação a essa indução à não litigiosidade está preservada na esfera federal? Evidente que não.

(...)

Sendo assim, nos parece evidente que tal instituto (encargo legal) tem de ser interpretado à luz das regras processuais em vigor.

Frise-se: [i] se por este prisma, qual seja, indução à não litigiosidade pela imposição de ônus àquele que perder a demanda, encargo legal e honorários sucumbenciais se equiparam; [ii] se pelas novas regras processuais não é mais cabível tratamentos desiguais (só pelo fato de ser a sucumbente a Fazenda Pública) no que diz respeito a esse estímulo, quer nos parecer que [iii] o encargo legal tem de ser aplicado à luz destas novas regras, observando as faixas e percentuais (ainda que máximos) do § 3º do artigo 85 do CPC/2015.

Não é aceitável, no contexto legislativo-processual atual, a existência de estímulos desiguais entre fisco e contribuinte, a desencorajar este de maneira mais incisiva do que aquele quanto à judicialização de conflitos.

Não se duvida que estamos diante de institutos diversos (encargo legal lá; verba honorária sucumbencial cá), mas que inquestionavelmente tiveram significativa aproximação ante as regras processuais de 2015 (não só no que diz respeito à equiparação da mesma carga indutora à redução da litigiosidade, como à questão da destinação do encargo fiscal a remunerar honorários do procurador, cuja alteração legislativa – Lei n. 13.327/2016 – foi motivada pela redação do § 19 do art. 85 do CPC).[239]

9.3 Exceção de pré-executividade

9.3.1 Definição e campo de alcance

O processo de execução fiscal, porque voltado à produção de tutela jurisdicional executiva, não se revela meio

239. CASTRO, Danilo Monteiro de. O encargo legal do Decreto-lei n. 1.025/69 e sua (in)compatibilidade com o sistema jurídico vigente, em especial após as inovações do CPC/2015. In: ARAUJO, Juliana Furtado Costa e CONRADO, Paulo Cesar (Coord.). *Inovações da cobrança do crédito tributário*. São Paulo: Thomson Reuters Brasil, 2019, p. 358-62.

adequado, em princípio, à emissão de atos propriamente cognitivos da obrigação subjacente ao título. Essa, em suma, é a razão pela qual a defesa do executado veicular-se-ia, de ordinário, por demanda autônoma, desafetada do ciclo procedimental executório e que, justamente por conta dessa desafetação, não compromete a linearidade da marcha executiva – impondo-lhe, quando muito, um hiato temporal, notadamente verificável quando aos embargos se confere efeito suspensivo (caso em que, embora inalterada qualitativamente, a marcha processual passaria a ostentar uma "bolha cronológica").

E é exatamente o pressuposto da Certidão de Dívida Ativa que autoriza a formulação dessas proposições: referido documento, ao preordenar a obrigação exequenda, definiria o preciso alcance material da tutela jurisdicional executiva, tutela essa que não se ocuparia nem de constituir nem de declarar a existência daquela obrigação, senão de realizá-la (e apenas realizá-la).

A despeito dessas premissas, um detalhe há de se realçar: a formulação de defesa pelo executado pode envolver no mínimo dois tipos diferentes de cognição.

Possível pensar, com efeito, (i) em cognição do direito material exequendo a partir de investigação fática, e (ii) em cognição do direito material exequendo independentemente de sua estrutura fática.

Explicamos: exercer cognição significa olhar para o direito material não em nível puramente teórico, senão como fato, como fato relacional – se de processo individual se fala, é preciso assentir que o direito material submetido a cognição judicial o é em nível concreto, factualmente considerado.

Pois esse fato – o fato da relação jurídica de direito material – pode ou não ser a razão de ser da atividade cognitiva; quem pede o exercício da cognição judicial pode fazê-lo em função de argumento que põe em xeque o fato da relação jurídica, que passa a exigir exame.

Possível, paralelamente a isso, que a provocação se dê por conta de aspectos não implicativos de investigação fática.

No vocabulário da processualística tradicional, ter-se-ia, de um lado, cognição exercida mediante dilação instrutória (diríamos nós: mediante atividade de investigação do fato relacional subjacente), e, de outro, cognição independente de dilação daquele nível (diríamos *direta* ou *imediata*).

Pois é exatamente essa diferenciação que se coloca como fundamento da teoria que inspirou a consagração da figura da *exceção de pré-executividade*, instrumento de defesa posto à disposição do executado para a segunda das situações cogitadas.

De fato: (i) se a cognição suscitada pela defesa do executado o é debaixo de argumentação que requisita dilação instrutória (atividade investigativa do campo fático-relacional subjacente ao título), vinculada estará aos embargos (cumprindo-se a lógica desde antes anunciada: a preordenação de uma dada obrigação em título executivo supõe a fixação do fato jurídico que a ensejou num nível de certeza tal que sua derrubada só pode se processar caso os argumentos fáticos contrapostos sejam fixados por meio de veículo processual próprio, ou seja, aquele em que há espaço para o exercício de cognição profunda); (ii) se, por outro lado, a cognição é identificável como *direta* ou *imediata*, justamente por prescindir da abertura de campo cognitivo-reconstitutivo do fato subjacente ao título, poderá se dar no bojo do próprio ciclo procedimental executório.

A essa situação por último referida é que se associa a figura que se convencionou chamar de *exceção de pré-executividade*, meio de defesa que se instala na própria via processual executiva, com aparente desnaturação do caráter executório do processo – o que, embora indesejável *a priori*, se põe tolerado pelo sistema por conta da espécie de cognição requerida ao Estado-juiz.[240]

A lição de Rita Dias Nolasco é clara, caminhando nesse exato sentido:

> Assim, o critério a ser levado em conta é a intensidade da cognição, em sua perspectiva horizontal. A cognição horizontal na exceção de pré-executividade é limitada, pois o juiz somente conhecerá as matérias alegadas que forem comprovadas de plano, ou seja, que não ensejarem dilação probatória. Já na ação dos embargos do devedor, permite-se a ampliação da cognição, no plano vertical e horizontal.[241]

Valioso, nessa mesma perspectiva, o magistério de Sérgio Shimura:

> Dissemos no item 'b', supracitado, que existem matérias que devem ser objeto de arguição da parte, mas que não demandam qualquer dilação probatória para sua demonstração. Embora não sejam decretáveis de ofício pelo juiz – pressupondo, pois, alegação da parte – em nosso ver, podem ser discutidas e decididas independentemente de penhora, desde que demonstradas de pronto e de modo inequívoco, sem a necessidade de produção de outras provas. Alguns temas, por estarem no campo da disponibilidade do direito, não podem ser reconhecidos pelo juiz sem que haja invocação do devedor (ex.: prescrição, pagamento, compensação, novação etc.). Mas se estiverem provados de

---

240. Um dos primeiros casos em que se narra a veiculação dessa forma anômala de defesa do executado nos remete a 1966, quando a Companhia Siderúrgica Mannesmann teve sua falência requerida por duas vezes, sendo nas duas vezes rejeitada a pretensão. Por essa razão, o afirmado credor da companhia ajuizou execução. Chamado, então, para oferecer parecer, Pontes de Miranda sustentou, na ocasião, a possibilidade de os títulos em que se escudava o pleito executório serem objetados independentemente de qualquer constrição, dado que a existência do título, sua correção e compatibilidade com as formalidades legais poderiam (e deveriam) ser avaliados já quando do recebimento da inicial.

241. NOLASCO, Rita Dias. *Exceção de pré-executividade* – doutrina e jurisprudência. São Paulo: Método, 2003. p. 261.

> forma límpida, irretorquível, constatável prima facie, sendo de todo prescindível qualquer incidente probatório (prova pericial, testemunhal, depoimento pessoal etc.), aí então se mostra fértil o terreno para o oferecimento de exceção de pré-executividade.[242]

Fecha questão sobre o tema a Súmula 393 do Superior Tribunal de Justiça:

Súmula 393 do Superior Tribunal de Justiça
A exceção de pré-executividade é admissível na execução fiscal relativamente às matérias conhecíveis de ofício que não demandem dilação probatória.

9.3.2 Exceção de pré-executividade *versus* embargos

Entendida como forma especial de defesa em nível executivo (inclusive o fiscal), a exceção de pré-executividade opera, em termos práticos, como verdadeiro sucedâneo dos embargos (representativos da via ordinária), não se afigurando possível, por isso, o emprego simultâneo de tais instrumentos.

Em rigor, o uso da exceção, porque indubitavelmente excepcional, está atrelado à fase mais prematura do processo de execução, firmando-se, antes do aparelhamento da garantia, via penhora.

Acaso já consumada essa fase, dir-se-ia ausente o interesse do executado em termos de exceção de pré-executividade.

Uma vez adstrita a campo material bem delimitado, a exceção de pré-executividade, se oferecida, exigiria do julgador o exercício de um prévio juízo de admissibilidade, oportunidade em que, mesmo superficialmente, analisaria o enquadramento, *prima facie*, da matéria articulada na apertada moldura da exceção.

242. SHIMURA, Sérgio. *Título executivo*. São Paulo: Saraiva, 1997. p. 78.

Acaso negativo esse juízo, abre-se evidente ensejo para que o executado rearticule a matéria pela via (mais ampla) dos embargos; acaso positivo, quer isso significar que, em princípio, o uso dos embargos fica afastado.

É bom que se destaque que, na hipótese por último mencionada (em que o processamento da exceção é admitido), caberá ao julgador, ouvida a Fazenda, examinar o mérito arguido, momento em que se abre espaço para eventual revisão do juízo de admissibilidade positivo inicialmente efetivado – é o que ocorreria, por exemplo, se demonstrado pelo exequente, em sua resposta, que a questão suscitada via exceção de pré-executividade requisita, ao contrário do afirmado pelo executado, abertura instrutória. Nessas situações, recrudesce a mesma solução de que falamos há pouco: a exceção é afastada, com a natural abertura de espaço para a apresentação de embargos.

A par disso tudo, considere-se os casos em que o juízo de admissibilidade positivo é ulteriormente confirmado, sobrevindo, no entanto, decisão que, em seu mérito, rejeita a exceção oposta.

Nesses casos, é de se entender superada – porque efetivamente decidida – a temática trazida com a exceção, circunstância que repugna o subsequente emprego dos embargos. Embora não fosse possível falar, no regime do Código de Processo Civil de 1973, em coisa julgada (dado que a decisão que julga a exceção em tais termos é de natureza interlocutória), era de se convir, desde sempre, que fenômeno eficacialmente análogo teria ali se aparelhado, impedindo, a bem das noções de segurança e de estabilidade, a rediscussão de matérias já avaliadas.

Isso não significa, nem nunca significou, que embargos à execução fundados em temática diversa não pudessem ser opostos: justamente porque atrelados a matéria distinta, os embargos não se poriam obstados, nessas situações, pela decisão tirada quando do julgamento da exceção de pré-executividade.

Seja como for, o Código de Processo Civil de 2015, redefinindo o conceito de coisa julgada, acabou por sedimentar a orientação a que nos reportamos; o fez em seu art. 502:

> Art. 502. Denomina-se coisa julgada material a autoridade que torna imutável e indiscutível a decisão de mérito não mais sujeita a recurso.

Segundo se vê, já não seria possível vincular a aludida figura (da coisa julgada) às "sentenças de mérito", como fazia o art. 467 do Código de Processo Civil de 1973,[243] senão às "decisões de mérito", quer as expressadas como sentença (art. 203, § 1º, combinado com o art. 487),[244] quer as reveladas como interlocutória (art. 203, § 2º),[245] tudo de modo a reconfirmar a certeza de que o ato decisório que examina o mérito da exceção de pré-executividade torna-se insuscetível de rediscussão.

---

243. "Art. 467. Denomina-se coisa julgada material a eficácia, que torna imutável e indiscutível a sentença, não mais sujeita a recurso ordinário ou extraordinário."

244. "Art. 203. (...)
§ 1º. Ressalvadas as disposições expressas dos procedimentos especiais, sentença é o pronunciamento por meio do qual o juiz, com fundamento nos arts. 485 e 487, põe fim à fase cognitiva do procedimento comum, bem como extingue a execução."
"Art. 487. Haverá resolução de mérito quando o juiz:
I - acolher ou rejeitar o pedido formulado na ação ou na reconvenção;
II - decidir, de ofício ou a requerimento, sobre a ocorrência de decadência ou prescrição;
III - homologar:
a) o reconhecimento da procedência do pedido formulado na ação ou na reconvenção;
b) a transação;
c) a renúncia à pretensão formulada na ação ou na reconvenção.
Parágrafo único. Ressalvada a hipótese do § 1º do art. 332, a prescrição e a decadência não serão reconhecidas sem que antes seja dada às partes oportunidade de manifestar-se."

245. "Art. 203. (...)
§ 2º. Decisão interlocutória é todo pronunciamento judicial de natureza decisória que não se enquadre no § 1º."

Em suma, diríamos, com isso, que, sob o regime novo, a exceção de pré-executividade articula oportunidade para que, sob a forma de sentença (extinção do processo de execução) ou sob a forma de decisão interlocutória (rejeição, no mérito, da pretensão do executado), sobrevenha coisa julgada, naturalmente impeditiva da recolocação, pelo executado, do mesmo temário em grau de embargos (art. 267, inciso V, do Código de Processo Civil de 1973 e art. 485, inciso V, do Código de Processo Civil de 2015).

Consideremos, nesse contexto, uma última possibilidade (diametralmente oposta à que se cogitou linhas antes): superados os embargos, seria possível que o executado oferecesse exceção? A resposta a tal indagação só pode ser formulada com alguma precisão, olhando-se para o conteúdo da exceção que se pretende verter: (i) se "novo" em relação aos embargos, a conclusão há de ser positiva (parta-se da óbvia premissa, na hipótese, de que a questão articulada é insuscetível de dilação probatória); (ii) se, no entanto, o conteúdo for preexistente aos embargos, parece razoável pensar que teria se operado, em desfavor do executado, o fenômeno a que se referem os arts. 474 do Código de Processo Civil de 1973 e 508 do Código de Processo Civil de 2015,[246] obstando-se o estabelecimento de novel discussão a respeito do crédito exequendo.

9.3.3 Exceção de pré-executividade e sincretismo processual

Admitida como tendência em nosso sistema, a técnica do sincretismo amplifica a potência do processo,

246. "Art. 474. Passada em julgado a sentença de mérito, reputar-se-ão deduzidas e repelidas todas as alegações e defesas, que a parte poderia opor assim ao acolhimento como à rejeição do pedido."
"Art. 508. Transitada em julgado a decisão de mérito, considerar-se-ão deduzidas e repelidas todas as alegações e as defesas que a parte poderia opor tanto ao acolhimento quanto à rejeição do pedido."

estando, nessa medida, em evidente harmonia com a noção de efetividade.

Se sincrético, o processo deixa de se definir – ao menos de forma absoluta – pela natureza da tutela que exterioriza. Isso porque, potencialmente variadas seriam as tutelas dele irradiadas.

Acostumamo-nos com esse fenômeno desde que o Código de 1973 deixou de tratar a execução de sentença como processo destacado, sincretizando a respectiva tutela à do processo que gerou o título exequendo.

Especialmente depois do Código de 2015, muito mais há, em termos de sincretismo, em nosso sistema, sendo perfeitamente possível enxergar a exceção de pré-executividade em execução fiscal sob tal rotulagem.

O processo de execução fiscal, dissemos desde início, se definiria, em princípio, pela tutela que propicia, voltada à satisfação, via expropriação patrimonial, do crédito fazendário.

Pensemos, a par disso, nos casos que estamos nesse momento focalizando, aqueles em que, proposta a execução fiscal, o devedor comparece em juízo e articula, na mesma estrutura processual, pretensão desconstitutiva. Não é mais possível imaginar, nesses casos, que a relação processual original esteja vocacionada à emissão de um, e apenas um, tipo de tutela. Muito longe disso: o processo, nascido na intenção de propiciar a produção de tutela satisfativa do crédito fazendário inadimplido, dada a oposição da exceção de pré-executividade, recambia-se em processo antiexacional, tendente a desconstituir, total ou parcialmente, aquele mesmo crédito. Resultado: com a apresentação da exceção, um único processo, tornado sincrético, assume dupla personalidade.

Nesse momento – quando adquire a "segunda" face a que nos referimos, de cunho antiexacional –, o processo de execução (ou melhor, a exceção de pré-executividade nele aposta) passa inclusive a relacionar-se, por força de virtual litispendência, com outras categorias processuais em cujo bojo tenha sido colocada discussão do mesmo timbre – uma ação anulatória de débito fiscal, por exemplo –, o que reforça o anseio do sistema por desejável racionalidade: para quê tantos desdobramentos processuais (execução, embargos, anulatória), se, em rigor, o problema de fundo [relacionado à (in)exigibilidade de um mesmo crédito] pode ser composto num único plano instrumental?

9.3.4 Julgamento e recorribilidade

A natureza do ato decisório que resolve a exceção de pré-executividade é definida em função do conteúdo daquele mesmo *decisum*: (i) se de rejeição, restaria subsistente a execução fiscal, falando-se, portanto, de *interlocutória*; (ii) se de acolhimento, supõe-se a decretação da insubsistência do título executivo, o que implica a extinção, por *sentença*, da execução fiscal.

Observadas essas situações, definir-se-ia, de roldão, o regime de recorribilidade inerente à exceção: (i) para o primeiro caso, fala-se em agravo de instrumento;[247] (ii) para o segundo, em apelação.

Algumas variáveis, no entanto, não podem escapar a nosso exame. Considere-se, com efeito, os casos em que a exceção é parcial – vale dizer, por seu intermédio não se ataca a integralidade do crédito sob execução.

Nesses casos, é inegável que a acolhida da exceção não importará a extinção do executivo, impondo a emissão, por conseguinte, de *interlocutória*. O mesmo cabe dizer para os casos em que, mesmo atacando a totalidade do crédito, a

---

247. Lembre-se de que o regime de retenção, enquanto subsistente (o Código de Processo Civil de 2015 o eliminou), é/era inaplicável às decisões produzidas em processo de execução, uma vez incompatível com a categoria processual em questão.

exceção é parcialmente acolhida: também aqui é de *interlocutória* que se estará a falar.

Uma última situação merece especial comentário: pense-se naqueles casos em que a execução é promovida em regime de litisconsórcio passivo, sendo a exceção oposta por um dos executados, sob o argumento, por exemplo, de sua não responsabilidade.

É certo dizer, nesse caso, que o acolhimento da exceção não importará a extinção da execução, processo que subsistirá quando menos em relação ao executado que seguir figurando na demanda. O *decisum* ostentará, portanto, natureza *interlocutória*.

Não obstante, é igualmente acertado reconhecer que, para o executado que ofereceu a exceção, o decisório opera efeitos terminativos, apresentando-se tal como se sentença fosse.

Esse "impasse" (ou "dubiedade" do ato decisório), em termos práticos, tem significativa repercussão quanto a um específico ponto – o que se refere aos honorários advocatícios. Pensemos: (i) se de sentença extintiva da execução se estivesse falando, é inegável a submissão da Fazenda ao pagamento de honorários em favor do executado; (ii) para os casos de *interlocutoriedade*, o mesmo não caberia dizer – mas isso apenas em princípio; é que, conquanto *interlocutória*, a decisão que reconhece o descabimento da pretensão executiva em relação a um dos executados, mantendo-a em relação ao(s) outro(s), opera, para o executado "excluído", como se *sentença* fosse, impondo-se a condenação da Fazenda, mesmo que no bojo de uma *interlocutória*, no pagamento de honorária advocatícia em favor daquele.

A despeito de nossa convicção, até bem pouco tempo atrás (em período que abarcou a edição antecedente) encontrava-se pendente de exame no Superior Tribunal de Justiça, a questão identificada como "Tema 961", justamente sobre a "possibilidade de fixação de honorários advocatícios, em exceção de pré-executividade, quando o sócio é excluído do polo passivo da execução fiscal, que não é extinta".

Com expressa decretação de suspensão dos processos, individuais ou coletivos, nos termos do art. 1.037, inciso II, do Código de Processo Civil (Recurso Especial n. 1.358.837-SP, Relatora Ministra Assusete Magalhães), assim a questão ficou até o julgamento ocorrido em 10/03/2021, ocasião em que a Corte, por sua Primeira Seção, assentou orientação no sentido que sustentávamos:

> *Observado o princípio da causalidade, é cabível a fixação de honorários advocatícios, em exceção de pré-executividade, quando o sócio é excluído do polo passivo da execução fiscal, que não é extinta.*

9.3.5 Exceção de pré-executividade e cooperação (art. 6º do Código de Processo Civil de 2015)

Sem prejuízo do limitado espectro de cognição que a exceção de pré-executividade propicia (item 9.3.1), característica que se vê de certa forma sintetizada (e cristalizada) na Súmula 393 do Superior Tribunal de Justiça, parece necessário, diante do Código de Processo Civil de 2015, que alguma reflexão sobre o tema seja feita.

Em seu art. 6º, cuida o Código de definir, como dever todos os atores do processo, o de cooperar entre si para que se obtenha, em tempo razoável, decisão de mérito justa e efetiva.[248]

Esse dever, segundo o Código, recobre todos os sujeitos do processo. Em execução fiscal: Fazenda, executado e juiz.

Pense-se, pois, nos casos que, via exceção de pré-executividade, o executado afirme extinto o crédito cobrado

248. "Art. 6º. Todos os sujeitos do processo devem cooperar entre si para que se obtenha, em tempo razoável, decisão de mérito justa e efetiva."

(tributário, por hipótese), afirmando-o desde antes compensado com outro crédito, regularmente constituído por declaração.

Sabe-se que, no âmbito federal, a compensação é legalmente autorizada, processando-se, administrativamente, por iniciativa do contribuinte. Pois sigamos com o exemplo: ele, o executado, traz, com sua exceção, documentos que atestam o aparelhamento da compensação, extraídos do sistema disponibilizado pela Receita Federal para esse fim; há, assim, indicativos suficientes de que a alegada extinção (por compensação) verificara-se. Sabe-se, a par disso, que a autoridade judicial não pode decidir sem oportunizar o regular contraditório à Fazenda (se isso já não era possível antes, quando estávamos sob os auspícios do Código de Processo Civil de 1973, menos ainda agora, com o Código de 2015, demarcado que está por diretrizes como as dos arts. 9º e 10).[249]

Ouvida, então, a Procuradoria da Fazenda pouco diz de pronto sobre a alegada compensação, visto que referido fato se processa (e jurisdiciza, consequentemente) no órgão da Administração que responde pela constituição dos créditos tributários (Receita Federal); necessário, pois, que, a par dos indicativos trazidos pelo contribuinte-executado, a Procuradoria da Fazenda busque elementos de prova (tendentes a revelar ou rechaçar, com a segurança esperada dos atos administrativos, o fato da extinção), fazendo-o junto à Receita.

249. "Art. 9º. Não se proferirá decisão contra uma das partes sem que ela seja previamente ouvida.
Parágrafo único. O disposto no caput não se aplica:
I – à tutela provisória de urgência;
II – às hipóteses de tutela da evidência previstas no art. 311, incisos II e III;
III – à decisão prevista no art. 701."
"Art. 10. O juiz não pode decidir, em grau algum de jurisdição, com base em fundamento a respeito do qual não se tenha dado às partes oportunidade de se manifestar, ainda que se trate de matéria sobre a qual deva decidir de ofício."

O problema é que, a depender do comportamento do referido órgão, sobretudo quanto à sua eficiência no processamento desses dados (os pertinentes, repitamos, à alegada compensação), pode que a resposta demore mais ou menos tempo.

Ficamos, com isso, diante da seguinte dúvida: poder-se-ia dizer, verificado esse quadro, que a exceção é descabida, uma vez desacompanhada de prova cabal do fato alegado (trazendo, no lugar disso, indicativos, mesmo que eloquentes)? Mais: seria possível atribuir ao administrado, no âmbito processual, o encargo de "substituir" a Administração no que se refere à produção, em nível de certeza, de fatos como o da compensação, implicativos da extinção do crédito (tributário, no nosso exemplo)?

Responderíamos, ambas as perguntas, pela negativa, opção que se reforça pelo novo art. 6º.

Se é certo dizer, com efeito, que às partes compete provar os fatos que alegam,[250] não é menos certo, pelo vigente

250. "Art. 333. O ônus da prova incumbe:
I – ao autor, quanto ao fato constitutivo do seu direito;
II – ao réu, quanto à existência de fato impeditivo, modificativo ou extintivo do direito do autor.
Parágrafo único. É nula a convenção que distribui de maneira diversa o ônus da prova quando:
I – recair sobre direito indisponível da parte;
II – tornar excessivamente difícil a uma parte o exercício do direito."
"Art. 373. O ônus da prova incumbe:
I – ao autor, quanto ao fato constitutivo de seu direito;
II – ao réu, quanto à existência de fato impeditivo, modificativo ou extintivo do direito do autor.
§ 1º. Nos casos previstos em lei ou diante de peculiaridades da causa relacionadas à impossibilidade ou à excessiva dificuldade de cumprir o encargo nos termos do caput ou à maior facilidade de obtenção da prova do fato contrário, poderá o juiz atribuir o ônus da prova de modo diverso, desde que o faça por decisão fundamentada, caso em que deverá dar à parte a oportunidade de se desincumbir do ônus que lhe foi atribuído.
§ 2º. A decisão prevista no § 1º deste artigo não pode gerar situação em que a desincumbência do encargo pela parte seja impossível ou excessivamente difícil.
§ 3º. A distribuição diversa do ônus da prova também pode ocorrer por convenção das partes, salvo quando:

Código, que esse ônus não pode ser distribuído de forma tão, digamos, inflexível.

Não se recusa, com isso, o óbvio: no ambiente processual, demarcado que é por um quê (mais ou menos agudo) de conflituosidade, a ideia de cooperação parece "estranha" – em sua tradição, o processo é enxergado como um "ringue" e não como um ambiente em que se postula a produção, como diz o art. 6º, de uma "decisão de mérito justa e efetiva".

Seja como for, há um fato que, no contexto que nos movimenta, não pode ser desconsiderado: estamos falando de execução fiscal, categoria em que uma das partes é, obrigatoriamente, a Fazenda Pública, detentora de pretensão expropriatória fundada em crédito que decorre, a seu turno, de um ato administrativo.

A Fazenda, tomada essa visão, é, antes e acima de tudo, encarnação da Administração, e não uma parte qualquer. Seu interesse não se vincula (ou não deveria se vincular) à infalível arrecadação que os executivos fiscais podem lhe propiciar. Administração que se preze não quer cobrar e ponto; quer, sim, cobrar o que lhe é devido!

Se há, assim, indicativos plausíveis, trazidos por exceção de pré-executividade, que denunciem a inexigibilidade do crédito executado, parece sem sentido que se pretenda, com base num juízo formal, a manutenção da atividade executória, tudo porque não cabalmente demonstrada, pelo executado, o fato da inexigibilidade.

Esse tipo de comportamento processual, se não é o melhor, fosse qual fosse o pano de fundo (público ou privado),

---

I – recair sobre direito indisponível da parte;
II – tornar excessivamente difícil a uma parte o exercício do direito.
§ 4º. A convenção de que trata o § 3º pode ser celebrada antes ou durante o processo."

nos casos que envolvem a Fazenda Pública, mostra-se ainda mais repugnável.

É para essa direção, pensamos, que deve nos levar o novel art. 6º, revelador de um verdadeiro princípio (o da cooperação), regente da atividade de todos os sujeitos do processo, mas que, no plano observado, tem especial incidência em relação à Fazenda-credora, mormente quando demandada a falar sobre exceção de pré-executividade em que se que suscita argumentos fáticos não exaustivamente demonstrados pelo executado (na maior parte das vezes, como no exemplo da compensação, tal demonstração exaustiva é impossível, dada a necessária participação da Administração no processamento do fato).

Ousaríamos dizer, com essas colocações, que a Súmula 393 do Superior Tribunal de Justiça, diante dessa nova peça normativa, merece(ria) redefinição, extraindo-se os casos em que a Fazenda deve participar (boa parte das vezes, em matéria tributária, com a integração das Receitas) do processo de construção dos fatos que autorizem a emissão de decisão "justa e efetiva".

Em suma:

Porque **relativa**, a **presunção** de legitimidade que milita em favor da obrigação contida pela **Certidão de Dívida Ativa** pode ser derrubada.

O instrumento reputado "ideal" para fins de desfazimento da aludida presunção são os **embargos à execução fiscal** – art. 16, *caput*, da Lei 6.830/80.

Materialmente, os embargos à execução operam como **instrumento de resistência** à pretensão executiva; **processualmente**, apresentam-se como peculiar forma de **ação**.

Se diz **secundário** o direito de ação de embargos porque seu exercício está sob a **dependência** da prévia propositura de uma outra ação – a de execução.

Por isso, os embargos são processualmente **dependentes** da demanda executiva (tida, nesse contexto, como **principal**).

De ordinário, os embargos, como categoria processual, incluem-se no grupo das demandas **de conhecimento**, tendo por objeto a **desconstituição** da obrigação estampada na Certidão de Dívida Ativa.

No contexto da **Lei 6.830/80**, a **garantia da execução** opera como especial **pressuposto para o exercício do direito de ação** de embargos.

Nesse mesmo modelo, os embargos experimentarão **automática eficácia suspensiva** da ação principal – executiva. Adotada, porém, a perspectiva lançada desde a **Lei 11.382/2006** (e mantida pelo Código de Processo Civil de 2015), os embargos, por si, **não provocariam a paralisação** do executivo.

Nos embargos à execução fiscal, não é possível a formulação de **reconvenção**, nem a arguição de **compensação** (ressalvado o direito de o executado alegar, nos casos das dívidas tributárias, a extinção do crédito exequendo em função de anterior compensação engendrada); neles, as **exceções de suspeição, de incompetência e de impedimento** serão arguidas como matéria preliminar.

Como a generalidade dos processos cognitivos, os embargos têm seu **procedimento** vinculado à superação de **quatro fases** – postulatória, saneadora (ou ordinatória), instrutória e decisória.

As sentenças que julgam **procedentes**, total ou parcialmente, os embargos, têm seus efeitos subordinados, em princípio, ao esgotamento do **reexame necessário**.

Acaso o crédito exequendo seja de valor igual ou **inferior a cinquenta ORTN's**, a sentença prolatada nos embargos não desafiará apelação, senão **embargos infringentes** – art. 34 da Lei 6.830/80.

Os executivos fiscais propostos pela União, por encartarem o encargo de que trata o **Decreto-lei 1.025/69**, não autorizam, se derrotado o executado em seus embargos, a fixação de honorários advocatícios – o mesmo cabe dizer, embora sob outro fundamento normativo, quanto aos embargos à execução fiscal de outros créditos, inclusive os pertinentes ao FGTS.

A **exceção de pré-executividade** é definível como **instrumento de defesa** posto à disposição do executado para os casos em que a cognição da matéria articulada **não demanda dilação instrutória.**

A **natureza do ato decisório** que resolve a **exceção de pré-executividade** é definida em função do conteúdo daquele mesmo *decisum*: (i) se de **rejeição**, subsiste a execução, falando-se em **interlocutória** (caso em que o recurso articulável será o de **agravo de instrumento**); (ii) se de **acolhimento**, supõe-se a decretação da insubsistência do título executivo, o que implica a extinção, por **sentença**, da execução fiscal (caso em que o recurso aparelhável será o de **apelação**).

Capítulo 10

EXECUÇÃO FISCAL E CAUTELARIDADE

10.1 Tutela cautelar: lineamentos gerais

As tutelas cautelares assim se definem em função da peculiar forma com que se relacionam com o direito de fundo: antes de o satisfazer, tendem a resguardar a viabilidade prática daquele mesmo direito, garantindo efetividade à tutela – cognitiva ou executiva – a que se apegam.[251]

Referidas tutelas podem decorrer de relação jurídico-processual autônoma (assim entendida aquela que é voltada unicamente à emissão desse tipo de provimento jurisdicional) ou, tomada uma visão sincrética,[252] pode que defluam de um processo que, em princípio, serve à emissão de outra tutela, cognitiva ou executiva, tutela essa que, diferentemente da cautelar, tende à solução, à satisfação, ao pleno exercício, enfim, do direito de fundo.

No Código de Processo Civil de 2015, essas tutelas cautelares (integrantes do subconjunto das tutelas de urgência

---

251. THEODORO JÚNIOR, Humberto. *Processo cautelar*. 15. ed. São Paulo: Universitária de Direito, 1994. p. 41-2.

252. Sobre sincretismo processual falamos no Capítulo 2, itens 2.2 a 2.4.

e do macroconjunto das tutelas provisórias), quando deduzidas antecedentemente (arts. 305 a 307), revelam-se processualmente autônomas apenas em princípio, à medida que o que chamaríamos de processo principal aparelha-se nos mesmos autos, constituindo-se, desde então, uma única realidade formal, contempladora do pedido cautelar e, agora, do "pedido principal" (art. 308).

Seja de um modo ou de outro, é fato que as providências jurisdicionais de que falamos não se confundem com as tutelas ditas "comuns", à medida que não operam sobre o direito material de forma exauriente, sendo consequentemente desguarnecidas de definitividade.

Nessa toada, devemos admitir que, como se passa com a generalidade das tutelas jurisdicionais "diferenciadas" (chamadas, no Código de Processo Civil de 2015, de "provisórias"), também elas, as cautelares, representam uma forma de mitigação da noção de segurança jurídica: permitem que a jurisdição atue sobre o plano material (fazendo indisponível, por exemplo, o patrimônio do devedor) não apenas provisoriamente, mas – o que é mais delicado –, sem o pleno esgotamento da questão de fundo.

Cabe indagar, com isso: o que levaria o sistema jurídico a permitir a produção, pelo Estado-juiz, de decisões provisórias (dissociadas do sobrevalor da segurança)?

Mais: o que estaria a justificar a produção, pelo Estado--juiz, de decisões fundadas em cognição presumivelmente "superficial" do direito material controvertido (em desproveito, por mais esse ângulo, da noção de segurança)?

A tais indagações uma única resposta há de se apresentar: em certos momentos (explicitamente indicados no sistema do direito positivo geral e abstrato) sobressai outro valor, o da "efetividade"; materializa-se, usando outro falar, fundado receio de inoperatividade social da futura e definitiva tutela (aquela que se seguirá, após o exaurimento do respectivo ciclo de produção): aí, precisamente, é que está a base das tutelas de que falamos; ou, sob outro prisma, essa a razão de ser do excepcional sacrifício imposto à noção de segurança.

Podemos reconhecer: a presunção, no próprio direito positivo atestada, de uma indesejável ineficácia da jurisdição faz convocar uma paralela forma de atuação jurisdicional, voltada ao asseguramento, ao acautelamento, e não propriamente à satisfação do direito de fundo – por tal razão é que essas tutelas ditas "diferenciadas" (ou provisórias), em nossa tradição, também se identificavam como "tutelas de urgência".[253]

Nessa perspectiva colocam-se as cautelares: além de desprovidas de definitividade, não esgotam o exame do direito material controvertido, tomando-o apenas em nível de aparência; e tudo isso, frise-se, por conta de afirmada situação de risco de inefetividade em que se poria alojado aquele mesmo direito.

Possível dizer, por essas colocações, que o "mérito" das tutelas cautelares está imbricado para a questão (i) da potencial inefetividade material da tutela qualificada como principal (aquela que se pretende ver definitivamente atuante no plano material) e (ii) da probabilidade de o direito de fundo invocado estar ao lado do postulante.[254]

10.2 Tutela cautelar geral (*poder geral de cautela*) e tutela cautelar específica

Tendo em vista a impossibilidade de se disciplinar, com foros de especificidade, todas as hipóteses em que o risco

253. Em sua estrutura, o Código de Processo Civil de 2015, contempla, para além das tutelas de urgência (que constituiriam um dos capítulos inerentes às tutelas provisórias), as de evidência, em que o pressuposto da urgência (representado pelo periculum in mora) é descartado.

254. Essas questões são comumente representadas pelas expressões *periculum in mora* e *fumus boni juris*, respectivamente.

de inefetividade estaria a perturbar, o direito material, o ordenamento jurídico faz uso, a par de providências cautelares específicas, do chamado "poder cautelar geral",[255] ideia a partir da qual atuaria o Judiciário de modo a determinar as medidas assecuratórias julgadas adequadas de acordo com a situação concretamente apresentada.

Nesse sentido caminha(va) o art. 798 do Código de Processo Civil de 1973, dispositivo em que se lê:

> Art. 798. Além dos procedimentos cautelares específicos, que este Código regula no Capítulo II deste Livro, poderá o juiz determinar as medidas provisórias que julgar adequadas, quando houver fundado receio de que uma parte, antes do julgamento da lide, cause ao direito da outra lesão grave e de difícil reparação.[256]

Conquanto "geral", é bom que se diga que esse "poder" não é irrestrito. Antes disso, a concessão de medidas cautelares estribadas nesse pressuposto sempre dependeu da conjugação dos dois requisitos básicos, *fumus boni juris* e *periculum in mora* – o primeiro descortinado a partir da noção de probabilidade do direito invocado pelo postulante; o segundo, pela probabilidade de dano em relação ao aproveitamento do bem jurídico da vida a que se refere a tutela principal.

Voltemos, de todo modo, à primeira das ideias – a que se relaciona às medidas específicas.

Os conceitos de antes apresentados – de *fumus boni juris* e de *periculum in mora* –, no que se refere às medidas ditas específicas, afiguram-se do mesmo modo exigíveis;

---

255. Enunciado FPPC n. 31: "O poder geral de cautela está mantido no CPC".

256. Esse dispositivo encontra correspondência, no Código de Processo Civil de 2015, nos arts. 297 e 301, o primeiro mais abrangente, à medida que se conecta com as tutelas provisórias em geral; o segundo com direta e específica referibilidade às tutelas de urgência cautelares.

revestem-se, entretanto e no mais das vezes, de conteúdo semântico peculiar.

Explicamos: porque prévia e especificadamente estabelecidas pelo ordenamento, as tutelas cautelares de que falamos (as especiais) atuam num campo material próprio, também prévia e expressamente reconhecido pelo legislador; ao preordenar referidas medidas, cuida o legislador de, para além de sua definição, denotar o sentido que as expressões *periculum in mora* e *fumus boni juris* devem ostentar.

Por regra, podemos dizer, portanto, que os requisitos gerais da cautelaridade ganham, no contexto das medidas cautelares específicas, "sentido semântico" igualmente específico.

E é justamente isso o que se percebe presente em relação ao mais eloquente tipo cautelar relacionado aos executivos ficais: a *medida cautelar fiscal*.

10.3 Medida cautelar fiscal

10.3.1 Definição e requisitos

Sabendo-se que a responsabilidade, em nível executivo, recai sobre o patrimônio do devedor, é natural supor que a jurisdição exercida no âmbito executório o tome (o patrimônio) por alvo. Quer isso significar, em última análise, que o risco de perecimento que justifica o eventual aparelhamento de providência cautelar tendente a salvaguardar um dado executivo fiscal relacionar-se-á, por lógica, ao patrimônio do sujeito passivo.

Pois é exatamente nesse sentido que intercede a categoria de que falamos: a medida cautelar fiscal, variável do fenômeno da cautelaridade, serve para viabilizar a satisfação do crédito sob execução, atuando sobre o patrimônio do devedor de modo a fazê-lo provisoriamente indisponível.

Assim preordena o art. 4º da Lei 8.397/92, dizendo que *a decretação da medida cautelar fiscal produzirá, de imediato, a indisponibilidade dos bens do requerido, até o limite da satisfação da obrigação.*

Para que tal efeito se processe, porém, é preciso que os requisitos da cautelaridade estejam presentes, valendo advertir, na linha do que se sugeriu ao final do item anterior, que as ideias de *periculum in mora* e de *fumus boni juris* ostentam, nessa específica medida (justamente porque *específica*), definição própria.

Do assunto tratam os arts. 2º e 3º da Lei 8.397/92, *in verbis:*

> Art. 2º. A medida cautelar fiscal poderá ser requerida contra o sujeito passivo de crédito tributário ou não tributário, quando o devedor:
>
> I – sem domicílio certo, intenta ausentar-se ou alienar bens que possui ou deixa de pagar a obrigação no prazo fixado;
>
> II – tendo domicílio certo, ausenta-se ou tenta se ausentar, visando a elidir o adimplemento da obrigação;
>
> III – caindo em insolvência, aliena ou tenta alienar bens;
>
> IV – contrai ou tenta contrair dívidas que comprometam a liquidez do seu patrimônio;
>
> V – notificado pela Fazenda Pública para que proceda ao recolhimento do crédito fiscal:
>
> a) deixa de pagá-lo no prazo legal, salvo se suspensa sua exigibilidade;
>
> b) põe ou tenta por seus bens em nome de terceiros;
>
> VI – possui débitos, inscritos ou não em Dívida Ativa, que somados ultrapassem trinta por cento do seu patrimônio conhecido;
>
> VII – aliena bens ou direitos sem proceder à devida comunicação ao órgão da Fazenda Pública competente, quando exigível em virtude de lei;
>
> VIII – tem sua inscrição no cadastro de contribuintes declarada inapta, pelo órgão fazendário;

IX – pratica outros atos que dificultem ou impeçam a satisfação do crédito.

Art. 3º. Para a concessão da medida cautelar fiscal é essencial:

I – prova literal da constituição do crédito fiscal;

II – prova documental de algum dos casos mencionados no artigo antecedente.[257]

Sem prejuízo de sua definição (que, nos termos do sobredito art. 4º, nos conduz à ideia de *indisponibilidade*), prevê o art. 10 do mesmo estatuto legal que *a medida cautelar fiscal decretada poderá ser substituída, a qualquer tempo, pela prestação de garantia correspondente ao valor* da dívida, observada a forma do art. 9º da Lei 6.830/80.[258]

Significa dizer: o subsistema da lei da cautelar fiscal não abandona o desejável diálogo com a lei que disciplina a outorga da tutela executiva, assegurando a plena substitutibilidade da providência cautelar (indisponibilidade) por medida preparatória da execução em seu sentido próprio (a prestação de garantia).

---

257. De se sublinhar que, nos termos do parágrafo único do art. 1º desse mesmo diploma, o requerimento da medida cautelar, na hipótese dos incisos V, alínea "b", e VII, do art. 2º, independe da prévia constituição do crédito tributário (conclusão que se vê amparada na jurisprudência do Superior Tribunal de Justiça; AgRg no REsp 1.443.285/RS, Relator Ministro Mauro Campbell Marques, Segunda Turma, DJe 16/10/2015; REsp 1.127.933/RJ, Primeira Turma, Relator Ministro Luiz Fux, DJe de 10/05/2011). Tomada a contrario sensu, referida disposição faz implicar que, para os demais casos, a prévia constituição do crédito é condição para a dedução da pretensão cautelar.

258. Esse art. 9º é o que define os meios pelos quais o executado poderá garantir a execução fiscal (basicamente, depósito em dinheiro, fiança bancária, seguro garantia, penhora de bens, inclusive os oferecidos por terceiros).
Em adição, o parágrafo único do art. 10 da Lei n. 8.397/92 estabelece, integrando-se ao respectivo caput, que a *Fazenda Pública será ouvida necessariamente sobre o pedido de substituição, no prazo de cinco dias, presumindo-se da omissão a sua aquiescência.*

10.3.2 Indisponibilização do patrimônio de terceiro (corresponsabilidade tributária em cautelar fiscal)

Segundo prescreve o § 1º do art. 4º da lei de regência das cautelares fiscais, a indisponibilidade referida no *caput* pode recair, sendo o devedor pessoa jurídica, sobre os bens do acionista controlador, assim como sobre os daqueles que, em razão do contrato social ou estatuto, tenham poderes para fazer a empresa cumprir suas obrigações fiscais, ao tempo do fato gerador (nos casos de lançamento de ofício) ou do inadimplemento da obrigação fiscal (nos demais casos).

Afora isso, o § 2º daquela mesma disposição estabelece que *a indisponibilidade patrimonial poderá ser estendida em relação aos bens adquiridos a qualquer título do requerido ou daqueles que estejam ou tenham estado na função de administrador (§ 1º), desde que seja capaz de frustrar a pretensão da Fazenda Pública.*

A despeito da literalidade de tais preceitos, é bom se lembre que o Superior Tribunal de Justiça, tratando desse específico assunto, já se posicionou no sentido de vincular a corresponsabilização de terceiros em sede cautelar fiscal aos mesmos requisitos aplicáveis à execução fiscal (ação principal), numa saudável correspondência de regras entre "principal" e "acessório".

Quer isso significar que as mesmas premissas que operam de modo a autorizar o redirecionamento executivo são igualmente exigíveis em sede cautelar.

> *(...) 2. Os requisitos necessários para a imputação da responsabilidade patrimonial secundária na ação principal de execução fiscal são também exigidos na ação cautelar fiscal, posto ser acessória por natureza. Precedentes: REsp 722998/MT, Primeira Turma, Rel. Min. Luiz Fux, julgado em 11.4.2006; REsp 197278/AL, Segunda Turma, Rel. Min. Franciulli Netto, julgado em 26.2.2002. (...)*
>
> (Recurso Especial 962.023/DF, Segunda Turma, Relator Ministro Mauro Campbell Marques, DJe de 16/03/2012).

10.3.3 Competência (e subordinação)

Como de ordinário acontece com a generalidade dos modelos cautelares, também a medida cautelar fiscal deve ser requerida, processada e julgada pelo órgão competente para o feito principal – no caso, a execução fiscal.

Nesse sentido, prevê o art. 5º da Lei 8.397/92:

> Art. 5º. A medida cautelar fiscal será requerida ao Juiz competente para a execução judicial da Dívida Ativa da Fazenda Pública.
>
> Parágrafo único. Se a execução judicial estiver em Tribunal, será competente o relator do recurso.

De certo modo, o que se vê revelado por aludida regra é, para além da respectiva norma de competência, a *subordinação* da cautelar fiscal ao correlato executivo (posto ou pressuposto, ajuizado ou não), ideia reiterada no art. 14 do diploma de regência da indigitada modalidade.[259]

É bom que se lembre, todavia, que essa *subordinação* é relativa, pois, em alguns casos, o julgamento da cautelar pode influir, sim, na execução fiscal, determinando seu resultado.

De tal particularidade cuida a parte final o art. 15 da Lei n. 8.397/92:

> Art. 15. O indeferimento da medida cautelar fiscal não obsta a que a Fazenda Pública intente a execução judicial da Dívida Ativa, nem influi no julgamento desta, salvo se o Juiz, no procedimento cautelar fiscal, acolher alegação de pagamento, de compensação, de transação, de remissão, de prescrição ou decadência, de conversão do depósito em renda, ou qualquer outra modalidade de extinção da pretensão deduzida. (Destaque nosso).

259. "Art. 14. Os autos do procedimento cautelar fiscal serão apensados aos do processo de execução judicial da Dívida Ativa da Fazenda Pública."

Outro momento em que essa mesma ideia (de relativização da subordinação) aparece diz com a imponibilidade, em sede cautelar fiscal, de condenação em honorários advocatícios. É que, a par da aludida subordinação, *procedimentalmente* falando, a cautelar fiscal se apresenta autônoma, implicando, pois, desgaste processual próprio.

> "*(...) é de ser mantido o entendimento de que a autonomia do processo cautelar e a contenciosidade nele existente ensejam a condenação em honorários, independente de ela também existir nos processos que são conexos ao cautelar.*"
>
> (Superior Tribunal de Justiça, Agravo Regimental no Recurso Especial 908.710/MG, Ministro Relator Humberto Martins, Segunda Turma, DJe de 12/11/2008).
>
> Voltando, por fim, ao problema da competência, cabe lembrar que, na hipótese de concurso de domicílios, cabe à Fazenda a eleição de qualquer deles, para fins de asseguramento, em nível cautelar fiscal, de seu crédito.
>
> PROCESSO CIVIL. TRIBUTÁRIO. CAUTELAR FISCAL. FORO COMPETENTE. PLURALIDADE DE DOMICÍLIOS TRIBUTÁRIOS. PRINCÍPIO DA AUTONOMIA DOS ESTABELECIMENTOS. Art. 578 DO CPC. Art. 127 DO CTN.
>
> 1. Embora exista para fins fiscais o princípio da autonomia dos estabelecimentos tributários, na forma da legislação específica de cada tributo, no que pertine ao ajuizamento de ação cautelar fiscal cuja parte requerida é a pessoa jurídica total, compete ao Fisco, dentro das balizas processuais, civis e tributárias escolher o foro de ajuizamento da pretensão cautelar, nos termos do art. 578, parágrafo único, do CPC, art. 5º da Lei 8.397, de 6 de janeiro de 1992 e 5º da Lei de Execução Fiscal.
>
> 2. Precedentes: REsp 787.977/SE, rel. Min. Teori Albino Zavascki e REsp 665.739/MG, Rel. Ministro Luiz Fux.
>
> 3. Recurso especial não provido.
>
> (Recurso Especial 1.128.139/MS, Segunda Turma, Relatora Ministra Eliana Calmon, DJe de 09/10/2009).

10.3.4 Cautelar fiscal preparatória

Uma vez requerida antes da propositura da ação principal, a medida cautelar fiscal identificar-se-á como *preparatória* (ou, na linguagem do Código de Processo Civil de 2015, como antecedente).

Embora não ostente qualquer diferença em termos eficaciais em relação às medidas *incidentais* (as que, *a contrario sensu*, são atravessadas no curso da execução já proposta), essa peculiar forma cautelar fiscal subordina-se a uma específica regra da Lei 8.397/92, inscrita em seu art. 11:

> Art. 11. Quando a medida cautelar fiscal for concedida em procedimento preparatório, deverá a Fazenda Pública propor a execução judicial da Dívida Ativa no prazo de sessenta dias, contados da data em que a exigência se tornar irrecorrível na esfera administrativa.

Conquanto opere em termos análogos aos que se põem cravados na legislação geral de 1973 (art. 806 do Código revogado, "substituído", no Código de 2015, por seu art. 308),[260] o dispositivo em questão toma, para as cautelares fiscais, referenciais temporais próprios, expressados não só pelo lapso que ali se vê fixado (sessenta, no lugar dos "clássicos" trinta dias), mas também pelo correspondente termo inicial de contagem (diverso do firmado no estatuto geral).

A propósito desse último aspecto – o termo inicial da contagem do prazo para a propositura da ação executiva –, decidiu o Superior Tribunal de Justiça, no Recurso

---

260. "Art. 806. Cabe à parte propor a ação, no prazo de 30 (trinta) dias, contados da data da efetivação da medida cautelar, quando esta for concedida em procedimento preparatório."
"Art. 308, caput. Efetivada a tutela cautelar, o pedido principal terá de ser formulado pelo autor no prazo de 30 (trinta) dias, caso em que será apresentado nos mesmos autos em que deduzido o pedido de tutela cautelar, não dependendo do adiantamento de novas custas processuais."

Especial 1.026.474/SC, Primeira Turma, Relator Ministro Francisco Falcão, DJe de 16/10/2008:

> MEDIDA CAUTELAR FISCAL. DECRETAÇÃO DE INDISPONIBILIDADE DE BENS. PRAZO PARA A PROPOSITURA DA EXECUÇÃO FISCAL. Art. 11 DA LEI N. 8.397/92.
>
> I – O Tribunal *a quo*, nos autos de ação cautelar preparatória, entendeu que o prazo de 60 (sessenta dias), contados da data do trânsito em julgado da esfera administrativa, para a interposição da execução fiscal, importa na prática em deixar ao alvedrio da administração pública a duração do decreto de indisponibilidade concedido naquela cautelar. Assim, julgou parcialmente provido o recurso da Fazenda para estabelecer um prazo de 6 (seis meses) para a conclusão do processo administrativo e o ajuizamento da correspondente execução fiscal.
>
> II – O art. 11 da Lei n. 8.397/92 é claro ao determinar que, em sede de medida cautelar fiscal preparatória, a Fazenda Pública dispõe do prazo de 60 (sessenta dias) para a propositura da execução fiscal, a contar do trânsito em julgado da decisão no procedimento administrativo, o que somente ocorreria no caso dos autos após o exame de recurso administrativo na Câmara Superior de Recursos Fiscais.
>
> III – Recurso especial provido.

10.3.5 Procedimento

Tomada como manifestação do direito de ação, a medida cautelar fiscal submete-se ao regime de provocação usual; reclama, por isso, o atravessamento de petição qualificável como inicial, mas cujos termos vêm especificadamente delineados no art. 6º da Lei 8.397/92:

> Art. 6º. A Fazenda Pública pleiteará a medida cautelar fiscal em petição devidamente fundamentada, que indicará:
>
> I – o Juiz a quem é dirigida;
>
> II – a qualificação e o endereço, se conhecido, do requerido;

III – as provas que serão produzidas;

IV – o requerimento para citação.

Oferecida mencionada peça, o juízo concederá liminarmente, desde que presentes os requisitos previstos nos arts. 2º e 3º, a medida cautelar, ficando a Fazenda requerente dispensada de justificação prévia e de prestação de caução (art. 7º).

Essa medida liminar a que nos reportamos (tomando o art. 7º da Lei 8.397/92 como referência), porque precipita o resultado final da lide cautelar (que seria verificável apenas quando de seu julgamento por sentença), tem nítido caráter antecipatório, o que não quer significar, entretanto, que de tutela antecipada se está a falar – fica desautorizado, portanto, o emprego, aqui, das diretrizes firmadas no art. 300 do Código de Processo Civil de 2015 e no art. 273 do Código de Processo Civil de 1973.

Veiculável por interlocutória, a decisão de que trata o art. 7º é, na forma do correlato parágrafo único, suscetível de agravo de instrumento, reportando-se o subsistema normativo especial, nesse aspecto, ao sistema geral (do Código de Processo Civil, tanto o de 1973 como o de 2015, frise-se).

Com ou sem liminar, a marcha cautelar fiscal supõe, logo após o recebimento da respectiva inicial, a citação do devedor-requerido, ao qual se confere o prazo de quinze dias para contestar o pedido, indicando as provas que pretenda produzir.[261]

Se não o fizer, opera-se a revelia, presumindo-se *como verdadeiros, os fatos alegados pela Fazenda Pública, caso em*

---

261. "Art. 8º. O requerido será citado para, no prazo de quinze dias, contestar o pedido, indicando as provas que pretenda produzir.
Parágrafo único. Conta-se o prazo da juntada aos autos do mandado:
a) de citação, devidamente cumprido;
b) da execução da medida cautelar fiscal, quando concedida liminarmente."

que o Juiz decidirá em dez dias (art. 9º). Caso contrário, se o requerido oferecer contestação, designar-se-á audiência de instrução e julgamento se houver prova a ser nela produzida (parágrafo único do art. 9º).

Ao cabo de tudo, será a medida cautelar fiscal julgada por sentença, a qual não experimentará a eficácia proveniente da coisa julgada, ressalvados os casos do art. 15 – sobre os quais já falamos no item 10.3.3 retro.[262]

Da sentença que decretar a medida cautelar fiscal caberá apelação, sem efeito suspensivo, salvo se o requerido oferecer garantia na forma do art. 10 da Lei 8.397/92 (art. 17).[263]

10.3.6 Eficácia da medida cautelar fiscal no tempo

A indisponibilidade gerada pela decretação da medida cautelar fiscal, porque evidentemente precária (lembre-se de que falamos, aqui, de providência de timbre meramente acautelador), é de ser considerada eficaz por tempo preordenado.

Nos termos do art. 12 da Lei 8.397/92, com efeito, a indisponibilidade proveniente da concessão da medida cautelar fiscal perdurará, (i) se deferida em procedimento preparatório, pelo prazo do art. 11, e, (ii) após o ajuizamento da execução fiscal (imaginando-se tempestivo tal ajuizamento, por óbvio), enquanto estiver ela, execução, pendente.[264]

---

262. "Art. 16. Ressalvado o disposto no art. 15, a sentença proferida na medida cautelar fiscal não faz coisa julgada, relativamente à execução judicial da Dívida Ativa da Fazenda Pública."

263. "Art. 10. A medida cautelar fiscal decretada poderá ser substituída, a qualquer tempo, pela prestação de garantia correspondente ao valor da prestação da Fazenda Pública, na forma do art. 9º da Lei n. 6.830, de 22 de setembro de 1980."

264. "Art. 12. A medida cautelar fiscal conserva a sua eficácia no prazo do artigo antecedente e na pendência do processo de execução judicial da Dívida Ativa, mas pode, a qualquer tempo, ser revogada ou modificada.

A par de tais regras, pode que a eficácia da medida cautelar seja antecipadamente cortada, pressupondo-se, para tanto, sua revogação. Assim ocorre (i) se a Fazenda Pública não ajuizar a execução no prazo fixado no art. 11, (ii) se a medida cautelar, conquanto concedida, não for efetivada em trinta dias, (iii) se extinta a execução ou (iv) se o crédito exequendo for quitado.[265]

Nesses casos, é defeso à Fazenda reiterar, pelo mesmo fundamento, a pretensão cautelar (parágrafo único do art. 13), operando-se em seu desfavor (da Fazenda) verdadeiro óbice processual (pressuposto negativo).

10.3.7 Eventual transcendência da medida cautelar fiscal

Embora usualmente pensada para assegurar a efetividade do crédito a que se refere uma dada execução (e crédito correlato, à evidência), é possível o emprego da cautelar fiscal para atingir, mesmo concentrada num só instrumento processual, créditos distribuídos em diferentes executivos fiscais.

Essa orientação surge com o julgamento, pela Primeira Turma do Superior Tribunal de Justiça, do Recurso Especial 1.656.172/MG, ocorrido em 11/06/2019, sob a relatoria do Ministro Gurgel de Faria, de cujo voto se extrai:

Parágrafo único. Salvo decisão em contrário, a medida cautelar fiscal conservará sua eficácia durante o período de suspensão do crédito tributário ou não tributário."

265. "Art. 13. Cessa a eficácia da medida cautelar fiscal:
I – se a Fazenda Pública não propuser a execução judicial da Dívida Ativa no prazo fixado no art. 11 desta lei;
II – se não for executada dentro de trinta dias;
III – se for julgada extinta a execução judicial da Dívida Ativa da Fazenda Pública;
IV – se o requerido promover a quitação do débito que está sendo executado. (...)"

(...)

Todavia, como acima visto, havendo prova da ocorrência de fraude por grupo de pessoas físicas e/ou jurídicas, como a criação de pessoas jurídicas fictícias para oportunizar a sonegação fiscal ou o esvaziamento patrimonial dos reais devedores, o juízo da execução pode redirecionar a execução fiscal às pessoas envolvidas e, por isso, com base no poder geral de cautela e dentro dos limites e condições impostas pela legislação, estender a ordem de indisponibilidade para garantia de todos os débitos tributários gerados pelas pessoas participantes da situação ilícita, pois, como acima assinalado, "os requisitos necessários para a imputação da responsabilidade patrimonial secundária na ação principal de execução são também exigidos na ação cautelar fiscal, posto acessória por natureza" (REsp 722.998/MT, Rel. Ministro Luiz Fux, Primeira Turma, julgado em 11/04/2006, DJ 28/04/2006). (Grifos acrescidos). Os bens indisponibilizados servirão, em conjunto, à garantia dos diversos créditos tributários cujo adimplemento era da responsabilidade das pessoas integrantes do esquema de sonegação fiscal. Aliás, também é corrente que essa situação não impede que a ordem de constrição alcance outros bens, direitos e ações penhorados, indisponibilizados ou em discussão em outros processos distintos, como ocorre na penhora no rosto dos autos e no concurso de preferência previsto no art. 29 da Lei n. 6.830/1980.

(...)

Orientação desse timbre confere à cautelar fiscal uma importante particularidade: presentes as condições assinaladas no precedente, a cautelar teria uma espécie de força transcendente, alcançando todos os créditos reconhecidos sob a responsabilidade dos sujeitos ali, na cautelar, identificados, não necessariamente os afetos a uma específica execução fiscal.

10.4 Cautelaridade relacionada à defesa

Nem só de medidas voltadas aos interesses fazendários compõe-se o universo cautelar pertinente às execuções fiscais: há, ainda, as direcionadas a salvaguardar interesse do executado.

Para que se compreenda essa hipótese é preciso que retomemos premissas exploradas em capítulos anteriores.

A noção jurídica de conflito, como fato gerativo da ideia (também jurídica) de processualidade, só pode ser assim tomada desde que vertida em linguagem hábil. O instrumento de fixação da referida linguagem (petição inicial) é, no campo executivo fiscal, atribuído, por lógica, à Fazenda – uma vez ser ela, de ordinário, a titular do interesse a que se refere o mencionado tipo processual.

Quer isso significar que, a despeito da autoexecutoriedade de que se investe, a Administração não se apresenta apta, por si, a compor o estado de litigiosidade defluente do inadimplemento do administrado.

Nesse sentido, execução fiscal deve ser vista não apenas como um modelo exacional de processualidade, senão como a própria encarnação de tal categoria, daí decorrendo a certeza de que não é avaliável ao sabor exclusivo do direito processual, mas também, e principalmente, sob a ótica do direito administrativo.

Fosse vista unicamente pelos olhos do direito processual, execução fiscal seria representação do denominado "direito de ação" e, como tal, vinculada estaria ao vetor da disponibilidade, princípio cujos efeitos explicam conceitos como o de *prescrição* e de *segurança jurídica* (dir-se-ia: subsumido ao conceito de direito de ação, o processo executivo fiscal deve ser manejado no tempo próprio, sob pena de se "perder" aquele direito; mais: o sistema faz "disponível" o direito de ação, para assim realizar o valor da segurança jurídica).

Não obstante claras, cumpre reiterar que tais proposições derivam de um "olhar processual", ao lado do qual repousa, forçosamente, uma outra visão: frente à inatividade do devedor, que não impugna o crédito constituído administrativamente (ou que esgota os meios de impugnação, sem obter a suspensão de sua exigibilidade) nem o quita, à Administração não sobra outra alternativa, senão provocar o Estado-juiz via petição inicial executiva fiscal.

Por outras palavras: sob a ótica do direito administrativo, a atividade processual da Fazenda mostrar-se-ia um imperativo, não se revelando meramente "dispositiva"; *deve* ocorrer, não se retendo ao campo das "possibilidades".

Pois é exatamente nesse contexto que se deve retomar o tema que nos move – da cautelaridade suscitada pelo executado.

Pensemos: o crédito que não mais admita impugnação administrativa, nem se encontre alcançado por qualquer causa suspensiva de sua exigibilidade, é crédito plenamente executável.

A par de tal certeza, é igualmente seguro que, enquanto não ajuizada a execução e efetivada a devida penhora, sofrerá o administrado um outro efeito – afora a cobrança potencial: veda-se-lhe a concessão de certidão de regularidade fiscal.[266]

Até aí tudo muito bem, não fosse o fato de a Administração, fiando-se no prazo que dispõe para propor a execução, poder ficar inerte enquanto perdurar esse lapso de tempo. Com e durante a "inatividade" administrativa, resta obstado, não esqueçamos, o fornecimento de certidão negativa de débito, *status* que pode persistir por todo o tempo da prescrição, importando a sonegação, ao devedor, da oportunidade processual de garantir a execução, com toda

266. "Art. 205. A lei poderá exigir que a prova da quitação de determinado tributo, quando exigível, seja feita por certidão negativa, expedida à vista de requerimento do interessado, que contenha todas as informações necessárias à identificação de sua pessoa, domicílio fiscal e ramo de negócio ou atividade e indique o período a que se refere o pedido. (...)
Art. 206. Tem os mesmos efeitos previstos no artigo anterior a certidão de que conste a existência de créditos não vencidos, em curso de cobrança executiva em que tenha sido efetivada a penhora, ou cuja exigibilidade esteja suspensa." (Código Tributário Nacional).

sorte de prejuízos daí potencialmente advindos – é consabido que a "conformidade fiscal" é condição (potencial, reitere-se) para a prática de uma série de atos da vida civil.

É possível dizer, a partir de tais premissas, que o direito de cobrar, via execução fiscal, não seria de titularidade exclusiva da Fazenda Pública; se deixarmos de lado a visão puramente processual de que falamos antes, possível reconhecer, com efeito, que o "direito à execução fiscal" incidiria também sobre o devedor, com todas as consequências naturalmente derivadas – inclusive a do art. 206 do Código Tributário Nacional.

Daí advém a figura da providência cautelar postulável pelo devedor em ambiente executivo fiscal; referida medida, evocativa do poder geral de acautelamento, seria traduzida com o propósito de, uma vez constituído o crédito exequendo (sem que tenha sido ajuizada a correspondente execução), antecipar-se a prática do ato de garantia.

Como toda providência cautelar *inominada* (leia-se, *geral*), também essa suporia, por óbvio, a demonstração dos requisitos gerais da cautelaridade, redutíveis, fundamentalmente, às ideias (i) de *periculum in mora*, demonstrável a partir da enunciação dos atos da vida civil cuja consecução estaria sendo vedada ao administrado em razão do crédito pendente de cobrança, e (ii) de *fumus boni juris*, representado pela afirmação do direito de ser cobrado pelos meios que o ordenamento preconiza.

Não é de se recusar que, tomado o aspecto exclusivamente formal, má impressão causa o fato de uma dada providência cautelar vir a ser requerida pelo réu do processo que oficiaria como principal.

De ordinário, com efeito, o sistema prevê uma espécie de "equiparação" subjetiva entre feito principal e acessório, de modo que o autor de um seja o do outro – o mesmo cabendo dizer, à evidência, do réu.

Apesar de plausível, essa impressão a que nos referimos é de se reputar dissipada, uma vez que a ação principal de que falamos (execução fiscal), conquanto proponível pela parte que seria a requerida na cautelar (a Fazenda), "pertence", em rigor, não apenas a ela, senão a ambas as partes.

Lembre-se: ao devedor (requerente da medida de que ora cuidamos) assistiria o direito subjetivo não só de ser cobrado pelo instrumento devido (execução fiscal), senão também (e principalmente) de, enquanto não formalizado esse mesmo instrumento, buscar o acautelamento de sua utilidade, antecipando os efeitos de certos atos executivos, notadamente aqueles que permitem a provisória regularização de sua posição nos cadastros de devedores fiscais.

> *TRIBUTÁRIO E PROCESSUAL CIVIL. AÇÃO CAUTELAR. CAUÇÃO. ART. 206 DO CTN. CERTIDÃO POSITIVA COM EFEITO DE NEGATIVA. POSSIBILIDADE.*
>
> *1. É lícito ao contribuinte oferecer, antes do ajuizamento da execução fiscal, caução no valor do débito inscrito em dívida ativa com o objetivo de, antecipando a penhora que garantiria o processo de execução, obter certidão positiva com efeitos de negativa. Precedentes.*
>
> *2. Entendimento diverso do perfilhado pelo Tribunal de origem levaria à distorção inaceitável: o contribuinte que contra si já tivesse ajuizada execução fiscal, garantida por penhora, teria direito à certidão positiva com efeitos de negativa; já quanto àquele que, embora igualmente solvente, o Fisco ainda não houvesse proposto a execução, o direito à indigitada certidão seria negado.*
>
> *3. Embargos de divergência providos.*
>
> (Embargos de Divergência no Recurso Especial 779.121/SC, Relator Ministro Castro Meira, DJ de 07/05/2007, p. 271).

Procedimentalmente falando, referida medida não discrepa das demais que se ponham igualmente fundadas no poder geral de cautela, submetendo-se ao padrão ritual definido nos arts. 801 a 804 do Código de Processo Civil de 1973 e 305 a 310 do Código de 2015.[267]

---

267. "Art. 801. O requerente pleiteará a medida cautelar em petição escrita, que indicará:
I – a autoridade judiciária, a que for dirigida;
II – o nome, o estado civil, a profissão e a residência do requerente e do requerido;
III – a lide e seu fundamento;
IV – a exposição sumária do direito ameaçado e o receio da lesão;
V – as provas que serão produzidas.
Parágrafo único. Não se exigirá o requisito do n. III senão quando a medida cautelar for requerida em procedimento preparatório.
Art. 802. O requerido será citado, qualquer que seja o procedimento cautelar, para, no prazo de 5 (cinco) dias, contestar o pedido, indicando as provas que pretende produzir.
Parágrafo único. Conta-se o prazo, da juntada aos autos do mandado:
I – de citação devidamente cumprido;
II – da execução da medida cautelar, quando concedida liminarmente ou após justificação prévia.
Art. 803. Não sendo contestado o pedido, presumir-se-ão aceitos pelo requerido, como verdadeiros, os fatos alegados pelo requerente (arts. 285 e 319); caso em que o juiz decidirá dentro em 5 (cinco) dias.
Parágrafo único. Se o requerido contestar no prazo legal, o juiz designará audiência de instrução e julgamento, havendo prova a ser nela produzida.
Art. 804. É lícito ao juiz conceder liminarmente ou após justificação prévia a medida cautelar, sem ouvir o réu, quando verificar que este, sendo citado, poderá torná-la ineficaz; caso em que poderá determinar que o requerente preste caução real ou fidejussória de ressarcir os danos que o requerido possa vir a sofrer.
Art. 805. A medida cautelar poderá ser substituída, de ofício ou a requerimento de qualquer das partes, pela prestação de caução ou outra garantia menos gravosa para o requerido, sempre que adequada e suficiente para evitar a lesão ou repará-la integralmente.
Art. 806. Cabe à parte propor a ação, no prazo de 30 (trinta) dias, contados da data da efetivação da medida cautelar, quando esta for concedida em procedimento preparatório.
Art. 807. As medidas cautelares conservam a sua eficácia no prazo do artigo antecedente e na pendência do processo principal; mas podem, a qualquer tempo, ser revogadas ou modificadas.
Parágrafo único. Salvo decisão judicial em contrário, a medida cautelar conservará a eficácia durante o período de suspensão do processo.
Art. 808. Cessa a eficácia da medida cautelar:
I – se a parte não intentar a ação no prazo estabelecido no art. 806;
II – se não for executada dentro de 30 (trinta) dias;
III – se o juiz declarar extinto o processo principal, com ou sem julgamento do mérito.
Parágrafo único. Se por qualquer motivo cessar a medida, é defeso à parte repetir o pedido, salvo por novo fundamento.
Art. 809. Os autos do procedimento cautelar serão apensados aos do processo principal.
Art. 810. O indeferimento da medida não obsta a que a parte intente a ação, nem influi no julgamento desta, salvo se o juiz, no procedimento cautelar, acolher a alegação de decadência ou de prescrição do direito do autor.

Cabe frisar, nesse aspecto, apenas um detalhe curioso: como a demanda a que se vincula a medida cautelar

---

Art. 811. Sem prejuízo do disposto no art. 16, o requerente do procedimento cautelar responde ao requerido pelo prejuízo que lhe causar a execução da medida:
I – se a sentença no processo principal lhe for desfavorável;
II – se, obtida liminarmente a medida no caso do art. 804 deste Código, não promover a citação do requerido dentro em 5 (cinco) dias;
III – se ocorrer a cessação da eficácia da medida, em qualquer dos casos previstos no art. 808, deste Código;
IV – se o juiz acolher, no procedimento cautelar, a alegação de decadência ou de prescrição do direito do autor (art. 810).
Parágrafo único. A indenização será liquidada nos autos do procedimento cautelar.
Art. 812. Aos procedimentos cautelares específicos, regulados no Capítulo seguinte, aplicam-se as disposições gerais deste Capítulo."
"Art. 305. A petição inicial da ação que visa à prestação de tutela cautelar em caráter antecedente indicará a lide e seu fundamento, a exposição sumária do direito que se objetiva assegurar e o perigo de dano ou o risco ao resultado útil do processo.
Parágrafo único. Caso entenda que o pedido a que se refere o caput tem natureza antecipada, o juiz observará o disposto no art. 303.
Art. 306. O réu será citado para, no prazo de 5 (cinco) dias, contestar o pedido e indicar as provas que pretende produzir.
Art. 307. Não sendo contestado o pedido, os fatos alegados pelo autor presumir-se-ão aceitos pelo réu como ocorridos, caso em que o juiz decidirá dentro de 5 (cinco) dias.
Parágrafo único. Contestado o pedido no prazo legal, observar-se-á o procedimento comum.
Art. 308. Efetivada a tutela cautelar, o pedido principal terá de ser formulado pelo autor no prazo de 30 (trinta) dias, caso em que será apresentado nos mesmos autos em que deduzido o pedido de tutela cautelar, não dependendo do adiantamento de novas custas processuais.
§ 1º. O pedido principal pode ser formulado conjuntamente com o pedido de tutela cautelar.
§ 2º. A causa de pedir poderá ser aditada no momento de formulação do pedido principal.
§ 3º. Apresentado o pedido principal, as partes serão intimadas para a audiência de conciliação ou de mediação, na forma do art. 334, por seus advogados ou pessoalmente, sem necessidade de nova citação do réu.
§ 4º. Não havendo autocomposição, o prazo para contestação será contado na forma do art. 335.
Art. 309. Cessa a eficácia da tutela concedida em caráter antecedente, se:
I – o autor não deduzir o pedido principal no prazo legal;
II – não for efetivada dentro de 30 (trinta) dias;
III – o juiz julgar improcedente o pedido principal formulado pelo autor ou extinguir o processo sem resolução de mérito.
Parágrafo único. Se por qualquer motivo cessar a eficácia da tutela cautelar, é vedado à parte renovar o pedido, salvo sob novo fundamento.
Art. 310. O indeferimento da tutela cautelar não obsta a que a parte formule o pedido principal, nem influi no julgamento desse, salvo se o motivo do indeferimento for o reconhecimento de decadência ou de prescrição."

(oficiando como sua principal) é proponível não por seu requerente, senão pela Fazenda, não é possível vincular a eficácia da providência (acaso concedida) ao prazo estabelecido pelo art. 308 do Código de Processo Civil vigente (art. 806 do de 1973), o que quer significar que a medida de que falamos há de conservar seus efeitos, de ordinário, até o ajuizamento da execução fiscal correspondente ao crédito "cautelarmente garantido", evento cuja ocorrência determinará a cessação da cautelar, que se considerará resolvida, nos autos do executivo, sob a forma de efetiva garantia.

E não há de ser o fato de o Código de 2015 ter expungido as cautelares processualmente autônomas que retrairá a viabilidade desse encaminhamento.

Sobre o assunto, escrevemos:

> **9. Conclusões**
>
> (i) Embora o novo Código tenha expungido, em homenagem à noção de sincretismo, a figura das cautelares processualmente autônomas, casos há, como o da antecipação de garantia, em que essas figuras subsistirão.
>
> (ii) O reconhecimento da anômala viabilidade do processo cautelar, nesses casos, não afronta o novo Código, já que o sincretismo por ele apregoado não pode ser visto como um fim em si mesmo, senão a partir da noção de instrumentalidade.
>
> (iii) A veiculação de pedido de antecipação de garantia sob outra roupagem (que não a cautelar), conquanto pragmaticamente plausível, representa, em rigor, a tentativa de conciliar a literalidade do novo texto a uma situação (real) com a qual ele, o novo Código, não consegue lidar.
>
> (iv) É a própria execução fiscal o instrumento processual portador do pedido principal a que se vincula a cautelar de antecipação de garantia – afinal de contas, a garantia a ser prestada, além de não se constituir um fim si mesma (daí sua insubordinação à noção de satisfatividade), é, nos casos a que nos referimos, expressamente suscitada por conta de futura execução fiscal, tendo o propósito de, enquanto ela não surge, "liberar" o contribuinte dos ônus administrativo-tributários decorrentes do estado de pendência do crédito.

> (v) Fosse diversa a situação – vale dizer: (a) se não houvesse esse laço entre a garantia a prestar com a execução a ser intentada, ou, por outra, (b) quisesse o contribuinte simplesmente obter certidão, sem qualquer liame com o executivo fiscal por ser proposto –, seria de se indagar: por que ele, contribuinte, não segue o caminho das ações antiexacionais "comuns" (anulatória de débito fiscal, por exemplo) e ali, antecedente ou incidentalmente, pede, cautelarmente, a suspensão da exigibilidade do crédito tributário? A resposta já foi dada: porque o que se pretende, explícita ou implicitamente, é, nesses casos, o acautelamento do direito à pratica de ato (o de prestar garantia) inerente a executivo fiscal, direito esse subtraído pelo não exercício, pela Fazenda, de seu direito-dever de ação de execução, instrumento que, a um só tempo, (a) representa, anomalamente, o canal processual qualificado como "principal" para casos desse timbre, (b) determina o juízo competente para o processamento da cautelar, e (c) oficia, quando proposto, como terreno em que se resolverá a providência cautelar.[268]

10.5 Antecipação de garantia em nível administrativo: a inovação trazida pela Portaria PGFN 33/2018

Embora mantida a possibilidade de emprego da via processual de que falávamos no item anterior, é bom lembrar que, desde o advento da Portaria PGFN n. 33, de 08 de fevereiro de 2018, é possível que o sujeito passivo de crédito gerido por aquele órgão apresente, administrativamente, garantia antecipada, providência que neutraliza a utilidade da ação judicial voltada àquele fim.

Nos termos do art. 6º do mencionado normativo (com redação redefinida pela Portaria PGFN n. 42, de 25 de maio de 2018), com efeito:

> Art. 6º. Inscrito o débito em dívida ativa da União, o devedor será notificado para:
>
> (...)

---

268. CONRADO, Paulo Cesar. Antecipação de garantia tendente à satisfação de crédito tributário que esteja por ser executado: o que muda (se é que muda) com o novo CPC? In: CONRADO, Paulo Cesar. Processo tributário analítico. v. III. São Paulo: Noeses, 2016. p. 262-3. Na mesma linha, caminha o ensimento de Íris Vânia Santos Rosa, no artigo "Garantia, penhora e suspensão da exigibilidade do crédito tributário", publicado no mesmo livro, p. 227-45.

> II – em até 30 (trinta) dias:
>
> a) ofertar antecipadamente garantia em execução fiscal; ou
>
> (...)
>
> § 1º. A notificação de que trata o *caput* será expedida por via eletrônica ou postal.
>
> § 2º. A notificação por via eletrônica far-se-á pelo e-CAC da PGFN e será considerada realizada após 15 (quinze) dias da entrega do aviso na caixa de mensagens do contribuinte ou no dia seguinte à sua abertura, o que ocorrer primeiro.
>
> § 3º. A notificação postal será realizada no endereço informado pelo contribuinte ou responsável à Fazenda Pública e será considerada entregue depois de decorridos 15 (quinze) dias da respectiva expedição.
>
> § 4º. O disposto neste artigo se aplica aos devedores incluídos como corresponsáveis por débitos inscritos em dívida ativa da União.

Disciplinando em detalhes o procedimento, o art. 8º e seguintes da mesma Portaria, aponta os efeitos gerados pela antecipação administrativa (parágrafo único do art. 8º e arts. 13 e 14),[269] além de descrever as espécies de garantia manejáveis (art. 9º e parágrafos),[270] o rito observado

---

269. "Art. 8º. Notificado para pagamento do débito inscrito em dívida ativa, o devedor poderá antecipar a oferta de garantia em execução fiscal.
Parágrafo único. A oferta antecipada de garantia em execução fiscal, apresentada no prazo do art. 6º, II, suspende a prática dos atos descritos no art. 7º até o montante dos bens e direitos ofertados."
"Art. 13. A aceitação da oferta antecipada de garantia em execução fiscal não suspende a exigibilidade dos créditos inscritos em dívida ativa, mas viabiliza a emissão da certidão de regularidade fiscal, desde que em valor suficiente para garantia integral dos débitos garantidos, acrescidos de juros, multas e demais encargos exigidos ao tempo da propositura da ação de execução fiscal."
"Art. 14. Aceita a oferta antecipada de garantia, o Procurador da Fazenda Nacional promoverá o ajuizamento da execução fiscal correspondente, no prazo máximo de 30 (trinta) dias contados da data da aceitação, indicando à penhora o bem ou direito ofertado pelo devedor.
Parágrafo único. Se, por qualquer motivo, não for aperfeiçoada a penhora no processo de execução fiscal, a aceitação será desfeita e cancelados os seus efeitos."

270. "Art. 9º. O devedor poderá apresentar, para fins de oferta antecipada de garantia em execução fiscal:
I – depósito em dinheiro para fins de caução;
II – apólice de seguro-garantia ou carta de fiança bancária que estejam em conformidade com a regulamentação da Procuradoria-Geral da Fazenda Nacional;
III – quaisquer outros bens ou direitos sujeitos a registro público, passíveis de arresto ou penhora, observada a ordem de preferência estipulada no art. 11 da Lei n.

(arts. 10 e 11)[271] e as hipóteses de recusa da oferta (art. 12).[272]

6.830, de 22 de setembro de 1980.
§ 1º. A indicação poderá recair sobre bens ou direitos de terceiros, desde que expressamente autorizado por estes e aceitos pela Procuradoria-Geral da Fazenda Nacional, observado o disposto no art. 9º, § 1º, da Lei n. 6.830, de 22 de setembro de 1980.
§ 2º. A indicação também poderá recair sobre bem ou direito já penhorado pela Procuradoria-Geral da Fazenda Nacional, desde que avaliados em valor suficiente para garantia integral das dívidas."

271. "Art. 10. A oferta antecipada de garantia em execução fiscal deverá ser instruída:
I – no caso de depósito em dinheiro para fins de caução, com cópia do respectivo comprovante, observadas as orientações expedidas pela unidade da Procuradoria-Geral da Fazenda Nacional no que se refere ao preenchimento da guia de depósito;
II – no caso de seguro-garantia ou carta de fiança bancária, com o respectivo instrumento e demais documentos comprobatórios, conforme regulamento expedido pela PGFN;
III – no caso de bens imóveis, com cópia da certidão de inteiro teor da matrícula atualizada, cópia do último carnê do Imposto sobre a Propriedade Predial e Territorial Urbana (IPTU), em se tratando de imóvel urbano, ou cópia da última declaração do Imposto sobre a Propriedade Territorial Rural (ITR), em se tratando de imóvel rural, bem como de laudo de avaliação, oficial ou particular, sendo que, neste último caso, a avaliação deverá ser realizada por engenheiro ou arquiteto inscrito no respectivo conselho profissional ou de acordo com o § 2º do art. 64-A da Lei n. 9.532, de 10 de dezembro de 1997;
IV – no caso de veículos, com cópia do Certificado de Registro e Licenciamento do Veículo (CRLV) atualizado, bem como cópia do último carnê do Imposto sobre a Propriedade de Veículos Automotores (IPVA);
V – no caso dos demais bens e direitos sujeitos a registro público, com cópia do documento comprobatório de propriedade e das certidões negativas de ônus, expedidas pelos respectivos órgãos de registro, bem como documento de avaliação do bem ou direito.
§ 1º. Nas hipóteses dos incisos IV e V, os bens ou direitos serão avaliados pelo valor de mercado, conforme parâmetros informados em veículo de divulgação especializado, laudo de órgão oficial ou pelo valor decorrente de avaliação realizada de acordo com o § 2º do art. 64-A da Lei n. 9.532, de 10 de dezembro de 1997.
§ 2º. No caso de avaliação realizada de acordo com o § 2º do art. 64-A da Lei n. 9.532, de 10 de dezembro de 1997, o devedor deverá apresentar:
I – comprovação de que a indicação do perito foi feita pelo órgão de registro;
II – laudo de avaliação; e
III – certidão comprovando a averbação do valor constante do laudo na matrícula, se bens imóveis.
§ 3º Caso o bem ou direito já esteja penhorado em execução fiscal movida pela Procuradoria-Geral da Fazenda Nacional, a oferta antecipada deverá ser instruída com cópia da avaliação judicial, realizada há, no máximo, um ano contado da data da oferta.
"Art. 11. A oferta antecipada de garantia em execução fiscal será apreciada pela unidade da Procuradoria-Geral da Fazenda Nacional responsável pelo ajuizamento da execução correspondente às inscrições objeto da garantia antecipada.
§ 1º. A oferta antecipada de garantia em execução fiscal será analisada no prazo de 30 (trinta) dias contados do primeiro dia útil após o protocolo no e-CAC da PGFN.
§ 2º. O Procurador da Fazenda Nacional poderá intimar o devedor para apresentar informações complementares, momento em que o prazo do parágrafo anterior será contado do primeiro dia útil após a apresentação, no e-CAC da PGFN, das informações solicitadas."

272. "Art. 12. O Procurador da Fazenda Nacional poderá recusar a oferta antecipada de garantia em execução fiscal, quando:
I – os bens ou direitos forem inúteis ou inservíveis;

Em suma:

Define-se como **cautelar** a tutela jurisdicional tendente a **resguardar** a viabilidade prática do direito material subjacente à lide, garantindo efetividade a uma outra tutela – dita **principal**.

Além de **desprovidas de definitividade** (já que se prestam apenas ao asseguramento do bem da vida a que se refere a relação jurídica de fundo), as tutelas cautelares **não esgotam o exame do direito material** controvertido, tomando-o apenas em **nível de aparência** (***fumus boni juris***); assim atuam, por conta de afirmada situação de **risco de inefetividade** daquele mesmo direito (***periculum in mora***).

As tutelas fundadas no **poder geral de cautela** atuam nas hipóteses para as quais o sistema não fixou modalidade cautelar específica.

Em relação às **medidas cautelares especiais**, os conceitos de *fumus boni juris* e de *periculum in mora* revestem-se, de ordinário, de **sentido peculiar**, atribuído de acordo com a espécie cautelar de que se esteja tratando.

A **medida cautelar fiscal** integra o conjunto das **cautelares especiais**, viabilizando a **indisponibilização dos bens do devedor**, até o limite do crédito de que é titular a Fazenda Pública.

O ***periculum in mora***, na medida cautelar fiscal, se define por uma das hipóteses preconizadas no **art. 2º da Lei**

II – os bens forem de difícil alienação ou não tiverem valor comercial;
III – os bens e direitos não estiverem sujeitos à expropriação judicial;
IV – os bens ou direitos forem objeto de constrição judicial em processo movido por credor privilegiado.
Parágrafo único. Para os fins do disposto neste artigo, considera-se difícil alienação quando restarem frustradas 2 (duas) tentativas de alienação judicial, no caso de bens já penhorados em execução fiscal movida pela Procuradoria-Geral da Fazenda Nacional."

n. 8.397/92; o ***fumus boni juris***, na forma do **art. 3º, inciso I**.

É possível estender a **terceiros** os efeitos da medida cautelar fiscal, desde que presentes os **mesmos requisitos** que autorizariam, em sede de **execução fiscal**, o **redirecionamento**.

A medida cautelar fiscal será requerida, processada e julgada no **juízo competente** para o feito principal – a **execução fiscal**.

Se requerida **antes do ajuizamento da execução**, a medida cautelar fiscal identificar-se-á como **preparatória**; se **no curso da execução**, como **incidental**. Quando **preparatória**, deverá a Fazenda Pública propor a execução **no prazo de sessenta dias**, contados da data em que a exigência se tornar irrecorrível na esfera administrativa.

Se o crédito fiscal não mais admite impugnação administrativa, nem se encontra alcançado por qualquer causa suspensiva de sua exigibilidade, o não aparelhamento da correspondente execução fiscal pode gerar, para o devedor, **dano justificador de especial medida cautelar**.

É que, enquanto não ajuizada a execução e efetivada a devida penhora, fica vedada a concessão, em favor, do administrado, de **certidão de regularidade fiscal**.

A **medida cautelar postulável pelo devedor** funda-se no **poder geral de cautela** (já que não prevista, com especificidade, pelo sistema), visando, em suma, à **antecipação da garantia do crédito a ser executado**.

Capítulo 11

EXECUÇÃO FISCAL EM CONFRONTO COM OUTRAS CATEGORIAS PROCESSUAIS TRIBUTÁRIAS

11.1 Processualidade tributária exacional e antiexacional

Qualifica-se como tributário o processo que se reporta à relação jurídica (material) daquele timbre. De tal premissa, associada às noções de instrumentalidade e de inércia, sobressai fonte capaz de inspirar o mais importante corte classificatório do processo tributário: por vincular sujeitos com qualificação predeterminada, a relação jurídico-tributária permite a formação de processos (tributários) sempre entre aqueles mesmos sujeitos.

Sabendo-se, com efeito, que "ninguém poderá pleitear direito alheio em nome próprio, salvo quando autorizado pelo ordenamento jurídico" (art. 18 do Código de Processo Civil de 2015),[273] é certo assumir que os processos ditos tributários deflagrar-se-ão ou por iniciativa do Estado-fisco

273. "Art. 6º. Ninguém poderá pleitear, em nome próprio, direito alheio, salvo quando autorizado por lei." (art. 6º do Código de Processo Civil de 1973.)

(ou pessoa que faça as vezes de) ou por iniciativa do contribuinte (ou terceiro ao qual a lei atribua responsabilidade).[274]

Regra: *em nível tributário, como os sujeitos da relação-base são predeterminados (Estado-fisco e contribuinte), deles será, ordinariamente, o predicado processual da legitimidade.*

Guardadas essas duas possibilidades, dir-se-á existentes duas classes fundamentais de processo tributário em nosso sistema: na linha terminológica de James Marins,[275] os do Estado-fisco, denominados de *exacionais* (escaninho em que se põem depositadas, fundamentalmente, as execuções fiscais), e os do contribuinte, ditos, em contrapartida, antiexacionais,[276] modalidade que desafia duas subclasses, a dos processos judiciais e a dos administrativos.

Em quadro-resumo, teríamos:

Quadro 9

<table>
<tr><td rowspan="3">Processo tributário</td><td colspan="2">exacional (iniciado pelo Fisco)</td></tr>
<tr><td rowspan="2">antiexacional
(iniciado pelo contribuinte)</td><td>judicial</td></tr>
<tr><td>administrativo</td></tr>
</table>

O que é curioso, nesse contexto, é que referidas classes processuais, embora vinculadas a perspectivas objetivas bem diversas (e até mesmo antagônicas, à medida que

274. "Assim, se se pleiteia uma sentença condenatória, veremos que as condições para obtê-la normalmente são: 1º a existência de uma vontade da lei que assegure a alguém um bem obrigando o réu a uma prestação; 2º a qualidade, isto é, a identidade da pessoa do autor com a pessoa favorecida pela lei e da pessoa do réu com a pessoa obrigada; 3º o interesse em conseguir o bem por obra dos órgãos públicos." (CHIOVENDA, Giuseppe. Instituições de direito processual civil. v. 1. Campinas: Bookseller, 2000. p. 89. Destaque nosso).

275. MARINS, James. *Direito processual tributário brasileiro*: administrativo e judicial. São Paulo: Dialética, 2001. p. 354-7.

276. Essa, evidentemente, é apenas uma das possibilidades de classificação que o objeto processo tributário desafiaria; não é única, e nem poderíamos assim dizer, uma vez que seguiremos apresentando outros modos de classificação mais adiante – não obstante, para nós impõem-se os conceitos decorrentes dessa primeira classificação (processos exacionais e antiexacionais), pois que essenciais ao presente estudo.

as pretensões exacionais e antiexacionais são naturalmente opostas), podem ser aparelhadas *in concreto* num mesmo espaço temporal. Estabelece-se, com isso, aquilo que se poderia denominar de *concomitância*, fenômeno processual que requisita alguns cuidados, justamente porque cada qual das vias processuais *concomitantes* operaria em direções opostas.

É essa a preocupação que nos retém neste capítulo, cabendo-nos, no entanto e quando menos num primeiro momento, identificar as possibilidades que orbitam em torno do tema.

11.2 As diversas possibilidades processuais tributárias antiexacionais e o conceito de *positivação*

Diferentemente do que se passa no campo da exacionalidade – fundamentalmente adstrito à ideia de execução fiscal –, o fenômeno da antiexacionalidade é muito mais alentado. Por outra: os canais processuais disponibilizados ao contribuinte que pretenda "discutir" a legitimidade de uma dada obrigação tributária se apresentam em número muito mais expressivo.

A identificação dessas vias processuais pode (e deve) partir de um específico critério, diretamente relacionado ao direito de fundo (tributário) e que se corporifica pela noção de *positivação*. Explicamos: o direito, a despeito de sua complexidade, cumpre um papel bem preciso, quando menos perfeitamente identificável – *regular a conduta humana em suas relações intersubjetivas*.[277] Para viabilizar o cumprimento desse papel, as manifestações normativas, como entidades mínimas integrantes do sistema do direito (positivo), apresentam uma peculiar estrutura, em que

277. Na lição de Paulo de Barros Carvalho, o papel do direito é ordenar a vida social, disciplinando o comportamento dos seres humanos, nas suas relações de intersubjetividade. Tomando por base esse caráter eminentemente instrumental do ordenamento jurídico, é curioso notar que o único meio de que dispõe para alcançar suas finalidades precípuas é a relação jurídica, no contexto da qual emergem direitos e deveres correlatos, pois é desse modo que se opera a regulação das condutas (CARVALHO, Paulo de Barros. *Curso de direito tributário*. 17. ed. São Paulo: Saraiva, 2007, p. 189-90).

se inserem duas proposições, a *hipótese* e a *tese*, acopladas pelo operador deôntico neutro, revelador, esse último, de necessária implicação.[278]

O reconhecimento da aludida estrutura formal não é suficiente, porém, para que se chegue à efetividade do direito.[279] Partindo do binômio *norma geral e abstrata* mais *norma individual e concreta*, constatamos que o sentido deôntico, voltado que está ao condicionamento da conduta humana em suas relações intersubjetivas, só se perfaz, em regra, por intermédio de normas inscritas sob a última das rubricas, as individuais e concretas – se as normas gerais e abstratas são despidas, justamente por sua generalidade e abstração, de condições de atuar num caso materialmente definido, a única alternativa que sobra para que o direito interfira na região das interações sociais é mediante a construção de tantas normas quantas forem necessárias até que se chegue, por fim, à que ostenta máximo grau de concretude. E é exatamente isso que chamamos de "processo de positivação",[280] fenômeno que se apresenta pela produção

---

278. Vale trazer à colação, nesse particular, o magistério de Paulo de Barros Carvalho (CARVALHO, Paulo de Barros. Isenções tributárias do IPI, em face do princípio da não cumulatividade. Revista Dialética de Direito Tributário – RDDT, São Paulo, Dialética, n. 33, p. 144): "A lei, vista sob certo ângulo, representa o texto, na sua dimensão de veículo de prescrições jurídicas. Constituição, emenda constitucional, lei complementar, lei ordinária, medida provisória, resoluções, decretos, sentenças, acórdãos, contratos e atos administrativos, enquanto suportes materiais de linguagem prescritiva, pertencem à plataforma da expressão dos textos prescritivos e, como tais, são veículos introdutórios de normas jurídicas, constituindo a base do conhecimento do direito posto.
Já a norma jurídica é juízo implicacional construído pelo intérprete em função da experiência no trato com esses suportes comunicacionais. Por isso, não há que se confundir norma, como complexo de significações enunciativas, unificadas em forma lógica determinada (estrutura implicacional) e a expressão literal desses enunciados, ou mesmo os conteúdos de sentido que tais enunciados apresentem, quando isoladamente considerados. O plano dos significantes (plano de expressão) é o veículo que manifesta, graficamente (no direito escrito), a mensagem expedida pelo autor. Na sua implexa totalidade, constitui o sistema morfológico e gramatical do direito posto, conjunto de frases prescritivas introduzidas por fatos jurídicos que a ordenação positiva para tanto credencia."

279. A indigitada expressão (efetividade do direito) é lançada, lembre-se, para designar a aptidão, a capacidade do direito de se realizar.

280. Processo de positivação, no magistério de Paulo de Barros Carvalho, é definido como ato mediante o qual alguém interpreta a amplitude do preceito geral, fazendo-o incidir no caso particular e sacando, assim, a norma individual. É pela aplicação que se constrói o direito em cadeias sucessivas de regras, a contar da norma

sequencial de regras, tendo como marco inicial uma dada norma geral e abstrata e, na ponta final, uma norma individual e concreta, apta a atingir o caso especificado.[281]

Em direito tributário, a gênese do processo de positivação se põe cravada no altiplano constitucional: ali, na sede normativa suprema, regras de competência (tributária) conferem a possibilidade de novel produção normativa, usualmente identificada pela expressão *regra-matriz de incidência.*

No antecedente dessas normas, encontramos a lista de notas que um acontecimento precisa ter para ser considerado fato jurídico tributário; em seu consequente, doutra parte, encontramos as notas que uma relação tem de ter para ser considerada relação jurídico-tributária.

Avançando para o plano individual e concreto, encontramos outro tipo de norma, em cujo antecedente constará um enunciado protocolar e denotativo, obtido pela redução à unidade das classes de notas do antecedente da norma geral e abstrata, e em cujo consequente ter-se-á, por fim, um outro enunciado, também protocolar e denotativo, construído pela redução à unidade das classes de notas do consequente da norma geral e abstrata.

Essas normas por último mencionadas são produzidas, de ordinário, ou pelo Estado-fisco (art. 142, *caput*, do Código Tributário Nacional) ou pelo contribuinte (art. 150, *caput*, do Código Tributário Nacional) – lançamento e "autolançamento", respectivamente.[282]

---

fundamental, axioma básico da existência do direito enquanto sistema, até as normas particulares, não passíveis de ulteriores desdobramentos, e que funcionam como pontos terminais do processo derivativo de produção do direito (CARVALHO, Paulo de Barros. *Curso de direito tributário* cit., p. 88). Nessa linha, do mesmo autor, Direito tributário: fundamentos jurídicos da incidência, p. 34.

281. KELSEN, Hans. *Teoria geral das normas*. Porto Alegre: Fabris, 1986. p. 306.

282. "Art. 142. Compete privativamente à autoridade administrativa constituir o crédito tributário pelo lançamento, assim entendido o procedimento administrativo tendente a verificar a ocorrência do fato gerador da obrigação correspondente, determinar a matéria tributável, calcular o montante do tributo devido, identificar o sujeito passivo e, sendo caso, propor a aplicação da penalidade cabível."
"Art. 150. O lançamento por homologação, que ocorre quanto aos tributos cuja

Em suma gráfica, assim poderíamos descrever o percurso de positivação do direito tributário:

Quadro 10

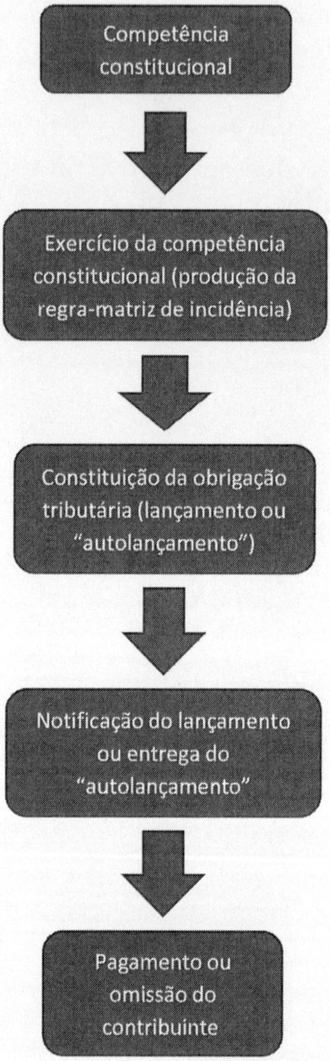

legislação atribua ao sujeito passivo o dever de antecipar o pagamento sem prévio exame da autoridade administrativa, opera-se pelo ato em que a referida autoridade, tomando conhecimento da atividade assim exercida pelo obrigado, expressamente a homologa."

11.3 O momento em que a atuação processual se celebra como critério de determinação do tipo antiexacional

É justamente o momento em que o contribuinte atua processualmente, provocando o exercício da jurisdição antiexacional, que determinará o canal, dentre os vários disponibilizados pelo sistema, a ser adotado.

Olhemos, nesse sentido, para esse novo gráfico:

Quadro 11

<table>
<tr><th>Processo de positivação do direito tributário</th><th>Forma de processualização</th></tr>
<tr><td>Competência Constitucional</td><td>Não há possibilidade de processualização</td></tr>
<tr><td>exercício da competência constitucional
(produção da regra-matriz de incidência)
-</td><td>processo antiexacional preventivo
(ação declaratória ou mandado de segurança preventivo) (1)</td></tr>
<tr><td>notificação do lançamento ou entrega do "autolançamento"
-</td><td>processo antiexacional repressivo
(impugnação administrativa, ação anulatória ou mandado de segurança repressivo) (2)</td></tr>
<tr><td rowspan="2">pagamento
ou
omissão do contribuinte</td><td>processo antiexacional condenatório
(ação de repetição do indébito) (3)</td></tr>
<tr><td>processo exacional
(execução fiscal) (4)
+
processo antiexacional
(embargos à execução) (5)</td></tr>
</table>

Ao que se percebe, quatro possibilidades processuais – identificadas pelas posições (1), (2), (3) e (5) – constituem o acervo de opções do contribuinte, enquanto uma única – posição (4) – oficia em favor do Estado-fisco, apontando para a figura da execução. Daquelas quatro possibilidades antiexacionais, apenas uma – os embargos à execução, posição (4) – foi alvo de análise, especificamente empreendida por ocasião do Capítulo 8; sobra-nos avaliar, então, as outras três figuras, confrontando-as com o executivo fiscal.

11.4 Modos antiexacionais de processualidade: uma visão geral

Desde quando inserida no sistema a regra-matriz de incidência, surge para o contribuinte o interesse de agir em nível preventivo.

Natural: se, diante da lei posta, a Administração *deve* lançar (de ofício ou substitutivamente),[283] é certo convir que a constituição do crédito tributário (e sua consequente exigibilidade) é evento de potencial verificação.

Possível, pois, que o contribuinte postule, via ação declaratória ou mandado de segurança (preventivo), a imposição, pelo Judiciário, de um dever de abstenção para o Estado-fisco, atuando as sentenças prolatadas em tais ações nesse exato sentido – obstar, antes mesmo de sua constituição, os efeitos de uma potencial obrigação tributária.

Paralelamente a isso, acaso o ciclo de positivação esteja numa fase mais avançada, em que já constituído o crédito tributário – estabelecendo-se, via de consequência, sua exigibilidade –, de se supor que a atuação processual do contribuinte vá além, opondo-se não mais à obrigação *potencial*, senão à obrigação *efetiva*.

---

283. Chama-se de "substitutivo" o lançamento efetivado em função do não cumprimento, pelo contribuinte, do dever instrumental de "autolançar".

Essas ações, ditas repressivas (anulatória ou mandado de segurança repressivo), garantem a produção de sentença supressiva da exigibilidade já instalada.

Afora essas possibilidades – ambas de cunho evidentemente judicial –, o mesmo efeito pode ser obtido pela via administrativa, deflagrada por meio de impugnação oferecida em tal âmbito.

Caminhando-se mais adiante, se considerarmos que a exigibilidade não apenas se constituiu, senão também que se esvaiu pelo pagamento efetuado pelo contribuinte, possível supor o atravessamento, agora, de ação de repetição de indébito – meio processual que garante ao contribuinte a qualificação do pagamento que efetivara como *indevido*, com o consequente aparelhamento da chamada *relação de indébito*.

11.5 Primeiro confronto: ação preventiva (declaratória ou mandado de segurança) e execução fiscal

As ações ditas preventivas precedem, lógica e cronologicamente falando, a formação do crédito tributário, antecedendo, por isso mesmo, a instalação de eventual executivo fiscal.

A despeito disso, lembre-se que sua propositura não obsta o dever do Fisco de constituir e cobrar os créditos que supõe devidos, razão por que é de todo possível que, mesmo na pendência da demanda declaratória, seja ajuizada execução fiscal.

Paralelamente a isso, cobra considerar os casos em que sobressai, no bojo da ação preventiva, algum instrumento suspensivo da exigibilidade do crédito tributário a que se refere a regra-matriz impugnada – por exemplo, a tutela antecipada.[284]

---

284. Das causas suspensivas descritas no art. 151 do Código Tributário Nacional, importa-nos, nesse específico momento, as dos incisos II, IV e V; leia-se:

Nesses casos, diferentemente, alguma eficácia o processo antiexacional irradia sobre eventual pretensão executória fiscal; podemos assim resumir tais efeitos: (i) se anterior à execução, a causa suspensiva a obsta; acaso seja proposta, deverá ser extinta, dado o provisório e anterior estado de inexigibilidade de que se recobria o crédito tributário; (ii) se posterior à execução, a causa suspensiva faz paralisar o respectivo andamento, situação que há de perdurar enquanto subsistente a causa suspensiva.[285]

"Art. 151. Suspendem a exigibilidade do crédito tributário: (...)
II – o depósito do seu montante integral; (...)
IV – a concessão de medida liminar em mandado de segurança.
V – a concessão de medida liminar ou de tutela antecipada, em outras espécies de ação judicial; (...)."

285. Lembre-se, nesse particular, que as causas de suspensão do art. 151 a que nos referimos (incisos II, IV e V), quando relacionadas a crédito que não constituído, não inviabilizam, por si, a efetiva constituição, quando oportuno, desse mesmo crédito, quer por declaração do contribuinte, quer por lançamento de ofício; tais causas apenas restringem a exigibilidade do crédito que está por ser constituído. Prescreve a Lei 9.430/96, em seu art. 63 e parágrafos, a esse respeito:
"Art. 63. Na constituição de crédito tributário destinada a prevenir a decadência, relativo a tributo de competência da União, cuja exigibilidade houver sido suspensa na forma dos incisos IV e V do art. 151 da Lei n. 5.172, de 25 de outubro de 1966, não caberá lançamento de multa de ofício.
§ 1º. O disposto neste artigo aplica-se, exclusivamente, aos casos em que a suspensão da exigibilidade do débito tenha ocorrido antes do início de qualquer procedimento de ofício a ele relativo.
§ 2º. A interposição da ação judicial favorecida com a medida liminar interrompe a incidência da multa de mora, desde a concessão da medida judicial, até 30 dias após a data da publicação da decisão judicial que considerar devido o tributo ou contribuição."
Daí por que se diz que, nesses casos, a atividade lançadora segue se impondo, sob pena de decadência. A esse respeito:
"TRIBUTÁRIO. AÇÃO RESCISÓRIA. VIOLAÇÃO DE FRONTAL DISPOSIÇÃO DE LEI. ART. 485, V, DO CPC. DECADÊNCIA. RELAÇÃO TRIBUTÁRIA. INTERRUPÇÃO OU SUSPENSÃO. IMPOSSIBILIDADE. ARTS. 173, PARÁGRAFO ÚNICO, E 174, PARÁGRAFO ÚNICO, DO CTN. PEDIDO PROCEDENTE.
(...)
3. O prazo decadencial para a constituição do crédito tributário não se interrompe nem se suspende, diferentemente do prazo de prescrição para o ajuizamento da execução fiscal, que aceita as causas interruptivas previstas no art. 174 do CTN. Precedentes de ambas as Turmas de Direito Público.
4. O simples processamento de ação judicial em que se discute a existência ou inexistência de relação jurídico-tributária não tem o condão de impedir o Fisco de

11.6 Segundo confronto: ação judicial repressiva (anulatória ou mandado de segurança) e execução fiscal

As ações de que falamos, diversamente das preventivas, seriam aparelháveis desde quando constituído o crédito tributário. É perfeitamente possível, pois, que seu ajuizamento se dê mesmo após a propositura da execução fiscal.

Tal como as preventivas, também estas, as repressivas, não implicam, por si mesmas, obstáculo à efetivação, pelo Fisco, dos atos de cobrança que reputar devidos – é bom que se diga, aliás, que tais atos se impõem, em verdade, pena de prescrição da ação executivo-fiscal.[286]

Também aqui, quando se fala em anulatória ou em mandado de segurança repressivo, operam, quando menos potencialmente, as causas suspensivas de exigibilidade

constituir o crédito tributário, que é atividade privativa e vinculada, nos termos do art. 142 do CTN. Ainda que presentes quaisquer das causas de suspensão da exigibilidade previstas no art. 151 do CTN, estaria a autoridade fiscal obrigada a constituir o crédito mediante lançamento com o objetivo de prevenir a decadência tributária. Precedente da Seção.
5. O art. 174, parágrafo único, do CTN, prevê regras interruptivas somente aplicáveis à prescrição e não à decadência tributária.
6. Se o Fisco dispõe dos documentos e informações necessários ao lançamento, aplica-se a regra do art. 173, I, do CTN, contando-se o prazo decadencial a partir de 1º de janeiro do ano subsequente ao da ocorrência do fato gerador (a não ser que se cuide de tributo sujeito à homologaçao, para os quais há regra específica no art. 150, § 4º, do CTN). Se, entretanto, a autoridade fiscal não possui os dados indispensáveis ao lançamento, é de se aplicar a regra do parágrafo único do art. 173, correndo o prazo a partir da data em que notificado o contribuinte para prestar esclarecimentos ou apresentar documentos.
(...)
9. Pedido rescisório que se julga procedente."
(Ação Rescisória 2.159/SP, Superior Tribunal de Justiça, Primeira Seção, Relator Ministro Castro Meira, DJ de 10/09/2007, p. 176).

286. "*O exercício do direito constitucional de ação, para ver declarada a nulidade do título ou a inexistência da obrigação, independe da oferta de garantia, indispensável apenas na hipótese de o devedor pretender obter a suspensão da exigibilidade do débito impugnado*" (Recurso Especial 786.721/RJ, Superior Tribunal de Justiça, Primeira Turma, Ministro Teori Albino Zavascki, DJ de 09/10/2006, p. 264).

desde antes anunciadas – incisos II, IV e V do art. 151 do Código Tributário Nacional –, cuja verificação implica:

(i) se ainda não ajuizada a execução do crédito debatido, verdadeiro óbice à sua propositura (como antes, acaso seja proposto o executivo, deverá ser extinto, dado o provisório e anterior estado de inexigibilidade de que se recobria o crédito tributário); frise-se que, nesses casos, o fluxo prescricional se suspende, assim ficando até eventual cessação da causa obstativa de exigibilidade;

(ii) se posterior à execução, a suspensão de seu andamento, situação que há de perdurar enquanto subsistente a causa suspensiva da exigibilidade.

11.7 E se a execução com a qual a anulatória "dialoga" estiver em fase de embargos?

Por ocasião do Capítulo 6, deixamos entrevista a questão resultante da combinação de anulatória e execução com subsequente oposição de embargos.

A hipótese não é nem de longe incomum, uma vez que, como já sublinhado, o ajuizamento de ação antiexacional, inclusive a anulatória, não paralisa, por si, a exigibilidade do crédito debatido, circunstância que impõe, em relação à Fazenda, o encargo de executar seu crédito, correndo o risco, se não o fizer, de vê-lo prescrever.

O fato, lembremos, é que, no sistema do Código revogado, não se falava em conexão entre execução e anulatória, coisa que o Código de 2015 passou a contemplar.

Dada a definição contida em seu art. 55, § 2º, inciso I, do diploma em vigor, com efeito, as ações mencionadas, desde que relativas ao mesmo crédito, passam a se atrair reciprocamente, reconhecendo o sistema normativo atual a irracionalidade da separação, em diferentes juízos, de ações que, materialmente, são equiparáveis.

É bem certo, não recusamos, que ainda vivemos tempos em que o dogma da competência especializada por "procedimento" ("juízo de execução fiscal") persiste, o que autorizaria a perpetuação de um equívoco histórico – o uso de questões procedimentais para assentar regras de divisão competencial.

O problema ganha tons ainda mais vivos quando são opostos embargos sob a mesma argumentação tecida na anulatória, um dos maiores anacronismos do sistema processual brasileiro: os embargos, regularmente precedidos de garantia, são opostos unicamente para obstar o fluxo da execução, sendo na sequência paralisados até o julgamento da anulatória, ação tida como prejudicial.

Em rigor, a relação que haveria entre embargos e anulatória, na situação exposta, seria de verdadeira litispendência, causa de extinção da ação repetida, mantendo-se desejável estado de coerência sistêmica.

Ao final, voltaríamos à conclusão sinalizada no Capítulo 6: mesmo que se insista em fracionar as competências envolvidas (executiva de um lado, cognitiva de outro), ainda assim não faz nenhum sentido exigir a replicação de demanda desconstitutiva do crédito (dê-se a ela o nome que for, anulatória, embargos ou outro que se venha a inventar) por razões unicamente formais.

Em termos práticos, teríamos: proposta ação anulatória, se não sobrevier causa suspensiva de exigibilidade, a execução é perfeitamente viável, caminhando até a prestação de garantia eficiente; chegando-se a essa fase, em vez de se exigir do executado o ajuizamento "replicado" da demanda anulatória (agora sob a roupagem de embargos), tomar-se-á aquela ação (a anulatória) como prejudicial, cuja solução deve preceder o prosseguimento da atividade executória. Seria como se os embargos estivessem "pré-ajuizados", sendo despidos de eficácia obstativa da atividade fazendária quando menos até que aparelhada a condição exigida para tanto – a prestação, reitere-se, de garantia.

Estão evidentemente fora desse cenário, por certo, os casos em que as demandas confrontadas, anulatória e embargos, vêm recobertas de diferentes fundamentos.

11.8 Terceiro confronto: repetição e execução fiscal

Conquanto teoricamente combináveis, as demandas em questão opõem-se, reciprocamente, no que se refere a seu fundamento lógico: a primeira, repetição de indébito, supõe o cumprimento da obrigação tributária e sua consequente extinção (art. 156, inciso I, do Código Tributário Nacional); a segunda, execução, supõe o inadimplemento dessa mesma obrigação. Sua eventual concomitância, em rigor, não se vê logicamente viável – não pelo menos quando operam sobre o mesmo crédito.[287]

11.9 Quarto confronto: processo administrativo e execução fiscal

Embora inviável falar em "jurisdição voluntária" em matéria tributária, fenômeno semelhante há na órbita administrativo-fiscal.

Com efeito, debaixo da rubrica *procedimento administrativo*, o direito tributário experimenta categorias "aparentemente" processuais desvinculadas da noção de

287. Circunstância que não se repugna diz com as discussões travadas não propriamente sobre o mesmo crédito, senão sobre a mesma regra-matriz de incidência. Pense-se, nesse sentido, nos casos em que o contribuinte, tomando por inconstitucional a regra-matriz de certo tributo que já recolhera postula sua repetição, ao mesmo tempo em que, deixando de pagar obrigações fundadas na mesma norma, se põe alvo de executivo fiscal. Ainda que verificáveis, tais casos não atraem qualquer preocupação; é que o ponto comum havido entre as demandas, na hipótese, seria seu fundamento jurídico-abstrato (a regra-matriz de incidência), o que inviabiliza falar em prejudicialidade.

conflito – tais categorias seriam "aparentemente" (e não "efetivamente") processuais, justamente por carecerem daquele suposto (a conflituosidade, a contenciosidade, a litigiosidade).

Pois é com a mira mantida sobre essas premissas que julgamos importante desenvolver o tema neste item, abordando, em suma, as possíveis relações entre processo tributário exacional (execução fiscal) e processo administrativo.

Partindo da premissa de que os processos de execução fiscal supõem a constituição de título executivo (Certidão de Dívida Ativa), documento cuja produção depende, a seu turno, do esgotamento das vias administrativas (até porque, enquanto pendentes, tais vias implicam o efeito previsto no já referido art. 151, inciso III, do Código Tributário Nacional), a única inferência que poderíamos fazer, em princípio, iria no sentido da absoluta impossibilidade de coexistência de tais níveis de processualidade (execução e processo administrativo, repise-se).

Usando outros termos: *se, enquanto pendente processo administrativo, suspensa está a exigibilidade da obrigação tributária (o que afasta a ideia de inscrição em dívida ativa), ou a execução é ajuizada depois de extinta a instância administrativa, ou ela própria (execução fiscal) deve ser decretada extinta.*

Diríamos, assim e sem delongas, que a relação que governa os processos em foco seria de *excludência*.

Fortes na ideia de que o direito tributário nacional admite tipos "processuais" administrativos "não contenciosos", e ainda que tenhamos afastado, por premissa, a possibilidade de falar em efetiva processualidade quando ausente a noção de conflito, julgamos relevante, aqui, estender nossa análise, indo além da só afirmação de que processo administrativo não convive, absolutamente, com execução.[288]

---

288. Assim agindo, estaremos a renunciar, de certo modo, à postura segundo a qual

Sabemos que as hipóteses de lançamento (direto ou substitutivo), e apenas elas, é que permitiriam, em princípio, o aparelhamento concreto da noção de impugnação administrativa e, por derivação, de processo administrativo tributário.

Quer isso significar, dando-se um giro, que, para os casos de "autolançamento", não se revelaria apropriado falar em impugnação do contribuinte – e, consequentemente, em processualidade administrativa.

Relembremos, porém, que a validade de tais afirmações dependerá da definição de "processo administrativo" a partir da ideia de *conflito*. Acaso retiremos de nossas vistas tal pressuposto, uma outra realidade se apresentará, em especial se considerarmos que o sistema do direito positivo brasileiro, ademais de cometer ao contribuinte o encargo de produzir "autolançamento" (apresentando-o à repartição fiscal competente), confere-lhe, ainda, a prerrogativa de instar a Administração a rever o conteúdo expressado naquele documento (DCTF, por exemplo).

Chegamos, com tal hipótese, ao conceito que pretendíamos tocar desde o início desse tópico, o de "processo" administrativo não contencioso, insubordinado à ideia de impugnação e que tenderia unicamente à revisão do ato ("autolançamento") já implementado.[289]

"não há processo sem conflito". Confiamos, porém, que tal renúncia será compreendida não como negação daquela assertiva, mas como instrumento necessário à identificação de uma série de situações de interesse prático.

289. Veja-se, a propósito, o magistério de Alberto Xavier:
"*Versando a declaração sobre fatos indisponíveis cuja investigação se subordina ao princípio da verdade material, pode ela ser modificada por iniciativa do contribuinte com vista à sua retificação (Berichtigung). É o que resulta do artigo 147, parágrafo 1º do Código Tributário Nacional, segundo o qual 'a retificação da declaração por iniciativa do próprio declarante, quando vise a reduzir ou excluir tributo, só é admissível mediante comprovação do erro em que se funde, e antes de notificado o lançamento'. Assim, se vê que o direito brasileiro não acolheu a concepção da declaração como confissão, pois a consequência lógica dessa concepção é precisamente a irretratabilidade.*

Se é certo que o processo de positivação do direito tributário não envolve, nos casos de "autolançamento", a possibilidade de processo administrativo decorrente de impugnação, nele se interpõe, e isso é igualmente correto, a possibilidade de um outro nível de processualidade administrativa, decorrente de pedido de revisão do ato produzido pelo contribuinte – tomadas, em tais hipóteses, as mais variadas razões, como a de erro no cálculo do valor do tributo a ser pago, a de existência de débito do fisco que possa ser "encontrado" ("compensado") com o crédito tributário "autolançado" etc.

A esse sentido que estamos nos permitindo atribuir à expressão "processo administrativo" não devemos conferir a eficácia a que alude o art. 151, inciso III, do Código Tributário Nacional, uma vez que a "suspensão da exigibilidade do crédito tributário" ali prevista conecta-se com a regra do art. 142 do mesmo Código, aplicando-se, assim, aos casos de impugnação do lançamento. Por via de consequência, o mesmo cabe-nos dizer a respeito do art. 156, inciso IX, do Código Tributário Nacional: a decisão administrativa ali referida (veículo introdutor, em linguagem apta, do fato jurídico da extinção da obrigação tributária) é a sacada em processo administrativo propriamente dito (contencioso). Tudo isso porque, reitere-se, a estrutura evolutiva do direito tributário que se encontra assentada nesse raciocínio deflui da noção de lançamento.

Estaria isso a significar, então, que a apresentação, pelo contribuinte, de pedido administrativo de revisão de "autolançamento", apesar de representar um encargo para Administração (encargo porque, a tal pedido, deve ser conferida a

---

O erro que fundamenta a retificação, pode ser erro de fato ou erro de direito, pois, tendo a declaração a natureza de uma declaração de ciência qualificada, tanto pode ter havido uma falsa representação do fato declarado como uma incorreta caracterização jurídica do mesmo. Em qualquer caso a retificação é dever da autoridade administrativa, em decorrência do princípio da legalidade" (XAVIER, Alberto. Do lançamento: teoria geral do ato, do procedimento e do processo tributário cit., p. 186).

necessária resposta), não afasta, em princípio, a possibilidade de se levar adiante o processo de positivação do direito tributário, avançando-se, nos casos de não pagamento de tributo "autolançado", para a fase de inscrição em Dívida Ativa e de ulterior execução.

Precisamente aí, pois, é que se coloca nosso interesse: tratar dos possíveis confrontos de execução fiscal e processo administrativo exige mais do que a só afirmação de que tais categorias se excluem; impõe o encargo de penetrar nessas outras hipóteses.

Reanote-se, pelo que já dissemos: os "processos administrativos" que são instaurados a partir de pedidos de revisão de "autolançamento" não se sujeitam aos arts. 151, inciso III, e 156, inciso IX, do Código Tributário Nacional.

Não podemos dizer, destarte, que os "processos administrativos" em apreço tenham o condão, por si, de provocar a suspensão da exigibilidade da obrigação tributária e tampouco sua extinção.

Em princípio, tais "processos" não estariam em relação de excludência com eventuais executivos fiscais, afirmação que, todavia, não deve resistir a um outro foco de análise, evocativo do próprio conceito de título executivo. Vejamos.

Autoridade pública é conceito que se define em função dos atributos que o direito confere aos atos praticados pelo sujeito que se investe daquela posição.

Tal afirmação, por imposição lógica, projeta-se em relação ao título executivo que guarnece as execuções fiscais, a Certidão de Dívida Ativa, resultado (produto) que deflui do procedimento de inscrição em Dívida Ativa do crédito tributário regularmente constituído.

Paralelamente, nos casos dos tributos sujeitos a "autolançamento", é de se apontar para a existência de peculiaridade que interfere, obrigatoriamente, em nosso raciocínio:

o título (Certidão de Dívida Ativa), nessas hipóteses, deflui de procedimento que encontra, em sua origem, um ato do contribuinte; "aceitando-o" (vale dizer, deixando de "substitui-lo" por um lançamento de ofício), a Administração encampa o ato particular, dando-lhe contornos de ato administrativo, especialmente quando o remete para a fase de inscrição, justamente a que prepara a produção do título executivo.

Falaremos, assim, de um título executivo que, como os demais, é investido da precitada presunção de legitimidade, mas que, em função do peculiar aspecto adrede referido, deve ser tomado com notável temperamento.

É que, insista-se, mesmo encampado pela Administração, o "autolançamento" desafia pedido de revisão do próprio contribuinte, daí decorrendo "processo administrativo" que, se não extingue o crédito tributário nem suspende sua exigibilidade, implica a neutralização da presunção do título por ele ("autolançamento") gerado.

Em casos de "pedido de revisão" ("processo administrativo") anterior ao ajuizamento da execução fiscal, a relação entre os processos ficaria, portanto, assim demarcada: (i) a Administração, "aceitando" as informações contidas no "autolançamento", inscreve o crédito ali constituído no respectivo livro da Dívida Ativa e ajuíza a correlata execução; (ii) sem prejuízo disso, o contribuinte ingressa, antes da realização daquele derradeiro ato (ajuizamento), com pedido de revisão do "autolançamento", exercendo prerrogativa que o próprio ordenamento lhe comete; (iii) assim agindo, deixa o contribuinte à mostra que as informações que nortearam o procedimento de inscrição não poderiam ter sido "aceitas" pela Administração sem maiores cuidados, relativizando-se "em segunda potência" aquilo que, pelo ordenamento, já era relativo, vale dizer, o título produzido para fins de execução fiscal.

Assim, o que se concluiria é que, embora não suspendam nem extingam o crédito tributário "autolançado", os pedidos administrativos de revisão apresentados pelo contribuinte interferem, sim, na presunção que recobre as Certidões de Dívida Ativa, documentos que ficariam com sua executabilidade temporariamente comprometida até a solução daqueles mesmos pedidos.

Por outros termos: imperativa, nesses casos, a paralisação da eficácia executiva da Certidão de Dívida Ativa (e do próprio processo de execução fiscal) até que a Administração esgote sua atribuição de responder o "pedido de revisão" do contribuinte, avaliando os efeitos que tal revisão gera relativamente à execução já ajuizada – incluído, nesse rol de possibilidades, o cancelamento da inscrição.

E o mesmo é possível dizer, com algumas adaptações, em relação aos "pedidos de revisão" posteriores ao ajuizamento da execução fiscal: para tais hipóteses, de se pensar, apenas, que, sendo posterior ao ajuizamento, o pedido do contribuinte não elidiria, por si, a legitimidade da atividade processual do Estado-fisco. Susta-se, assim, o atributo da executabilidade (paralisando-se a execução fiscal), sem que se possa impor, de ordinário, pena qualquer – por exemplo, a condenação nos ônus da sucumbência – pela atividade até então desenvolvida pela Administração.

Em suma, podemos concluir: aquilo que antes definimos como relação de *excludência absoluta* (execução *versus* processo administrativo no sentido estrito do termo), nos casos de "processo administrativo" decorrente de "pedido de revisão" de "autolançamento", relativizar-se-á, transformando a "inconvivibilidade" dos processos (em princípio, causa gerativa de extinção de um ou outro) em hipótese de suspensão do primeiro até solução do segundo.

11.10 O art. 38 da Lei 6.830/80

Concomitância é vocábulo que utilizamos, pouco antes, para designar a coexistência de processos tributários com forças opostas (execução *versus* declaratória, execução *versus* anulatória, etc.).

Paralelamente a esse sentido, o mesmo vocábulo pode ser empregado para designar uma realidade bem mais específica e que vem preordenada no parágrafo único do art. 38 da Lei 6.830/80.

> Art. 38. A discussão judicial da Dívida Ativa da Fazenda Pública só é admissível em execução, na forma desta Lei, salvo as hipóteses de mandado de segurança, ação de repetição do indébito ou ação anulatória do ato declarativo da dívida, esta precedida do depósito preparatório do valor do débito, monetariamente corrigido e acrescido dos juros e multa de mora e demais encargos.
>
> Parágrafo único. A propositura, pelo contribuinte, da ação prevista neste artigo importa em renúncia ao poder de recorrer na esfera administrativa e desistência do recurso acaso interposto.

A redação do preceito não deixa dúvida: a ideia ali contemplada relaciona-se a um peculiar produto de relações processuais, todas antiexacionais – até então, sublinhe-se, vínhamos tratando do confronto de figuras antiexacionais com os executivos fiscais.

No sentido vertido pelo parágrafo único do mencionado art. 38, *concomitância* designa não o cotejo de execução fiscal com outro processo, senão o confronto da via antiexacional judicial (declaratória, anulatória, mandado de segurança) com a administrativa (igualmente antiexacional).

Tomado esse rumo, o fenômeno em questão aproxima-se, e muito, de uma peculiar figura processual, a litispendência, definida pelo cruzamento das disposições contidas nos parágrafos 1º a 3º do art. 301 do Código de Processo Civil de

1973 (e cujos correspondentes, no Código de 2015, situam-se no art. 337):

> Art. 301. (...)
>
> § 1º. Verifica-se a litispendência ou a coisa julgada, quando se reproduz ação anteriormente ajuizada.
>
> § 2º. Uma ação é idêntica à outra quando tem as mesmas partes, a mesma causa de pedir e o mesmo pedido.
>
> § 3º. Há litispendência, quando se repete ação, que está em curso; há coisa julgada, quando se repete ação que já foi decidida por sentença, de que não caiba recurso.
>
> Art. 337. (...).
>
> § 1º. Verifica-se a litispendência ou a coisa julgada quando se reproduz ação anteriormente ajuizada.
>
> § 2º. Uma ação é idêntica a outra quando possui as mesmas partes, a mesma causa de pedir e o mesmo pedido.
>
> § 3º. Há litispendência quando se repete ação que está em curso. (...)

Inscrito nas dobras de tais enunciados, o valor que se pretende resguardar é, à evidência, o da segurança jurídica, vetor cuja observância ficaria severamente comprometida, convenhamos, acaso duas decisões, operando a partir de um mesmo fato conflituoso, determinassem diferentes sortes – esse, aliás, é o fundamento que operava por detrás do art. 267, inciso V, do Código de Processo Civil de 1973, hoje art. 485, inciso V, do Código de Processo Civil de 2015, ambos dispositivos que prescrevem, para os casos de litispendência, a extinção da relação processual mais recente, sem exame do direito material a ela subjacente.

É necessário realçar, de todo modo, que essa aproximação que estamos fazendo em relação às duas figuras – a concomitância (preconizada pelo parágrafo único do art. 38 da Lei 6.830/80) e a litispendência – representa apenas uma "alegoria didática", dado que os fenômenos ostentam sensível diferença: (i) a litispendência supõe uniformidade quanto à natureza dos órgãos julgadores dos processos em confronto (verifica-se, assim, ou entre processos judiciais, ou entre processos administrativos, nunca entre processo judicial e processo administrativo);[290] (ii) a concomitância, de outra banda, opera entre processos de diferentes índoles – um administrativo, o outro judicial; supõe, assim, raciocínio diverso: porque geradores de decisões de diferentes timbres, referidos processos não se afirmam como litispendentes, não se "excluindo" automaticamente.

Abrimos campo, com tais colocações, para, com a recomendável objetividade, definir o conceito – agora mais completo – de concomitância: *relação derivada da coexistência de dois processos, cujos elementos, subjetivo (partes) e objetivo (causa de pedir e pedido), se identificam, mas que, a despeito de tal identidade, não podem ser qualificados como litispendentes, uma vez distintos os correspondentes órgãos julgadores (um dos processos em foco seria obrigatoriamente administrativo; o outro, necessariamente judicial).*

Indigitado fenômeno, por juridicamente relevante, foi reconhecido pelo direito, projetando, idealmente, a consequência prescrita no referido parágrafo único do art. 38 da Lei 6.830/80, análoga à da litispendência – embora não refira a extinção do processo mais recente como solução, o preceito em questão prevê o desaparecimento, por renúncia ou desistência presumidas, do laço processual administrativo, em favor do judicial.

Enaltece-se, com isso, não propriamente o valor da segurança jurídica, mas o da "economicidade", tomando-se como inúteis os atos processuais a ser empreendidos na

290. E assim é, anote-se, não por outra razão, senão porque apenas processos que se reiteram perante órgãos julgadores de idêntica natureza projetariam, em tese, decisões dotadas de idêntica eficácia. Nessas situações, por potencial a perturbação à segurança, imperativa a solução do desaparecimento do vínculo processual mais recente.

órbita administrativa, acaso instaurado processo de natureza judicial.

Dir-se-ia, usando outros termos: por preponderante, uma vez qualificável por coisa julgada, a decisão judicial descarta a aplicação da decisão administrativa, fazendo inútil sua produção; e isso faz revelar, no final das contas, que o valor mediatamente buscado (da segurança) está subscrito não propriamente na noção de concomitância, mas sim na premissa de que o processo judicial articula decisão com foros de definitividade (via coisa julgada), preponderando sobre a administrativa – por isso, repise-se, é que a concomitância operaria como técnica *imediatamente* realizadora de um outro princípio, o da "economicidade", valor que repele toda atividade processual sem propósito, inútil.

Caminhando adiante, caberia dizer, nesse momento, que a norma de que se fala deve ser interpretada em conexão com o valor que a inspira, o que quer significar que a concomitância não é técnica que se fecha em si mesma, impondo-se seu reconhecimento, com a consequente aplicação da sorte prescrita pelo sistema, em função da noção de "economicidade"; ou, por outra, mediante prévia formulação de juízo sobre a utilidade do processo concomitante (administrativo) em face do judicial.

Sem pretender negar a correção da solução arbitrada pelo decantado dispositivo (no sentido, reitere-se, de que a coexistência dos processos judicial e administrativo resolver-se-ia pela predominância do primeiro sobre o segundo), o que queremos (e devemos) ressaltar é que tal proposta não se afigura de assunção absoluta, funcionando apenas como ponto de partida de um raciocínio necessariamente mais complexo.

E assim é porque a eventual "inutilidade" do processo administrativo, antes de derivar da só existência do processo judicial, deflui de sua definitiva solução. Assim pensando, haveremos de concluir: não será o aparelhamento do processo judicial, em si mesmo considerado, implicativo da "antieconomicidade" ou "inutilidade" do processo administrativo; mais do que isso, será a formação, em caráter definitivo, de norma individual e concreta no bojo daquele – acobertada, pois, pelo manto da coisa julgada – que tornará descabida, porque inútil, a provocação de órgão julgador administrativo qualquer – prestigia-se, com isso, a premissa, já com os devidos acertamentos, de que é a tutela judicial (e não o respectivo processo, singelamente considerado) que prevalece sobre a administrativa.

Temos como confirmada, dessa maneira, a conclusão de antes sinalizada: a regra estabelecida pelo parágrafo único do art. 38 da Lei 6.830/80 apresenta-se apenas como possível referencial para os casos de concomitância, ficando sua aplicação na dependência de prévia avaliação de cada situação, sobretudo no que tange à existência de norma individual e concreta de caráter definitivo no seio do processo judicial a impedir o trânsito da processualidade administrativa.[291]

11.11 O "Pedido de Revisão de Débitos Inscritos" (Portaria PGFN 33/2018)

Dentre as inovações introduzidas pela Portaria PGFN 33/2018, está o chamado "PRDI" – pedido de revisão de débitos inscritos.

Referido instrumento seria usado no âmbito do órgão gerador da mencionada norma e precederia a instauração do processo de execução.

A coexistência das duas instâncias, como de resto acontece sempre que se confronta o processo administrativo com o judicial, é por princípio recusável.

291. ARAÚJO, Ana Clarissa Masuko dos Santos. Efeitos da concomitância entre processo judicial e administrativo: análise do parágrafo único do art. 38 da Lei n. 6.830/80. In: CONRADO, Paulo César (Coord.). *Processo tributário analítico*. 3. ed. v. I. São Paulo: Noeses, 2015. p. 207-36.

Segundo o art. 6º do normativo em foco, assim que inscrito o crédito em Dívida Ativa da União, o devedor deve ser notificado para, dentre outras alternativas, apresentar, em até trinta dias, seu PRDI.[292]

Nos termos do art. 15, "o pedido de revisão de dívida inscrita (PRDI) possibilita a reanálise, pela Procuradoria-Geral da Fazenda Nacional, dos requisitos de liquidez, certeza e exigibilidade dos débitos inscritos em dívida ativa da União, de natureza tributária ou não tributária." Daí a possível conclusão, sinalizada no Capítulo 5 (item 5.7) de que, quando menos nos casos em que o PRDI é oferecido, o ato de inscrição é potencialmente bilateral, envolvendo a participação do devedor.

É bem verdade que, despido de vigor técnico, o vocábulo "reanálise", tal como empregado na aludida regra, não tem precedente no sistema normativo nacional, deixando margem para dúvida sobre o que se está focalizando – procedimento bilateral ou verdadeira processualidade.

Mantenhamos acesa a ideia de que a inscrição, no momento da notificação do devedor, é ato em princípio consumado, sendo contingencialmente reaberto por força do PRDI, circunstância implicativa do refazimento, agora à luz de bilateralidade, do controle de legalidade. Seria como se o controle de legalidade, unilateralmente executado num primeiro momento, fosse refeito em segunda e bilateral etapa.

Por esse ângulo, diríamos: estamos diante de uma extensão do procedimento administrativo inicialmente implementado.

---

292. "Art. 6º. Inscrito o débito em dívida ativa da União, o devedor será notificado para:
(...)
II – em até 30 (trinta) dias:
(...)
b) apresentar Pedido de Revisão de Dívida Inscrita (PRDI)."

A mesma Portaria PGFN 33/2018, no entanto, deixa "pistas" em outro sentido, revelando potencial ambiente de processualidade.

Não há dúvida de que o PRDI toma como referência crédito inscrito e, nesse aspecto, difere dos processos administrativos usualmente originados de "impugnação" (daí, entre outras coisas, a diferença competencial que os extrema).

Apesar dessas diferenças, reanotemos que, objetivamente, o que o PRDI suscita são os mesmos óbices alegáveis nas instâncias administrativas e judiciais que ordinariamente exercem a função de julgar.

Talvez por isso mesmo, o § 5º do art. 17 da Portaria PGFN 33/3018 tenha explicitamente incorporado, para o PRDI, o mesmo tratamento que se dá às situações de concomitância de processo judicial e administrativo, determinando, em suma, que a propositura, pelo contribuinte, de qualquer ação ou exceção faz presumir a renúncia ao PRDI, cujo objeto seja idêntico a seu pedido.[293]

Se, por esses aspectos, o PRDI for reconhecido como variável de uma mesma ideia (a de processo administrativo, insistamos), natural que os regimes, aqui e ali, se entrelacem, com possível suspensão, inclusive, da exigibilidade do crédito "revisando", submisso que estaria, tal instrumento, ao art. 151, inciso III, do Código Tributário Nacional.[294]

---

293. "Art. 17. (...)
(...)
§ 5º. Importa renúncia ao direito de revisão administrativa a propositura, pelo contribuinte, de qualquer ação ou exceção cujo objeto seja idêntico ao do pedido."

294. "Art. 151. Suspendem a exigibilidade do crédito tributário:
(...)
III – as reclamações e os recursos, nos termos das leis reguladoras do processo tributário administrativo;
(...)."

11.12 Recuperação judicial e execução fiscal

Até o advento da Lei 14.112/2020, o deferimento da recuperação judicial não constituía fato implicativo da suspensão do curso dos executivos fiscais, notadamente os pertinentes a créditos tributários. Assim prescrevia, com efeito, o §7º do art. 6º da Lei 11.101/2005, em sua redação original:

> Art. 6º. (...)
>
> § 7º. As execuções de natureza fiscal não são suspensas pelo deferimento da recuperação judicial, ressalvada a concessão de parcelamento nos termos do Código Tributário Nacional e da legislação ordinária específica.

Tomado pelo exclusivo ângulo dessa norma, o confronto entre essas duas classes processuais – recuperação judicial e execução fiscal – não comportaria, em princípio, maiores digressões.

A par dessa orientação, desde antes sempre foi possível agregar uma outra visão ao problema, o que significa enxergar o "velho" art. 6º, § 7º no contexto em que albergado – o da própria Lei 11.101/2005.

Assim alerta(va) Alexandre Alves Lazzarini, a propósito:

> (...) dá uma nova característica à empresa, deslocando-a de uma condição limitada ao interesse de seus sócios, para a elevar ao patamar de interesse público, ou seja, passa a ser considerada como uma instituição e não mais uma relação de natureza contratual. Deixa de ter a dependência da vontade dos sócios para, no caso, passar a atender outros interesses (a função social, os empregados, os credores, etc.) que se sobrepõem ao interesse dos sócios.[295]

---

295. LAZZARINI, Alexandre Alves. Reflexões sobre a recuperação judicial de empresas. In: LUCCA, Newton de; DOMINGUES, Alessandra de Azevedo. *Direito recuperacional* – aspectos teóricos e práticos. São Paulo: Quartier Latin, 2009. p. 124-5.

Seguindo os ensinamentos do referido autor, teríamos que a lei em questão, para além de tecnicidades, reteria sua atenção sobre o restabelecimento da empresa, a superação de sua crise, a sua manutenção como fonte produtora, a consequente preservação do emprego e, ao final de tudo, o asseguramento da arrecadação tributária.

Pois é precisamente isso que, de certa forma, se vê traçado, até hoje, no art. 47 do mesmíssimo diploma:

> Art. 47. A recuperação judicial tem por objetivo viabilizar a superação da situação de crise econômico-financeira do devedor, a fim de permitir a manutenção da fonte produtora, do emprego dos trabalhadores e dos interesses dos credores, promovendo, assim, a preservação da empresa, sua função social e o estímulo à atividade econômica.

Reveladora de verdadeiro princípio – o da preservação da empresa –, a cláusula copiada serviria de matriz axiológica para interpretação de todos os dispositivos que, de algum modo, interferem sobre a questão – inclusive o desde antes mencionado art. 6º, § 7º.

Nesse sentido, vale lembrar, a lição de Camila Campos Vergueiro – citando, ainda, Écio Perin Junior e Fabio Ulhôa Coelho:

> Nesse artigo, reconhece a doutrina, está estampado o princípio da preservação da empresa que, muito embora, topologicamente se encontre no Capítulo III da Lei de Recuperação de Empresas e Falência, que trata especificamente da "Recuperação Judicial", o objetivo cravado em seu conteúdo serve de arrimo para todo o regime instituído pela nova Lei, pois deixa muito clara a preocupação que pautou a *mens legislatoris* nesse momento histórico: a função social da empresa em face da sociedade. Tal princípio, de fato, deu operatividade ao parágrafo único do artigo 170, c.c. o artigo 1º, inciso IV, ambos da Constituição Federal de 1988, ou seja, ao princípio do livre exercício da atividade econômica e ainda ao inciso II do seu artigo 3º.

> Destaca Écio Perin Junior, por força do teor desse artigo 47, que a Lei de Recuperação de Empresas e Falência possui dois objetivos principais:
>
> "1) Facilitar a recuperação de empresas e, consequentemente, manter o nível de emprego, a arrecadação de tributos e, fundamentalmente, a possibilidade de circulação de bens e serviços.
>
> 2) Dar maior agilidade para que credores possam reaver, com uma segurança jurídica mínima seus bens e direitos. Como terão mais garantias sobre o crédito concedido espera-se, ainda que os encargos cobrados para compensar a inadimplência sejam reduzidos."
>
> Sobre a finalidade da recuperação judicial, Fabio Ulhôa Coêlho afirma que ela visa o *(sic)*: "saneamento da crise econômico-financeira e patrimonial, preservação da atividade econômica e dos seus postos de trabalho, bem como o atendimento aos interesses dos credores."
>
> Por força desse princípio basilar que a empresa, em estado de crise econômica e financeira, pode propor e negociar com seus credores plano de recuperação (extrajudicial ou judicial), dispondo ainda a Lei de Recuperação de Empresas e Falência as regras que propiciam a ampla negociação das dívidas com os credores, exceto as dívidas tributárias que não são passíveis de negociação devido à sua indisponibilidade. Ademais disso, consta em seu artigo 50 (transcrito na nota de rodapé 3) a relação não taxativa dos meios para que o desiderato de soerguimento da empresa se aperfeiçoe, dentre eles citamos (i) a concessão de prazos e condições especiais para pagamento das obrigações vencidas e vincendas, (ii) a cisão, incorporação, fusão ou transformação da sociedade e, o que interessa para o objeto do presente trabalho, (iii) a venda parcial dos bens da empresa.[296]

Por esse ângulo, a positivação do princípio da preservação da empresa deu evidente e inovadora preeminência ao interesse privado em detrimento do interesse público no que tange à disponibilização dos bens da empresa em recuperação – o que é, sem dúvida, uma sensível mudança de paradigma, de há muito, aliás, requisitada pela realidade

296. CATUNDA, Camila Campos Vergueiro. O processo de recuperação de empresas e o impacto na execução fiscal. VIII Congresso Nacional de Estudos Tributários. *Derivação e positivação no direito tributário*. São Paulo: Noeses, 2011. p. 201-41.

"viva", uma vez aparentemente impossível querer que a imediata satisfação do crédito público (inclusive o tributário) seja algo intangível, principalmente ante o eventual desmantelamento do plano de recuperação do ente produtor do fato econômico, "matando-o".

Tratando desse ponto sob a perspectiva dos créditos especificamente tributários, vale a referência, mais uma vez, ao magistério de Camila Campos Vergueiro (que cita, nesse particular, Helena Delgado Ramos Fialho Moreira):

> A preocupação do legislador da Lei Federal n. 11.101/2005 foi permitir que o estabelecimento empresarial pudesse dar continuidade à sua atividade e ainda promover o pagamento de seus credores e, com isso, evitar os nefastos prejuízos sociais decorrentes do fechamento da empresa, como a demissão de empregados e o encerramento da fonte de riquezas e, portanto, de tributos. Também se preocupou essa lei com os interesses do Fisco, pois, como mencionado alhures, excepcionou a execução fiscal da regra de suspensão das ações e execuções propostas contra a empresa em recuperação judicial, autorizando o seu prosseguimento.
>
> Entretanto, essa regra que autoriza a continuidade da execução fiscal esbarra no dispositivo que permite a livre disposição de parte dos bens do devedor para quitação das dívidas com os credores particulares na hipótese de pedido de recuperação judicial da empresa em situação econômica e financeira periclitante.
>
> Bem, ao positivar o princípio da preservação da empresa (artigo 47), a Lei de Recuperação de Empresas e Falência optou por dar condição de preeminência ao interesse privado em detrimento do interesse público no que tange à disponibilização dos bens da empresa em recuperação para a liquidação de suas dívidas não pagas. É uma mudança de paradigma profundo, mas, a realidade que se apresenta é esta: o interesse do particular em obter a satisfação do seu crédito prepondera sobre o do Fisco. É uma inversão da gradação do valor que constantemente se sobrepôs, pois, o que normalmente se viu (e ainda se vê), até a vigência da Lei Federal n. 11.101/2005, era a prevalência do interesse público sobre o interesse privado.
>
> A esse respeito, destaca Helena Delgado Ramos Fialho Moreira que tal Lei Federal implicou a "relativização da tutela do crédito tributário em face da necessidade de proteção do mercado e das relações negociais".

Essas inovações trazidas pela Lei de Recuperação de Empresas e Falência contaminaram o projeto de lei, posteriormente convolado na Lei Complementar n. 118/2005 que alterou o CTN, que também colocou o interesse público pelo crédito tributário em segundo plano, circunstância destacada nos motivos do referido projeto, onde está claro que os "privilégios" do crédito tributário não mais se justificavam numa ordem social que almeja o desenvolvimento de sua economia e a competitividade no mercado internacional. Está assim registrado no projeto de lei complementar que alterou o CTN:

"A participação do setor público, com prioridade na partilha dos bens da massa, encontra justificativa na defesa do bem-estar social, financiado, em regra, por recursos públicos.

Não obstante, outros efeitos desta participação prioritária acabam geralmente alijados do debate. A posição preferencial dos créditos públicos geram (i) menor probabilidade de recuperação do capital dos credores privados (aumento do risco e do custo do capital), (ii) aumento da probabilidade de falências em cascata dos credores e, consequentemente, (iii) perda de bem-estar social.

De outra parte, a experiência demonstra que os custos do Poder Público com a cobrança judicial de créditos públicos de massas falidas relativamente à condenação de honorários e verbas de sucumbência em sede de embargos do devedor são significativos, e, não raro, superam as quantias efetivamente recuperadas na falência.

De tudo, conclui-se que a preferência legal ao crédito tributário, hoje em vigor, prejudica a formação de um ambiente econômico que propicie o desenvolvimento. Assim, vê-se a necessidade de modificação desse quadro, redefinindo o papel do crédito fiscal no processo de quebra de empresas e agentes econômicos." (Destaque nosso)

O que se nota, então, é uma manifesta desarmonia entre o objetivo da Lei de Recuperação de Empresas e Falência (preservação da empresa com a adoção dos meios autorizados legalmente) e a regra que determina o prosseguimento da execução fiscal, há uma contradição por aqui. Mas, tal regra está posta e os magistrados que conduzem o processo executivo podem dar-lhe plena aplicabilidade. Então, há a necessidade de compatibilizar os interesses públicos e privados consoante a nova ordem instaurada pela Lei Federal n. 11.101/2005 para que o fim insculpido no seu artigo 47 seja efetivamente alcançado. Passemos a ferir essa questão.[297]

---

297. CATUNDA, Camila Campos Vergueiro. O processo de recuperação de empresas e o impacto na execução fiscal cit., p. 201-41.

Sempre pareceu inarredável, com tudo isso, que, embora processualmente o crédito fiscal não se submetesse ao juízo da recuperação judicial, materialmente falando, sua satisfação haveria de ser harmonizada ao direito de que é titular a empresa executada de permanecer desenvolvendo suas atividades e, com isso, cumprir o plano de recuperação judicial respectivo.

Na prática, quer isso significar que, sempre que posterior à homologação do plano de recuperação judicial da executada, a execução fiscal, conquanto deva subsistir, não pode ensejar, por si, a produção de atos constritivos, providência a ser tratada no contexto da recuperação.

Assim já decidira a 2ª Seção do Superior Tribunal de Justiça, no Conflito de Competência 114.987/SP, Relator Ministro Paulo de Tarso Sanseverino, DJe de 23/03/2011:

> Não se olvida que a Lei de Falências, o próprio CTN e a Lei de Execuções Ficais estabelecem, a partir de uma leitura literal de alguns enunciados normativos, que o processamento da recuperação ou a decretação da falência não influenciam a execução fiscal. (...) Há, no entanto, de se interpretar sistematicamente esses enunciados normativos. A conciliação desses dispositivos legais à regra do art. 47 da Lei de Falências, exige que, dando-se eficácia ao disposto no § 7º do art. 6º da Lei de Falências, se reconheça que a execução fiscal efetivamente não se suspende, mas a pretensão constritiva voltada contra o patrimônio social das pessoas jurídicas em recuperação deve ser submetida à análise do juízo universal, evitando-se a frustração da recuperação da empresa.

É do Superior Tribunal de Justiça, por outro lado, a orientação que se consagrou em sua Súmula 480, *in verbis*:

> O juízo da recuperação judicial não é competente para decidir sobre a constrição de bens não abrangidos pelo plano de recuperação da empresa.

Interpretado a *contrario sensu*, o enunciado nos leva ao que já vínhamos anunciando linhas atrás: o que afeta o plano de recuperação deve ser pelo respectivo juízo decidido, ainda que de crédito tributário (e execução fiscal, portanto) estejamos cogitando.

Essa visão, porém, nunca foi tranquila, a ponto de gerar a afetação, pelo mesmo Superior Tribunal de Justiça, do Tema 987, tendente a definir a possibilidade da prática de atos constritivos em face de empresa em recuperação judicial, em sede de execução fiscal – tributária ou não tributária.

Nesse entretempo, contudo, com o advento da já sinalizada Lei 14.112/2020 (trazida ao mundo jurídico no final do ano, especificamente em 24 de dezembro), a Corte considerou prejudicado o exame do mencionado tema, decidindo por sua desafetação (evento verificado em sessão do dia 23/06/2021).

Assim teria ocorrido porque o diploma de 2020, conhecido como "nova Lei de Falências", entre outras alterações que introduziu na Lei 11.101/2005, revogou o § 7° do primitivo art. 6°, passando a dispor que os efeitos prescritos no *caput* da regra não incidiriam sobre os executivos fiscais, admitida, de todo modo, a competência do juízo da recuperação judicial para determinar a substituição dos atos de constrição que recaiam sobre bens de capital essenciais à manutenção da atividade empresarial até o encerramento da recuperação judicial. Vejamos a integralidade do texto:

> Art. 6º. A decretação da falência ou o deferimento do processamento da recuperação judicial implica:
>
> I – suspensão do curso da prescrição das obrigações do devedor sujeitas ao regime desta Lei;
>
> II – suspensão das execuções ajuizadas contra o devedor, inclusive daquelas dos credores particulares do sócio solidário, relativas a créditos ou obrigações sujeitos à recuperação judicial ou à falência;
>
> III – proibição de qualquer forma de retenção, arresto, penhora, sequestro, busca e apreensão e constrição judicial ou extrajudicial sobre os bens do devedor, oriunda de demandas judiciais ou

> extrajudiciais cujos créditos ou obrigações sujeitem-se à recuperação judicial ou à falência.
>
> (...)
>
> § 7º-B. O disposto nos incisos I, II e III do *caput* deste artigo não se aplica às execuções fiscais, admitida, todavia, a competência do juízo da recuperação judicial para determinar a substituição dos atos de constrição que recaiam sobre bens de capital essenciais à manutenção da atividade empresarial até o encerramento da recuperação judicial, a qual será implementada mediante a cooperação jurisdicional, na forma do art. 69 da Lei n. 13.105, de 16 de março de 2015 (Código de Processo Civil), observado o disposto no art. 805 do referido Código.

Pelo que se nota, a "problemática" ressalva, em relação às execuções fiscais, do efeito suspensivo derivado da recuperação foi mantido no novel diploma, mas com o explícito traslado para o juízo universal da atribuição de decidir o destino dos atos constritivos defluentes daqueles executivos – daí, por sinal, a aparente solução do impasse a que o Tema 987 se dedicava, com sua consequente desafetação.

Tomada em perspectiva, essa opção do Superior Tribunal de Justiça, mesmo sem formular tese sobre o tema, diz muito, à medida que, vendo a nova lei como fato suficiente para a desafetação, a Corte acaba por admitir que é do juízo recuperacional a competência para tratar de demandas que afetem interesses e bens da empresa em recuperação, sobretudo quanto a constrições de bens.

Segue-se, nessa linha e ainda que implicitamente, o racional a que vínhamos nos reportando mesmo antes do advento da Lei 14.112/2020 e que, expresso nos parágrafos anteriores, toma a ideia de preservação (princípio regente da recuperação) como ponto nodal.

Seja como for, não temos dúvida de que, tivesse o Superior Tribunal de Justiça mantido o tema aceso, examinando-o expressamente, sairíamos do campo da implicitude, sendo remetidos, quem sabe, para um ambiente menos "polemizante".

Por ora, entretanto, podemos ficar (na verdade, "devemos ficar", em nossa particular visão) com a inferência (natural, parece) de que a decisão de desafetação prestigia o endereçamento das constrições ao juízo da recuperação nos casos definidos pela Lei 14.112/2020.

Em suma:

Denomina-se **exacional** o processo tributário iniciado por **provocação do Estado-fisco**, categoria que se aprisiona ao plano **judicial**; o processo iniciado por **provocação do contribuinte**, dito **antiexacional**, é deflagrável em nível **judicial e/ou administrativo**.

As ações proponíveis pelo **Estado-fisco** fecham-se, fundamentalmente, na ideia de **execução fiscal**.

As proponíveis pelo **contribuinte** são **variadas**, sendo o **momento** em que se dá a **provocação** o critério que determinará o canal a ser adotado.

Desde quando inserida no sistema a regra-matriz de incidência, surge para o contribuinte o interesse de agir em nível **preventivo**.

Se já constituído o crédito tributário, a atuação processual apresentar-se-á **repressiva**.

Exaurida a exigibilidade pelo pagamento efetuado pelo contribuinte, cabível ação de **repetição de indébito**.

Denomina-se **concomitância** a situação em que **processos** tendentes a resultados **diferentes**, embora **vinculados a uma mesma obrigação tributária**, são instaurados no **mesmo espaço temporal**.

A **mera propositura de ação antiexacional** preventiva ou repressiva **não infirma a exigibilidade** de eventual crédito (presente ou futuro), podendo ser aparelhada, na pendência de tais ações, execução fiscal.

Se da ação antiexacional sobressai alguma **causa suspensiva da exigibilidade do crédito tributário** a que se refere a regra-matriz ou o lançamento impugnados, a pretensão executória fiscal pode ser reprimida.

Enquanto não esgotado o **processo administrativo** derivado da impugnação do lançamento, não é possível cogitar o ajuizamento de execução fiscal.

O vocábulo **concomitância** serve para designar, no específico caso de que trata o **parágrafo único do art. 38 da Lei n. 6.830/80**, o confronto da via antiexacional judicial (declaratória, anulatória, mandado de segurança) com a administrativa.

O deferimento da **recuperação judicial** não constitui fato implicativo da suspensão do curso do executivo fiscal.

Embora **processualmente** o **crédito fiscal** não se submeta ao juízo da **recuperação judicial, materialmente** falando, sua satisfação deve ser **harmonizada** ao direito de que é titular a empresa executada de permanecer desenvolvendo suas atividades e, com isso, cumprir o **plano de recuperação judicial respectivo**.

Capítulo 12

EXECUÇÃO FISCAL E PRESCRIÇÃO

12.1 Prescrição, "prescrição fiscal" e prescrição tributária

Prescrição, como gênero, é mecanismo preconizado pelo sistema jurídico para absorção de incertezas (no que, aliás, se aproxima de outras figuras, como a decadência). Atua, no cumprimento desse mister, mediante a aposição de limites temporais para a prática de certos atos jurídicos.[298]

Quando falamos de prescrição na específica sede das execuções fiscais, alguns pontos devem ser lembrados: (i) referida categoria processual direciona-se à realização do crédito de que é titular a Fazenda Pública, crédito esse previamente inscrito em dívida ativa; (ii) a prescrição correlata (que, na hipótese, poderia ser chamada de "prescrição fiscal") incidiria sobre os atos de cobrança implementados pela Fazenda Pública. Mais: (iii) como esses atos supõem a provocação do Judiciário, poderíamos dizer que (iv) a "prescrição fiscal" estaria diretamente relacionada ao

298. PEIXOTO, Daniel Monteiro. Prescrição intercorrente na execução fiscal: vertentes do STJ e as inovações da Lei n. 11.051/2004 e da Lei Complementar n. 118/2005. *Revista Dialética de Direito Tributário* – RDDT, São Paulo, Dialética, n. 125, p. 12.

manejo, pela Fazenda Pública, do direito de ação de execução fiscal.

Há, a par de tais convicções, um aspecto adicional a ser realçado, especificamente respeitante aos créditos tributários. É preciso fazer esse destaque, visto que no particular contexto das execuções fiscais relativas a tais créditos atua uma premissa (gravada no art. 156, inciso V, do Código Tributário Nacional), segundo a qual prescrição é tema que, fugindo dos parâmetros usualmente outorgados pelos outros setores, oficia como verdadeira causa extintiva do crédito tributário; se de obrigação tributária estamos a falar, não é possível, portanto, que se enxergue o fenômeno da prescrição como fato jurídico relacionado ao mero exercício do direito de a Fazenda cobrar, senão como circunstância fulminadora do próprio direito de fundo.

Ensina Daniel Monteiro Peixoto, a propósito, que *prescrição tributária, em apertada síntese, é o lapso temporal dentro do qual a Fazenda Pública, por meio do seu procurador, deverá inscrever o crédito em dívida ativa, ajuizar a execução fiscal e, ainda, exercer, em certa medida, o direito de ação. Se ainda não foi ajuizada a ação, ao término do prazo que toma como marco inicial a constituição do crédito tributário, fala-se em prescrição*",[299] com a consequente extinção da própria obrigação tributária.

12.2 "Prescrição fiscal" e seu termo inicial

Por relacionada à prática de atos tendentes à realização do crédito fazendário, o fenômeno da "prescrição fiscal" supõe a teórica possibilidade de a Fazenda Pública exigir, via execução, a satisfação daquele mesmo crédito.

---

299. PEIXOTO, Daniel Monteiro. *Prescrição intercorrente na execução fiscal* cit., p. 13.

A par disso, lembremos: toda execução (e assim também a fiscal) só é proponível desde que presentes os respectivos pressupostos, a saber, título e inadimplemento. Eis aí um aspecto que faz interessante a noção de "prescrição fiscal": inadimplido o crédito de que é titular a Fazenda Pública (pelo decurso, por exemplo, do prazo para pagamento do tributo cujo lançamento é notificado ao contribuinte), cabe-lhe instaurar, antes do ajuizamento do executivo fiscal propriamente dito, o procedimento administrativo tendente à inscrição daquele mesmo crédito em dívida ativa – obtendo, ao final, a Certidão de Dívida Ativa, ato administrativo que oficiará, processualmente, como título executivo.

Isso quer significar, na prática, que o estado de inadimplemento – embora faça disparar, desde quando verificado, a contagem do prazo de prescrição (à medida que aí surgiria, para a Fazenda, o dever de cobrar) – não é suficiente, por si, para a propositura do executivo fiscal.

Por isso, Daniel Monteiro Peixoto, no trecho há pouco copiado, adverte, com clareza, que prescrição (a fiscal) se define como lapso temporal dentro do qual a Fazenda Pública, por meio do seu procurador, deve (i) inscrever o crédito em dívida ativa e (ii) ajuizar a execução fiscal correlata.

Não há de haver dúvida, com isso, sobre a elevada complexidade da atividade que é parametrizada a prescrição que denominamos, aqui, de fiscal, figura que se investe, por tal complexidade, de um grau de sofisticação que a faz totalmente peculiar.

12.3 Prescrição intercorrente

O fenômeno prescricional pode (e deve) ser analisado sob variadas perspectivas eficaciais – quatro, em rigor.

Cuidamos, no item anterior, da primeira e mais comum dessas perspectivas, a que atua na definição do prazo para provocação inaugural do Judiciário.

Outras possibilidades há, entretanto, figurando, nesse sentido, a variável (há algum tempo conhecida) da prescrição intercorrente, caso em que o que se tem em mira não é a provocação inaugural do Judiciário, mas sim a atuação fazendária no curso do processo já ajuizado.

Natural que se tome essa possibilidade em consideração: execução, já o sabemos, é forma processual cuja tutela não se constitui como fim (do ponto de vista cronológico) do processo, senão como ato *intercorrente*, sendo conferida, vale explicitar, no decorrer, no devir, na *intercorrência* (o vocábulo diz tudo!) processual, por obra de medidas tomadas em série, da mais "amistosa" (a preliminar ordem de pagamento ou de prestação de garantia, imanente à citação), até a mais gravosa, diretamente implicativa da expropriação patrimonial.

O ato final do processo de execução (cronologicamente, reiteremos) não é a tutela executiva propriamente dita, senão um ato (sentença) de conteúdo puramente homologatório, tendente a encerrar formalmente a cadeia processual. Ou, usando outras palavras: em nível executivo, o que se tem é a certeza de que o *fim* (*finalidade*, *objetivo*) do processo não é o ato que o encerra (sentença), senão as providências *intercorrentemente* tomadas pelo Poder Judiciário – citação do devedor (para *pagar*), penhora, alienação do patrimônio penhorado etc.

Essa é, precisamente, a base lógica da ideia de prescrição intercorrente: no plano das execuções, o Poder Judiciário de fato tem de ser provocado no prazo por lei estabelecido (prescrição propriamente dita); isso não basta, porém: em tal plano, as condições necessárias à outorga da correlata tutela têm de ser oferecidas no tempo apropriado, sob pena de se frustrar a conferência da referida tutela, quedando o processo em aberto *ad infinitum* – resultado evidentemente repudiado pelo valor que atua por detrás da noção de prescrição (segurança jurídica).

Por outra perspectiva: se a outorga das tutelas executivas não é atribuição que dependa unicamente da provocação inaugural do Poder Judiciário – exigindo, mais ainda, o fornecimento de elementos/informações que a viabilizem –, imperativo que se *desdobre*, para tais processos (de execução), a ideia de prescrição.

Podemos admitir, com isso, que a prescrição intercorrente funciona, por certo ângulo, como consequência sancionatória estabelecida em desfavor da Fazenda para os casos em que, embora proposta em tempo apropriado, a execução deixa de ser por ela (Fazenda) movimentada por tempo igual ou superior ao fixado pelo sistema na definição da prescrição ordinária.

12.4 Prescrição intercorrente "especial": a que deriva da prévia aplicação do art. 40 da Lei 6.830/80

Com o julgamento, em 12/09/2018, do REsp 1.340.553/RS (Relator Ministro Mauro Campbell Marques, Primeira Seção), o Superior Tribunal de Justiça acabou por impor o reconhecimento de uma terceira variável do fenômeno da prescrição – além da ordinária (a prescrição para o ajuizamento) e da intercorrente "comum" (a que se relaciona à prática de atos voltados à obtenção da tutela executiva).

Tratando dos casos em que, regularmente proposta a execução, seu andamento é obstado ou porque o devedor não é citado ou porque seu patrimônio não é localizado para fins de constrição (casos que suscitam a suspensão do processo nos termos art. 40 da Lei 6.830/80), a Corte passou a dissociar a noção de prescrição intercorrente, nessas hipóteses, do pressuposto da inércia fazendária. Disse viável, por conseguinte e em suma, a decretação da prescrição intercorrente, mesmo havendo provocação tempestiva da Fazenda (trazendo novo endereço para fins de citação, por exemplo), se a diligência daí derivada resultar negativa.

Passamos a experimentar, nesse contexto, uma inédita forma de prescrição, em que não se controla propriamente o exercício de atividade provocativa do Judiciário (no caso, pela Fazenda), mas sim o êxito, ou não, de dois específicos atos processuais, a citação e a penhora.

Eis a literalidade de parte da ementa do julgado:

> RECURSO ESPECIAL REPETITIVO. ARTS. 1.036 E SEGUINTES DO CPC/2015 (ART. 543-C, DO CPC/1973). PROCESSUAL CIVIL. TRIBUTÁRIO. SISTEMÁTICA PARA A CONTAGEM DA PRESCRIÇÃO INTERCORRENTE (PRESCRIÇÃO APÓS A PROPOSITURA DA AÇÃO) PREVISTA NO ART. 40 E PARÁGRAFOS DA LEI DE EXECUÇÃO FISCAL (LEI N. 6.830/80).
>
> 1. O espírito do art. 40 da Lei n. 6.830/80 é o de que nenhuma execução fiscal já ajuizada poderá permanecer eternamente nos escaninhos do Poder Judiciário ou da Procuradoria Fazendária encarregada da execução das respectivas dívidas fiscais.
>
> 2. Não havendo a citação de qualquer devedor por qualquer meio válido e/ou não sendo encontrados bens sobre os quais possa recair a penhora (o que permitiria o fim da inércia processual), inicia-se automaticamente o procedimento previsto no art. 40 da Lei n. 6.830/80, e respectivo prazo, ao fim do qual restará prescrito o crédito fiscal. Esse o teor da Súmula n. 314/STJ: "Em execução fiscal, não localizados bens penhoráveis, suspende-se o processo por um ano, findo o qual se inicia o prazo da prescrição quinquenal intercorrente".
>
> 3. Nem o Juiz e nem a Procuradoria da Fazenda Pública são os senhores do termo inicial do prazo 1 (um) ano de suspensão previsto no *caput*, do art. 40, da LEF, somente a lei o é (ordena o art. 40: "[...] o juiz suspenderá [...]"). Não cabe ao Juiz ou à Procuradoria a escolha do melhor momento para o seu início. No primeiro momento em que constatada a não localização do devedor e/ou ausência de bens pelo oficial de justiça e intimada a Fazenda Pública, inicia-se automaticamente o prazo de suspensão, na forma do art. 40, *caput*, da LEF. Indiferente aqui, portanto, o fato de

existir petição da Fazenda Pública requerendo a suspensão do feito por 30, 60, 90 ou 120 dias a fim de realizar diligências, sem pedir a suspensão do feito pelo art. 40, da LEF. Esses pedidos não encontram amparo fora do art. 40 da LEF que limita a suspensão a 1 (um) ano. Também indiferente o fato de que o Juiz, ao intimar a Fazenda Pública, não tenha expressamente feito menção à suspensão do art. 40, da LEF. O que importa para a aplicação da lei é que a Fazenda Pública tenha tomado ciência da inexistência de bens penhoráveis no endereço fornecido e/ou da não localização do devedor. Isso é o suficiente para inaugurar o prazo, *ex lege*.

(...)

12.5 Cognoscibilidade *ex officio* da prescrição intercorrente

Com a inclusão, por força da Lei 11.051/2004, de um novo parágrafo (o 4º) no art. 40 da Lei 6.830/80,[300] o panorama firmado pela jurisprudência acerca do regime de cognoscibilidade da prescrição, mormente a intercorrente, cambiou sensivelmente.

Até o advento do sobredito normativo, com efeito, a jurisprudência – em especial a oriunda do Superior Tribunal de Justiça – consolidara-se no sentido de que a prescrição intercorrente não poderia ser reconhecida de ofício pela autoridade jurisdicional, orientação essa que se embasava, ao tempo de sua vigência, na literalidade do § 5º do art. 219 do Código de Processo Civil então operativo.[301]

O tema sempre despertou, de todo modo, um certo "desconforto". Na própria jurisprudência, de fato, argumentos

300. "Art. 40. (...).
§ 4º. Se da decisão que ordenar o arquivamento tiver decorrido o prazo prescricional, o juiz, depois de ouvida a Fazenda Pública, poderá, de ofício, reconhecer a prescrição intercorrente e decretá-la de imediato."

301. "Art. 219. (...).
§ 5º. Não se tratando de direitos patrimoniais, o juiz poderá, de ofício, conhecer da prescrição e decretá-la de imediato."

dissidentes se apresentavam, consoante noticia Daniel Monteiro Peixoto:

> Importa mencionar o argumento dissidente do Min. Luiz Fux, para quem, *nas hipóteses de ausência de citação do executado*, é possível o reconhecimento de ofício da prescrição intercorrente, uma vez que não haveria como este manifestar. Segundo o seu raciocínio, trata-se de falta de interesse processual superveniente, matéria conhecível pelo Juiz, a qualquer tempo, à luz do § 3º do art. 267 do CPC. Todavia, na parte dispositiva de seus votos, o aludido Ministro acaba cedendo ao consenso da Corte, uma vez manifestado o seu ponto de vista divergente.[302]

A par disso, quando focalizada sob o ponto de vista do direito tributário, a questão tinha (e tem) outra dimensão, ainda mais delicada.

É que, sendo a prescrição tributária fenômeno que fere de morte, nos termos do art. 156, inciso V, do Código Tributário Nacional, o próprio direito de fundo, seu reconhecimento estaria naturalmente desapegado da necessidade de provocação do interessado – o que valeria tanto para a prescrição "ordinária" como para a intercorrente.

Seja como for, é fato que, com o novo § 4º do art. 40 da Lei 6.830/80, a questão se resolveu definitivamente, sendo reforçada a solução com o advento do Código de Processo Civil de 2015, cujos arts. 9º, *caput*, e 10 assim prescrevem:

> Art. 9º. Não se proferirá decisão contra uma das partes sem que ela seja previamente ouvida. (...).
>
> Art. 10. O juiz não pode decidir, em grau algum de jurisdição, com base em fundamento a respeito do qual não se tenha dado às partes oportunidade de se manifestar, ainda que se trate de matéria sobre a qual deva decidir de ofício.

Caberia ajustar, com esse cenário, uma única (possível) dúvida, qual seja, sobre se o regime de decretabilidade *ex*

---

302. PEIXOTO, Daniel Monteiro. Op. cit., p. 21.

officio da prescrição intercorrente só se mostraria viável a partir da vigência da Lei 11.051/2004 (introdutora do decantado parágrafo 4º) ou se, antes disso, operaria *ex tunc*.

A resposta a tal indagação já se encontra sedimentada: a norma em questão não seria propriamente material, senão processual, servindo à disciplina do regime de decretação da prescrição; sua função, usando outros termos, estaria vinculada à explicitação do regime processual de decretação a que se submete o fenômeno da prescrição intercorrente. Conclusão: ao mesmo tempo que repele qualquer discussão sobre a necessidade de veiculação do tema por lei complementar, referida premissa autoriza a imediata aplicação da norma a todos os casos que em seu arquétipo se encaixam.[303]

---

303. Sobre o assunto, já escrevemos:
"Não fosse assim, aliás, algo de 'surreal' ocorreria. Tome-se, deveras, as seguintes premissas:
(i) não localizado o executado de um dado processo, deixa-se de o citar, não se operando, por consequência, sua integração à relação processual;
(ii) paralisado, sem qualquer pronunciamento da respectiva exequente, fica tal processo de execução suspenso por tempo superior ao prazo de prescrição legalmente estipulado, operando-se, com isso e em tese, a noção de prescrição intercorrente.
Uma única inferência, vistas tais premissas, seria possível: entender a prescrição intercorrente como causa de extinção 'decretável', para casos anteriores à Lei n. 11.051/2004, apenas por provocação do interessado seria o mesmo que revogar, indiretamente, sua existência (da prescrição intercorrente) antes do advento de tal lei – se, em situações que tais, o que implica a suspensão do processo (causa remota de geração da noção de prescrição intercorrente) é a não localização do executado, exigir-se a prática de ato provocação seria o mesmo que exigir o factualmente inexigível; seria, por outra, como que dizer: a prescrição intercorrente só pode ser decretada se um certo sujeito que não está no processo a alegar, sendo inexorável que, justamente por ali não estar referido sujeito, iniciado restou o 'processo' ensejador da prescrição intercorrente! Talvez por isso mesmo tenha o indigitado diploma normativo estabelecido, quando da introdução do novo parágrafo 4º, a necessidade, para fins de decretação *ex officio* da prescrição intercorrente, de prévia ouvida da exequente, nunca do próprio executado: toma em conta legislador, nesse particular, a óbvia premissa de que, mesmo não sendo universal tais hipóteses, casos há em que a origem última da prescrição intercorrente diz com a não localização (e consequente não integração ao processo) do executado." (CONRADO, Paulo Cesar. Execução fiscal em matéria tributária: decretabilidade ex officio da prescrição intercorrente. In: CARVALHO, Aurora Tomazini de. *Decadência e prescrição em direito tributário*. São Paulo: MP, 2010. p. 193).

Nesse sentido, vem se encaminhando a jurisprudência do Superior Tribunal de Justiça – REsp 735.220/RS, Ag n. 641.649/PE (Primeira Turma), REsp n. 715.651/RS (Segunda Turma) -, valendo referir, ainda, a orientação fixada pelo Supremo Tribunal Federal no julgamento do RE 636.562/SC.[304]

---

304. DIREITO TRIBUTÁRIO. RECURSO EXTRAORDINÁRIO. REPERCUSSÃO GERAL. EXECUÇÃO FISCAL. PRESCRIÇÃO INTERCORRENTE. ART. 40 DA LEI Nº 6.830/1980 E ART. 146, III, B, DA CF/1988. 1. Recurso extraordinário interposto pela União, em que pleiteia seja reconhecida a constitucionalidade do art. 40, caput e § 4º, da Lei nº 6.830/1980, que versa sobre prescrição intercorrente em execução fiscal. Discute-se a validade da norma, no âmbito tributário, diante da exigência constitucional de lei complementar para dispor acerca da prescrição tributária (art. 146, III, b, da CF/1988). 2. Diferença entre prescrição ordinária tributária e prescrição intercorrente tributária . 3. A prescrição consiste na perda da pretensão em virtude da inércia do titular (ou do seu exercício de modo ineficaz), em período previsto em lei. Em matéria tributária, trata-se de hipótese de extinção do crédito tributário (art. 156, V, do CTN). 4. A prescrição ordinária tributária (ou apenas prescrição tributária) se inicia com a constituição definitiva do crédito tributário e baliza o exercício da pretensão de cobrança pelo credor, de modo a inviabilizar a propositura da demanda após o exaurimento do prazo de 5 (cinco) anos. A prescrição intercorrente tributária, por sua vez, requer a propositura prévia da execução fiscal, verificando-se no curso desta. Nesse caso, há a perda da pretensão de prosseguir com a cobrança. 5. A prescrição intercorrente obedece à natureza jurídica do crédito subjacente à demanda. Se o prazo prescricional ordinário é de 5 (cinco) anos, o prazo de prescrição intercorrente será também de 5 (cinco) anos. 6. Desnecessidade de lei complementar para dispor sobre prescrição intercorrente tributária. A prescrição intercorrente tributária foi introduzida pela Lei nº 6.830/1980, que tem natureza de lei ordinária. O art. 40 desse diploma não afronta o art. 146, III, b, da CF/1988, pois o legislador ordinário se limitou a transpor o modelo estabelecido pelo art. 174 do CTN, adaptando-o às particularidades da prescrição intercorrente. Observa ainda o art. 22, I, da CF/1988, porquanto compete à União legislar sobre direito processual. 7. O prazo de suspensão de 1 (um) ano (art. 40, § 1º, da Lei nº 6.830/1980) busca estabilizar a ruptura processual no tempo, de modo a ser possível constatar a probabilidade remota ou improvável de satisfação do crédito. Não seria consistente com o fim do feito executivo que, na primeira dificuldade de localizar o devedor ou encontrar bens penhoráveis, se iniciasse a contagem do prazo prescricional. Trata-se de mera condição processual da prescrição intercorrente, que pode, portanto, ser disciplinada por lei ordinária. 8. Termo inicial de contagem da prescrição intercorrente tributária. Não é o arquivamento dos autos que caracteriza o termo a quo da prescrição intercorrente, mas o término da suspensão anual do processo executivo. 9. Recurso extraordinário a que se nega provimento, com a fixação da seguinte tese de julgamento: "É constitucional o art. 40 da Lei nº 6.830/1980 (Lei de Execuções Fiscais – LEF), tendo natureza processual o prazo de 1 (um) ano de suspensão da execução fiscal. Após o decurso desse prazo, inicia-se automaticamente a contagem do prazo prescricional tributário de 5 (cinco) anos".

12.6 O art. 2º, § 3º, da Lei 6.830/80

Dispõe o § 3º do art. 2º da Lei 6.830/80:

> Art. 2º. (...)
>
> § 3º. A inscrição que se constitui no ato de controle administrativo da legalidade, será feita pelo órgão competente para apurar a liquidez e certeza do crédito e suspenderá a prescrição, para todos os efeitos de direito, por 180 dias ou até a distribuição de execução fiscal, se esta ocorrer antes de findo aquele prazo.

Embora não distinga as dívidas tributárias das não tributárias, é consensual na jurisprudência (em especial a derivada da Primeira Seção do Superior Tribunal de Justiça) o entendimento segundo o qual referido dispositivo é inaplicável às execuções pertinentes a créditos tributários, uma vez que prescrição se apresentaria como tema típico de lei complementar, nos termos do art. 146, inciso III, alínea *b*, da Constituição Federal.

Nesse sentido, aliás, é o Parecer PGFN/CRJ 2.624/2008, reafirmado no Ato Declaratório n. 12/2008 (DOU de 11/12/2008, Seção I, p. 61), de cujo teor se extrai:

> (...)
>
> 4. O entendimento reiteradamente invocado pela Fazenda Nacional em sua defesa sempre foi no sentido de que a norma contida no art. 2º, § 3, da Lei n. 6.830/80, que trata da hipótese de suspensão da prescrição de créditos tributários, foram recepcionadas por nossa vigente ordem constitucional com o status de norma de lei complementar.
>
> 5. Ocorre que o Poder Judiciário entendeu diversamente, tendo sido pacificado no âmbito do STJ o entendimento de que deve ser obedecida a regra do art. 174 do CTN no tocante à prescrição de dívidas de natureza tributária, em detrimento das disposições da Lei de Execução Fiscal (Lei n. 6.830/80).
>
> 6. Veja-se os precedentes do STJ nesse sentido, os quais expressam a pacífica jurisprudência sobre o tema:

EXECUÇÃO FISCAL. SUSPENSÃO DA PRESCRIÇÃO POR 180 DIAS. ART. 2º, § 3º, DA LEI 6.830/80. MATÉRIA RESERVADA À LEI COMPLEMENTAR. NORMA APLICÁVEL SOMENTE ÀS DÍVIDAS NÃO TRIBUTÁRIAS.

I – Esta Corte sedimentou o entendimento de que o art. 2º, § 3º, da Lei 6830/80, só é aplicável às dívidas de natureza não tributária.

Já às dívidas de natureza tributária, é aplicável o art. 174 do CTN, norma recepcionada pela Constituição Federal com status de Lei Complementar. Precedentes: AgRg no Ag 863.427/MG, Rel. Min. LUIZ FUX, DJ de 20.09.2007; REsp 611536/AL, Rel. Min. Teori Albino Zavascki, Rel. p/ Acórdão Ministro José Delgado, DJ de 14.05.2007.

II – Agravo regimental improvido.

(AgRg no REsp 1016445/SP, Rel. Ministro Francisco Falcão, Primeira Turma, julgado em 21/08/2008, DJe de 01/09/2008).

TRIBUTÁRIO. EXECUÇÃO FISCAL. PRESCRIÇÃO. ART. 2º, § 3º, DA LEI 6.830/80 (SUSPENSÃO POR 180 DIAS). NORMA APLICÁVEL SOMENTE ÀS DÍVIDAS NÃO TRIBUTÁRIAS. Art. 40 DA LEF: SUSPENSÃO.

1. A norma contida no art. 2º, § 3º da Lei 6.830/80, segundo a qual a inscrição em dívida ativa suspende a prescrição por 180 (cento e oitenta) dias ou até a distribuição da execução fiscal, se anterior àquele prazo, aplica-se tão somente às dívidas de natureza não tributárias, porque a prescrição das dívidas tributárias regula-se por lei complementar, no caso o art. 174 do CTN.

2. Em execução fiscal, até o advento da LC 118/2004, que alterou o art. 174, parágrafo único do CTN, só a citação regular tem o condão de interromper a prescrição.

3. No cômputo da prescrição deve-se considerar o lapso temporal decorrido entre a data da constituição definitiva do crédito tributário e a efetiva citação (no caso editalícia), excluindo-se o período de suspensão de que trata o art. 40 da Lei 6.830/80.

4. Ocorrência da prescrição, na hipótese dos autos, porque decorridos mais de cinco anos entre a constituição definitiva do crédito tributário e a citação editalícia, mesmo se considerado o período de suspensão do art. 40 da Lei 6.830/80.

5. Recurso especial não provido.

(REsp 881.607/MG, Rel. Ministra Eliana Calmon, Segunda Turma, julgado em 10/06/2008, DJe de 30/06/2008).

TRIBUTÁRIO. IPI. EXECUÇÃO FISCAL. PRESCRIÇÃO. SUPREMACIA DO CTN (ART. 174) SOBRE A LEI DE

EXECUÇÕES FISCAIS (ART. 2º, § 3º). LAPSO PRESCRICIONAL CONSUMADO.

1. A suspensão de 180 dias do prazo prescricional a contar da inscrição em Dívida Ativa, prevista no art. 2.º, § 3º, da Lei n. 6.830/80, aplica-se, tão somente, às dívidas de natureza não tributária. Porquanto, a prescrição do direito do Fisco ao crédito tributário regula-se por lei complementar, in casu, o art.174 do CTN.

Agravo regimental improvido.

(AgRg no REsp 1016424/SP, Rel. Ministro Humberto Martins, Segunda Turma, julgado em 03/06/2008, DJ de 17/06/2008).

TRIBUTÁRIO. EXECUÇÃO FISCAL. PRESCRIÇÃO. Art. 2º, § 3º, DA LEI 6.830/80 (SUSPENSÃO POR 180 DIAS). NORMA APLICÁVEL SOMENTE ÀS DÍVIDAS NÃO TRIBUTÁRIAS.

1. A norma contida no art. 2º, § 3º da Lei 6.830/80, segundo a qual a inscrição em dívida ativa suspende a prescrição por 180 (cento e oitenta) dias ou até a distribuição da execução fiscal, se anterior àquele prazo, aplica-se tão somente às dívidas de natureza não tributárias, porque a prescrição das dívidas tributárias regula-se por lei complementar, no caso o art. 174 do CTN.

2. Embargos de divergência não providos.

(EREsp 657.536/RJ, Rel. Ministra Eliana Calmon, Primeira Seção, julgado em 26/03/2008, DJe de 07/04/2008).

PROCESSUAL CIVIL E TRIBUTÁRIO. RECURSO ESPECIAL. ITR. EXECUÇÃO FISCAL. PARCELAMENTO DO DÉBITO. PRESCRIÇÃO. SUSPENSÃO. INSCRIÇÃO EM DÍVIDA ATIVA. SUPREMACIA DO CTN (ART. 174) SOBRE A LEI DE EXECUÇÕES FISCAIS (ART. 2º, § 3º). LAPSO PRESCRICIONAL CONSUMADO.

1. Tratam os autos de embargos à execução fiscal ajuizados por Britanite S/A Indústrias Químicas em desfavor do Estado do Rio Grande do Sul sob o argumento de estar o crédito tributário fulminado pela prescrição. O juízo de primeiro grau, rejeitando a alegação de prescrição, julgou improcedente o pedido. O TJRS manteve a sentença por entender que a inscrição em dívida ativa suspende o prazo prescricional por seis meses ou até a distribuição da execução fiscal, nos termos do art. 2º, § 3º, da Lei 6.830/1980. Insistindo pela via especial, aduz a recorrente contrariedade do art. 174 do CTN, defendendo a supremacia do contido no CTN sobre a Lei de Execuções Fiscais, o que redundaria na consumação total da prescrição relativa aos débitos discutidos. Subsidiariamente, postula pela exclusão da taxa Selic.

2. Há de prevalecer o contido no art. 174 do Código Tributário Nacional (que dispõe como dies a quo da contagem do prazo prescricional para a ação executiva a data da constituição do crédito), sobre o teor preconizado pelo art. 2º, § 3º, da Lei 6.830/1980 (que prevê hipótese de suspensão da prescrição por 180 dias no momento em que inscrito o crédito em dívida ativa).

3. O Código Tributário Nacional tem natureza de lei complementar, sendo hierarquicamente superior à Lei de Execuções Fiscais. Não pode, portanto, lei ordinária estabelecer prazo prescricional da execução fiscal previsto em lei complementar (REsp 151.598/DF, Rel. Min. Garcia Vieira, DJ 04.05.1998).

4. No caso dos autos, constituído o crédito tributário (lançamento) em 22.04.1996 e sendo o devedor citado apenas em 22.06.2001, tem-se como operada a prescrição dos créditos fazendários porque transcorrido tempo superior ao quinquídio legal (art. 174 do CTN). A inscrição da dívida ativa em 22.06.1996 não suspende o lustro prescricional.

5. Recurso especial provido para declarar prescrito o crédito em execução. Prejudicada a análise quanto à incidência da taxa Selic.

Invertidos os ônus sucumbenciais.

(REsp 931.571/RS, Rel. Ministro José Delgado, Primeira Turma, julgado em 23/10/2007, DJ de 19/11/2007 p. 201).

07. Dimana da leitura das decisões acima transcritas a firme posição do STJ, contrária ao entendimento da Fazenda Nacional acerca da matéria, que sempre foi o da plena eficácia do § 3º do art. 2º da Lei n. 6.830/80 em relação às dívidas de natureza tributária e não tributária, já que as normas referentes à prescrição contidas na aludida lei teriam sido recepcionadas pela Constituição vigente com status de norma de lei complementar.

(...)

12.7 Prescrição (e decadência) em relação às contribuições previdenciárias (arts. 45 e 46 da Lei 8.212/91)

Tal como em relação ao art. 2º, § 3º, da Lei 6.830/80, também os arts. 45 e 46 da Lei 8.212/91,[305] tiveram seu con-

305. "Art. 45. O direito da Seguridade Social apurar e constituir seus créditos extingue-se após 10 (dez) anos contados: (...)."
"Art. 46. O direito de cobrar os créditos da Seguridade Social, constituídos na forma do artigo anterior, prescreve em 10 (dez) anos."

teúdo e alcance restringido pela jurisprudência, sendo posteriormente revogados pela Lei Complementar n. 128/2008.

Tomada a mesmíssima premissa – segundo a qual prescrição, em matéria tributária, é questão materialmente afeta a lei complementar –, com efeito, o Supremo Tribunal Federal pacificou sua orientação sobre o tema, ditando a Súmula vinculante 8, cujo enunciado afirma inconstitucionais os mencionados arts. 45 e 46.

> Súmula Vinculante 8 (Supremo Tribunal Federal)
>
> *São inconstitucionais o parágrafo único do artigo 5º do Decreto-Lei n. 1.569/77 e os artigos 45 e 46 da Lei n. 8.212/1991, que tratam de prescrição e decadência de crédito tributário.*

12.8 A contagem da prescrição em nível tributário: da inscrição ao despacho

Consoante sugerido no item 12.2 retro, mesmo sendo a inscrição em dívida ativa pressuposto para o exercício do direito de ação de execução fiscal, o termo inicial do prazo de prescrição não é determinado pelo aludido ato administrativo (de inscrição), fluindo a partir de termo temporal anterior.

É o que preordena, de certo modo, o *caput* do art. 174 do Código Tributário Nacional, dispositivo que estabelece que o prazo de prescrição a que se submete a Fazenda Pública em matéria tributária – de cinco anos – conta-se da data da "constituição definitiva" do crédito exequendo.

Essa expressão, num primeiro olhar, nos remeteria às figuras do lançamento de ofício (art. 142 do Código Tributário Nacional) ou do autolançamento (art. 150 do Código Tributário Nacional), dada a reconhecida eficácia constitutiva do crédito tributário que lhes recobre – tal como anuncia, a propósito, a Súmula 436 do Superior Tribunal de Justiça.

> Súmula 436 (Superior Tribunal de Justiça)
>
> *A entrega de declaração pelo contribuinte reconhecendo débito fiscal constitui o crédito tributário, dispensada qualquer outra providência por parte do fisco.*

Não obstante essa impressão inicial, há um detalhe que se deve aqui recuperar (detalhe esse que, como antes, ficou sugerido no item 12.2): é preciso supor, nas dobras da expressão "constituição definitiva", o vencimento do prazo legalmente estipulado para o pagamento espontâneo;[306] e assim há de ser, visto que enquanto pendente o intervalo de tempo cometido para efetivação do aludido ato (de pagamento, reitere-se), não é possível falar em cobrança – e, consequentemente, em fluxo prescricional.[307]

Quando o crédito se constitui por ato do contribuinte, um detalhe adicional se verifica. Casos há em que o dever de apresentar a declaração constitutiva do crédito é, por lei, fixado em data posterior ao do vencimento. Créditos tributários assim constituídos – por declaração posterior ao vencimento, reitere-se – têm a respectiva prescrição contabilizável não propriamente de seu vencimento, senão da correspondente declaração. Parte-se da premissa, nessas hipóteses, que, embora transposta a data do pagamento, o crédito não é cobrável, uma vez pendente de cumprimento,

306. Inserindo-se, nesse contexto, o conteúdo do art. 160 do Código Tributário Nacional, dispositivo que preordena: *Quando a legislação tributária não fixar o tempo do pagamento, o vencimento do crédito ocorre trinta dias depois da data em que se considera o sujeito passivo notificado do lançamento.*

307. Sobre o tema, a Primeira Seção do Superior Tribunal de Justiça decidiu, em caso relacionado à cobrança de IPVA (mas com raciocínio aplicável a tributo lançado de ofício), que:
(...) Para o fim preconizado no art. 1.039 do CPC/2015, firma-se a seguinte tese: "A notificação do contribuinte para o recolhimento do IPVA perfectibiliza a constituição do crédito tributário, iniciando-se o prazo prescricional para a execução fiscal no dia seguinte à data estipulada para o vencimento da exação. (...)."
(REsp 1.320.825/RJ, Relator Ministro Gurgel de Faria, DJe 17/08/2016)

ainda, o dever instrumental relacionado ao oferecimento do termo constitutivo.[308]

Seja qual for a regra, uma vez iniciada a contagem da prescrição, pode, todavia, que seu fluxo seja obstado, por exemplo, em razão de causa suspensiva de exigibilidade.

Os eventos que determinam esse tipo de *incidente* no fluxo prescricional vêm preordenados pelo direito, podendo se materializar *antes* ou *após* o ajuizamento da execução.

Nesse contexto, devemos lembrar as causas de suspensão de exigibilidade preconizadas pelo art. 151 do Código Tributário Nacional,[309] todas com potencial atuação no primeiro e segundo intervalos (ou seja, antes e depois ao ajuizamento da execução), exceção feita apenas à fixada pelo inciso III ("as reclamações e os recursos, nos termos das leis reguladoras do processo tributário administrativo"),

---

308. "TRIBUTÁRIO. PRESCRIÇÃO. TERMO INICIAL. ENTREGA DA DCTF OU VENCIMENTO DA DÍVIDA, O QUE OCORRER POSTERIORMENTE. IMPOSSIBILIDADE DE REVOLVIMENTO FÁTICO-PROBATÓRIO. SÚMULA 7/STJ.
(...)
2. Em se tratando de tributo constituído mediante declaração apresentada pelo contribuinte, o termo inicial da prescrição é a data de sua entrega ou o vencimento do prazo para pagamento, o que ocorrer posteriormente. Com efeito, se a declaração for entregue, mas ainda não estiver vencida a obrigação, o crédito carece da exigibilidade para que tenha início o prazo prescricional. Por outro lado, se o vencimento precede a entrega da declaração, naquele momento o crédito tributário ainda não está constituído (REsp 1.120.295/SP, Rel. Ministro Luiz Fux, Primeira Seção, DJe 21.5.2010).
(...)
5. Agravo Regimental não provido."
(Excerto da ementa do acórdão produzido no AgRg no AREsp 217.523/CE, Relator Ministro Herman Benjamin, Segunda Turma do Superior Tribunal de Justiça, DJe de 22/04/2014; Destaque nosso)

309. "Art. 151. Suspendem a exigibilidade do crédito tributário:
I – moratória;
II – o depósito do seu montante integral;
III – as reclamações e os recursos, nos termos das leis reguladoras do processo tributário administrativo;
IV – a concessão de medida liminar em mandado de segurança.
V – a concessão de medida liminar ou de tutela antecipada, em outras espécies de ação judicial;
VI – o parcelamento. (...)."

cogitáveis, por óbvio, apenas no intervalo que precede ao ajuizamento da execução fiscal.[310]

Podemos, em suma gráfica, assim descrever o fenômeno:

Quadro 12

Evento (art. 151)	**anterior** ao ajuizamento	**posterior** ao ajuizamento
Moratória	Possível	Possível
Depósito	Possível	Possível
Impugnação administrativa	Possível	*Impossível*
Liminar em mandado de segurança	Possível	Possível
Tutela de urgência em processo judicial outro	Possível	Possível
Parcelamento	Possível	Possível

Ainda nesse mesmo contexto – das causas que interferem na dinâmica da prescrição tributária –, cabe lembrar o particular problema da "interrupção" do prazo.

É sabido que, uma vez proposta a execução fiscal, seguir-se-iam, pela ordem, (i) o despacho ordinatório da citação, (ii) a citação propriamente dita e (iii) a penhora.

Embora fosse sobre o segundo ato (a citação) que se reconhecia cravado o marco interruptivo da contagem do prazo de prescrição, com a Lei Complementar 118/2005, muda de rosto a questão: alterando a redação do inciso I do

310. Parta-se da premissa, aqui, que, pendente o contencioso administrativo tributário, o crédito não se encontraria passível sequer de inscrição em dívida ativa, o que faz sem sentido supor, nesse momento, o ajuizamento de execução fiscal.

parágrafo único do art. 174 do Código Tributário Nacional, referido diploma passou a definir o despacho ordinatório da citação em execução fiscal como o ato responsável pela mencionada eficácia interruptiva.

Assim se comportariam, em suma, o "antes" e o "depois" normativo:

Quadro 13

Art. 174, parágrafo único, redação original	Art. 174, parágrafo único, redação conferida pela LC 118
Parágrafo único. A prescrição se interrompe: *I – pela citação pessoal feita ao devedor;* *(...)*	*Parágrafo único. A prescrição se interrompe:* *I – pelo despacho do juiz que ordenar a citação em execução fiscal;* *(...)*

Compondo o problema dos efeitos da Lei Complementar 118/2005 no tempo, o Superior Tribunal de Justiça, no Recurso Especial 999.901/RS (representativo de controvérsia), fechou questão, assentando:

> (...) 5. A Lei Complementar 118, de 9 de fevereiro de 2005 (vigência a partir de 09.06.2005), alterou o art. 174 do CTN para atribuir ao despacho do juiz que ordenar a citação o efeito interruptivo da prescrição. (Precedentes: REsp 860128/RS, DJ de 782.867/SP, DJ 20.10.2006; REsp 708.186/SP, DJ 03.04.2006).
>
> 6. Destarte, consubstanciando norma processual, a referida Lei Complementar é aplicada imediatamente aos processos em curso, o que tem como consectário lógico que a data da propositura da ação pode ser anterior à sua vigência. Todavia, a data do despacho que ordenar a citação deve ser posterior à sua entrada em vigor, sob pena de retroação da novel legislação. (...)

A par desses aspectos, há um ponto extremamente delicado sobre o qual devemos nos reter.

Em decisão proferida por sua Primeira Seção (em recurso reputado representativo de controvérsia), o Superior Tribunal de Justiça (Relator Ministro Luiz Fux, REsp 1.120.295/SP, DJe de 21/05/2010) estabeleceu, em prejuízo da literalidade do art. 174, parágrafo único, inciso I, do Código Tributário Nacional (notadamente na sua versão posterior à Lei Complementar 118/2005), que o evento interruptivo da prescrição (citação no regime anterior; despacho, no posterior) sempre retroagiria à data do oferecimento da inicial, fazendo incidir, mesmo depois de renovada a redação do dispositivo do Código Tributário Nacional, a regra inserta no parágrafo 1º do art. 219 do Código de Processo Civil de 1973.

Confira-se:

> PROCESSUAL CIVIL. RECURSO ESPECIAL REPRESENTATIVO DE CONTROVÉRSIA. ARTIGO 543-C, DO CPC. TRIBUTÁRIO. EXECUÇÃO FISCAL. PRESCRIÇÃO DA PRETENSÃO DE O FISCO COBRAR JUDICIALMENTE O CRÉDITO TRIBUTÁRIO. TRIBUTO SUJEITO A LANÇAMENTO POR HOMOLOGAÇÃO. CRÉDITO TRIBUTÁRIO CONSTITUÍDO POR ATO DE FORMALIZAÇÃO PRATICADO PELO CONTRIBUINTE (IN CASU, DECLARAÇÃO DE RENDIMENTOS). PAGAMENTO DO TRIBUTO DECLARADO. INOCORRÊNCIA. TERMO INICIAL. VENCIMENTO DA OBRIGAÇÃO TRIBUTÁRIA DECLARADA. PECULIARIDADE: DECLARAÇÃO DE RENDIMENTOS QUE NÃO PREVÊ DATA POSTERIOR DE VENCIMENTO DA OBRIGAÇÃO PRINCIPAL, UMA VEZ JÁ DECORRIDO O PRAZO PARA PAGAMENTO. CONTAGEM DO PRAZO PRESCRICIONAL A PARTIR DA DATA DA ENTREGA DA DECLARAÇÃO.
>
> 1. O prazo prescricional quinquenal para o Fisco exercer a pretensão de cobrança judicial do crédito tributário conta-se da data estipulada como vencimento para o pagamento da obrigação tributária declarada (mediante DCTF, GIA, entre outros), nos casos de tributos sujeitos a lançamento por homologação, em que, não obstante cumprido o dever instrumental de declaração da exação devida, não restou adimplida a obrigação principal (pagamento antecipado), nem sobreveio quaisquer das

causas suspensivas da exigibilidade do crédito ou interruptivas do prazo prescricional (Precedentes da Primeira Seção: EREsp 658.138/PR, Rel. Ministro José Delgado, Rel. p/ Acórdão Ministra Eliana Calmon, julgado em 14.10.2009, DJe 09.11.2009; REsp 850.423/SP, Rel. Ministro Castro Meira, julgado em 28.11.2007, DJ 07.02.2008; e AgRg nos EREsp 638.069/SC, Rel. Ministro Teori Albino Zavascki, julgado em 25.05.2005, DJ 13.06.2005).

2. A prescrição, causa extintiva do crédito tributário, resta assim regulada pelo artigo 174, do Código Tributário Nacional, verbis: "Art. 174. A ação para a cobrança do crédito tributário prescreve em cinco anos, contados da data da sua constituição definitiva. Parágrafo único. A prescrição se interrompe: I – pela citação pessoal feita ao devedor; I – pelo despacho do juiz que ordenar a citação em execução fiscal; (Redação dada pela Lcp n. 118, de 2005) II – pelo protesto judicial; III – por qualquer ato judicial que constitua em mora o devedor; IV – por qualquer ato inequívoco ainda que extrajudicial, que importe em reconhecimento do débito pelo devedor."

3. A constituição definitiva do crédito tributário, sujeita à decadência, inaugura o decurso do prazo prescricional quinquenal para o Fisco exercer a pretensão de cobrança judicial do crédito tributário.

4. A entrega de Declaração de Débitos e Créditos Tributários Federais – DCTF, de Guia de Informação e Apuração do ICMS – GIA, ou de outra declaração dessa natureza prevista em lei (dever instrumental adstrito aos tributos sujeitos a lançamento por homologação), é modo de constituição do crédito tributário, dispensando a Fazenda Pública de qualquer outra providência conducente à formalização do valor declarado (Precedente da Primeira Seção submetido ao rito do artigo 543-C, do CPC: REsp 962.379/RS, Rel. Ministro Teori Albino Zavascki, julgado em 22.10.2008, DJe 28.10.2008).

5. O aludido entendimento jurisprudencial culminou na edição da Súmula 436/STJ, verbis: "A entrega de declaração pelo contribuinte, reconhecendo o débito fiscal, constitui o crédito tributário, dispensada qualquer outra providência por parte do Fisco."

6. Consequentemente, o dies a quo do prazo prescricional para o Fisco exercer a pretensão de cobrança judicial do crédito tributário declarado, mas não pago, é a data do vencimento da obrigação tributária expressamente reconhecida.

7. In casu: (i) cuida-se de créditos tributários atinentes a IRPJ (tributo sujeito a lançamento por homologação) do ano-base de 1996, calculado com base no lucro presumido da pessoa jurídica;

(ii) o contribuinte apresentou declaração de rendimentos em 30.04.1997, sem proceder aos pagamentos mensais do tributo no ano anterior; e (iii) a ação executiva fiscal foi proposta em 05.03.2002.

8. Deveras, o imposto sobre a renda das pessoas jurídicas, independentemente da forma de tributação (lucro real, presumido ou arbitrado), é devido mensalmente, à medida em que os lucros forem auferidos (Lei 8.541/92 e Regulamento do Imposto de Renda vigente à época – Decreto 1.041/94).

9. De acordo com a Lei 8.981/95, as pessoas jurídicas, para fins de imposto de renda, são obrigadas a apresentar, até o último dia útil do mês de março, declaração de rendimentos demonstrando os resultados auferidos no ano-calendário anterior (artigo 56).

10. Assim sendo, não procede a argumentação da empresa, no sentido de que: (i) "a declaração de rendimentos ano-base de 1996 é entregue no ano de 1996, em cada mês que se realiza o pagamento, e não em 1997"; e (ii) "o que é entregue no ano seguinte, no caso, 1997, é a Declaração de Ajuste Anual, que não tem efeitos jurídicos para fins de início da contagem do prazo seja decadencial, seja prescricional", sendo certo que "o Ajuste Anual somente tem a função de apurar crédito ou débito em relação ao Fisco." (fls. e-STJ 75/76).

11. Vislumbra-se, portanto, peculiaridade no caso sub examine, uma vez que a declaração de rendimentos entregue no final de abril de 1997 versa sobre tributo que já deveria ter sido pago no ano-calendário anterior, inexistindo obrigação legal de declaração prévia a cada mês de recolhimento, consoante se depreende do seguinte excerto do acórdão regional: "Assim, conforme se extrai dos autos, a formalização dos créditos tributários em questão se deu com a entrega da Declaração de Rendimentos pelo contribuinte que, apesar de declarar os débitos, não procedeu ao devido recolhimento dos mesmos, com vencimentos ocorridos entre fevereiro/1996 a janeiro/1997 (fls. 37/44)."

12. Consequentemente, o prazo prescricional para o Fisco exercer a pretensão de cobrança judicial da exação declarada, in casu, iniciou-se na data da apresentação do aludido documento, vale dizer, em 30.04.1997, escoando-se em 30.04.2002, não se revelando prescritos os créditos tributários na época em que ajuizada a ação (05.03.2002).

13. Outrossim, o exercício do direito de ação pelo Fisco, por intermédio de ajuizamento da execução fiscal, conjura a alegação de inação do credor, revelando-se incoerente a interpretação segundo a qual o fluxo do prazo prescricional continua a escoar-se, desde a

constituição definitiva do crédito tributário, até a data em que se der o despacho ordenador da citação do devedor (ou até a data em que se der a citação válida do devedor, consoante a anterior redação do inciso I, do parágrafo único, do artigo 174, do CTN).

14. O Codex Processual, no § 1º, do artigo 219, estabelece que a interrupção da prescrição, pela citação, retroage à data da propositura da ação, o que, na seara tributária, após as alterações promovidas pela Lei Complementar 118/2005, conduz ao entendimento de que o marco interruptivo atinente à prolação do despacho que ordena a citação do executado retroage à data do ajuizamento do feito executivo, a qual deve ser empreendida no prazo prescricional.

15. A doutrina abalizada é no sentido de que: "Para CÂMARA LEAL, como a prescrição decorre do não exercício do direito de ação, o exercício da ação impõe a interrupção do prazo de prescrição e faz que a ação perca a 'possibilidade de reviver', pois não há sentido a priori em fazer reviver algo que já foi vivido (exercício da ação) e encontra-se em seu pleno exercício (processo). Ou seja, o exercício do direito de ação faz cessar a prescrição. Aliás, esse é também o diretivo do Código de Processo Civil: 'Art. 219. A citação válida torna prevento o juízo, induz litispendência e faz litigiosa a coisa; e, ainda quando ordenada por juiz incompetente, constitui em mora o devedor e interrompe a prescrição. § 1º A interrupção da prescrição retroagirá à data da propositura da ação.' Se a interrupção retroage à data da propositura da ação, isso significa que é a propositura, e não a citação, que interrompe a prescrição. Nada mais coerente, posto que a propositura da ação representa a efetivação do direito de ação, cujo prazo prescricional perde sentido em razão do seu exercício, que será expressamente reconhecido pelo juiz no ato da citação. Nesse caso, o que ocorre é que o fator conduta, que é a omissão do direito de ação, é desqualificado pelo exercício da ação, fixando-se, assim, seu termo consumativo. Quando isso ocorre, o fator tempo torna-se irrelevante, deixando de haver um termo temporal da prescrição." (Eurico Marcos Diniz de Santi, in "Decadência e Prescrição no Direito Tributário", 3ª ed., Ed. Max Limonad, São Paulo, 2004, págs. 232/233)

16. Destarte, a propositura da ação constitui o dies ad quem do prazo prescricional e, simultaneamente, o termo inicial para sua recontagem sujeita às causas interruptivas previstas no artigo 174, parágrafo único, do CTN.

17. Outrossim, é certo que "incumbe à parte promover a citação do réu nos 10 (dez) dias subsequentes ao despacho que a ordenar, não ficando prejudicada pela demora imputável exclusivamente ao serviço judiciário" (artigo 219, § 2º, do CPC).

> 18. Consequentemente, tendo em vista que o exercício do direito de ação deu-se em 05.03.2002, antes de escoado o lapso quinquenal (30.04.2002), iniciado com a entrega da declaração de rendimentos (30.04.1997), não se revela prescrita a pretensão executiva fiscal, ainda que o despacho inicial e a citação do devedor tenham sobrevindo em junho de 2002.
>
> 19. Recurso especial provido, determinando-se o prosseguimento da execução fiscal. Acórdão submetido ao regime do artigo 543-C, do CPC, e da Resolução STJ 08/2008.

A crítica que se pode fazer em relação a essa orientação – para além do problema da tomada de lei ordinária como elemento normativo decisivo – está, sem dúvida, na desconsideração do contexto em que a regra do §1º do art. 219 se encontra, desprezando-se os subsequentes parágrafos 2º, 3º e 4º, tudo de modo a garantir ao exequente a possibilidade de não promover nenhum ato tendente a efetivar a citação do contribuinte.[311]

Fosse de fato aplicável aos casos tributários o tal § 1º do art. 219 do Código de Processo Civil de 1973, supor-se-ia, com efeito, que, com o despacho ordinatório da citação, o efeito interruptivo da prescrição retroagiria à data da propositura da ação, mas isso desde que obedecidas as disposições seguintes, com a efetivação, pelo exequente, das providências necessárias à viabilização da citação do contribuinte executado no prazo ali preordenado.

De todo modo, é certo que o assunto encontra-se superado, inclusive por força da orientação firmada pelo próprio Superior Tribunal de Justiça.

Restaria (re)avaliá-lo, entretanto, à luz do atual Código de Processo Civil, uma vez reescritas, em seu contexto, as prescrições do anterior art. 219.

---

311. Sobre o assunto, consulte-se: BECHO, Renato Lopes. A interrupção do prazo de prescrição, pela citação, na Lei Complementar n. 118/2005. Revista Dialética de Direito Tributário – RDDT. São Paulo, Dialética, n. 115. p. 108-15.

O § 1º do art. 240 do Código de Processo Civil de 2015 define o despacho que ordena a citação (e não mais a citação válida) como evento interruptivo da prescrição (conformando-se, assim, à opção do Código Tributário Nacional pós Lei Complementar n. 118/2005).

O mesmo dispositivo segue estabelecendo, como o Código de Processo Civil de 1973, o efeito retroativo à data da propositura da ação; assevera, todavia, que à parte incumbe viabilizar a citação no prazo de dez dias (§ 2º), sob pena de não se considerar interrompida a prescrição – tal como averbado, desde antes, no contexto do Código de Processo Civil de 1973.

Parece, com esse quadro redesenhado, que a explicitude "superlativizada" do vigente Código poderia impor a reanálise do tema, no mínimo para que se justificasse, nos casos em que o decurso do quinquênio prescricional se verifique entre a data da protocolização da inicial e o despacho ordinatório, o porquê de eventual "desconsideração" do § 2º do novel art. 240.[312]

12.9 A contagem da prescrição intercorrente inclusive nos casos abarcados pelo REsp 1.340.553/RS

Desde quando julgado o recurso especial de que falamos no item 12.4 (REsp 1.340.553/RS), a forma de

312. A questão só tem relevância, com efeito, nos casos em que o decurso da prescrição ocorre no mencionado intervalo; para evitar debate, o ideal, observado o contexto do novo Código, é que a Fazenda protocolize a inicial em tempo suficiente para que se profira o "cite-se" (marco interruptivo da prescrição) antes do decurso do quinquênio; se proferido esse despacho antes do transcurso da prescrição, dar-se-ia o efeito retroativo. Como a demora na prolação desse despacho decorre muitas vezes de problemas internos do Poder Judiciário (hipótese em que se há de preservar o jurisdicionado; parágrafo 3º do mesmo art. 240, dispositivo que confirma, no plano normativo, a orientação subjacente à Súmula 106 do Superior Tribunal de Justiça), o mínimo que se deve esperar da Fazenda é que obedeça ao o prazo de cinco dias prescrito pelo art. 226, inciso I, do Código de Processo Civil de 2015 (esse é o prazo estabelecido para que o juiz profira despachos); se o "cite-se" não for exarado nesse prazo, poder-se-ia dizer, com efeito, que o ônus da demora não é imputável à Fazenda.

contagem da prescrição intercorrente passou a experimentar dupla face.

Os casos submissos ao mencionado recurso, vale dizer, aqueles em que a prescrição intercorrente está relacionada à precedente aplicação do art. 40 da Lei 6.830/80, deixam de exigir a inércia da Fazenda; os demais seguem pressupondo a inatividade fazendária.

Operam, no primeiro cenário, as teses 1 a 3 derivadas daquele julgamento; eis seus termos:

> 1) O prazo de 1 (um) ano de suspensão do processo e do respectivo prazo prescricional previsto no art. 40, §§ 1º e 2º da Lei n. 6.830/80 – LEF tem início automaticamente na data da ciência da Fazenda Pública a respeito da não localização do devedor ou da inexistência de bens penhoráveis no endereço fornecido, havendo, sem prejuízo dessa contagem automática, o dever de o magistrado declarar ter ocorrido a suspensão da execução.
>
> 1.1) Sem prejuízo do disposto no item 1, nos casos de execução fiscal para cobrança de dívida ativa de natureza tributária (cujo despacho ordenador da citação tenha sido proferido antes da vigência da Lei Complementar n. 118/2005), depois da citação válida, ainda que editalícia, logo após a primeira tentativa infrutífera de localização de bens penhoráveis, o Juiz declarará suspensa a execução.
>
> 1.2) Sem prejuízo do disposto no item 1, em se tratando de execução fiscal para cobrança de dívida ativa de natureza tributária (cujo despacho ordenador da citação tenha sido proferido na vigência da Lei Complementar n. 118/2005) e de qualquer dívida ativa de natureza não tributária, logo após a primeira tentativa frustrada de citação do devedor ou de localização de bens penhoráveis, o Juiz declarará suspensa a execução.
>
> 2) Havendo ou não petição da Fazenda Pública e havendo ou não pronunciamento judicial nesse sentido, findo o prazo de 1 (um) ano de suspensão inicia-se automaticamente o prazo prescricional aplicável (de acordo com a natureza do crédito exequendo) durante o qual o processo deveria estar arquivado sem baixa na distribuição, na forma do art. 40, §§ 2º, 3º e 4º da Lei n. 6.830/80 – LEF, findo o qual o Juiz, depois de ouvida a Fazenda Pública, poderá, de ofício, reconhecer a prescrição intercorrente e decretá-la de imediato.
>
> 3) A efetiva constrição patrimonial e a efetiva citação (ainda que por edital) são aptas a interromper o curso da prescrição

> intercorrente, não bastando para tal o mero peticionamento em juízo, requerendo, v.g., a feitura da penhora sobre ativos financeiros ou sobre outros bens. Os requerimentos feitos pelo exequente, dentro da soma do prazo máximo de 1 (um) ano de suspensão mais o prazo de prescrição aplicável (de acordo com a natureza do crédito exequendo) deverão ser processados, ainda que para além da soma desses dois prazos, pois, citados (ainda que por edital) os devedores e penhorados os bens, a qualquer tempo – mesmo depois de escoados os referidos prazos -, considera-se interrompida a prescrição intercorrente, retroativamente, na data do protocolo da petição que requereu a providência frutífera.

Pelo que se vê, o raciocínio firmado pelo Superior Tribunal de Justiça, salvo quanto à questão do "mero peticionamento" sem êxito, não diverge do que se sustentava em torno do assunto, contabilizando-se a prescrição intercorrente derivada do art. 40 a partir da ciência da Fazenda quanto à suspensão do processo por um ano, com automática incidência, findo esse primeiro prazo, do quinquênio.

No lapso de um ano de suspensão a que nos referimos – cujo curso depende da prévia e regular intimação da Fazenda Pública, observada a forma do art. 25 da Lei 6.830/80 –[313] não é possível fazer fluir, justamente porque de suspensão estamos falando, prazo de prescrição (que seria *intercorrente*) contra a Fazenda, o que permite dizer que, no aludido intervalo, opera causa suspensiva especificamente atuante sobre aquela forma (peculiar) de prescrição (a *intercorrente*, reitere-se).[314]

O detalhe a repisar é que, diferentemente do se cogitava até então, a produção, pela Fazenda, de manifestação

313. "Art. 25. Na execução fiscal, qualquer intimação ao representante judicial da Fazenda Pública será feita pessoalmente.
Parágrafo único. A intimação de que trata este artigo poderá ser feita mediante vista dos autos, com imediata remessa ao representante judicial da Fazenda Pública, pelo cartório ou secretaria."

314. Súmula 314 do Superior Tribunal de Justiça: "*Em execução fiscal, não localizados bens penhoráveis, suspende-se o processo por um ano, findo o qual se inicia o prazo da prescrição quinquenal intercorrente*".

tempestiva não interrompe, por si, o fluxo prescricional, dependendo tal efeito do êxito da diligência tendente a localizar o devedor ou seu patrimônio – daí falar-se que a prescrição intercorrente, nesse caso, dispensa a caracterização de inércia.

Se assim é para os casos alcançados pelo art. 40, o mesmo não podemos dizer para os demais – por isso, assentamos no início deste tópico que a contabilização da prescrição intercorrente passou a ostentar, desde o julgado do Superior Tribunal de Justiça, dupla face.

Pensemos, nesse sentido, nas hipóteses em que a demanda executiva encontra-se com seu fluxo paralisado por razões alheias ao multicitado art. 40 – parcelamento do crédito tributário, por exemplo; se eventualmente rescindido o acordo, desaparece a causa suspensiva de exigibilidade, com a consequente deflagração, desde então, do quinquênio prescricional intercorrente; ao final, se transcorrido o prazo sem atividade da Fazenda, caracterizar-se-á a prescrição (note-se que, nessa hipótese, o fato gerador da prescrição intercorrente é a efetiva inércia da Fazenda, afigurando-se irrelevantes, pelo menos num primeiro momento, os desdobramentos de seu peticionamento).

Seja como for, para que a prescrição intercorrente seja efetivamente decretada é de observar que a Fazenda, nos termos do § 5º do art. 40, seja previamente ouvida, formalidade virtualmente dispensável apenas no específico caso do parágrafo seguinte, introduzido pela Lei 11.960/2009.[315]

---

315. Esse dispositivo é aparentemente incompatível com o novo Código de Processo Civil. A prévia oitiva das partes é, no contexto do Código de Processo Civil de 2015, regra que se aplica à generalidade das situações – assim se encaminha o art. 9º, dispositivo em outras oportunidades citado (Não se proferirá decisão contra uma das partes sem que ela seja previamente ouvida). De se lembrar, ademais da indigitada regra (geral), que o Código estabelece o contraditório "superdimensionado" também no âmbito da prescrição; é o que se vê em seu art. 487, parágrafo único (Ressalvada a hipótese do § 1º do art. 332, a prescrição e a decadência não serão reconhecidas sem que antes seja dada às partes oportunidade de manifestar-se), tudo de

Art. 40. (...).

§ 5º. A manifestação prévia da Fazenda Pública prevista no § 4º deste artigo será dispensada no caso de cobranças judiciais cujo valor seja inferior ao mínimo fixado por ato do Ministro de Estado da Fazenda.

A medida preparatória a que nos referíamos – a prévia oitiva da Fazenda, insista-se – vale para qualquer dos possíveis fundamentos da prescrição intercorrente, inclusive os casos de que trata o REsp 1.340.553/RS.

Abordando o conteúdo da fala atribuível à Fazenda nessa etapa do processo, a tese 4 (derivada daquele julgado) assim estabelece:

> 4) A Fazenda Pública, em sua primeira oportunidade de falar nos autos (art. 245 do CPC/73, correspondente ao art. 278 do CPC/2015), ao alegar nulidade pela falta de qualquer intimação dentro do procedimento do art. 40 da LEF, deverá demonstrar o prejuízo que sofreu (exceto a falta da intimação que constitui o termo inicial, onde o prejuízo é presumido), por exemplo, deverá demonstrar a ocorrência de qualquer causa interruptiva ou suspensiva da prescrição.

---

modo a se reforçar a aparente incompatibilidade do tal parágrafo 4º do art. 40 da Lei n. 6.830/80 com o novel regime (intransigentemente avesso à ideia de "surpresa decisória").
Cobra destacar, entretanto, que o dispositivo "especial" (inserto no subsistema da Lei n. 6.830/80) pode ser perfeitamente harmonizado com o sistema geral (decorrente do novo Código), sem que se recorra, para isso, à parêmia "regra geral não revoga regra especial" [pensamos que a adoção, singela, desse fundamento contraria uma das mais importantes características do novo regime processual, a ser seguida por todas as categorias (processuais), mesmo as submetidas a "lei especial"]. É que, por aplicável aos casos em que há ato normativo que dispensa a cobrança, referido dispositivo não amesquinha a posição da Fazenda credora, tampouco a coloca em posição de indesejável surpresa, uma vez previamente operativos os tais atos normativos que dispensam a cobrança. Diríamos, com isso e em suma, que a mitigação (decorrente do aludido parágrafo 4º) à regra do contraditório "superdimensionado" (ou, em variável, à regra da proibição da "decisão-surpresa"), desde aplicada dentro de seus estritos limites (vale dizer, com amparo na prévia existência de norma que dispense a cobrança), compatibiliza-se, à falta de prejuízo para a Fazenda, com o novel regime.

Vale mencionar, por fim, o conteúdo da tese 5, fixada na intenção de disciplinar a atividade decisória no contexto da prescrição intercorrente:

> 5) O magistrado, ao reconhecer a prescrição intercorrente, deverá fundamentar o ato judicial por meio da delimitação dos marcos legais que foram aplicados na contagem do respectivo prazo, inclusive quanto ao período em que a execução ficou suspensa.

12.10 A prescrição para o redirecionamento: quarta hipótese

Desde o início deste Capítulo, vimos batendo numa mesma tecla, a efetiva complexidade do conceito de prescrição em nível de execução fiscal.

Referimos, nesse sentido, a existência de três variáveis – além da prescrição ordinária (relacionada à propositura da demanda), a prescrição intercorrente, desdobrada, desde o REsp 1.340.553/RS, em duas subespécies –, às quais devemos somar, no fim de tudo, uma quarta: a prescrição aplicável ao pedido de redirecionamento.

Considerada essa atividade como verdadeira forma de exercício (mesmo que incidental) do direito de ação executiva, imperativo submetê-la a controle prescricional, tomando-se, evidentemente, critérios apropriados.

A Primeira Seção do Superior Tribunal de Justiça, no julgamento do REsp 1.201.993 (Relator Ministro Herman Benjamin), definiu o tema em nível tributário, fixando, para isso, três teses (expressivas, por si, do tratamento que essa forma de prescrição exorta):

> O prazo de redirecionamento da execução fiscal, fixado em cinco anos, contados da citação da pessoa jurídica, é aplicável quando o referido ato ilícito, previsto no artigo 135, III do CTN, for precedente a esse ato processual.

A citação positiva do sujeito passivo devedor original da obrigação tributária, por si só, não provoca o início do prazo prescricional quando o ato de dissolução irregular for a ela posterior, uma vez que, em tal hipótese, inexistirá, na aludida data (da citação), pretensão contra os sócios-gerentes, o mero inadimplemento da exação não configura ilícito atribuível aos sujeitos de direito descritos no artigo 135 do CTN. O termo inicial do prazo prescricional para a cobrança do crédito dos sócios-gerentes infratores, nessa hipótese, é a data da prática de ato inequívoco indicador do intuito de inviabilizar a satisfação do crédito tributário já em curso de cobrança executiva promovida contra a empresa contribuinte, a ser demonstrado pelo Fisco, nos termos do artigo 593 do CPC/1973 (atual art. 792 do novo CPC – fraude à execução), combinado com o art. 185 do CTN (presunção de fraude contra a Fazenda Pública).

Em qualquer hipótese, a decretação da prescrição para o redirecionamento impõe que seja demonstrada a existência de inércia da Fazenda Pública, no lustro que se seguiu à citação da empresa originalmente devedora (REsp 1.222.444/RS) ou ao ato inequívoco mencionado no item anterior (respectivamente, nos casos de dissolução irregular precedente ou superveniente à citação da empresa), cabendo às instâncias ordinárias o exame dos fatos e provas atinentes à demonstração da prática de atos concretos no sentido da cobrança do crédito tributário no decurso do prazo prescricional (Súmula n. 7/STJ).

Em suma:

Como gênero, **prescrição**, mecanismo preconizado pelo sistema jurídico para **absorção de incertezas**, assim atua **fixando limites temporais** para a prática de certos atos jurídicos.

Na sede das **execuções fiscais**, **prescrição** é figura diretamente relacionada ao manejo, pela **Fazenda Pública**, do correspondente **direito de ação**.

Em nível **tributário**, **prescrição** é o **lapso temporal** conferido à qual Fazenda Pública para:

(i) inscrever o crédito de que é titular em dívida ativa,

(ii) protocolizar a inicial da ação executiva fiscal e

(iii) vê-la recebida pelo Judiciário, mediante a expedição da competente ordem de citação.

Nesse plano, se não cumpridas tais etapas, dir-se-á **prescrito o crédito tributário**, restando **extinta a própria obrigação**.

Inadimplido o crédito de que é titular a Fazenda Pública, cabe-lhe instaurar o **procedimento administrativo** tendente à **inscrição** daquele mesmo crédito em **dívida ativa** – do que derivará a **Certidão de Dívida Ativa**, título necessário à propositura da execução fiscal.

Tratando-se de tributo constituído por ato do contribuinte, o termo inicial da prescrição corresponderá à data da apresentação do documento constitutivo, se esse evento for posterior ao vencimento.

O **inadimplemento** ou, conforme o caso, o oferecimento da declaração constitutiva do crédito, embora façam disparar a **contagem do prazo de prescrição**, **não** são **suficiente**s, por si, para a **propositura do executivo fiscal**.

No plano executivo, não basta provocar o Poder Judiciário no prazo por lei estabelecido (**prescrição propriamente dita**); cabe ao titular do crédito exequendo, afora a provocação inicial, **fornecer as condições necessárias à outorga da correlata tutela executiva**, agindo, nesse sentido, no tempo apropriado – sob pena de se verificar a **prescrição** sob a forma **intercorrente**.

Desde quando introduzido o novo **§ 4º** no bojo do **art. 40 da Lei 6.830/80**, é possível a decretação de ofício da prescrição intercorrente, depois de ouvida a Fazenda Pública.

O **§ 3º do art. 2º da Lei 6.830/80** é **inaplicável** às execuções pertinentes a **créditos tributários**, uma vez que prescrição, em tal contexto, é tema típico de **lei complementar**.

O prazo de **prescrição** a que se submete a Fazenda Pública em matéria **tributária** – de cinco anos – conta-se da data da **constituição definitiva** do crédito exequendo.

A **entrega de declaração constitutiva do crédito** pelo contribuinte dispensa qualquer outra providência por parte da Fazenda Pública.

A **Lei Complementar 118**, de 9 de fevereiro de 2005 (**vigência a partir de 09 de junho de 2005**), alterou o art. 174 do Código Tributário Nacional, de modo a atribuir ao **despacho do juiz que ordenar a citação** o efeito **interruptivo** da **prescrição**.

Consubstanciando **norma processual**, referida disposição é **aplicada imediatamente** aos processos em curso.

Essa regra se repete no atual Código de Processo Civil – § 1º do art. 240.

Se **não localizados o devedor** (para efeitos de citação) ou **seus bens** (para efeitos de penhora), a execução fiscal restará **suspensa por um ano**, iniciando-se, após esse período, o quinquênio prescricional.

Para se "livrar" da extinção do crédito, cabe à Fazenda, nos casos do art. 40 da Lei 6.830/80, provocar o efetivo andamento do processo antes do decurso do quinquênio e obter, mesmo que ultrapassado esse mesmo prazo, resultado positivo na diligência requerida – tendente a fazer citar o devedor ou constritar seu patrimônio.

Para que a **prescrição intercorrente** seja **decretada**, a Fazenda deverá ser, em regra, previamente ouvida.

O prazo de redirecionamento da execução fiscal de dívida tributária é contado da citação da pessoa jurídica quando o ato ilícito que estriba o pedido for precedente a esse mesmo ato (citatório).

A citação positiva do sujeito passivo devedor original da obrigação tributária, por si só, não provoca o início do prazo prescricional quando o ato de dissolução irregular for a ela posterior, hipótese em que o termo inicial do prazo prescricional para a cobrança do crédito dos sócios-gerentes infratores corresponde à data da prática de ato inequívoco indicador do intuito de inviabilizar a satisfação do crédito tributário já em curso de cobrança executiva promovida contra a empresa contribuinte, a ser demonstrado pelo Fisco.

Capítulo 13

FORMAS "PARALELAS" DE SATISFAÇÃO DO CRÉDITO FAZENDÁRIO

13.1 Introdução

Um dos maiores (senão o maior dos) desafios práticos enfrentados na dinâmica processual contemporânea relaciona-se ao aprimoramento dos instrumentos de cobrança do crédito fazendário, compatibilizando esse propósito às garantias do administrado.

Esse desafio vem sendo faceado pelas Fazendas por meio de estratégias que, além do incremento da cobrança em sentido estrito (assim entendida, a que se processa via execução fiscal), passam pelo emprego de novos instrumentos de "cobrança", ditos "indiretos" (identificáveis, como explicitaremos mais adiante, como verdadeiras sanções) e, em complementação, pelo dilargamento das hipóteses de revisão de créditos pendentes de quitação, além da utilização de instrumentos de negociação.

O confronto das duas primeiras ideias a que nos referimos há pouco (incremento da cobrança e preservação das garantias do contribuinte) poderia gerar, em princípio, um quê de paradoxalidade, à medida que parecem se excluir.

Sabemos (ou devemos saber), porém, que as coisas não são assim: o incremento dos mecanismos de cobrança só tem legitimidade, em termos sistêmicos, se associado à preservação das franquias conferidas ao administrado, tanto formal quanto materialmente.

Por isso, devemos reconhecer, entre aquelas duas posições, um nexo de complementariedade. Eis a razão porque normativos como a Portaria PGFN 33/2018 lançam mão, num mesmo suporte, de temas tão diversos – assim o PRDI (instrumento que vem ao encontro dos interesses do administrado, oficiando em abono à ideia de amplificação do controle de legalidade dos atos estatais), assim, em contrapartida, a averbação pré-executória (instrumento obviamente relacionado ao exacerbamento da eficácia da cobrança).[316]

13.2 Cobrança em sentido próprio ("direta") e cobrança "indireta" (estímulo à voluntariedade)

Cobrança é vocábulo ambíguo, designando, em seu sentido mais estrito (e próprio, portanto), a atividade voltada à satisfação forçada do crédito tributário pendente, coisa que, no sistema brasileiro, exige intervenção judicial.

---

316. (Portaria PGFN 33/2018) "Art. 21. A averbação pré-executória é o ato pelo qual se anota nos órgãos de registros de bens e direitos sujeitos a arresto ou penhora, para o conhecimento de terceiros, a existência de débito inscrito em dívida ativa da União, visando prevenir a fraude à execução de que tratam os artigos 185 da Lei n. 5.172, de 25 de outubro de 1996 (Código Tributário Nacional) e 792 da Lei n. 13.105, de 16 de março de 2015.
§ 1º. A notificação de que trata o art. 6º dará ciência ao devedor ou corresponsável da ocorrência da inscrição em dívida ativa e da possibilidade de efetivação da averbação pré-executória, caso não adotadas as providências descritas nos incisos I e II do mesmo dispositivo.
§ 2º. A averbação poderá ser impugnada pelo sujeito passivo, inclusive em relação a seu excesso, observado o procedimento previsto nessa Portaria."

Na prática jurídica, há, a par disso, um segundo sentido para o mesmo vocábulo, de tom mais amplo e que aponta para os mecanismos que, previstos no ordenamento, servem para estimular o cumprimento voluntário da obrigação tributária. Para tais mecanismos, é comum a adição, ao vocábulo "cobrança", da predicação "indireta".

Em si mesma, essa forma de "cobrança" (designável de "indireta", repita-se) não seria viabilizadora da satisfação do crédito fazendário. Por essa razão, não deveríamos tratar tais mecanismos como verdadeira "cobrança", a não ser por concessão de linguagem.

Fundada em premissas de estratégia e proporcionalidade, a tomada desses expedientes deriva de uma espécie de gradação – típica dos regimes de ajuizamento seletivo –, em que a cobrança propriamente dita (a "direta") representa a última *ratio*.

Usando outros termos: a busca pelo pagamento forçado (aquele que opera a partir da expropriação patrimonial, via execução) seria circunstancialmente precedida de instrumentos extraprocessuais (em sua essência, menos onerosos, e que encarnariam a tal "cobrança indireta") voltados a estimular o pagamento voluntário.

Essa é a racionalidade inerente a sistemas como o que foi instituído pela Portaria PGFN 396/2016 (Regime Diferenciado de Cobrança de Créditos - RDCC), operativa a partir da seleção dos casos que devem ser diretamente submetidos à derradeira alternativa (do pagamento forçado, via expropriação), isolando-os dos que devem ser alvo de prévia atividade "estimuladora" de voluntariedade.

Exemplo vivo da operação subjacente aos casos por último mencionados é o protesto: seu emprego, em si, não basta para satisfazer a Fazenda credora, servindo para criar um incômodo ao devedor e, com isso, estimulá-lo a pagar voluntariamente, vale dizer, sem a necessária instalação de processo expropriatório.

Esses estímulos podem ser abstratamente catalogados como:

(i) positivos ou premiais (verificáveis quando, por exemplo, a legislação concede desconto para pagamento antecipado),

(ii) negativos ou sancionatórios (classe em que situa o protesto),

(iii) corretivos ou falsamente premiais (caso do parcelamento, que representa muito mais um estímulo à supressão da irregularidade já verificada do que à sua prevenção; por isso, não o consideramos um estímulo "propriamente" premial).

Haveria, nesse quadro, uma quarta espécie, preenchida pelos estímulos designáveis como coercitivos-processuais, figura diferente das anteriores, uma vez que, pelas regras hoje vigentes, não atua no plano administrativo. Tal estímulo é verificado, com efeito, como ato inicial do processo de execução fiscal, quando então, com a citação do devedor, o Judiciário ordena o pagamento voluntário, "sob pena de penhora" – justamente dessa cominação é que deriva a ideia de "estímulo coercitivo".

Seja qual for a classe considerada, é certo dizer que sua adoção não gera, por si, o resultado desejado (satisfação do crédito), seguindo na dependência, sempre, da adesão da vontade do contribuinte ao propósito arrecadatório da Fazenda.

Eis o porquê, repisemos, cobrança, em acepção pura, é palavra que designa o canal processual por meio do qual o inadimplemento é efetivamente suprido, mesmo sem a integração da vontade do sujeito passivo.

Podemos concluir, portanto, que a superação das atividades instaladas em "grau" de cobrança menos potente, impõe, quando delas não deflui o resultado prático esperado, a utilização do único meio capaz de forçar esse mesmo resultado, vale dizer, a última *ratio* na escala de medidas relacionadas à arrecadação: o processo de execução fiscal.

13.3 Estímulos sancionatórios *versus* virtual inexigibilidade do crédito fazendário

O fundamento estratégico a que nos referimos no item anterior – inspirado em evidente traço de proporcionalidade a dosar as ações concretamente manejadas pela Fazenda para se ver satisfeita – pode (e deve) ser tomado em posição inversa, considerando-se agora a posição do administrado e, em especial nos casos em que, de sua parte, há legítima expectativa de contraditar a obrigação imposta pela Fazenda.

De fato, não se deve descartar que, para certas situações, o incômodo concretamente gerado por certas medidas sancionatórias (estímulos que podem anteceder o ajuizamento e que integram a segunda classe da lista apresentada no item precedente) é por vezes de tal monta que, no plano da facticidade, pouco sobraria ao sujeito passivo, senão curvar-se à intenção final da Fazenda, realizando o pagamento aspirado, mesmo que tido por indevido.

Esse estado de coisas pode pôr em evidente risco a legítima expectativa do administrado no que se refere à impugnação da obrigação, remetendo-o ao vetusto *solve et repete*, circunstância que, levada ao extremo, coloca em xeque o interesse, em termos sistêmicos, da manutenção daqueles mecanismos no ordenamento – afinal, um instrumento que, usado *in concreto*, reprime a impugnabilidade da obrigação imposta pela Fazenda conduz a um disfarçado estado de absolutismo.

Não se recusa que, para qualquer medida sancionatória voltada a impor pagamento, sempre foi possível a tomada de reação contrária, no mais das vezes verificável no plano judicial – como quando se fala, para os casos de protesto, em sustação cautelar.

O fato, no entanto, é que, sendo os sobreditos estímulos (os sancionatórios) de natureza extraprocessual-administrativa, reações de igual natureza (sem prejuízo das judiciais) deveriam ser asseguradas, viabilizando-se a intervenção do administrado no processo de positivação do crédito fazendário antes da materialização concreta do meio sancionatório.

Poder-se-ia dizer, é bem certo, que essa franquia já é assegurada, uma vez que nenhuma obrigação seria, em condições ordinárias, levada ao plano da cobrança sem o devido processo legal administrativo.

A questão a que nos reportamos, porém, transcende à constituição do crédito fazendário (etapa em que, repita-se, a integração do administrado é pressuposta), avançando para o emprego de instrumentos sancionatórios que, além de atuar na esfera administrativa, criam incômodos tendentes a submeter a vontade do sujeito passivo.

Pois é justamente nesse momento que parece importante recobrar a noção de impugnabilidade administrativa: se, para a Fazenda, é legítimo o emprego de estratégia fundada em proporcionalidade – isolando os casos que reclamam ajuizamento imediato, para submeter os demais aos tais instrumentos de "cobrança indireta", notadamente os sancionatórios –, é imperioso, também por questão de proporcionalidade, que se reconfira oportunidade de impugnar ao administrado que está em vias de sofrer os efeitos daquela opção.

Por isso, a importância de instrumentos como o PRDI, a impugnação à averbação pré-executória e ao PARR.

13.4 Execução passiva

Para além dos estímulos potencialmente geradores de pagamento – instrumentos que, insista-se, supririam, se bem-sucedidos, à cobrança executiva –, é possível enxergar executividade de origem passiva.

Nesse escaninho, devemos depositar os casos em que, proposta medida antiexacional, o sujeito passivo debate o crédito fazendário e, ao mesmo tempo, garante sua satisfação. É o que ocorre, por exemplo, quando, nos domínios tributários, o contribuinte ajuíza ação anulatória e em seu bojo deposita o montante integral do crédito debatido.

É sabido que, em situações como essa, suspensa a exigibilidade do crédito, a Fazenda não pode propor execução. A questão, por lógica, vai além dessa afirmação, porém: a satisfação do crédito já se encontra assegurada pelo depósito, funcionando a ação anulatória, conquanto antiexacional, como suporte executivo; basta para que essa eficácia antagônica se concretize que o contribuinte saia definitvamente derrotado na demanda, hipótese em que, sabe-se, o valor depositado é revertido em favor da Fazenda.

Dessa forma passiva de execução, exteriorizar-se-ia, ao final, mais uma variável do fenômeno do sincretismo processual, assim posto, à medida que, de um único canal (inicialmente materializado como antiexacional), deriva efeito típico do processo exacional – com o específico detalhe de que essa sincretização advém de expressa opção adotada pelo sujeito passivo, via prestação de garantia (daí a nomenclatura sugerida, "execução passiva").

13.5 A compensação instituída pela Emenda Constitucional 62/2009

Por meio da Emenda Constitucional 62/2009 – que incluiu no art. 100 da Constituição Federal os controversos parágrafos

9º e 10 –, o regime a que se submetem as execuções contra a Fazenda Pública passou a contar com um mecanismo que poderia ser entendido como uma forma esdrúxula de satisfação do crédito fazendário, representando, por isso mesmo, um sucedâneo do tradicional executivo fiscal.

Assim operaria esse mecanismo: (i) definitivamente condenada numa determinada demanda, a Fazenda Pública passaria a responder pelo débito judicialmente reconhecido; (ii) a execução desse débito ostentado pela Fazenda Pública, dar-se-ia, em princípio, por meio da figura a que se refere o *caput* do mencionado art. 100, vale dizer, o *precatório judicial*; (iii) antes, porém, de se providenciar a expedição do referido documento, preconiza(va) o novel § 9º o abatimento dos valores correspondentes a eventuais créditos (inclusive os referentes a prestações vincendas de parcelamento) constituídos em face do administrado-credor (aquele que seria, na sede do precatório, o correspondente titular).

O raciocínio posto nessa breve suma revela, por si, a ideia subjacente à figura da *compensação* (entendida, enquanto categoria integrante da teoria geral do direito, como encontro de contas "opostas", assim entendidas as que apresentam credor e devedor recíprocos).

Em sua redação, o § 9º fixa(va) uma restrição para a aludida compensação, relativa aos valores devidos pelo administrado com exigibilidade suspensa em virtude de processo administrativo ou judicial.

Para fins de implementação do indigitado regime, prescreve(ia) o subsequente § 10, a seu turno, que a autoridade judicial responsável pela expedição do precatório deve(ia), antes de assim fazê-lo, intimar a Fazenda Pública devedora para que, em até trinta dias, apontasse a existência de créditos que preenchessem as condições antes mencionadas, sob pena de perda do direito à compensação.

Essa é a literalidade dos dispositivos constitucionais a que nos referimos:

> Art. 100. (...)
>
> § 9º. No momento da expedição dos precatórios, independentemente de regulamentação, deles deverá ser abatido, a título de compensação, valor correspondente aos débitos líquidos e certos, inscritos ou não em dívida ativa e constituídos contra o credor original pela Fazenda Pública devedora, incluídas parcelas vincendas de parcelamentos, ressalvados aqueles cuja execução esteja suspensa em virtude de contestação administrativa ou judicial.
>
> § 10. Antes da expedição dos precatórios, o Tribunal solicitará à Fazenda Pública devedora, para resposta em até 30 (trinta) dias, sob pena de perda do direito de abatimento, informação sobre os débitos que preencham as condições estabelecidas no § 9º, para os fins nele previstos.

Redação atual:

> § 9º Sem que haja interrupção no pagamento do precatório e mediante comunicação da Fazenda Pública ao Tribunal, o valor correspondente aos eventuais débitos inscritos em dívida ativa contra o credor do requisitório e seus substituídos deverá ser depositado à conta do juízo responsável pela ação de cobrança, que decidirá pelo seu destino definitivo. (Redação dada pela Emenda Constitucional nº 113, de 2021)

Embora seja expresso o § 9º quanto à aplicabilidade do aludido mecanismo independentemente de regulamentação, não podemos deixar de consignar que a Lei 12.431/2011, fruto da conversão da Medida Provisória 517/2010, cuidou de detalhar os procedimentos inerentes a essa peculiar figura, o que se vê identificado em seus arts. 30 a 44.

Em princípio, podemos reconhecer que os parágrafos 1º e 3º do primeiro dos comandos (o art. 30) não trazem nenhuma novidade, reiterando o que a Emenda já de antes estabelecera.[317]

Já o § 2º, esse sim, foi um pouco além, detalhando a questão dos créditos não alcançados pela compensação.

> Lei n. 12.431/2011
>
> Art. 30. (...).
>
> § 2º. O disposto no § 1º não se aplica a débitos cuja exigibilidade esteja suspensa, ressalvado o parcelamento, ou cuja execução esteja suspensa em virtude do recebimento de embargos do devedor com efeito suspensivo, ou em virtude de outra espécie de contestação judicial que confira efeito suspensivo à execução.

Mais preciso, o texto legal não deixa dúvida de que na expressão "contestação judicial" (inserida no § 9º) encontrar-se-iam compreendidos os embargos à execução fiscal, supondo-se, porém, seu recebimento com eficácia suspensiva – parece claro, com essa referência a uma suposta contingencialidade do efeito suspensivo, que a Lei 12.431/2011 parte da premissa de que as execuções fiscais estariam, sim, sob o alcance da Lei 11.382/2006.[318]

Quer isso significar que, ajuizada a execução fiscal, nada obstaria, em princípio, que a Fazenda "recambiasse" sua opção executória, adotando a via da compensação (acaso intimada, por óbvio, nos termos do § 10 do art. 100 da Constituição Federal).

---

317. "Art. 30. (...)
§ 1º. Para efeitos da compensação de que trata o caput, serão considerados os débitos líquidos e certos, inscritos ou não em dívida ativa da União, incluídos os débitos parcelados. (...)
§ 3º. A Fazenda Pública Federal, antes da requisição do precatório ao Tribunal, será intimada para responder, no prazo de 30 (trinta) dias, sobre eventual existência de débitos do autor da ação, cujos valores poderão ser abatidos a título de compensação."

318. Tratamos dessa questão no Capítulo 7, item 7.6.2.

Esse "recambiamento", no entanto, seria vedado se a execução já estivesse embargada pelo devedor, com a atribuição de efeito suspensivo a tal instrumento de defesa. O que se pode inferir, daí, é que a opção pela via executiva fiscal faria "precluir", no caso assinalado, a opção pela via da compensação.

Como o encontro de contas suscitado por essa modalidade de compensação supõe, afora o débito da Fazenda Pública (a ser impresso no precatório),[319] um crédito já constituído em seu favor (da Fazenda), adverte o § 4º do art. 30 da Lei 12.431/2011, acertadamente, que a intimação originalmente preconizada pelo § 10 do art. 100 da Constituição Federal (e reiterada no § 3º do art. 30 da lei) seria dirigida ao órgão responsável pela representação judicial da Fazenda em nível executivo – a Procuradoria da Fazenda Nacional, acaso se esteja falando, por exemplo, da União. De tal intimação deveria constar, segue dizendo o mencionado § 4º, os dados do beneficiário do precatório, em especial o nome e a respectiva inscrição no Cadastro de Pessoas Físicas (CPF) ou no Cadastro Nacional da Pessoa Jurídica (CNPJ).

Nos termos do art. 31, *caput*, da Lei 12.431/2011, recebidas as informações da Fazenda,[320] o juiz intimaria o beneficiário do precatório para que se manifestasse, em termos de impugnação, em quinze dias. De tal impugnação, cuidam os parágrafos do mesmo art. 31.

---

319. E apenas *precatório*, frise-se, visto que a sistemática, segundo anuncia o art. 44 da Lei n. 12.431/2011, não se aplica(va) aos pagamentos de obrigações definidas em lei como de pequeno valor."

320. Que deverão observar, para que produzam efeito, as prescrições contidas nos parágrafos 5º e 6º, in verbis:
"Art. 30. (...)
§ 5º. A informação prestada pela Fazenda Pública Federal deverá conter os dados necessários para identificação dos débitos a serem compensados e para atualização dos valores pela contadoria judicial.
§ 6º. Somente poderão ser objeto da compensação de que trata este artigo os créditos e os débitos oriundos da mesma pessoa jurídica devedora do precatório."

> Lei 12.431/2011
>
> Art. 31. (...).
>
> § 1º. A impugnação do beneficiário deverá vir acompanhada de documentos que comprovem de plano suas alegações e poderá versar exclusivamente sobre:
>
> I – erro aritmético do valor do débito a ser compensado;
>
> II – suspensão da exigibilidade do débito, ressalvado o parcelamento;
>
> III – suspensão da execução, em virtude do recebimento de embargos do devedor com efeito suspensivo ou em virtude de outra espécie de contestação judicial que confira efeito suspensivo à execução; ou
>
> IV – extinção do débito.
>
> § 2º . Outras exceções somente poderão ser arguidas pelo beneficiário em ação autônoma.

Se oferecida sobredita impugnação, o juiz intimaria, mais uma vez, o órgão responsável pela representação judicial da Fazenda, para fins de "réplica" – prazo de trinta dias (art. 32) –, seguindo-se, com isso, decisão que, nos termos do art. 33, restringir-se-ia a identificar (i) eventuais débitos não compensáveis, (ii) o montante a ser submetido ao abatimento e (iii) o valor líquido do precatório. Porque interlocutória, referida decisão desafiaria agravo de instrumento (art. 34, *caput*), ao qual a lei atribuira, anomalamente, efeito suspensivo "constante".[321]

Como a compensação, embora operativa no momento do "trânsito em julgado" da decisão judicial que a determina, fica(va) sob condição resolutória de ulterior disponibilização financeira do precatório (art. 36, *caput*),[322] é

321. "Art. 34. (...)
§ 1º. O agravo de instrumento terá efeito suspensivo e impedirá a requisição do precatório ao Tribunal até o seu trânsito em julgado."
Ressalve-se, porém, que, nos termos do art. 35, é admissível, mesmo na pendência do incidente, a requisição ao Tribunal de precatório relativo à parte incontroversa.

322. "Art. 36. (...)
§ 7º. Entende-se por disponibilização financeira do precatório o ingresso de recursos nos cofres da União decorrente dos recolhimentos de que trata o § 4º do art. 39."

de se entender que eventual execução fiscal antes ajuizada deveria ter seu andamento suspenso até a mencionada disponibilização, sendo imperativo, nesse interregno, o fornecimento ao administrado de certidão positiva com efeitos de negativa (§ 5º do art. 36).

Ao final de tudo, recebidas pelo juízo *as informações de quitação dos débitos compensados, o órgão responsável pela representação judicial da pessoa jurídica devedora do precatório na ação de execução será intimado pessoalmente, mediante entrega dos autos com vista, para registro da extinção definitiva dos débitos* (art. 40). Caso, no entanto, seja o precatório cancelado, seguiria a execução (art. 41).

Pois bem, tal como sinalizamos no início deste tópico, o mecanismo descrito encontrar-se-ia, hoje, sob a condição de verdadeiro "moribundo". Isso porque, em julgamento operado em 14 de março de 2013, o Supremo Tribunal Federal decidiu pela inconstitucionalidade de uma série de fragmentos da Emenda Constitucional 62/2009, dentre os quais, os parágrafos 9º e 10 por ela introduzidos no art. 100 – e que dariam base à figura de que tratamos, inclusive no que se refere à Lei 12.431/2011 [o argumento que lastreou a posição firmada pela Corte Suprema – ofensa ao princípio

"Art. 39. O precatório será corrigido na forma prevista no § 12 do art. 100 da Constituição Federal.
§ 1º. A partir do trânsito em julgado da decisão judicial que determinar a compensação, os débitos compensados serão atualizados na forma do caput.
§ 2º. O valor bruto do precatório será depositado integralmente na instituição financeira responsável pelo pagamento.
§ 3º. O Tribunal respectivo, por ocasião da remessa dos valores do precatório à instituição financeira, atualizará os valores correspondentes aos débitos compensados, conforme critérios previstos no § 1º, e remeterá os dados para preenchimento dos documentos de arrecadação à instituição financeira juntamente com o comprovante da transferência do numerário integral do precatório.
§ 4º. Ao receber os dados para preenchimento dos documentos de arrecadação de que trata o § 3º, a instituição financeira efetuará sua quitação em até 24 (vinte e quatro) horas.
§ 5º. Após a disponibilização financeira do precatório, caberá restituição administrativa ao beneficiário de valores compensados a maior."

da isonomia, detectada à medida que os dispositivos teriam instituído indesejável prerrogativa em favor do Estado, sem o correspondente benefício em relação ao particular – foi alvo de debate estabelecido em quatro ações diretas de inconstitucionalidade (4357, 4372, 4400 e 4425), julgadas conjuntamente na mencionada oportunidade].

13.6 A transação da Lei 13.988/2020

A Lei 13.988/2020 – resultado da conversão da Medida Provisória 899/2019 – dá tônus ao novo paradigma instalado, desde antes, pela Portaria PGFN 396/2016, o primeiro dos passos, em nosso sentir, para a construção de uma ponte viabilizadora do diálogo direto entre Fisco federal e contribuintes.

É muito interessante notar que toda a movimentação de que falamos – iniciada, repita-se, em 2016, e arrematada, quando menos até aqui, com a introdução da transação tributária em nosso sistema, mesmo sendo essa figura tão polêmica – ocorreu exatamente após a veiculação do Código de Processo Civil de 2015, o grande inspirador, assim temos, para um novo paradigma jurídico-processual, quiçá menos beligerante.

O diploma de que falamos caminha exatamente nesse sentido, à medida que abre a possibilidade de substituição da via jurisdicional (judicial e administrativa) para a solução de conflitos tributários.

Transação, sabe-se, é figura que integra o altiplano jurídico, operando efeitos em suas diversas searas, inclusive a tributária, sede em que encontra suas primeiras marcas normativas nos arts. 156 e 171 do Código Tributário Nacional.[323]

---

323. ARAUJO, Juliana Furtado Costa; CONRADO, Paulo Cesar. Transação tributária no direito brasileiro e seus principais aspectos à luz da Lei n. 13.988/2020. In: CONRADO, Paulo Cesar ARAUJO; Juliana Furtado Costa (Coord.). *Transação tributária na prática da Lei n. 13.988/2020*. São Paulo: Thomson Reuters Brasil, 2020. p. 17-23.

Entre esses dispositivos, há uma aparente desarmonia conceitual, algo sobre o que devemos investir desde logo, a bem da devida compreensão do instituto em sua projeção prática.

O primeiro dos dispositivos mencionados (art. 156, inciso III)[324] ocupa-se do aspecto eficacial da transação, dizendo-a implicativa da extinção do crédito tributário. O segundo, de timbre mais ontológico, procura relatar seu conteúdo, fazendo-o nos seguintes termos:

> Art. 171. A lei pode facultar, nas condições que estabeleça, aos sujeitos ativo e passivo da obrigação tributária celebrar transação que, mediante concessões mútuas, importe em determinação de litígio e consequente extinção de crédito tributário.
>
> Parágrafo único. A lei indicará a autoridade competente para autorizar a transação em cada caso.

Pelo que se vê, o alvo da transação, segundo o art. 171, está no litígio tributário, alcançando a extinção do crédito tributário por derivação. Pois é exatamente esse aspecto, tal como narrávamos há pouco, que merece ser realçado: o efeito extintivo do crédito de que trata o art. 156 é carregado de mediatidade; o foco primário da transação está na eliminação do litígio tributário, como prescreve o art. 171, sendo o efeito extintivo do crédito mais contingencial do que definidor do instituto.

Daí por que, como ocorre com outras tantas causas apontadas no mesmo art. 156, a transação pode e deve ser vista não como elemento primariamente provocador da extinção do crédito tributário, mas como veículo dotado de função acessória, instrumental, secundária, sendo imprescindível

324. "Art. 156. Extinguem o crédito tributário:
(...)
III – a transação;
(...)."

que nela, na transação, se interponha (como o pagamento diferido) para que o efeito extintivo se deflagre.

Mas o que distinguiria essa forma de resolução de conflitos da modalidade "comum", a jurisdicional? Sobre essa pergunta opera o mesmo art. 171: o ajustamento bilateral, mediante concessões recíprocas, havido entre Fisco e contribuinte (com a possível participação de terceiros, inclusive), dispensada a oposição da vontade substitutiva do órgão jurisdicional – seja ele administrativo ou judicial.

Pois foi o Código de Processo Civil de 2015 que, como dissemos, abriu o horizonte propício para esse tipo de articulação – convenhamos que, renitente em sua intransigência, ninguém, tampouco Fisco e contribuinte, chegam a qualquer tipo de negociação –, fazendo-o pelo interposto destaque que deu a valores como o da cooperação e o da busca da consensualidade.

A grave crise de efetividade porque vinha (e vem) passando a jurisdição brasileira, fruto do altíssimo grau de litigiosidade vigente, foi tomada como evidente referencial para o legislador de 2015, tratando ele de prestigiar, no corpo do Código, figuras alternativas e/ou acessórias à jurisdição, sempre na intenção de minimizar o estado de crise a que nos referimos e que se encontra até hoje refletido nos dados oficiais fornecidos por sistemas como o "Justiça em números".

Esse novo ambiente normativo, muito mais permeável a figuras como a conciliação, a arbitragem e o negócio jurídico processual – todas prestigiadoras da busca do consenso –, constitui verdadeiro marco para a realidade jurídica nacional, indo muito além do campo estritamente processual.[325]

Caminhando adiante, para que compreendamos a transação da Lei 13.988/2020 no contexto que nos importa

---

325. ARAUJO, Juliana Furtado Costa; CONRADO, Paulo Cesar. Transação tributária no direito brasileiro e seus principais aspectos à luz da Lei n. 13.988/2020 cit., p. 19.

(dos executivos fiscais), devemos realçar o destaque providenciado pela própria lei de dois grandes blocos – de um lado, o da chamada "transação na cobrança"; de outro, o da "transação no contencioso".

A identificação de classes aparelhada pela lei não poderia ser melhor: os litígios tributários, assim já vimos, ou são originados de provocação do Fisco (quando os chamamos "exacionais"), ou o são pelo sujeito passivo (quando os chamamos de "antiexacionais"). Preferências relacionadas à nomenclatura à parte, note-se que foi exatamente essa a lógica classificatória adotada pela Lei 13.988/2020: isolou, num primeiro bloco, as transações que serviriam à resolução dos litígios exacionais ("cobrança", em sua nomenclatura), expressados por execução fiscal, das transações que, postas, em outro bloco, serviriam à resolução dos litígios cujo núcleo diz com a insurgência do sujeito passivo quanto à exigibilidade ("transação no contencioso").

Não podemos deixar de fazer referência a esse aspecto, realçando o acerto do legislador nesse "isolamento" de hipóteses, posto que litígios de uma (exacionais) e outra ordem (antiexacionais) são submetidos a processos de resolução completamente diferentes, diferentes que são seus fatos geradores (os conflitos que os inspiram). Fosse a transação exacional tratada num mesmo pacote da antiexacional, seguramente teríamos problemas, inclusive, assim intuímos, quanto à efetiva absorção do instituto em termos sociais.

Mas, indo adiante, o que nos parece vital sublinhar é que, sendo nosso foco temático centrado no processo de execução fiscal, seria a "transação na cobrança" nosso grande alvo, muito embora não possamos recusar a potencial interferibilidade da "transação no contencioso" no fluxo executivo, mormente quando há, nele, embargos ou exceção de pré-executividade opostos – essas figuras são sabidamente antiexacionais (afeiçoando-se ao ambiente da transação no contencioso), mas ao mesmo tempo só têm sentido prático quando articuladas dentro de preexistente execução fiscal.

Dessa tomada classificatória preliminar, advém um'outra, que só faz confirmar a relevância do prévio reconhecimento do litígio que se quer resolver (ou exacional, que decorre do patológico estado de inadimplemento, ou antiexacional, que decorre da inexigibilidade de um dado crédito, afirmação deduzida pelo sujeito passivo). Segundo essa outra (e secundária, em nosso ver) forma de classificar a transação de que trata a Lei 13.988/2020, ela, a transação, pode ser impulsionada por iniciativa geral e abstrata, a cargo da Fazenda (o que a lei chama de "transação por edital" ou "transação por adesão"), ou por iniciativa particular (individual e concreta, portanto), podendo esse impulso inicial ficar a cargo tanto do Fisco quanto do contribuinte.

Essa forma de ver a transação, conquanto ontológica e procedimentalmente importantíssima, só opera efeitos práticos em relação à "transação na cobrança",[326] justamente a que nos interessa no plano das execuções fiscais, uma vez que, para a "transação no contencioso", a lei só autoriza o emprego da via do edital.[327]

---

326. "Art. 10. A transação na cobrança da dívida ativa da União, das autarquias e das fundações públicas federais poderá ser proposta, respectivamente, pela Procuradoria-Geral da Fazenda Nacional e pela Procuradoria-Geral Federal, de forma individual ou por adesão, ou por iniciativa do devedor, ou pela Procuradoria-Geral da União, em relação aos créditos sob sua responsabilidade."

327. Contornando o assunto com maior detalhamento, a Portaria PGFN 6.757/2022, que altera a 9.917/2020 (anteriormente modificada pela de 3.026/2021), assim determina:
"Art. 4º. São modalidades de transação na cobrança da dívida ativa da União e do FGTS:
I – transação por adesão à proposta da Procuradoria-Geral da Fazenda Nacional;
II – transação individual proposta pela Procuradoria-Geral da Fazenda Nacional;
III – transação individual proposta pelo devedor inscrito em dívida ativa da União e do FGTS.".

Segundo o art. 11 da Lei 13.988/2020, já considerada a redação atribuída pela Lei 14.375/2022, a transação de que falamos poderá contemplar os seguintes benefícios:

> Art. 11. (...).
>
> I - a concessão de descontos nas multas, nos juros e nos encargos legais relativos a créditos a serem transacionados que sejam classificados como irrecuperáveis ou de difícil recuperação, conforme critérios estabelecidos pela autoridade competente, nos termos do parágrafo único do art. 14 desta Lei;
>
> II – o oferecimento de prazos e formas de pagamento especiais, incluídos o diferimento e a moratória; e
>
> III – o oferecimento, a substituição ou a alienação de garantias e de constrições;
>
> IV - a utilização de créditos de prejuízo fiscal e de base de cálculo negativa da Contribuição Social sobre o Lucro Líquido (CSLL), na apuração do Imposto sobre a Renda das Pessoas Jurídicas (IRPJ) e da CSLL, até o limite de 70% (setenta por cento) do saldo remanescente após a incidência dos descontos, se houver;
>
> V - o uso de precatórios ou de direito creditório com sentença de valor transitada em julgado para amortização de dívida tributária principal, multa e juros.

Embora permitida a outorga dessas vantagens em regime cumulado (§ 1° do mesmo dispositivo), a lei veda a possibilidade de a transação (i) reduzir o montante principal do crédito, assim compreendido seu valor originário, excluídos os acréscimos (multa, juros e encargo substitutivo de honorários), (ii) implicar redução superior a 65% do valor total dos créditos a serem transacionados (percentual definido pela Lei n. 14.735/2022), (iii) conceder prazo de quitação dos créditos superior a 120 meses (limite também definido pela Lei n. 14.375/2022), (iv) envolver créditos não inscritos em dívida ativa da União, exceto aqueles sob responsabilidade da Procuradoria-Geral da União (§ 2° do mesmo art. 11).[328]

328. Os parágrafos 3° e 4° flexibilizam essas vedações, nos seguintes termos: "§ 3°. Na hipótese de transação que envolva pessoa natural, microempresa ou

Um importante destaque deve ser aqui feito: nos termos do art. 11, inciso I, a transação na cobrança pode de fato envolver a concessão de desconto nas multas, nos juros de mora e nos encargos legais, mas apenas em relação a créditos classificados como irrecuperáveis ou de difícil recuperação – valendo para os demais, portanto, uma vedação *a contrario sensu*.

Há, nessa dimensão, um claro juízo discriminatório que, embora suscite (ou possa suscitar) algum nível de insurgência fundado na ideia de isonomia, parece-nos bastante razoável: como a transação envolve a concessão de vantagens (e aqui estamos falando de desconto), natural que seja pensada (essa mesma vantagem) para os casos em que a possibilidade de recuperação seja reduzida, calibrando-se, assim, as ideias de indisponibilidade e de eficiência, ambas diretivas a que a Administração se subordina e que devem ser respeitadas no momento em que opta pelo uso da via alternativa da transação.

O § 5° do art. 11 fixa desde logo como irrecuperáveis ou de difícil recuperação (para fins de concessão do precitado desconto) os créditos devidos por empresas em processo de recuperação judicial, liquidação judicial, liquidação extrajudicial ou falência, usando, nessa medida, um conceito objetivo.

No âmbito da Procuradoria-Geral da Fazenda Nacional, o assunto vem, ademais, minudentemente tratado na Portaria PGFN 6.757/2022 (substitutiva da 9.917/2020,

---

empresa de pequeno porte, a redução máxima de que trata o inciso II do § 2º deste artigo será de até 70% (setenta por cento), ampliando-se o prazo máximo de quitação para até 145 (cento e quarenta e cinco) meses, respeitado o disposto no § 11 do art. 195 da Constituição Federal.
§ 4º O disposto no § 3º. deste artigo aplica-se também às:
I – Santas Casas de Misericórdia, sociedades cooperativas e demais organizações da sociedade civil de que trata a Lei n. 13.019, de 31 de julho de 2014 ; e
II – instituições de ensino. (...)".

com as alterações de redação antes impostas pela de n. 25.165/2021):

> Art. 25. Para os fins do disposto nesta Portaria, são considerados irrecuperáveis os créditos:
>
> I - inscritos em dívida ativa há mais de 15 (quinze) anos e sem anotação atual de garantia ou suspensão de exigibilidade;
>
> II - com exigibilidade suspensa por decisão judicial, nos termos do art. 151, IV ou V, da Lei nº 5.172, de 25 de outubro de 1966 - Código Tributário Nacional, há mais de 10 (dez) anos;
>
> III - de titularidade de devedores:
>
> a) falidos;
>
> b) em recuperação judicial ou extrajudicial;
>
> c) em liquidação judicial; ou
>
> d) em intervenção ou liquidação extrajudicial.
>
> IV - de titularidade de devedores pessoa jurídica cuja situação cadastral no CNPJ seja:
>
> a) baixado por inaptidão;
>
> b) baixado por inexistência de fato;
>
> c) baixado por omissão contumaz;
>
> d) baixado por encerramento da falência;
>
> e) baixado pelo encerramento da liquidação judicial;
>
> f) baixado pelo encerramento da liquidação;
>
> g) inapto por localização desconhecida;
>
> h) inapto por inexistência de fato;
>
> i) inapto omisso e não localização;
>
> j) inapto por omissão contumaz;
>
> k) inapto por omissão de declarações; ou
>
> l) suspenso por inexistência de fato;
>
> V - de titularidade de devedores pessoa física com indicativo de óbito; ou

> VI - os respectivos processos de execução fiscal estiverem arquivados com fundamento no art. 40 da Lei nº 6.830, de 22 de setembro de 1980, há mais de 3 (três) anos.
>
> Parágrafo único. As situações descritas nos incisos III, IV e V do caput deste artigo devem constar, respectivamente, nas bases do CNPJ e do CPF perante a Secretaria Especial da Receita Federal do Brasil do Ministério da Economia até a data da proposta de transação, cabendo ao devedor as medidas necessárias à efetivação dos registros.
>
> Art. 26. Na mensuração da capacidade de pagamento dos entes públicos, suas autarquias e fundações, poderão ser excluídas as receitas e transferências vinculadas e as destinadas ao pagamento das despesas obrigatórias a que está sujeito o contribuinte.

Retomando notícia que havíamos deixado no Capítulo 8, especificamente em seu item 8.6.2.2, devemos lembrar que, além das providências já apontadas, a Portaria PGFN n. 6.757/2022 (que reescreveu a de n. 9.917/2020, já de antes intensamente modificada entre 2020 e 2021; nesse sentido, já intervieram as Portarias PGFN n. 3.026, de 11 de março de 2021, n. 14.402, de 16 de junho de 2020, n. 25.165, de 17 de dezembro de 2020, n. 2.382, de 26 de fevereiro de 2021, e n. 3.026, de 11 de março de 2021), trouxe às expressas a disciplina da utilização de precatórios para pagamento ou amortização das dívidas tributárias no contexto da transação na cobrança.

Precatórios, sabemos, são requisições de pagamento expedidas pelo Judiciário para fins de satisfação de débitos da Fazenda derivados de condenação judicial definitiva. Igualmente sabido que seu emprego, na via de cobrança "comum" é bastante complexo, fato de que nos ocupamos no tópico antes indicado.

A Lei 13.988/2020, entretanto, como que rompe esse "ambiente negativo" em que nos encontrávamos, determinando, no § 6° de seu art. 11 (na redação dada pela Lei n. 14.735/2022), que

> [n]a transação, poderão ser aceitas quaisquer modalidades de garantia previstas em lei, inclusive garantias reais ou fidejussórias, cessão fiduciária de direitos creditórios e alienação fiduciária de bens móveis ou imóveis ou de direitos, bem como créditos líquidos e certos do contribuinte em desfavor da União reconhecidos em decisão transitada em julgado, observado, entretanto, que não constitui óbice à realização da transação a impossibilidade material de prestação de garantias pelo devedor ou de garantias adicionais às já formalizadas em processos judiciais.

Revogados pela Portaria PGFN 10.826/2022, dispositivos das anteriores Portarias 9.917/2020 6.757/2022 fixavam normas detalhadas sobre o procedimento a ser adotado nesse contexto, criando o espaço em branco que, segundo entendemos é deixado na intenção de flexibilizar as operações em torno do assunto.

De todo modo, lembremos, sempre, que, por envolver um procedimento relativamente complexo – no sentido de hospedar uma sequência de atos –, a transação na cobrança parte de uma provocação preliminar, designável de "proposta", da qual não deriva a suspensão da exigibilidade do crédito em foco, nem a do processo de execução porventura em curso (art. 12 da Lei 13.988/2020). Não se afasta, porém, a possibilidade de suspensão do processo por convenção das partes, ressalva feita pelo § 1° do mesmo dispositivo citado e que se encontra em total sintonia com o Código de Processo Civil.

Significa dizer: desde que proposta, a transação pode impactar o fluxo executivo, oficiando, nessa medida, como elemento exterior de força prejudicial – num primeiro momento, "débil" (por isso, só se fala em suspensão); depois, a depender do destino do crédito, "forte", se sobrevir sua liquidação.

Acaso da transação brote o ajustamento de liquidação diferida, via parcelamento (com ou sem desconto), a suspensão da exigibilidade a que antes nos referíamos aflorará

– efeito absolutamente natural, uma vez prescrito pelo inciso VI do art. 151 do Código Tributário Nacional independentemente da base formal em que se pavimenta – programa de refinanciamento autônomo, plano de amortização vinculado a negócio jurídico processual ou transação.

Tomemos em conta, a par disso, que, por não representar novação (§ 3º do art. 12 da Lei 13.988/2020), o rompimento da transação faz renascer a exigibilidade do crédito tal qual primitivamente posto, hipótese em que, tendo "falhado" o meio da alternativa no que tange à solução definitiva do estado de inadimplemento, volta à cena o meio "ordinário" – a execução fiscal. Daí a necessidade de se entender: a "transação na cobrança", diferentemente da "transação no contencioso", só cumpre sua missão de resolver o litígio a que se vincula (vinculado, repita-se, à ideia de inadimplemento) se definitivamente acertado o fato avesso – o adimplemento.

Da suspensão de exigibilidade antes mencionada deriva, pois, o natural sobrestamento do processo de execução, estado que há de persistir pelo tempo de duração do acordo – mais ou menos longo, a depender do emprego do parcelamento como acessório para sua viabilização.

13.7 Negócio jurídico processual em execução fiscal de crédito tributário federal (Portaria PGFN 742/2018)

Embora não se possa dizer que o negócio jurídico processual – figura definida no art. 190 do Código de Processo Civil –[329] represente, em si, um caminho alternativo à co-

329. "Art. 190. Versando o processo sobre direitos que admitam autocomposição, é lícito às partes plenamente capazes estipular mudanças no procedimento para ajustá-lo às especificidades da causa e convencionar sobre os seus ônus, poderes, faculdades e deveres processuais, antes ou durante o processo.
Parágrafo único. De ofício ou a requerimento, o juiz controlará a validade das convenções previstas neste artigo, recusando-lhes aplicação somente nos casos de

brança executiva, é certo que sua disciplina pela Portaria PGFN 742/2018 (com as alterações da Portaria PGFN 11.956/2019) abre ensejo para sua anômala inclusão em tal escaninho.

O chamado "plano de amortização", um dos possíveis conteúdos do negócio jurídico processual preconizado pelo mencionado normativo, é justamente o atalho que nos leva àquele resultado.

Além da "calendarização", da "aceitação, avaliação, substituição e liberação de garantias" e do "modo de constrição ou alienação de bens", a portaria de que falamos autoriza a celebração do aludido plano (de amortização do débito fiscal), embora sem dizer, com clareza, o que vem a ser essa figura.

Seu art. 3º oferece algumas, de todo modo, pistas sobre o tema, fazendo-o nos seguintes termos:

> Art. 3º. Sem prejuízo da previsão de outras obrigações decorrentes das peculiaridades do caso concreto, o NJP que objetive estabelecer plano de amortização do débito fiscal deverá prever, cumulativa ou alternativamente, as seguintes condições:
>
> I – confissão irrevogável e irretratável dos débitos inseridos no NJP, renovada a cada pagamento periódico;
>
> II – oferecimento de depósito em dinheiro de parcela dos débitos inscritos;
>
> III – oferecimento de outras garantias idôneas, desde que observada a ordem do art. 11 da Lei n. 6.830, de 22 de novembro de 1980, se não houver compromisso de gradual substituição por depósito em dinheiro, em prazo certo;
>
> IV – quitação de parcela dos débitos inscritos em dívida ativa da União, ajuizados ou não;
>
> V – constrição de parcela sobre faturamento mensal ou de recebíveis futuros;

---

nulidade ou de inserção abusiva em contrato de adesão ou em que alguma parte se encontre em manifesta situação de vulnerabilidade."

VI – compromisso de garantir ou parcelar, no prazo máximo de 30 (trinta) dias, débitos inscritos em dívida ativa após a celebração do NJP;

VII – rescisão em hipótese de superveniência de falência ou outro mecanismo de liquidação judicial ou extrajudicial;

VIII – apresentação de garantia fidejussória dos administradores da pessoa jurídica devedora, independentemente da apresentação de outras garantias;

IX – prazo de vigência não superior a 120 (cento e vinte) meses, salvo autorização expressa da Coordenação-Geral de Estratégias de Recuperação de Créditos;

X – modificação da competência relativa para reunião dos processos no juízo prevento;

XI – condição resolutória a ulterior homologação judicial, quando for o caso, observado o disposto no art. 11.

Vistas em sua intimidade as condições prescritas pelo dispositivo, constatamos que parte expressiva delas não tem nada que ver com a forma de processamento da execução, ressalva feita (i) à formalização de garantia (depósito, fiança, constrição de parcela do faturamento ou outras modalidades) e (ii) à modificação de competência relativa para fins de reunião de processos isoladamente ajuizados – casos em que a convenção conteria aspectos processuais cuja eficácia estaria evidentemente inserida no conceito ordinário de negócio jurídico processual.

No mais, porém, só é possível entender as condições registradas pela portaria se vinculadas a potencial parcelamento, ideia que, embora oculta no texto normativo, é a que melhor se acomoda ao chamado "plano de amortização".

Nesse sentido, é revelador o conteúdo do § 1º do mesmo art. 3º, regra que, sem chamá-las de "parcelas", dá às "amortizações mensais" tratamento tal qual o das prestações inerentes a anterior parcelamento. Eis seus termos:

Art. 3º. (...).

> § 1º. Tratando-se de devedor excluído de qualquer modalidade de parcelamento administrado pela PGFN, o valor mínimo das amortizações mensais não poderá ser inferior à última parcela paga quando ativo o parcelamento, atualizada pelos mesmos índices de correção do débito inscrito.

É fácil concluir, com isso, que, mesmo anomalamente, o negócio jurídico processual de que trata a Portaria PGFN 742/2018 encontra-se inserido no contexto dos meios paralelos-alternativos ao regime de cobrança executivo.

13.8 Cotejo do negócio jurídico processual e da transação federais

Vistos como instrumentos paralelos à execução fiscal, tanto a transação como o negócio jurídico processual de créditos titularizados pela Procuradoria-Geral da Fazenda Nacional devem ser encarados como potentes instrumentos de ruptura da desconformidade fiscal – justamente o fato deflagrador da atividade jurisdicional executiva.

Nesse aspecto guardam evidente convergência, estando, ambos, à disposição do sujeito passivo que, cumprindo as condições de acesso demandadas por cada qual dos instrumentos, pretenda sair do ciclo ordinário da cobrança judicial.

Há, a despeito disso, campos próprios para cada qual dessas figuras, sobretudo se o que se pretende, *in concreto*, é tratar de aspectos não vinculados à satisfação direta do crédito, como ocorre quando o acordo está exclusivamente pautado na prestação de garantia – nesse caso, parece nítido que o percurso a ser seguido é o do negócio jurídico processual, não o da transação.

Tirante essas situações, porém, os institutos dialogam de forma bastante intensa, podendo inclusive operar de forma sobreposta, um dando guarida ao outro.

O ponto de encontro mais importante, nesse contexto, deriva da opção firmada pela Fazenda Nacional ao incorporar, no bojo da Portaria PGFN 742/2018, a figura do "plano de amortização", uma forma, como já apontado, de parcelamento que tende, ao final das contas, à extinção do crédito tributário.

Dotados de características que vêm bem desenhadas naquele normativo, os planos de amortização possibilitam, por exemplo, o diferimento do pagamento da dívida negociada em até 120 prestações. Não há dúvida de que essa opção implica significativa alteração do procedimento executivo: uma vez adotada, não faz sentido seguir adiante com a atividade expropriatória ali, no processo de execução, desenvolvida.

A despeito disso, não podemos dizer que daí derive a essência do negócio jurídico processual, estando a opção muito mais afinada à ideia de transação.

Daí, a propósito, a convergência dos institutos, criando-se um ambiente de "concorrência" de alternativas que deve ser ponderada (como novel e importante preocupação dos operadores) a partir, primeiro, da efetiva submissão do sujeito passivo às condições de uma e outra das vias [para o quê a análise do estágio em que se encontra o crédito (se constituído e inscrito, se já ajuizado etc.) é vital], e, na sequência, de um juízo de conveniência – derivado da análise das vantagens concretamente propiciadas aqui e acolá (o diferimento permitido no âmbito da transação, para seguir a mesma referência há pouco feita, é menos elástico, muito embora o instituto permita, diferentemente do negócio jurídico processual, a outorga de descontos).

De todo modo, sempre consideremos que, se a intenção do sujeito passivo está adstrita à negociação de aspectos essencialmente processuais – caso eloquente da prestação de garantia –, o negócio jurídico processual é o caminho a ser naturalmente adotado.

13.9 A transação no âmbito do Estado de São Paulo

Sabemos que as experiências relativamente ao emprego da transação no ambiente administrativo-tributário têm se multiplicado – um sinal claro da mudança de paradigma por que vimos passando.

Dadas as nossas limitações, porém, não podemos referir, aqui, todas as variantes até então operadas, o que nos fez restringir o foco à pioneira e mais ampla delas (a da Procuradoria-Geral da Fazenda Nacional, abordada nos tópicos precedentes).

Sem prejuízo disso, avançaremos, nesse momento, sobre a experiência recentemente deflagrada no Estado de São Paulo, um movimento muito importante, dada a grande participação paulista no gigantesco "pacote" geral do contencioso tributário nacional.

Foi por intermédio da Lei Estadual 17.293 que o Estado de São Paulo, em outubro de 2020, trouxe à luz a "sua" transação, inserindo-a no contexto de uma série de medidas voltadas ao ajuste fiscal e equilíbrio das contas públicas.

Segundo o art. 42 do referido diploma:

> Art. 42. A transação terá por objeto obrigação tributária ou não tributária de pagar, aplicando-se:
>
> I – à dívida ativa inscrita pela Procuradoria Geral do Estado, nos termos do artigo 36 da Lei Complementar n. 1.270, de 25 de agosto de 2015;
>
> II – no que couber, às dívidas ativas inscritas de autarquias e de fundações estaduais, cujas inscrição, cobrança ou representação incumbam à Procuradoria Geral do Estado, por força de lei ou de convênio;
>
> III – às execuções fiscais e às ações antiexacionais, principais ou incidentais, que questionem a obrigação a ser transacionada, parcial ou integralmente.
>
> Parágrafo único. A dívida inscrita não ajuizada poderá ser incluída em transação de dívida ajuizada, a requerimento do devedor.

Pelo que se percebe, embora voltada a substituir a jurisdição executiva (podendo ser equiparada, nessa medida, à transação federal que trata especificamente da "cobrança"), a transação paulista explicita seu alcance também em relação a "ações antiexacionais, principais ou incidentais, que questionem a obrigação a ser transacionada, parcial ou integralmente". Isso não quer significar, porém, que, na lei paulista, um instrumento análogo à chamada "transação no contencioso", figura inscrita na Lei 13.988/2020 e que tende a resolver "teses" consideradas disseminadas e relevantes, não propriamente a substituição da jurisdição executiva.

Em rigor, quando refere às referidas ações (antiexacionais), a Lei Estadual 17.293/2020 parece preocupada em tomar qualquer demanda – executiva ou não – como eventual suporte para a celebração da transação, que se dirigirá sempre a um único propósito, promover a quitação do crédito alcançado pelo acordo, sem a necessidade de persecução judicial.

Há, a par disso, muitos pontos de aproximação entre os dois regimes – o federal e o estadual.

Como no caso da transação da Fazenda Nacional, com efeito, também a paulista não acarreta automática suspensão da exigibilidade dos créditos envolvidos nem do andamento das execuções fiscais correspondentes, mantida, de qualquer maneira, a possibilidade de sua suspensão por convenção, nos termos do art. 303, inciso II, do Código de Processo Civil.

Ainda em linha com a posição assumida pela União, o Estado de São Paulo optou pela outorgabilidade dos mesmos tipos de vantagens ao contribuinte: **(i)** desconto sobre multa e juros (observe-se apenas que aqui, no âmbito paulista, não se fala em "encargos"), **(ii)** parcelamento, diferimento ou moratória e **(iii)** substituição ou alienação de bens que tenham sido dados em garantia em execução fiscal.[330]

Sobre a instrumentalização da transação, os regimes também caminham lado a lado: como no âmbito federal, o estadual preconiza duas possíveis vias – a da transação por adesão e a da transação por proposta individual,[331] seguidos, evidentemente, parâmetros próprios de valor.

Outro ponto de convergência muito importante diz respeito à submissão da concessão de descontos ao grau de recuperabilidade das dívidas transacionadas, critério esmiuçado no art. 5°, § 3°, da Resolução PGE/SP n. 27/2020 (normativo que, em associação com a Portaria SUBG CTF n. 20/2020, regulamenta os pontos deixados para o nível infralegal pela Lei Estadual 17.293/2020).

Um destaque interessante, na trilha das dessemelhanças: além de importar a confissão (como no âmbito federal), a transação paulista implica o potencial aproveitamento de eventuais valores já depositados em juízo (art. 45, § 4°).[332]

---

330. "Art. 46. Pelo ente público, a transação limita-se às seguintes transigências, vedada, em qualquer caso, a utilização de direitos, mesmo que líquidos, certos e exigíveis, como os de precatórios ou ordens de pagamento de pequeno valor para liquidação ou parcelamento do débito:
I – descontos nas multas e nos juros de mora incidentes sobre débitos inscritos em dívida ativa, conforme critérios estabelecidos nos termos dos incisos V e VI do artigo 54;
II – prazos e formas de pagamento especiais, incluídos o diferimento de pagamento, o parcelamento e a moratória;
III – substituição ou a alienação de garantias e de constrições."

331. "Art. 43. A transação poderá ser:
I – por adesão, nas hipóteses em que o devedor ou a parte adversa aderir aos termos e condições estabelecidos em edital publicado pela Procuradoria Geral do Estado;
II – por proposta individual, de iniciativa do devedor.
Parágrafo único. A transação aplicada à cobrança da dívida ativa poderá ser por adesão ou individual de iniciativa da Procuradoria Geral do Estado."

332. "Art. 45. (...)
(...)
§ 4º. Os valores depositados em juízo para garantia de ações judiciais incluídas na transação serão integralmente imputados no valor líquido dos débitos,

Outro diferencial: não há, na seara paulista, a possibilidade de aproveitamento de precatórios para o pagamento da dívida – regra literalmente fixada no *caput* do art. 46, copiado em anterior nota.

13.10 Negócio jurídico processual no âmbito do Estado de São Paulo

Experiência semelhante a que se processou com a transação é verificável também quanto ao negócio jurídico processual, tendo o Estado de São Paulo disciplinado seu emprego por meio da Portaria SUBGCTF n. 14, de 24 de julho de 2021, diploma especificamente voltado ao contencioso tributário.

O conteúdo do negócio jurídico processual paulista vem registrado no art. 1° do referido normativo, ostentando muitos pontos de semelhança com o da Portaria PGFN 742/2018:

> Art. 1º. (...) versando sobre o seguinte:
>
> I – plano para pagamento de débitos, assim entendido o que tenha por objeto a quitação de todos os débitos inscritos em dívida ativa contra uma mesma pessoa, natural ou jurídica, inclusive os de natureza não tributária, que não estejam com exigibilidade suspensa ou contra os quais não haja ações, exceções ou embargos do devedor pendentes;
>
> II – plano de garantias para aceitação, substituição, levantamento e execução de garantias em execuções fiscais;
>
> III – reunião de execuções fiscais;
>
> IV – prazos processuais, incluindo a calendarização;
>
> V – delimitação das questões de fato e de direito;

---

resolvendo-se o saldo devedor por meio de pagamento ou parcelamento na própria transação e o saldo credor por devolução em uma das ações em que os depósitos foram efetuados."

> VI – produção de prova pericial, escolha de perito e forma de pagamento do expert;
>
> VII – elaboração e conferência de cálculos para liquidação de sentença;
>
> VIII – cumprimento de decisões judiciais;
>
> IX – procedimento de conversão do depósito em renda;
>
> X – parcelamento de honorários fixados em favor do Estado.

A despeito da aparente taxatividade da lista, o § 1º do mesmo art. 1º contempla a possibilidade de celebração de negócios com outros objetos, subordinando-os, porém, a comunicação à "Subprocuradoria Geral do Contencioso Tributário-Fiscal (SubGCTF), pelo sistema de acompanhamento eletrônico e com juntada dos documentos na pasta digital do processo."

Um realce especial precisa ser feito, em relação ao art. 1º, quanto à hipótese delineada em seu inciso I, onde se vê identificada a figura do "plano para pagamento de débitos". Referida categoria pode ser equiparada, em grande medida, ao chamado "plano de amortização" de que trata a Portaria PGFN 742/2018, valendo atentar, entretanto, para a definição contida na própria regra:

> (...) assim entendido o que tenha por objeto a quitação de todos os débitos inscritos em dívida ativa contra uma mesma pessoa, natural ou jurídica, inclusive os de natureza não tributária, que não estejam com exigibilidade suspensa ou contra os quais não haja ações, exceções ou embargos do devedor pendentes.

Como se vê, a opção firmada pelo Estado de São Paulo é explícita quanto à necessidade de agregação de todos os débitos inscritos em desfavor do sujeito passivo, detalhe que não se vê presente no negócio jurídico processual da Fazenda Nacional.[333]

---

333. O art. 19 do normativo estadual reforça essa ideia, estabelecendo que "[o] NJP

O art. 7º prescreve, a seu turno, as vedações a que se subordina o negócio jurídico processual paulista, fazendo-o nos seguintes termos:

> Art. 7º. É vedado o NJP que, direta ou indiretamente:
>
> I – reduza o valor dos créditos inscritos em dívida ativa ou que disponha do direito material discutido na ação;
>
> II – implique renúncia às garantias e privilégios do crédito tributário;
>
> III – tenha por efeito, ainda que indireto, a confissão pelo Estado do fato ou do direito material discutido, ressalvados os casos de dispensa de interposição de recursos e de apresentação de contestação, conforme disciplina própria da SubG CTF;
>
> IV – dependa, para seu cumprimento, de órgão externo à Procuradoria Geral do Estado (PGE), ressalvado o caso em que o órgão anuir expressamente com o NJP;
>
> V – preveja penalidade pecuniária;
>
> VI – gere custos adicionais para o Estado;
>
> VII – tenha por objeto execução ou processo incluído em prévio NJP rompido, exceto na hipótese do art. 18, § 2º.

Em relação aos processos com os quais dialogam – inclusive os executivos fiscais –, os negócios celebrados no âmbito do Estado de São Paulo seriam despidos, a princípio, de efeito suspensivo, ressalvadas as situações apontadas no art. 8º ("I – as hipóteses do artigo 151 do CTN; II – provimento judicial específico do caso; II – a hipótese do art. 313, II, do CPC, para o caso de execuções fiscais componentes de plano de pagamento de débitos em cumprimento.").

Como ocorre no plano federal, é possível identificar uma nítida zona de intersecção do negócio jurídico processual e com a transação, sobretudo quando se emprega, na

---

cujo objeto preveja quitação de dívida inscrita deverá conter, obrigatoriamente, plano de pagamento em até 60 (sessenta meses) de todos os débitos de uma mesma pessoa, natural ou jurídica, que não estejam embargadas ou que não estejam com exigibilidade suspensa."

primeira figura, o assim designado "plano para pagamento de débitos". Reafirma essa correlação, em certo grau, a regra contida no art. 21 da Portaria SUBGCTF 14/2021, dispositivo que, ao tratar da possibilidade de escalonamento no referido plano, determina o emprego, como critérios, o histórico processual do devedor e seu *rating*, apurado na conformidade da Resolução SubG CTF n. 27/2020 – normativo que cuida da transação –, um claro diálogo, porque intercomunicáveis em certos pontos, dos regramentos dedicados a cada qual dos institutos.

13.11 Execução fiscal administrativa

A chamada "execução fiscal administrativa" é o resultado, em suma, da transferência, para o âmbito do Poder Executivo, de determinados atos inerentes, hoje, ao processo judicial – penhora, cientificação do devedor, leilão (daí o frequente emprego, nesse contexto, da palavra "desjudicialização").

Muitos projetos se sucederam em torno desse assunto, tendo sido alvo de destaque até bem pouco tempo o Projeto de Lei 5.080/2009, em que figuram os seguintes pontos:

(i) à Fazenda passa a competir as atribuições de:

(i.i) notificar o devedor a respeito da inscrição em dívida ativa,

(i.ii) receber e processar eventual impugnação,

(i.iii) penhorar bens do devedor,

(i.iv) leiloar os bens penhorados, admitido o sistema de pregão eletrônico;

(ii) ao devedor, notificado da inscrição, é dado, a seu turno:

(ii.i) requerer transação ou parcelamento, além de efetuar o pagamento,

(ii.ii) embargar, judicialmente, a execução,

(ii.iii) garantir a execução administrativamente, de modo a suspendê-la.

Referido projeto "mistura" efetivamente coisas de diferentes ordens, ora atraindo atos que são efetivamente jurisdicionais para dentro da Administração, ora referindo-se a atos que em nada alteram a ideia, até hoje vigente, de "jurisdicionalidade" da execução fiscal.

E tanto é assim que, embora não tenha avançado, o projeto em questão teve parte expressiva das medidas que enumera incorporadas, no âmbito da Procuradoria-Geral da Fazenda Nacional, pela Portaria PGFN 33/2018 – (i) a notificação prévia do devedor a respeito da inscrição em dívida ativa, (ii) a possibilidade de o devedor, notificado da inscrição, solicitar parcelamento, além de efetuar o pagamento ou garantir a satisfação do crédito, tudo administrativamente.

Ainda que assim as coisas estejam sendo tratadas – ao menos, reitere-se, no âmbito da Fazenda Nacional –, aquilo que constituiria a "coação" da execução fiscal (e assim de todas as demais execuções por quantia certa) continua sendo ato privativo do ambiente jurisdicional: a expropriação do patrimônio do devedor.

O traslado dessa função para a seara administrativa representaria, aí sim, efetiva "administrativização" da atividade executiva, justamente o ponto mais controverso que o tema suscita. Há os que não identificam a possibilidade de se falar em "administrativização" da expropriação, entre outras razões porque daí derivaria afirmada violação ao princípio do devido processo legal.

Mesmo que sob outra fundamentação, assim já nos pronunciamos:

> O binômio que se instaura nos processos antiexacionais, representando, por assim dizer, uma sua subclassificação (processo administrativo e processo judicial), é um completo indiferente quando nosso foco se altera: o processo exacional, aquele em que o fato conflito estrutura-se pela ideia de inatividade do contribuinte e que materializa, fundamentalmente, pretensão de índole executiva, só se perfaz perante o Poder Judiciário: à Administração não é dado conduzir processo administrativo por ela própria ativado.
>
> Regras: (i) o titular de pretensão, à guisa de realizá-la, derrubando resistência que reputa indevida, ou a formula (a pretensão) ao próprio órgão do qual a resistência emana (assim faz o contribuinte, em nível de processo administrativo), ou a terceiro (caso do processo judicial); (ii) se a dirigisse a si mesmo, não seria titular de "pretensão", não pelo menos juridicamente, eis que restaria ela (suposta "pretensão") insusceptível de controle; (iii) "pretensão" é vocábulo que, quando extravasa as barreiras da linguagem ordinária e invade o direito, supõe controlabilidade, o que, por sua vez, supõe oponibilidade a sujeito diverso daquele que a possui (a pretensão).
>
> [Essas considerações parecem especialmente recomendáveis quando focalizamos nossa atenção sobre propostas legislativas como a que introduz a denominada "penhora administrativa", figura que vem servindo para representar medida administrativa de indisponibilização do patrimônio do contribuinte-devedor – a mesma medida, em termos práticos, desde antes prevista em projeto de lei do Senador Eduardo Suplicy, acoimado de inconstitucional fundamentalmente por vício de iniciativa, mas que, sem prejuízo disso, hospeda clara violação à sobredita regra: "'pretensão' é vocábulo que, quando extravasa as barreiras da linguagem ordinária e invade o direito, supõe controlabilidade, o que, por sua vez, supõe oponibilidade a sujeito diverso daquele que a possui (a pretensão)."]
>
> Quer tudo isso significar, ao final, que o processo tributário exacional representa, deveras, um caso particular: nele, a "judicialidade" é um lugar comum. Regra: todo processo exacional é indireto.[334]

334. CONRADO, Paulo Cesar. *Processo tributário*. 3. ed. São Paulo: Quartier Latin, 2012. p. 92-3.

É bom que explicitemos, a bem da coerência, que essa forma de ver o problema – por nós advogada em contexto que, aclaremos, tomava como premissa o processo tributário e sua classificação – pode (e deve) ser confrontada com uma outra, que, diferentemente, já não considera o processo, senão a figura do procedimento como ponto de partida.

Conforme salientamos pouco antes, a ideia de execução fiscal administrativa fundar-se-ia, sob certa perspectiva, na premissa da ampliação do universo de atos administrativos relacionados à exigência dos créditos fazendários.

Diríamos, usando outras palavras, que essa espécie imporia a redefinição da natureza dos atos de cobrança, que deixariam de ser rotulados como judiciais para assumir a condição de atos administrativos – por isso, a propósito, é que falamos em ampliação do universo de atos administrativos relacionados à exigência dos créditos fazendários. Com esse câmbio, aquilo que nós reconhecemos, hoje, como processo, passaria a ostentar a qualidade de procedimento administrativo.

Por essa linha, note-se, não falaríamos propriamente em desjudicialização, senão em desjurisdicionalização dos atos executivos: não se quer o mero deslocamento do processo de um escaninho (o judicial) para outro (o administrativo), mas sim sua recatalogação como verdadeiro procedimento.

Essa visão compõe, assim pensamos, o problema sobre o qual falávamos em nosso "Processo tributário", à medida que o "executivo fiscal" deixaria de se hospedar no amplo contexto do processo tributário – já não seria possível, por essa visão, objetar o projeto de "administrativização" dizendo que a figura representaria inaceitável possibilidade de a Administração postular perante si mesma; o que se teria, isso sim, seria a Administração exercitando sua função típica (o que supõe, por óbvio, a emissão de atos administrativos, e não de atos jurisdicionais).

Tomado o contexto tributário como referência (até porque foi esse contexto que consideramos na aludida obra), o que a ideia passa a representar é verdadeiro dilargamento da autoexecutoriedade administrativa, autorizando-a não só no que se refere à constituição do crédito (o que é feito, sabemos, por procedimento administrativo, o de lançamento), senão também quanto ao cumprimento forçado da obrigação.

Vistos esses atos (os de cobrança forçada) como administrativos, estariam recobertos, como todos que assim se qualificam, por presunção de legitimidade, mas sempre entendida, obviamente, como relativa – o que naturalmente assegura sua discutibilidade no âmbito judicial.

Mas isso, na lógica da "desjurisdicionalização", ocorreria por iniciativa do administrado – nunca da Administração, que, quando no exercício de sua típica função, sabemos, prescinde de autorização judicial para agir.

Para que assim seja, entendemos, de todo modo, que esse recambiamento seja tomado não propriamente como "desjudicialização" (palavra que induz a ideia de que o processo seria deslocado para o âmbito administrativo, seguindo, de qualquer forma, como processo), mas como de "desjurisdicionalização", vocábulo que ressignifica como procedimento administrativo o conjunto de atos tendentes a realizar, concretamente, o crédito fazendário.

Nessa senda, comentando o assunto à luz dos incisos LIV e LV do art. 5º da Constituição Federal, Marcus Livio Gomes adverte que:

> A conjugação de ambos os dispositivos, combinados com a ausência de qualquer monopólio judiciário sobre a execução fiscal, permite asseverar, com inequívoca certeza, que a execução fiscal, em sua plenitude, pode tramitar no âmbito do procedimento administrativo, desde que sejam assegurados aos cidadãos o direito de serem formalmente processados, com todas as garantias constitucionais, inclusive o acesso, subsidiário e irrestrito, às

> instâncias judiciais, vez que a lei não excluirá da apreciação do Poder Judiciário lesão ou ameaça a direito (art. 5º, XXXV).[335]

Não se pode negar, é bem certo, que óbices como os lembrados por Mairan Gonçalves Maia Júnior poderiam funcionar como potente impeditivo para a assimilação dessa categoria; confira-se:

> A transferência para a autoridade administrativa da prerrogativa de determinar a direta constrição do patrimônio do devedor desequilibra a isonomia que deve estar presente entre as partes no processo, bem como desatende o princípio da paridade de armas, permitindo o indevido fortalecimento do credor.[336]

Não nos parece demasiado lembrar, a despeito das respeitáveis ponderações do autor, que o que se apresenta, para além das "confusões" preconizadas pelo Projeto de Lei 5.080/2009, é a possibilidade de se redefinir o processo como procedimento, providência que nos aparta do problema da paridade de armas – reconhecido desdobramento do princípio da isonomia no ambiente processual, e não propriamente no do exercício da função administrativa.

De mais a mais, valeria dizer que esse tipo de óbice, acaso aceito, teria de ser considerado também na fase de constituição do crédito fazendário – afinal de contas, sabe-se, a Administração age em regime de autoexecutoriedade quando da constituição de seus créditos (não se vinculando, por outra, a prévio controle judicial).

O administrado que deseja ver reconhecido eventual direito creditório contra a Fazenda, ao contrário, tem o ônus de invocar a intervenção de autoridade pública

---

335. GOMES, Marcus Livio. Perspectivas para a execução fiscal no Brasil: Execução fiscal judicial x execução fiscal administrativa – qual o melhor caminho? *Revista CEJ*, Brasília, ano XIII, n. 45, p. 91, abr.-jun. 2009.

336. MAIA JUNIOR, Mairan Gonçalves. Considerações críticas sobre o anteprojeto da lei de execução fiscal administrativa. *Revista CEJ*, Brasília, n. 38, p. 20, jul.-set. 2007.

(judicial ou administrativa), o que quer significar, de certo modo, que já nessa instância haveria uma certa ruptura na noção de igualdade.

A propósito desse aspecto, lembramos a lição de Denise Lucena Cavalcante:

> Vamos refletir com imparcialidade: será mesmo tão absurdo que o próprio Estado, responsável pela constituição, fiscalização e cobrança administrativa do crédito tributário, seja competente para continuar a cobrança deste crédito por meio da execução forçada? Parece-nos que não. O fato de o fisco continuar na tarefa da cobrança administrativa do crédito tributário não significa de modo algum que se esteja violando princípios constitucionais ou agredindo o devido processo legal administrativo ou judicial.[337]

Paralelamente a essa visão, cabe referir a existência de outras tantas que, por fundamentos distintos, visualizam na proposta de desjudicialização (ou, como queremos, de "desjurisdicionalização") franca viabilidade; de se mencionar, nessa linha, as palavras do Ministro Humberto Gomes de Barros, suficientes para "apimentar" ainda mais a discussão; confira-se:

> Constatada a natureza da expropriação, desvenda-se um quadro bizarro: O Estado é titular do direito de outorgar e revogar a propriedade; ele imprime força à certidão de dívida ativa para provocar tal revogação. Munido de semelhante título, bastaria ao credor estatal declarar extinta a propriedade do devedor, dando-lhe, como ressarcimento, a quitação da dívida. Tudo deveria consumar-se por meio de um procedimento administrativo: a desapropriação. No entanto, isso não acontece.
>
> O Estado-Administração é capaz de, visando a interesses sociais, expropriar um proprietário que nada lhe deve. No entanto, se o proprietário é inadimplente, na sagrada obrigação de honrar dívidas para com o Erário, a Administração queda-se impotente. Nesse caso, é necessário acionar o Estado-Juiz, fazendo com que

337. CAVALCANTE, Denise Lucena. *Crédito tributário*: a função do cidadão-contribuinte na relação tributária. São Paulo: Malheiros, 2004. p. 50.

este efetive a desapropriação. Em tal hipótese, o juiz desenvolverá mero procedimento. É que a execução por desapropriação envolve apenas relação linear, em cujos extremos estão o Estado e seu devedor.

Fui, durante trinta anos, procurador de Estado. Como tal, promovi inúmeras execuções fiscais. Sei, assim, como se desenvolve tal "processo": o Estado dirige-se ao juiz, que se limita a determinar a citação do devedor, a ordenar a penhora, conferir cálculos, marcar o leilão, adjudicar o bem ao vencedor e entregar o dinheiro apurado ao Estado exequente. Só quando o executado opõe embargos é que se abre um processo de verdade. Quando não há embargos, o juiz funciona como mero administrador.

Por que, em tal circunstância, não tratar a execução como o que realmente ela é: um procedimento administrativo?

Fazer da execução um processo jurisdicional não é, data venia, atitude feliz. Não faz sentido demitir o administrador de sua competência expropriatória para que o juiz (também agente estatal) execute o ato administrativo. Por outro lado, a atividade judicial, naturalmente lenta e dispendiosa, deveria reservar-se para questões mais complexas. A jurisdicionalização da cobrança dos créditos estatais transforma a Justiça brasileira em imenso depósito, onde os "processos de execução fiscal" acumulam-se, paralisados, sem qualquer solução.

A execução administrativa não relega o Poder Judiciário à inutilidade, nem o desprestigia. Como diz o eminente juiz e professor Antônio Souza Prudente, desprestígio é ocupar o juiz como cobrador do Fisco, em atividade enervante e sem futuro para a imagem institucional do Poder Judiciário. Tal assertiva é ilustrada pela observação de que pendem, na Justiça Federal de primeiro grau, dois milhões e setecentos mil processos. Destes, um milhão e duzentos mil são execuções fiscais. Vale dizer: quarenta e cinco por cento da capacidade laborativa da Justiça Federal é drenada para a cobrança administrativa (PRUDENTE, 2000).

Tampouco seria procedente a contradita de que a execução administrativa sacrifica o direito de ampla defesa e desafia a regra da ubiquidade do Poder Judiciário. É que se reserva ao executado o direito de embargar a execução, recorrendo à Justiça, em caso de atentado a direito seu. Os pedidos de socorro ao Judiciário são corriqueiros em procedimentos administrativos complexos e valiosos, como aqueles das licitações de obras e serviços.

(...)

Grandes e avançadas democracias praticam a execução administrativa. Leon Szklarowsky, um dos autores da atual Lei de Execuções Fiscais, em incursão no Direito comparado, lembra que na Espanha os créditos estatais são cobrados em execução administrativa. O art. 138 da Ley General Tributaria autoriza expressamente a constrição patrimonial (apremio directo sobre el patrimonio) pela Administração.

Na Alemanha, berço da moderna ciência processual, também se pratica a execução administrativa. Lá, a autoridade encarregada de lançar tributos pode, em havendo perigo de inadimplência, decretar arresto de bens.

Nos Estados Unidos da América do Norte, a penhora administrativa pode incidir, até, sobre os salários do devedor (SZKLARALOWSKY, 1984, p. 25 e ss.).

Calmon de Passos noticia que, em 1982, funciona na Suécia uma autarquia – não integrante do Poder Judiciário – com a função de executar as decisões judiciais. Esse órgão cobra, também, títulos executivos e multas penais.

Com sarcástica verve, o grande processualista indaga, a título de pilhéria, se "seria pensável adotar-se essa solução no Brasil". Ele mesmo responde, negativamente: a arrogância e a sede de poder que caracterizam nossos juízes jamais nos permitiriam adotar a solução sueca.

Não sou tão pessimista. As mazelas imputadas a nossa magistratura são comuns a todos detentores de poder político, em todas as épocas e lugares do vasto mundo em que vivemos. Há grande sabedoria na máxima de que, em política, assim como na atmosfera, não se admitem espaços vazios: o vácuo, tão logo se abre, é ocupado. Estou convencido de que nosso Poder Judiciário, nesta seara, tem pecado muito mais pela omissão. Lembro o que aconteceu com o mandado de injunção, reduzido à inutilidade pela modéstia do Supremo Tribunal Federal.

No que respeita à fraqueza de nossas pressões sociais e políticas, observo que desde 1991 até hoje, operou-se grande mudança em nossos costumes. Após onze anos, se ainda não temos instituições políticas suficientemente robustas, estamos a meio caminho de atingir tal fortaleza. Por outro lado, já se instala, entre os juízes, a consciência de que eximi-los de efetuar cobranças é liberá-los para atividades mais sedutoras que lhes propiciem prestígio e satisfação intelectual.

(...)

> Em novembro de 2000, tive a prazerosa honra de coordenar, sob o patrocínio do Conselho da Justiça Federal, o Fórum de Debates sobre Modernização do Direito. No encontro, que se realizou em Balneário Camboriú-SC, o eminente Desembargador Federal Antônio Souza Prudente sustentou a tese de que a execução fiscal deveria acontecer no âmbito da Administração. O expositor ofereceu, em complemento de sua proposição, um projeto de lei. A teor de tal esboço, a procuradoria fiscal da pessoa jurídica estatal emitirá "mandado executivo", determinando a notificação do devedor, para que pague a dívida. Se o pagamento não ocorrer, o agente administrativo portador do mandado efetuará a penhora e, após avaliação, alienará os bens em hasta pública. Consumada a penhora, o executado poderá opor embargos, que serão apresentados ao juiz, para processo e julgamento. Enquanto pendem tais embargos, suspende-se a execução.
>
> Dir-se-á que a adoção do projeto não trará maior benefício – já que os embargos continuariam a ser decididos pelo Judiciário. Semelhante contradita não impressiona. Quem já lidou com execução fiscal sabe que a grande dificuldade reside na localização do devedor e dos bens suscetíveis de penhora: a Fazenda Pública, após localizá-los, indica-os ao juiz. Este determina ao oficial de justiça que efetive a citação e a penhora. Enquanto se espera a emissão do mandado executivo, o executado costuma desaparecer, deixando o Estado e o juiz a verem navios. (...)[338]

Numa referência mais atual, devemos destacar a formulação de novel projeto em torno do tema, o de número 4.257/2019, qualificado pela instituição não só de medidas executivas administrativas (limitadas a categorias tributárias específicas),[339] mas também de arbitragem substitutiva

---

338. BARROS, Humberto Gomes de. Execução fiscal administrativa. *Revista CEJ*, Brasília, Ano XI, n. 39, p. 7-8, out./dez. 2007.

339. "Art. 41-A. Para proceder à cobrança da dívida ativa de tributos instituídos com fundamento nos arts. 145, III, 153, VI, 155, III, e 156, I, da Constituição Federal, além taxas devidas em função da propriedade, do usufruto ou da posse de bem imóvel passível de alienação ou em razão da propriedade de veículo, a Fazenda Pública pode optar pela execução extrajudicial, na forma dos arts. 31 a 38 do Decreto-Lei n. 70, de 21 de novembro de 1966, observadas as regras específicas definidas nesta Lei.
Art. 41-B. A Fazenda Pública deve formalizar administrativamente a execução da dívida mediante notificação do executado, instruindo-a com a Certidão da Dívida Ativa, que dela faz parte integrante, como se estivesse transcrita, e deve indicar o total da dívida com o principal, os juros, a multa de mora e os encargos, se aplicáveis.
(...)

Art. 41-C. Recebida a notificação, o devedor dispõe de trinta dias para pagar o valor total indicado na notificação administrativa, além, se for o caso, da despesa de cartório.
Art. 41-D. Não ocorrendo o pagamento, a Fazenda Pública deve lavrar termo de penhora, com o número da Certidão da Dívida Ativa e o valor integral do débito devidamente atualizado, e requerer ao Cartório de Registro de Imóveis ou ao Departamento de Trânsito a averbação da penhora na matrícula do imóvel ou no registro do veículo, respectivamente.
Art. 41-E. A Fazenda Pública deve promover a notificação do devedor do termo de penhora, indicando a avaliação do bem penhorado e conceder novo prazo de 30 (trinta) dias para quitação da dívida, contado da data do recebimento da notificação.
(...)
Art. 41-F. No prazo a que se refere o art. 41-E, o devedor pode ajuizar embargos à penhora, impugnando a validade da dívida ou aduzindo que a avaliação do bem não corresponde ao valor de mercado, devendo alegar toda matéria útil à defesa, requerer provas e juntar aos autos os documentos e rol de até três testemunhas.
§ 1º O imóvel ou o veículo penhorado serve de garantia para os embargos.
§ 2º O ajuizamento dos embargos suspende a contagem do prazo prescricional de que trata o art. 41-S, que é retomado com o trânsito em julgado de decisão favorável à Fazenda na ação.
Art. 41-G. Não efetuando o devedor o pagamento ou o parcelamento do valor integral da dívida, nem ajuizando os embargos à penhora, a Fazenda Pública está autorizada a efetuar imediatamente o primeiro leilão do imóvel ou do veículo penhorado.
§ 1º O leilão do imóvel será feito por agente fiduciário que seja:
I – instituição financeira, inclusive sociedade de crédito imobiliário, qualificada nos termos do art. 30, II, do Decreto-Lei n. 70, de 21 de novembro de 1966, selecionada por meio de concurso simplificado regido por critérios objetivos e previamente definidos;
II – órgão ou entidade da Administração Pública com competência para a execução de atividades imobiliárias.
§ 2º O ente federativo que não possuir em sua estrutura administrativa órgão ou entidade que detenha competência para a execução das atividades imobiliárias pode celebrar convênio com órgão ou entidade de outro ente federativo.
§ 3º O leilão de veículo deve ser feito por agente fiduciário, nos termos do § 1º, I, deste artigo ou por órgão executivo de trânsito da Administração Pública à qual faz parte a Fazenda Pública credora.
§ 4º O órgão ou entidade referidos nos §§ 1º a 3º deste artigo exerce a função de agente fiduciário, com os deveres e responsabilidades a ela inerentes, na forma dos arts. 40 e 41 do Decreto-Lei n. 70, de 21 de novembro de 1966.
(...)
Art. 41-L. Antes de expirado o prazo do art. 41-E, o devedor pode alienar o imóvel ou o veículo cuja penhora tenha sido averbada, ficando o registro da alienação condicionado à comprovação de quitação dos tributos e despesas que incidem sobre o bem.
Art. 41-M. É lícito ao devedor, a qualquer momento, entre a data de efetivação da penhora até a assinatura da carta de arrematação, pagar o valor atualizado da dívida, acrescido da despesa estipulada no § 6º do art. 41-G.
(...)
Art. 41-P. Se, após iniciado o procedimento a que se refere este capítulo, for constatado que a propriedade, a posse ou o usufruto do imóvel ou do veículo foi transferido sem comunicação ao Cartório de Registro de Imóveis ou ao Departamento de Trânsito, ou que o devedor faleceu antes de ser notificado, a Fazenda Pública pode, com fundamento nos arts. 130 e 131 da Lei n. 5.172, de 25 de outubro de 1966 – Código Tributário Nacional, emendar a Certidão da Dívida Ativa e incluir o adquirente, o

de embargos.[340]

13.12 O protesto da Certidão de Dívida Ativa

O protesto – ato público, formal e solene, realizado pelo tabelião, com a finalidade de provar a inadimplência

---

novo possuidor, o novo usufrutuário, o espólio ou os sucessores como corresponsáveis da dívida, retomando a cobrança integral da dívida a partir da fase prevista no art. 41-B, notificando o novo proprietário, possuidor, usufrutuário, o espólio ou os sucessores.
Art. 41-Q. A morte, falência, recuperação judicial ou dissolução do devedor não impedem a aplicação do procedimento previsto neste capítulo.
(...)
Art. 41-S. A União, os Estados, o Distrito Federal e os Municípios podem desistir de processos de execução fiscal em tramitação e que visem à cobrança da dívida ativa dos tributos referidos no art. 41-A e executar os créditos cobrados nestas ações por meio do procedimento regulado no Capítulo II, no prazo de cinco anos contados da publicação da Lei que inseriu esse dispositivo.
Nota do editorial: Projeto de Lei na íntegra – Disponível em: https://bit.ly/37vpz3z Acesso em: 28 jan. 2020.

340. Art. 16-A. Se o executado garantir a execução por depósito em dinheiro, fiança bancária ou seguro garantia, pode optar pela adoção de juízo arbitral para julgar os embargos ofertados, respeitados os requisitos da Lei n. 9.307, de 23 de setembro de 1996, e os a seguir definidos, na forma do regulamento de cada entidade da Federação.
Art. 16-B. Nenhum árbitro pode decidir mais de um processo do mesmo particular ou do grupo econômico do qual este faça parte o particular por ano.
Art. 16-C. O processo arbitral é público, de direito, e conduzido por órgão arbitral institucional, de reconhecida idoneidade, competência e experiência na administração de procedimentos arbitrais.
Art. 16-D. A fixação dos honorários advocatícios no processo arbitral obedece aos critérios do art. 85 da Lei n. 13.105, de 16 de março de 2015 – Código de Processo Civil.
Parágrafo único. O valor final dos honorários advocatícios não pode ser superior à metade do que seria arbitrado no processo judicial.
Art. 16-E. As despesas do processo arbitral devem ser adiantadas pelo executado e não podem exceder o montante fixado a título de honorários advocatícios.
Art. 16-F. Qualquer das partes pode pleitear ao órgão do Poder Judiciário competente a declaração de nulidade caso a sentença arbitral contrarie enunciado de súmula vinculante, decisão do Supremo Tribunal Federal em controle concentrado de constitucionalidade ou acórdão proferido em julgamento de incidente de resolução de demandas repetitivas ou de repercussão geral.
Art. 41-T. O executado pode optar pelo procedimento arbitral previsto nos arts. 16-A a 16-F caso, ao ajuizar a ação prevista no art. 164 da Lei n. 5.172, de 25 de outubro de 1966, ou a ação anulatória do ato declarativo da dívida, prevista no art. 38 desta lei, garanta o juízo por depósito em dinheiro, fiança bancária ou seguro garantia."
Nota do editorial: Projeto de Lei na íntegra – Disponível em: https://bit.ly/37vpz3z Acesso em: 28 jan. 2020.

e o descumprimento de obrigação constante de título de crédito ou de outros documentos de dívida –[341] tornou-se particularmente relevante no contexto fiscal, à medida que a Lei 9.492/97 passou a contemplar, em seu art. 1º, a possibilidade de seu emprego não apenas para títulos de crédito, mas também "outros documentos de dívida", expressão em que se conteria a Certidão de Dívida Ativa.

A Lei 12.767/2012, incluindo o atual parágrafo único ao sobredito art. 1º, teria eliminado dúvida que pudesse ainda existir sobre a extensão da locução "outros documentos de dívida",[342] para fazer contemplar, ali, o documento que oficia como título executivo, por excelência, da Fazenda Pública.

Caminhando nessa senda, fortemente influenciada pela inovação proposta pela Lei 12.767/2012, passou a jurisprudência do Superior Tribunal de Justiça a admitir emprego do protesto pela Fazenda Pública com lastro em Certidão de Dívida Ativa.

Demostra a orientação da Corte o julgamento, por sua Segunda Turma, do REsp. 1.126.515/PR, Relator Ministro Herman Benjamin, julgado em 3/12/2013:

> PROCESSUAL CIVIL E ADMINISTRATIVO. PROTESTO DE CDA. LEI 9.492/1997. INTERPRETAÇÃO CONTEXTUAL COM A DINÂMICA MODERNA DAS RELAÇÕES SOCIAIS E O "II PACTO REPUBLICANO DE ESTADO POR UM SISTEMA DE JUSTIÇA MAIS ACESSÍVEL, ÁGIL E EFETIVO". SUPERAÇÃO DA JURISPRUDÊNCIA DO STJ.

---

341. "Art. 1º. Protesto é o ato formal e solene pelo qual se prova a inadimplência e o descumprimento de obrigação originada em títulos e outros documentos de dívida."

342. "Art. 25. A Lei n. 9.492, de 10 de setembro de 1997, passa a vigorar com as seguintes alterações:
Art. 1º. (...).
Parágrafo único. Incluem-se entre os títulos sujeitos a protesto as certidões de dívida ativa da União, dos Estados, do Distrito Federal, dos Municípios e das respectivas autarquias e fundações públicas."

1. Trata-se de Recurso Especial que discute, à luz do art. 1º da Lei 9.492/1997, a possibilidade de protesto da Certidão de Dívida Ativa (CDA), título executivo extrajudicial (art. 586, VIII, do CPC) que aparelha a Execução Fiscal, regida pela Lei 6.830/1980.

2. Merece destaque a publicação da Lei 12.767/2012, que promoveu a inclusão do parágrafo único no art. 1º da Lei 9.492/1997, para expressamente consignar que estão incluídas "entre os títulos sujeitos a protesto as certidões de dívida ativa da União, dos Estados, do Distrito Federal, dos Municípios e das respectivas autarquias e fundações públicas".

3. Não bastasse isso, mostra-se imperiosa a superação da orientação jurisprudencial do STJ a respeito da questão.

4. No regime instituído pelo art. 1º da Lei 9.492/1997, o protesto, instituto bifronte que representa, de um lado, instrumento para constituir o devedor em mora e provar a inadimplência, e, de outro, modalidade alternativa para cobrança de dívida, foi ampliado, desvinculando-se dos títulos estritamente cambiariformes para abranger todos e quaisquer "títulos ou documentos de dívida". Ao contrário do afirmado pelo Tribunal de origem, portanto, o atual regime jurídico do protesto não é vinculado exclusivamente aos títulos cambiais.

5. Nesse sentido, tanto o STJ (RESP 750805/RS) como a Justiça do Trabalho possuem precedentes que autorizam o protesto, por exemplo, de decisões judiciais condenatórias, líquidas e certas, transitadas em julgado.

6. Dada a natureza bifronte do protesto, não é dado ao Poder Judiciário substituir-se à Administração para eleger, sob o enfoque da necessidade (utilidade ou conveniência), as políticas públicas para recuperação, no âmbito extrajudicial, da dívida ativa da Fazenda Pública.

7. Cabe ao Judiciário, isto sim, examinar o tema controvertido sob espectro jurídico, ou seja, quanto à sua constitucionalidade e legalidade, nada mais. A manifestação sobre essa relevante matéria, com base na valoração da necessidade e pertinência desse instrumento extrajudicial de cobrança de dívida, carece de legitimação, por romper com os princípios da independência dos poderes (art. 2º da CF/1988) e da imparcialidade.

8. São falaciosos os argumentos de que o ordenamento jurídico (Lei 6.830/1980) já instituiu mecanismo para a recuperação do crédito fiscal e de que o sujeito passivo não participou da constituição do crédito.

9. A Lei das Execuções Fiscais disciplina exclusivamente a cobrança judicial da dívida ativa, e não autoriza, por si, a insustentável conclusão de que veda, em caráter permanente, a instituição, ou utilização, de mecanismos de cobrança extrajudicial.

10. A defesa da tese de impossibilidade do protesto seria razoável apenas se versasse sobre o "Auto de Lançamento", esse sim procedimento unilateral dotado de eficácia para imputar débito ao sujeito passivo.

11. A inscrição em dívida ativa, de onde se origina a posterior extração da Certidão que poderá ser levada a protesto, decorre ou do exaurimento da instância administrativa (onde foi possível impugnar o lançamento e interpor recursos administrativos) ou de documento de confissão de dívida, apresentado pelo próprio devedor (e.g., DCTF, GIA, Termo de Confissão para adesão ao parcelamento, etc.).

12. O sujeito passivo, portanto, não pode alegar que houve "surpresa" ou "abuso de poder" na extração da CDA, uma vez que esta pressupõe sua participação na apuração do débito. Note-se, aliás, que o preenchimento e entrega da DCTF ou GIA (documentos de confissão de dívida) corresponde integralmente ao ato do emitente de cheque, nota promissória ou letra de câmbio.

13. A possibilidade do protesto da CDA não implica ofensa aos princípios do contraditório e do devido processo legal, pois subsiste, para todo e qualquer efeito, o controle jurisdicional, mediante provocação da parte interessada, em relação à higidez do título levado a protesto.

14. A Lei 9.492/1997 deve ser interpretada em conjunto com o contexto histórico e social. De acordo com o "II Pacto Republicano de Estado por um sistema de Justiça mais acessível, ágil e efetivo", definiu-se como meta específica para dar agilidade e efetividade à prestação jurisdicional a "revisão da legislação referente à cobrança da dívida ativa da Fazenda Pública, com vistas à racionalização dos procedimentos em âmbito judicial e administrativo".

15. Nesse sentido, o CNJ considerou que estão conformes com o princípio da legalidade normas expedidas pelas Corregedorias de Justiça dos Estados do Rio de Janeiro e de Goiás que, respectivamente, orientam seus órgãos a providenciar e admitir o protesto de CDA e de sentenças condenatórias transitadas em julgado, relacionadas às obrigações alimentares.

16. A interpretação contextualizada da Lei 9.492/1997 representa medida que corrobora a tendência moderna de intersecção dos regimes jurídicos próprios do Direito Público e Privado. A todo

instante vem crescendo a publicização do Direito Privado (iniciada, exemplificativamente, com a limitação do direito de propriedade, outrora valor absoluto, ao cumprimento de sua função social) e, por outro lado, a privatização do Direito Público (por exemplo, com a incorporação – naturalmente adaptada às peculiaridades existentes – de conceitos e institutos jurídicos e extrajurídicos aplicados outrora apenas aos sujeitos de Direito Privado, como, e.g., a utilização de sistemas de gerenciamento e controle de eficiência na prestação de serviços).

17. Recurso Especial provido, com superação da jurisprudência do STJ.

(REsp 1126515/PR, Rel. Min. Herman Benjamin, Segunda Turma, julgado em 03/12/2013)

Embora seja qualificado, no julgado, como "modalidade alternativa para cobrança de dívida", parece-nos, sem entrar na conclusão sacada pelo Superior Tribunal de Justiça, que referida qualificação é inadequada, a não ser que se entenda que mecanismos impositivos de restrições não patrimoniais (caso do protesto, assim como ocorre com os cadastros de inadimplência) representem meio de execução.

Mais recentemente, foi o Supremo Tribunal Federal que assentou que o protesto de Certidão de Dívida Ativa constitui mecanismo legítimo, não experimentando o *status* de indevida sanção política. Tomada essa linha, o Plenário da Corte, em 9 de novembro de 2016, julgou improcedente, por maioria, pedido formulado na ADI 5.127 contra o parágrafo único do art. 1º da Lei 9.492/97 (incluído, reitere-se, pela Lei 12.767/2012); o fez de modo a afastar a alegação de inconstitucionalidade formal do dispositivo atacado – afirmava-se, na ação, que o dispositivo havia sido indevidamente inserido por emenda na Medida Provisória 577/2012, que versava sobre questões totalmente diversas, relativas a serviço público de energia elétrica; no plano material, asseverou que, de acordo com a jurisprudência da Corte, não basta que uma medida coercitiva do recolhimento do crédito fazendário restrinja direitos dos contribuintes devedores para que seja classificada como sanção política, exigindo-se, mais do que a restrição em si, que ela seja reprovada no exame de proporcionalidade e razoabilidade, o que não ocorreria no caso do protesto.

Tornando ao âmbito do Superior Tribunal de Justiça, o julgado proveniente do REsp. 1.895.557/SP (Relator Ministro Gurgel de Faria, Primeira Turma), lançado por unanimidade em 22/06/2021, fixou outra importante mensagem sobre o tema: definindo a Lei 9.492/97 como norma de caráter nacional, nela reconhece potência suficiente para adoção por qualquer Fazenda, com a consequente desnecessidade de lei local autorizativa – que até pode ser produzida, para fins de deliberação, por exemplo, de restrição de valor, mas sem que represente condição.

Em suma:

O negócio jurídico processual, primeiro em nível federal, após em outras esferas (como no Estado de São Paulo), passou a funcionar como meio alternativo à jurisdição executiva – indo além do acertamento de questões procedimentais-processuais –, mormente com a previsão, em todos os normativos que até hoje o disciplinam de figuras como o "plano de amortização", verdadeiro acordo de pagamento que, por assim funcionar, afasta o exercício da jurisdição expropriatória.

A transação, com o advento da Lei 13.988/2020, passou a cumprir o mesmo papel no que se refere aos créditos titularizados pela Fazenda Nacional, experiência que se vê sendo replicada em outras Fazendas, caso da do Estado de São Paulo – Lei Estadual 17.293/2020.

Execução fiscal **não é o único meio**, em tese, que o ordenamento contempla para **satisfação do crédito fazendário**.

Definitivamente condenada numa determinada demanda, a Fazenda Pública poderia opor-se à sua execução (que ocorreria por meio de **precatório judicial**), requerendo a **compensação** de valores correspondentes a eventuais **créditos constituídos em desfavor do administrado.**

Essa forma peculiar de cobrança do crédito fazendário – que poderíamos denominar de "**compensação fiscal**" –, por repugnada pelo Supremo Tribunal Federal (no julgamento, operado em 14 de março de 2013, das Ações Diretas de Inconstitucionalidade 4357, 4372, 4400 e 4425), encontrar-se-ia com seu emprego comprometido.

Projetos de lei pendentes de definitiva apreciação no Congresso Nacional tratam da "**desjudicialização**" (ou "desjurisdicionalização", como preferimos) de atos pertinentes às execuções fiscais.

Fundada na noção de **autoexecutoriedade**, a ideia de uma **execução fiscal administrativamente processável** amplia o **conjunto de atos administrativos relacionados à exigência dos créditos fazendários**, tudo de modo a outorgar à Administração o dever-poder não só constituí-los, senão também de expropriar o patrimônio do devedor.

O protesto – ato público, formal e solene, realizado pelo tabelião, com a finalidade de provar a inadimplência e o descumprimento de obrigação constante de título de crédito ou de outros documentos de dívida – foi reconhecido pela Lei 12.767/2012, como instrumento aplicável à Certidão de Dívida Ativa. Embora não seja sua vocação ordinária, o negócio jurídico processual, tomada a disciplina preconizada pela Portaria PGFN 742/2018, pode ser inserido no contexto dos meios paralelos-alternativos ao regime de cobrança executivo, sobretudo quando contemplar, em seu conteúdo, plano de amortização.

REFERÊNCIAS

ARAÚJO, Ana Clarissa Masuko dos Santos. Efeitos da concomitância entre processo judicial e administrativo: análise do parágrafo único do art. 38 da Lei n. 6.830/80. In: CONRADO, Paulo César (Coord.). *Processo tributário analítico*. 3. ed. v. I. São Paulo: Noeses, 2015.

ARAUJO, Juliana Furtado Costa. A efetividade da cobrança do crédito tributário federal como fundamento legitimador da Portaria PGFN 33/18. In: ARAUJO, Juliana Furtado Costa e CONRADO, Paulo Cesar (Coord.). *Inovações da cobrança do crédito tributário*. São Paulo: Thomson Reuters Brasil, 2019.

ARAUJO, Juliana Furtado Costa; CONRADO, Paulo Cesar. PARR: uma questão de racionalidade (apuração de responsabilidade tributária na esfera administrativa). *Jota* (edição eletrônica de 18 dez. 2017). Disponível em: https://bit.ly/2NSakd0 Acesso em: 23 jan. 2019.

ARAUJO, Juliana Furtado Costa; CONRADO, Paulo Cesar. Transação tributária no direito brasileiro e seus principais aspectos à luz da Lei n. 13.988/2020. In: CONRADO, Paulo Cesar ARAUJO; Juliana Furtado Costa (Coord.). *Transação tributária na prática da Lei n. 13.988/2020*. São Paulo: Thomson Reuters Brasil, 2020.

ARRUDA ALVIM. *Manual de direito processual civil*. v. 1. São Paulo: RT, 1986.

ASSIS, Araken de. *Manual da execução*. 13. ed. São Paulo: RT, 2010.

BARROS, Humberto Gomes de. Execução fiscal administrativa. *Revista CEJ*, Brasília, Ano XI, n. 39, p. 4-9, out./dez. 2007.

BECHO, Renato Lopes. *Responsabilidade tributária de terceiros*. São Paulo: Saraiva, 2014.

______. A interrupção do prazo de prescrição, pela citação, na Lei Complementar n. 118/2005. *Revista Dialética de Direito Tributário – RDDT*, n. 115, São Paulo, Dialética, p. 108-15, 2005.

BEDAQUE, José Roberto dos Santos. *Direito e processo:* influência do direito material sobre o processo. São Paulo: Malheiros, 1997.

BUENO, Cassio Scarpinella. *Curso sistematizado de direito processual civil* – tutela jurisdicional executiva. 3. ed. São Paulo: Saraiva, 2010.

______. *Curso sistematizado de direito processual civil* – teoria geral do direito processual civil. 4. ed. São Paulo: Saraiva, 2010.

______. *Projetos de novo Código de Processo Civil comparados e anotados*. São Paulo: Saraiva, 2014.

CAIS, Cleide Previtalli. *O processo tributário*. 3. ed. São Paulo: RT, 2001.

CARNEIRO, Athos Gusmão. *Jurisdição e competência*. São Paulo: Saraiva, 1983.

CANEIRO, Júlia Silva Araújo. Possibilidade de negócio jurídico processual em matéria tributária: uma leitura da Portaria 360/18. In: ARAUJO, Juliana Furtado Costa;

CONRADO, Paulo Cesar (Coord.). *Inovações da cobrança do crédito tributário*. São Paulo: Thomson Reuters Brasil, 2019.

CARVALHO, Paulo de Barros. *Curso de direito tributário*. 17. ed. São Paulo: Saraiva, 2007.

______. *Direito tributário:* fundamentos jurídicos da incidência. São Paulo: Saraiva, 1999.

______. *Direito tributário:* linguagem e método. 3. ed. São Paulo: Noeses, 2009.

______. Erro de fato e erro de direito na teoria do lançamento tributário. *Revista de Direito Tributário*, São Paulo, n. 73, p. 5-15, 1996.

______. Isenções tributárias do IPI, em face do princípio da não cumulatividade. *Revista Dialética de Direito Tributário – RDDT*, São Paulo, Dialética, n. 33, p. 142-66, 1998.

______. *Teoria da norma tributária*. São Paulo: RT, 1981.

CASTRO, Danilo Monteiro de. Os efeitos dos embargos à execução fiscal e o Código de Processo Civil de 2015. In: CONRADO, Paulo Cesar (Coord.). *Processo tributário analítico*. v. III. São Paulo: Noeses, 2016.

______. O encargo legal do Decreto-lei n. 1.025/69 e sua (in) compatibilidade com o sistema jurídico vigente, em especial após as inovações do CPC/2015. In: ARAUJO, Juliana Furtado Costa; CONRADO, Paulo Cesar (Coord.). *Inovações da cobrança do crédito tributário*. São Paulo: Thomson Reuters Brasil, 2019.

CATUNDA, Camila Campos Vergueiro. *O processo de recuperação de empresas e o impacto na execução fiscal*. VIII Congresso Nacional de Estudos Tributários. Derivação e positivação no direito tributário. São Paulo: Noeses, 2011.

CAVALCANTE, Denise Lucena. *Crédito tributário:* a função do cidadão-contribuinte na relação tributária. São Paulo: Malheiros, 2004.

CHIOVENDA, Giuseppe. *Instituições de direito processual civil.* v. 1. Campinas: Bookseller, 2000.

CONRADO, Paulo Cesar. A constituição e a cobrança das contribuições previdenciárias pela Justiça do Trabalho: aspectos processuais relevantes. In: CONRADO, Paulo Cesar (Coord.). *Processo tributário analítico.* v. II. 2. ed. São Paulo: Noeses, 2016.

______. A Lei n. 11.382/2006 e seu impacto em relação à atribuição de efeito suspensivo aos embargos à execução fiscal. In: SANTOS, Nélida Cristina dos (Coord.). *Temas de direito tributário:* estudos em homenagem a Eduardo Bottallo. São Paulo: Saraiva, 2013.

______. Antecipação de garantia tendente à satisfação de crédito tributário que esteja por ser executado: o que muda (se é que muda) com o novo CPC? In: CONRADO, Paulo Cesar (Coord.). *Processo tributário analítico.* v. III. São Paulo: Noeses, 2016.

______. Execução fiscal em matéria tributária: decretabilidade ex officio da prescrição intercorrente. In: CARVALHO, Aurora Tomazini de (Coord.). *Decadência e prescrição em direito tributário.* São Paulo: MP, 2010.

______. *Introdução à teoria geral do processo civil.* 2. ed. São Paulo: Max Limonad, 2003.

______. Negócio jurídico processual em matéria tributária e as Portarias PGFN 33/2018 (art. 38) e 360 (alterada pela 515/2018). In: ARAUJO, Juliana Furtado Costa e CONRADO, Paulo Cesar (Coord.). *Inovações da cobrança do crédito tributário.* São Paulo: Thomson Reuters Brasil, 2019.

______. O incidente de desconsideração da personalidade jurídica (IDPJ) e seu cabimento na execução fiscal. In:

ARAUJO, Juliana Furtado Costa e CONRADO, Paulo Cesar (Coord.). *Inovações da cobrança do crédito tributário*. São Paulo: Thomson Reuters Brasil, 2019.

______. O "novo" art. 151, inciso II, do Código Tributário Nacional: o impacto do art. 835, parágrafo 2º, do novo Código de Processo Civil em relação à suspensão, via depósito, da exigibilidade do crédito tributário. *Revista de direito tributário contemporâneo*, São Paulo, Revista dos Tribunais, n. 1, p. 163-74.

______. O pedido de revisão de dívida inscrita (Portaria PGFN 33/2018) e a suspensão da exigibilidade do crédito tributário: discussões que envolvem a efetividade da cobrança do crédito tributário. In: ARAUJO, Juliana Furtado Costa e CONRADO, Paulo Cesar (Coord.). *Inovações da cobrança do crédito tributário*. São Paulo: Thomson Reuters Brasil, 2019.

______. *Processo tributário*. 3. ed. São Paulo: Quartier Latin, 2012.

______. Redirecionamento como forma (esdrúxula) de constituição da obrigação tributária (relativamente ao terceiro-responsável) e de aparelhamento da lide executiva fiscal (contra aquele mesmo terceiro). In: CONRADO, Paulo Cesar (Coord.). *Processo tributário analítico*. v. II. 2. ed. São Paulo: Noeses, 2016.

COSTA, Regina Helena. *Curso de direito tributário* – Constituição e Código Tributário Nacional. São Paulo: Saraiva, 2012.

DALLA PRIA, Rodrigo. O direito ao processo. In: CONRADO, Paulo Cesar (Coord.). *Processo tributário analítico*. v. I. 3. ed. São Paulo: Noeses, 2015.

FERRAGUT, Maria Rita. *Responsabilidade tributária e o Código Civil de 2002*. 3. ed. São Paulo: Noeses, 2013.

_____. Responsabilidade tributária por grupo econômico. In: Instituto Brasileiro de Estudos Tributários et al. (Org.). PRODIREITO: *Direito Tributário: Programa de Atualização em Direito*: Ciclo 1. Porto Alegre: Artmed Panamericana; 2015. p. 87-117. (Sistema de Educação Continuada a Distância, v. 1).

FONTAINHA, Fernando de Castro. Benefícios da Fazenda em juízo: barreira ao acesso à justiça? *Revista CEJ*, Brasília, n. 30, jul.-set. 2005.

FUX, Luiz. *Curso de direito processual civil*. Rio de Janeiro: Forense, 2001.

GOMES, Daniel de Paiva. Conexão por prejudicialidade no processo tributário: uma proposta de exegese do § 2º, inciso I, e do § 3º do art. 55 do CPC/2015. In: ARAUJO, Juliana Furtado Costa e CONRADO, Paulo Cesar (Coord.). *Inovações da cobrança do crédito tributário*. São Paulo: Thomson Reuters Brasil, 2019.

GOMES, Marcus Livio. Perspectivas para a execução fiscal no Brasil: Execução fiscal judicial x execução fiscal administrativa – qual o melhor caminho? *Revista CEJ*, Brasília, ano XIII, n. 45, p. 86-101, abr.-jun. 2009.

GUERRA, Marcelo Lima. *Direitos fundamentais e proteção do credor na execução civil*. São Paulo: RT, 2003.

KELSEN, Hans. *Teoria geral das normas*. Porto Alegre: Fabris, 1986.

LAZZARINI, Alexandre Alves. Reflexões sobre a recuperação judicial de empresas. In: LUCCA, Newton de; DOMINGUES, Alessandra de Azevedo (Coords.). *Direito recuperacional* – aspectos teóricos e práticos. São Paulo: Quartier Latin, 2009.

LOPES, João Batista. *Ação declaratória*. São Paulo: Revista dos Tribunais, 1991.

LUNARDELLI, Maria Rita Gradilone Sampaio. Repetição de indébito nos casos de autolançamento: da viabilidade de ajuizamento antes da respectiva homologação. In: CONRADO, Paulo Cesar (Coord.). *Processo tributário analítico*. v. I. 3. ed. São Paulo: Noeses, 2015.

MAIA JUNIOR, Mairan Gonçalves. Considerações críticas sobre o anteprojeto da lei de execução fiscal administrativa. *Revista CEJ*, Brasília, n. 38, p. 18-21, jul.-set. 2007.

MANSUR, Augusto. *Garantia judicial de penhora e certidão fiscal*. Rio de Janeiro: Lumen Juris, 2010.

MARINS, James. *Direito processual tributário brasileiro*: administrativo e judicial. São Paulo: Dialética, 2001.

MARQUES, Renata Elaine Silva Ricetti. *Curso de decadência e de prescrição no direito tributário:* regras do direito e segurança jurídica. 3. ed., rev. e atual. São Paulo: Noeses, 2019.

MARQUES, José Frederico. *Instituições de direito processual civil*. v. III. Campinas: Millennium, 2000.

NERY JÚNIOR, Nelson. *Princípios do processo civil na Constituição Federal*. 5. ed. 2. tir. São Paulo: RT, 1999.

NOLASCO, Rita Dias. *Exceção de pré-executividade* – doutrina e jurisprudência. São Paulo: Método, 2003.

OLIVEIRA, Julio Maria de. Ação anulatória de débito fiscal. In: CONRADO, Paulo Cesar (Coord.). *Processo tributário analítico*. v. I. 3. ed. São Paulo: Noeses, 2015.

PACHECO, José da Silva. *Comentários à Lei de Execução Fiscal*. 9. ed. São Paulo: Saraiva, 2002.

PAULSEN, Leandro; ÁVILA, René Bergmann; SLIWKA, Ingrid Schroder. *Direito processual tributário*: processo administrativo fiscal e execução fiscal à luz da doutrina e da jurisprudência. 5. ed. Porto Alegre: Livraria do Advogado, 2009.

PEIXOTO, Daniel Monteiro. Prescrição intercorrente na execução fiscal: vertentes do STJ e as inovações da Lei n. 11.051/2004 e da Lei Complementar n. 118/2005. *Revista Dialética de Direito Tributário – RDDT*, n. 125, São Paulo, Dialética, 2013.

PERIA, Thathyanny Fabricia Bertácio. Penhora on-line "antecipada": é possível a constrição de dinheiro, via BacenJud, antes da citação do devedor em execução fiscal? In: ARAUJO, Juliana Furtado Costa; CONRADO, Paulo Cesar (Coord.). *Inovações da cobrança do crédito tributário*. São Paulo: Thomson Reuters Brasil, 2019.

PONTES DE MIRANDA, Francisco Cavalcanti. *Dez anos de pareceres*. Rio de Janeiro: Franscisco Alves, 1975.

ROSA, Iris Vânia Santos. *A penhora execução fiscal*. São Paulo: Noeses, 2014.

______. Garantia, penhora e suspensão da exigibilidade do crédito tributário. In: CONRADO, Paulo Cesar (Coord.). *Processo tributário analítico*. v. III. São Paulo: Noeses, 2016.

SANTI, Eurico Marcos Diniz de. *Decadência e prescrição no direito tributário*. São Paulo: Max Limonad, 2000.

______; CONRADO, Paulo Cesar. Mandado de segurança em matéria tributária, definindo e inter-relacionando conceitos fundamentais: "direito líquido e certo", "ato coator", "medida liminar", "sentença", "periculum in mora" e "fumus boni juris". *Revista Dialética de Direito Tributário – RDDT*, n. 90, São Paulo, 2003.

______. Mandado de segurança preventivo em matéria tributária: requisitos e efeitos. In: CONRADO, Paulo Cesar (Coord.). *Processo tributário analítico*. v. I. 3. ed. São Paulo: Noeses, 2015.

SCHOUERI, Luís Eduardo. *Direito tributário*. São Paulo: Saraiva, 2011.

SEABRA FAGUNDES. *O controle dos atos administrativos pelo Poder Judiciário*. São Paulo: Saraiva, 1984.

SHIMURA, Sérgio. *Título executivo*. São Paulo: Saraiva, 1997.

SPINA, Vanessa Damasceno Rosa de. Prescrição para redirecionamento da execução fiscal: análise do cenário jurisprudencial. In: ARAUJO, Juliana Furtado Costa e CONRADO, Paulo Cesar (Coord.). *Inovações da cobrança do crédito tributário*. São Paulo: Thomson Reuters Brasil, 2019.

THEODORO JÚNIOR, Humberto. *Curso de processo civil*. v. II. 33. ed. Rio de Janeiro: Forense, 2002.

_______. *Lei de execução fiscal*. 11. ed. São Paulo: Saraiva, 2009.

_______. *Processo cautelar*. 15. ed. São Paulo: Universitária de Direito, 1994.

VERGUEIRO, Camila Campos. *Obrigação tributária*. São Paulo: Quartier Latin, 2009.

VILANOVA, Lourival. *As estruturas lógicas e o sistema do direito positivo*. São Paulo: RT, 1977.

_______. *Causalidade e relação no direito*. São Paulo: Saraiva, 1989.

XAVIER, Alberto. *Do lançamento*: teoria geral do ato, do procedimento e do processo tributário. Rio de Janeiro: Forense, 1998.

YARSHELL, Flavio Luiz. *Tutela jurisdicional*. São Paulo: Atlas, 1998.